东南亚经济文化问题研究

吴崇伯 / 等著

厦门大学出版社
XIAMEN UNIVERSITY PRESS
国家一级出版社
全国百佳图书出版单位

图书在版编目(CIP)数据

东南亚经济文化问题研究/吴崇伯等著.—厦门:厦门大学出版社,2019.6
(东南亚经济研究丛书)
ISBN 978-7-5615-7481-2

Ⅰ.①东… Ⅱ.①吴… Ⅲ.①经济发展－研究－东南亚 ②文化产业－产业发展－研究－东南亚 Ⅳ.①F133.04 ②G133

中国版本图书馆 CIP 数据核字(2019)第 116123 号

出 版 人	郑文礼
责任编辑	陈丽贞
封面设计	拙 君
技术编辑	朱 楷

出版发行 厦门大学出版社

社 址	厦门市软件园二期望海路 39 号
邮政编码	361008
总 编 办	0592-2182177 0592-2181406(传真)
营销中心	0592-2184458 0592-2181365
网 址	http://www.xmupress.com
邮 箱	xmup@xmupress.com
印 刷	厦门市青友数字印刷科技有限公司

开本	720 mm×1 000 mm 1/16
印张	23.75
插页	1
字数	377 千字
版次	2019 年 6 月第 1 版
印次	2019 年 6 月第 1 次印刷
定价	80.00 元

本书如有印装质量问题请直接寄承印厂调换

厦门大学出版社
微信二维码

厦门大学出版社
微博二维码

前　言

东南亚位于亚洲东南部,包括中南半岛和马来群岛两大部分,其区域内共有11个国家:越南、老挝、柬埔寨、泰国、缅甸、马来西亚、新加坡、印度尼西亚、文莱、菲律宾、东帝汶,面积约457万平方千米。东南亚地处亚洲与大洋洲、太平洋、印度洋之间的"十字路口",具有重要的战略地位。

东南亚是全球经济体系中重要的一环。这一方面源于东南亚独特的地理优势,如马六甲海峡是连接印度洋与太平洋最重要的交通要道,且是日、韩、中等国的主要能源运输通道;另一方面东南亚还拥有相对稳定的政治环境、丰富的自然资源以及低廉的劳动力。在跨国公司投资驱动下,东南亚已成为全球最活跃的地区之一,区域实力和国际地位持续提升。目前,东南亚是全球人口第三大的地区,是世界第六大的经济体,进出口贸易仅次于美国、中国、德国,同时也是世界上吸收外国直接投资(FDI)的重要地区之一。除此之外,东南亚国家在跨国公司推动下融入全球生产网络体系中,成为东亚主要的电子、汽车零部件生产中心。

东南亚是中国最重要的周边地区之一,双方在经济与文化上都有密切的联系。在经济方面,中国-东盟自由贸易区在2015年正式建成,双边贸易投资规模不断扩大,目前,中国是东盟第一大贸易伙伴,而东盟是中国第三大贸易伙伴。中国和东盟10国作为创始成员国的亚洲基础设施投资银行已正式运营,中国与东盟国家在产能合作、产业园区建设等方面的合作不断推进。在文化方面,中国自古以来与东南亚在人缘、文缘上就有密切的联系。印尼、泰国和马来西亚是世界上华侨华人数量最多的三个国家,华人华侨不仅在当地碰撞出文明的火花,同时成为中国与东南亚人文交流重要的桥梁。

东南亚是中国"一带一路"基础设施互联互通的重点地区,是"一带一路"国际产能的合作区,也是第三方市场合作与人文交流的示范区。在"一带一路"

沿线国家中,东南亚总体经济规模、贸易总额、外国直接投资流量均为最大。在中国与沿线国家贸易中,最大的四个贸易伙伴均为东盟国家,中国对沿线国家十大直接投资存量国中有六个是东盟国家。2018年11月,中国与东盟发布了《中国-东盟战略伙伴关系2030年愿景》,致力于打造更高水平的中国-东盟战略伙伴关系,通过安全、经济、文化方面的合作,共同迈向更紧密的中国-东盟命运共同体。

本书以东南亚区域经济与文化为主题,分国家和总体介绍了东南亚区域内经济走廊建设、产业政策以及对外出口情况,探讨了中国-东盟在公共服务、产业合作、文化旅游等方面的合作现状与机遇。全书具体分为七个部分:(1)东盟地区经济走廊建设研究。研究了当前东南亚地区区域性与国别性经济走廊的建设以及中国在其中的参与情况。(2)东盟公共服务均等化。研究了在东盟共同体建设中公共服务建设以及均等化过程中存在的问题,提出了在中国-东盟合作框架下的东盟公共服务均等化路径。(3)东盟产业合作。研究了现阶段东盟国家之间的产业合作、对外合作的现状,以及在"一带一路"倡议下中国与东盟进行产业合作的实施路径。(4)东盟国家金属矿业发展及其与中国的合作。在产业合作研究的基础上,以东盟国家金属矿业为例,分析了当前东盟国家金属矿业的产业政策、产业发展情况以及中国与东盟进行产业合作的机遇与风险。(5)东南亚国家对外出口以及在全球价值链中的地位。从东南亚对外贸易和价值链两个维度分析了东南亚国家在促进进出口、融入全球价值链方面的努力,并结合当前国际经济环境探讨了其对东南亚对外贸易的影响。(6)"一带一路"框架下的中国和东南亚文化旅游开发合作。在"一带一路"框架下研究了中国与东南亚在文化旅游合作方面的内涵、规划,指出当前文化旅游合作存在的问题并提出相应的政策建议。(7)东南亚大国经济研究。以东南亚经济占比最大的印度尼西亚作为研究对象,分析了佐科总统执政后施行的国内经济结构改革以及海上互联互通政策,并对中国企业参与其互联互通建设提出建议。

著者

2019年6月

目录

第一部分
东盟地区经济走廊建设研究

◎刘 凯

▶ 导 言

经济走廊是指在一定的区域范围内,将基础设施建设与生产、加工、制造、投资、贸易等经济活动有机统一,整合经济发展要素,协调经济主体行为,通过经济节点或中心城市的示范、带动、溢出效应,促进空间通达、要素流动、产业关联,实现走廊区内经济可持续发展。[①]借助基础设施互联互通与跨区域经济合作,促进要素在廊区内自由流动、配置、集聚,释放经济发展的活力、潜力、效力,实现要素的空间集聚与经济发展的溢出效应。[②③]随着经济走廊建设的深入,经济要素的自由配置与有序流动将推动区内经济结构升级,形成可持续发展动力,促进区域基础设施建设与经济一体化,重塑并延伸区域价值链,最终实现区域统一、协调、高效发展。[④]

近年来,东盟地区发展趋势良好,共同体建设迈入新阶段。泰国、马来西亚积极寻求发展转型,优化经济结构,平衡地区间发展,培育经济发展新"引擎",以期突破"中等收入陷阱"的制约;印度尼西亚、越南不断加快国内基础设施建设,改善投资环境,经济保持稳定、持续、较快的增长,成为全球新兴经济体的代表;老挝、缅甸、柬埔寨抓住内外部有利的发展机遇,推动国内经济发展,进一步改善经济基础薄弱、发展落后的现状。为了推进次区域及国内经

---

① BRUNNER H P.What is Economic Corridor Development and What Can It Achieve in Asia's Subregions?[Z].ADB Working Paper Series on Regional Economic Integration,2013,No.117.

② 杨鹏.通道经济:区域经济发展的新兴模式[M].北京:中国经济出版社, 2012: 57–60.

③ 王金波."一带一路"经济走廊与区域经济一体化:形成机理与功能演进[M].北京:社会科学文献出版社, 2016: 42–47.

④ 王金波.从走廊到区域经济一体化:"一带一路"经济走廊的形成机理与功能演进[J].国际经济合作,2017(2):9–15.

济协调、高效地发展,完善跨国、跨地区间基础设施的互联互通,促进资源与要素的跨时空流动、配置,释放经济发展的活力与动力,上述国家积极构建、参与、推动东盟区内次区域及国别经济走廊的建设。东盟地区经济走廊建设方兴未艾,建设进程持续加快,建设成效逐渐显现,并将成为推动东盟地区持续发展的重要推动力。随着"一带一路"建设加快向高质量发展转变,未来中国将深度参与东盟地区经济走廊的建设,打造共商共建共享的经贸合作关系,形成更多可视性成果,惠及区内更多国家和人民。

第一章

东盟地区经济走廊建设现状

　　现阶段,东盟地区经济走廊建设可分为两大类,即多国共建的次区域经济走廊与国别经济走廊。大湄公河次区域经济走廊是次区域经济走廊的代表。泰国东部经济走廊与南部经济走廊、越南谅山—河内—胡志明市—木排经济走廊、马来西亚五大经济走廊、印尼六大经济走廊及区域综合经济走廊是主要国别经济走廊。

第一节　大湄公河次区域经济走廊

　　1992年10月,由亚洲开发银行(ADB)牵头,澜沧江—湄公河沿岸的中国、老挝、泰国、缅甸、柬埔寨、越南六国共同发起设立大湄公河次区域(Greater Mekong Subregion Economic Corridors,简称GMS)经济合作机制,合作区域涵盖中国的云南省、广西壮族自治区与澜沧江—湄公河流域的老挝、泰国、缅甸、柬埔寨、越南。GMS成员之间通过协商一致的合作发展规划,逐步加强成员国之间的经济联系,促进该地区经济和社会共同发展。[①]发展至今,GMS合作范围与建设领域不断扩大,合作机制日趋多样化,合作成果日益显现。

1. 发展历程

　　1998年9月,第八届GMS经济合作部长级会议在菲律宾马尼拉召开,会议

---

① 刘稚.大湄公河次区域经济走廊建设研究[M].云南:云南大学出版社,2009:28-30.

提出大湄公河次区域经济走廊(下称GMS经济走廊)建设构想。通过基础设施建设与改善生产、贸易和其他发展机遇相联系,促进相连地区与国家间经济合作。它是一种以交通基础设施为主要载体、推动区内合作与经济发展、实现区域内互利共赢的机制。GMS经济走廊发展分为以下三个阶段:

第一阶段:1992—1997年,筹划阶段。1992年10月,GMS成立会议期间,确定7条优先发展道路项目并于1993年进一步完善。1994年4月,第三次GMS部长级会议批准设立7条优先发展的道路项目。1994年9月,在泰国清迈举行的第四次GMS部长级会议上,提出9条优先道路项目。这期间,线路规划不断调整。

第二阶段:1998—2007年,经济走廊概念提出及计划阶段。1998年,在GMS第八次部长级会议上,首先提出经济走廊的概念,将南北经济走廊、东西经济走廊和南部经济走廊指定为优先发展走廊。基于1995年次区域运输部门研究中提出的优先项目,确定GMS南北方向和东西方向经济走廊的可行性。2000年,第九次GMS部长级会议,批准三条经济走廊的主要线路与建设布局。2002年,GMS首次领导人会议在柬埔寨金边举行,会议通过《次区域未来十年发展战略框架》,批准南北、东西与南部三条经济走廊建设为"旗舰"项目,形成最初的"三纵两横"的GMS经济走廊框架。2004年,南宁—河内经济走廊规划纳入南北经济走廊,作为南北经济走廊的第三条线路。2006年,《2006—2015年大湄公河次区域运输战略》(简称TSS)获得批准,该战略提出一个由9条走廊组成的GMS走廊网络,南北经济走廊、东西经济走廊和南部经济走廊作为该走廊网络的组成部分,被认为是从交通走廊转变为经济走廊的优先设施项目。

第三阶段:2008年至今,规划实施阶段。南北经济走廊、东西经济走廊和南部经济走廊发展战略和行动计划(以下简称SAPs)先后得到批准。SAPs对原有经济走廊线路进行调整、扩充,并对线路名称做了统一。南北经济走廊方面,将昆明—清莱—曼谷线路统称为南北经济走廊西线,昆明—河内—海防经济走廊统称为南北经济走廊中线,南宁—友谊关(或东兴)—河内经济走廊统称为南北经济走廊东线。南部经济走廊方面,将曼谷—暹粒—上丁—归仁经济走廊统称为南部经济走廊北线,曼谷—金边—胡志明市—头顿经济走廊统称为南部经济走廊中线,曼谷—达叻—戈公—河仙—头顿经济走廊统称为南部经济走廊沿海线。2011年,第十七次GMS部长会议批准将南部经济走廊西侧起点由曼谷延伸至缅甸土瓦。至此,GMS经济走廊形成现在南北经济走廊3条线路、东西经济走廊1条线路和南部经济走廊3条线路的建设格局。

2. GMS经济走廊论坛

2008年3月，GMS第三次领导人会议在老挝万象举行，时任中国国务院总理温家宝提出成立GMS经济走廊论坛倡议，得到与会国和亚行的支持并写入GMS领导人会议宣言。2008年6月，首届GMS经济走廊论坛在昆明成功举办，标志着GMS经济走廊建设进入实质阶段。GMS经济走廊论坛每年举行一次，发展至2018年已成功举办十届。2018年12月13日，第十届GMS经济走廊论坛在缅甸内比都开幕，论坛为各方共商、共建、共享提供平台，弥补合作机制的不足，加快走廊建设。

3. GMS经济走廊具体线路

当前，GMS已形成三条经济走廊，即南北经济走廊(NSEC)、东西经济走廊(EWEC)和南部经济走廊(SEC)，其中南北经济走廊包含3条线路、东西经济走廊包含1条线路，南部经济走廊包含3条线路。7条经济走廊线路相互交叉，构成GMS经济走廊网络。[①]

(1)南北经济走廊(NSEC)

GMS南北经济走廊包含三条线路，贯穿GMS南北方。

其一，南北经济走廊西线：从中国昆明经老挝或缅甸至泰国清莱，到达泰国曼谷，具体线路分为2条。途经缅甸线路为：昆明(中国)—玉溪(中国)—元江(中国)—普洱(中国)—勐养(中国)—景洪(中国)—勐腊(中国)—景栋(缅甸)—大其力(缅甸)—美塞(泰国)—清莱(泰国)—彭世洛(泰国)—那空沙旺(泰国)—大城(泰国)—曼谷(泰国)；途经老挝线路为：昆明(中国)—玉溪(中国)—元江(中国)—普洱(中国)—勐养(中国)—景洪(中国)—勐腊(中国)—磨憨(中国)—磨丁(老挝)—会晒(老挝)—清孔(泰国)—清莱(泰国)—彭世洛(泰国)—那空沙旺(泰国)—大城(泰国)—曼谷(泰国)。

其二，南北经济走廊中线：从中国昆明经越南河内，到达越南海防。具体线路为：昆明(中国)—开远(中国)—河口(中国)—老街(越南)—河内(越南)—海防(越南)。

其三，南北经济走廊东线：从中国南宁经友谊关或防城港—东兴—芒街，到达越南河内，具体线路分为2条。途径友谊关线路为：南宁(中国)—凭祥(中国)—同登(越南)—河内(越南)；途径东兴线路为：南宁(中国)—防城港(中国)—东兴(中

---

① Asian Development Bank.GMS Transport Sector Strategy 2030—Toward a Seamless, Efficient, Reliable, and Sustainable GMS Transport System,Twenty-Five Years of Partnership[R/OL].（2018-11）[2019-03-20].https://www.adb.org/sites/default/files/institutional-document/470536/gms-transport-sector-strategy-2030.pdf.

国) —芒街(越南) —下龙(越南) —海防(越南) —河内(越南)。

2016年12月,在泰国清莱举行的GMS第二十一次部长级会议上,对南北经济走廊进行部分扩展与调整。首先,将中缅主要贸易线路,即昆明—瑞丽—木姐—曼德勒—仰光,纳入南北经济走廊中,具体路线变为:昆明(中国) —楚雄(中国) —大理(中国) —保山(中国) —瑞丽(中国) —木姐(缅甸) —腊戍(缅甸) —曼德勒(缅甸) —密铁拉(缅甸) —内比都(缅甸) —勃固(缅甸) —仰光(缅甸)。同时,在此线路上增加一条从密铁拉至德穆的延伸线至缅甸与印度边境。其次,增加由老挝磨丁经万象到达泰国林查班的线路,将老挝首都万象纳入GMS经济走廊网络。具体线路为:磨丁(老挝) —琅勃拉邦(老挝) —万象(老挝) —廊开(泰国) —乌隆他尼(泰国) —呵叻(泰国) —林查班(泰国)。再次,增加曼谷与河内间的连接线,线路为:曼谷(泰国) —呵叻(泰国) —乌隆他尼(泰国) —色军(泰国) —那空帕侬(泰国) —他曲(老挝) —那保(老挝) —茶洛(越南) —永昂(越南) —荣市(越南) —河内(越南)。最后,增加万象至河内间连接线,线路为:万象(老挝) —北汕(老挝) —浓方(老挝) —吊桥(越南) —荣市(越南) —清化(越南) —河内(越南)。

(2)东西经济走廊(EWEC)

东西经济走廊东起越南岘港天沙港,途径泰国、老挝,西至缅甸毛淡棉港口,全长1 450公里,在泰国达府、彭世洛与南北经济走廊相交。具体线路为:岘港(越南) —顺化(越南) —东河(越南) —老保(越南) —丹沙湾(老挝) —沙湾那吉(老挝) —穆达汉(泰国) —孔敬(泰国) —彭世洛(泰国) —湄索(泰国) —苗瓦迪(缅甸) —高加力(缅甸) —毛淡棉(缅甸)。

2016年12月,在泰国清莱举行的GMS第21次部长级会议同意将东西经济走廊由毛淡棉向西延伸至仰光。

(3)南部经济走廊(SEC)

南部经济走廊西起缅甸土瓦,将柬埔寨、泰国6个省份(包括曼谷)、老挝6个省份及越南4个区域(包括胡志明市)相连接。南部经济走廊包含3条线路,分别为北线、中线和南部沿海线路。

北线由土瓦经曼谷、暹粒至归仁。具体线路为:土瓦(缅甸) —曼谷(泰国) —暹粒(柬埔寨) —上丁(柬埔寨) —丽清(越南) —波来古(越南) —归仁(越南)。

南部经济走廊中线由土瓦经曼谷、金边、胡志明市至头顿。具体线路为:土瓦(缅甸) —曼谷(泰国) —金边(柬埔寨) —木排(越南) —胡志明市(越南) —头顿。

南部沿海线由土瓦经曼谷,沿海南下至金瓯。具体线路为:土瓦(缅甸) —曼谷(泰国) —春武里(泰国) —林查班(泰国) —罗勇(泰国) —达叻(泰国) —戈公(柬埔寨) —白马(柬埔寨) —河仙(越南) —迪石(越南) —金瓯(越南) —南根

(越南)。

其中,由西哈努克市(柬埔寨)—金边(柬埔寨)—桔井(柬埔寨)—上丁(柬埔寨)—巴色(老挝)—沙湾那吉(老挝)的连接线将南部经济走廊3条线路与东西经济走廊相连接。

4. GMS经济走廊建设成果

现阶段,GMS经济走廊交通基础设施建设与联通工作已基本完成。同时,为了确保经济走廊建设深入推进,参与各方积极完善机制建设。[①]

(1)基础设施建设

南北经济走廊3条线路中的西线方面,2008年,作为主体工程,昆明至曼谷公路建成并正式通车;2013年12月,连接泰国与老挝的湄公河第三座大桥(清孔—会晒大桥)建成通车。中线方面,2009年,中越河口—老街红河大桥建成;2013年,中国境内,昆明—河口高速公路全线贯通;2014年9月,越南境内,老街至河内高速公路建成通车;2015年底,河内至海防高速投入使用。南北经济走廊中线已实现全程高速公路化。东线方面,2005年,中国境内,南宁至友谊关高速建成;越南境内,河内至谅山高速公路正在加紧建设之中,其中河内至北江段已于2016年1月完工通车,北江至谅山段正在加速建设,预计2019年建成。

东西经济走廊是该区域基础条件最好、发展最早的经济走廊。2007年,连接泰国穆达汉与老挝沙湾拿吉的泰老第二湄公河大桥建成,大大促进了东西经济走廊四国间的联系。同时,泰国、老挝、柬埔寨三国已制定跨境运输协定作为东西经济走廊建设的制度保障。

南部经济走廊3条线路均已实现贯通。北线借助柬埔寨国内公路将泰国的33号公路与越南的19号公路连接,实现曼谷、暹粒与越南西原、南中部沿海地区之间的连通。中线胡志明市至木排口岸公路已于2015年1月完成改造,曼谷经金边与胡志明市连通。南部沿海线将泰国3号公路经柬埔寨与越南80号、63号公路相连,形成一条曼谷至金瓯的沿海大通道。

(2)机制建设

在跨境运输制度保障和便利安排方面取得显著成效。《大湄公河次区域(GMS)便利货物及人员跨境运输协定》(简称《便利运输协定》)始于1999年,协定就跨境手续、海关检查、道路标志、车辆管理等交通运输领域便利化措施达成协议,构建一套以互惠为原则的通用跨境运输体系,推动GMS货物和人员便捷、快速地流动。2003年,GMS六个成员国先后作为缔约国正式批准《便利

---

① 陈昕.大湄公河次区域东西经济走廊发展研究与借鉴[J].管理世界,2012(12):179-180.

运输协定》。2015年，GMS六国分别完成《便利运输协定》17个附件和3个议定书的成员国内部批准程序。为了推动《便利运输协定》的实施，2018年3月，中国、柬埔寨、老挝、泰国、越南五国共同签署了《关于实施〈大湄公河次区域(GMS)便利货物及人员跨境运输协定(CBTA)〉"早期收获"的谅解备忘录》(简称《早期收获备忘录》)，决定于2018年6月1日起正式实施(缅甸将于2020年6月启动)。①《便利运输协定》和《早期收获备忘录》为进一步实现交通运输便利化提供了机制保障，有效地促进了GMS人员与货物的便捷流动，加快了本区域经济发展。

在口岸便利化方面，各方已签订相关协议。2009年6月，泰国、老挝、越南三国签署《口岸跨境运输协定》，同意每年每国400辆车在三国间自由出入境，跨国停留期限可达30天，无须缴纳口岸税费，过境运输车辆实行一站式海关查验。此举大大减少了运输时间与物流成本。

5. GMS经济走廊发展前景

经过二十多年的不断建设，GMS经济走廊已初步建成。随着通道功能进一步发挥作用，经济走廊沿线将逐步发展为人员与货物汇集地、贸易与投资重点区，成为推动GMS经济发展的重要组成部分。②随着建设的深入，GMS经济走廊将重点推进基础设施领域互联互通，尤其是跨国、跨区间的连通；同时，进一步完善跨境运输以及口岸便利化等方面的机制建设，推动GMS经济走廊迈向高质量、高水平阶段发展。③

第二节　泰国东部经济走廊与南部经济走廊

第二次世界大战之后，泰国将经济建设作为首要发展任务，实行自由经济政策，多措并举发展经济。20世纪90年代，泰国经济发展突飞猛进，跻身"亚洲四小虎"之列，成为世界新兴工业国家和新兴经济体代表。④但是，1997年亚

---

① 广西将实施GMS便利货物及人员跨境运输协定"早期收获备忘录"[OL].（2018-06-04）[2018-12-20].http://news.sina.com.cn/o/2018-06-04/doc-ihcmurvh5446816.shtml.

② Asian Development Bank.Greater Mekong Subregion Twenty-Five Years of Partnership[R/OL].（2018-10）[2019-03-11].https://www.adb.org/publications/greater-mekong-subregion-25-years-partnership.

③ SOONG J J.The Political Economy of the GMS Development Between China and Southeast Asian Countries: Geo-Economy and Strategy Nexus[J]. The Chinese Economy,2016,49（6）:442-455.

④ 王德光,樊艳红等.泰国经济发展竞争力及主要经济政策分析[J].经济研究参考,2017（70）:105-111.

洲金融危机后，泰国经济发展出现颓势，经济结构、工业增速、国民收入等遇到发展瓶颈，"中等收入陷阱"特征明显。[1]为了推动经济高质量发展，扭转颓势，突破发展瓶颈，政府提出泰国4.0发展战略。[2][3]东部经济走廊和南部经济走廊作为泰国4.0战略旗舰项目，旨在振兴和加强泰国传统东部沿海工业区，带动南部地区经济发展。

1. 东部经济走廊（Eastern Economic Corridor，EEC）

东部经济走廊计划通过整合泰国东部沿海地区既有的工业基础设施和经济产业链，打造一个现代化的高新技术产业集群经济区，变革现有的产业结构，以科技和创新推动经济可持续发展，强调技术发展和企业创新，将泰国建设成为东盟地区领先的数字商业中心，实现基于价值创造的经济模式转变。[4]

东部经济走廊的设立是泰国国家层面重大的经济发展举措，巴育政府在规划EEC过程中，对相关法律和配套措施做出一系列安排。

图1-1是泰国东部经济走廊示意图。

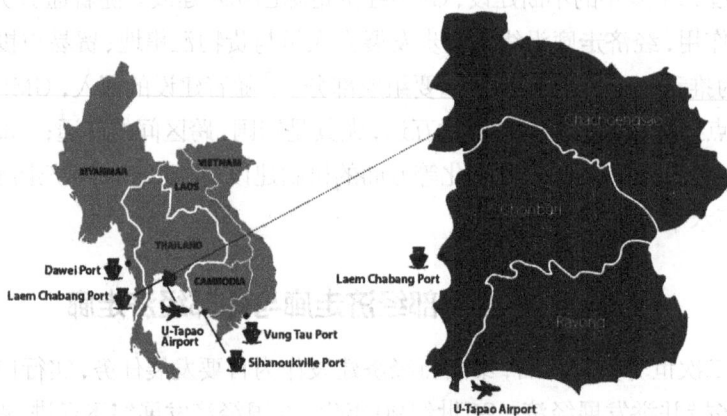

图1-1　泰国东部经济走廊示意图

资料来源：aseanbriefing.com

① 林宏宇,张帅.泰国地区间的产业分工体系研究: 现状与展望[J].亚太经济,2018（4）: 66–73.

② 刘馨蔚. "泰国4.0"对接"中国制造2025"进泰瞄准"东部经济走廊"[J].中国对外贸易,2018（3）: 68–69.

③ JONES C, PIMDEE P.Innovative ideas: Thailand 4.0 and the fourth industrial revolution[J]. Asian International Journal of Social Sciences, 2016,17（1）: 4–32.

④ WONGWUTTIWAT J, LAWANNA A. The digital Thailand strategy and the ASEAN community[J].The Electronic Journal of Information System in Developing Countries,2018,84（3）: 1–15.

(1) 发展历程

①构建专门法律与制度

2016年10月，泰国政府内阁通过《东部经济特区法》，为构建东部经济走廊提供法律依据。2017年初，泰国总理巴育动用《泰国2014年零时宪法》第44条赋予的特权，发布《泰国国家维持和平秩序委员会2017年第2号主席令：发展东部经济特区》，正式批准设立东部经济走廊。[①]2017年4月6日，《泰国2017年宪法》正式颁布，确立国家战略和国家发展规划的法律地位，规划泰国国家总体发展战略，明确规定政府政策和政府预算准则，进一步保障东部经济走廊的合法性。

2018年5月14日，泰国政府公布《2018年东部经济走廊法案》，并经泰皇御准颁布实施。法案共73项条款，其中包括东部经济走廊开发法，提高东部经济走廊开发效率法及土地使用法等内容。该法案对"东部特别开发区""经济特别促进区经营者"等名词做出明确界定。该法案的通过，意味着泰国将大幅放宽外资对该地区的投资限制。

②出台优惠投资政策

2017年3月，泰国投资促进委员会(下称BOI)发布《关于东部经济走廊投资促进措施》的第4/2560号公告。主要内容包括：东部经济走廊区域范围界定、投资企业税收优惠、提交享受优惠权益投资申请的截止日期、作为未来经济增长新引擎(new growth engine)并获得相应优惠权益的9大产业类型、支持促进东部经济走廊地区发展的8个大类行业与数百个小类行业。

2017年7月，BOI发布第8/2 560号公告——《关于对投资促进委员会第4/2560的增加修改》，对促进东部经济走廊地区发展的8大类行业中的第4类的金属制品、机械设备、运输工具制造与第5类的电子与电器设备做了补充和修改。

③实施宽松引智措施

为加快东部经济走廊建设，弥补本国专业技术人才的不足，泰国政府适时推出智慧签证(smart visa)，吸引高端人才。智慧签证涵盖智慧型人才、高级管理人才、初创人才及投资者四种类型。获得智慧签证的外籍人士将享受以下特别签证优惠待遇：最长4年期签证，由90天报告变为1年1报告；无须办理回头

① 常翔,张锡镇.泰国东部经济走廊发展规划[J].东南亚纵横,2017（4）：14-20.

签证;签证有效期内自由出入泰国;签证持有者的配偶及子女享受同等待遇。[①]智慧签证的实施旨在吸引并留住具有专业知识、综合技能和管理经验的外国工作者、创业者、投资者等人员,重点吸引从事十大优先发展集成产业工作的国外技术人才。

(2)建设进展

2017年,泰国东部经济走廊正式获批,随即进入计划实施和项目建设阶段。在专业的法律、完善的制度、优惠的政策等综合措施保障下,走廊区内各项建设有序推进,一系列大型基建项目和投资计划稳步落实。

①设立五大优先区域

东部经济走廊内已设立五大优先区域(promotional zone),即:

其一,东部机场城市(eastern airport city)。该区域位于乌塔堡国际机场附近,占地面积1 040公顷。重点打造乌塔堡机场航空枢纽,建设目标为未来5年内实现每年1 500万人次客流吞吐量,未来10年实现每年3 500万人次客流吞吐量,未来15年实现每年6 000万人次客流吞吐量。

其二,东部经济创新走廊(EECi)。该区位于罗勇王禅谷附近,占地480公顷,土地面积20公顷。重点推动研究及创新发展,加快社区和工业进步。

其三,泰国数字公园(EECd)。该区位于春武里府的是拉差,占地113公顷。重点建设数字基础设施,打造东盟区域数据中心。

其四,智能公园(smart park)。位于罗勇,占地235公顷。重点发展现代商务与旅游业。

其五,赫马拉东部沿海工业区。位于罗勇,占地304公顷。重点发展工业园区及运输业。

②加快基础设施建设

根据发展规划,2018年东部经济走廊进入第二个发展阶段,重点推进交通基础设施建设,包括连接廊曼机场、素万那普机场和乌达抛机场3个国际机场的高铁项目、乌达抛机场升级改造项目、马达普码头三期工程、林查班港口三期工程以及飞机修理中心项目。截至2018年11月,连接3个国际机场的高铁项目进入投标阶段,其余4个项目工程的计划书也已经获得通过。

(3)主要投资国及项目

东部经济走廊发展规划推出后吸引大批海外投资者,2017年统计数据显

---

① 泰国2月1日起实施"智慧签证"计划吸引4类国外人才[OL].(2018-01-26)[2019-01-12].https://www.yidaiyilu.gov.cn/xwzx/roll/45832.htm.

示,在泰国获批投资的1 227个项目中有259个项目直接投资东部经济走廊,项目总价值达3 103.37亿泰铢。其中春武里133个项目,价值1 173.11亿泰铢;罗勇93个项目,价值1 627.51亿泰铢;北柳33个项目,价值302.75亿泰铢。2018年前6个月,东部经济走廊投资项目达142个,投资总额累计1 832.30亿铢,较2017年同期大幅增长。

截至2018年9月30日,东部经济走廊注册公司数量累计达65 800家,比2017年同期增长5.32%,注册资金累计达1.81万亿铢,同比增加4.48%。进驻东部经济走廊的外资企业中,法人公司注册资金共计约6 980亿铢,占外资总投资比重的38.48%。其中日本公司投资额最大,合计3 600亿铢,占外资总额的51.59%;其次是中国公司,投资额合计437亿铢,占比6.27%;新加坡投资额合计361亿铢,占比5.18%;美国投资合计268亿铢,占比3.85%;韩国投资合计197亿铢,占比2.83%。罗勇府外资投资最多,投资额合计3 800亿铢,其次是春武里,合计2 460亿铢;北柳合计712亿铢。[1]日本是泰国最大的对外投资来源国之一,目前有5 400家日本企业在泰国投资,其中有1 016家企业位于东部经济走廊,注册资本占所有外资企业注册资本的53%。日、泰将在航空制造业、医疗器械设备以及自动机器人等领域开展深入合作。[2]俄罗斯企业将在自创新技术、核发电、石油、天然气、轮船码头、机场、安保、建筑车辆、常规武器、钢铁、生化技术和通信技术等方面积极参与东部经济走廊的建设。泰国与奥地利合作,在东部经济走廊开展智慧城市建设。阿里巴巴、京东、腾讯、华为等企业巨头也已布局东部经济走廊投资项目。

2. 南部经济走廊(Southern Economic Corridor,SEC)

东部经济走廊如火如荼建设之时,2018年8月21日,泰国内阁南部巡回会议推出南部经济走廊(SEC)项目,接受南部上端11个府治经济与社会开发战略,把拉农、春蓬、素叻他尼和洛坤4府纳入重点开发区,复制东部经济走廊的发展模式,重点改善南部上端4府的交通运输基础设施,使拉农、春蓬、素叻他尼和洛坤4府成为衔接太平洋泰国湾与印度洋安达曼海域的枢纽陆桥,成为孟加拉

---

① 中华人民共和国驻泰王国大使馆经济商务参赞处.前9个月5472家新公司进驻EEC[OL].(2018-11-09)[2019-01-12].http://th.mofcom.gov.cn/article/jmxw/201811/20181102804647.shtml.

② 中国国际贸易促进委员会.泰国与日本签署备忘录,加强日企投资EEC[OL].(2018-10-21)[2019-01-12].http://www.ccpit.org/Contents/Channel_4114/2018/1021/1075562/content_1075562.htm.

国-印度-斯里兰卡-泰国合作倡议(BIMSTEC)的开发中心。[①]

(1)主要发展规划

　　泰国政府计划利用半年的时间加强推动南部上端4府的基础设施建设投资。基于南部地区良好的旅游业基础和工业潜力,例如华欣、佛丕、春蓬、宋卡府等旅游资源丰富,工业生产原材料充足,政府将复制东部经济走廊建设模式,大力发展观光与工业产业。泰国交通部计划在南部各府推进28个交通运输基础设施开发建设项目,投资达1 280亿铢,其中陆路运输项目投资430亿铢、码头建设项目投资6.28亿铢、机场与航空运输项目投资33.38亿铢、轨道运输项目投资833.78亿铢。

　　图1-2是泰国南部经济走廊示意图。

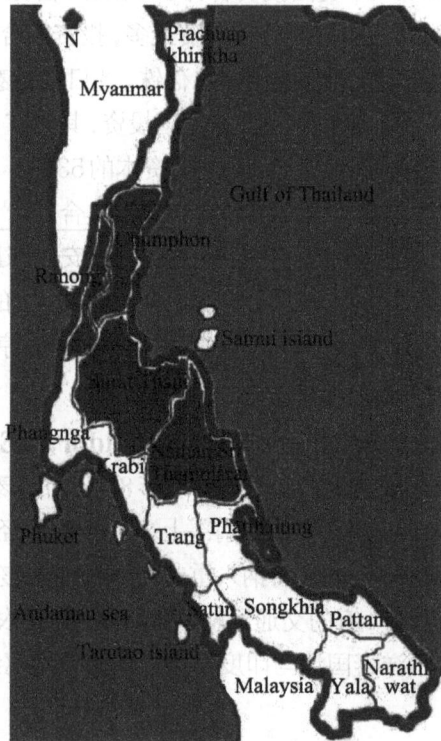

图1-2　南部经济走廊四府示意图

　　资料来源:根据 trekthailand.net 加工制作

---

① 中华人民共和国驻泰王国大使馆经济商务参赞处.泰国内阁批准开发南部经济走廊
[OL].（2018-09-01）[2019-01-16].http://th.mofcom.gov.cn/article/jmxw/201809/20180902781
840.shtml.

公路方面,计划建设南部城际高速公路,先从佛统府建到佛丕府差庵县(2021年建成),之后将延伸到春蓬府和宋卡府(2022—2026年),再继续从宋卡延伸到陶公府(2027—2031年)。铁路方面,计划新建春蓬—拉农府的复线铁路,之后将延伸到素叻他尼、宋卡、合艾市及巴当贝沙县,全长158公里。建设攀牙到甲米的复线铁路,全长314公里,以铁路线连接泰国湾与安达曼海域深水码头,形成轨道交通陆桥。

机场方面,鉴于拉农、春蓬和素叻他尼府机场的客运量正以每年30%的速度增长,交通部将重点建设上述3座机场,升级机场基础设施,扩建候机大楼,增加起降跑道长度,在现有2 300米的基础上延伸为3 000米,满足波音747等大型客机起降的要求。此外,深水码头项目将提升南部地区海运运力,从现在每年7 000货柜的吞吐量,增加至50万货柜。

泰国政府希望通过政府主导,带动民间企业对南部4府投资,加快工业与交通设施发展,开发陆、海、空运输无缝衔接,打造太平洋与印度洋经济枢纽黄金地段。为了吸引全球投资者,泰国政府计划提供一系列优惠政策,营造良好的营商环境,希望将南部经济走廊建设成为南部地区经济高速发展的新引擎,推动泰国经济持续发展。①

(2)泰国南部经济走廊四府概况

表1-1　泰国南部四府概况

府名	基本概况	地理区位及环境	优势资源及产业
拉农,又称拉廊 泰文:จังหวัดระนอง 英文:Ranong Province	首府:拉廊市 面积:3 298平方千米 人口:190 399 人口密度:57.7人/平方千米 府辖:5个县、30个区、167个村	地处安达曼海滂,西临缅甸德林达依省高当,自东向南分别邻春蓬府、素叻府和攀牙府。它是泰国人烟最稀少的一府,约80%面积是无人居住的森林地带。	锡矿开采为传统产业,烧瓷、捕鱼、橡胶和核桃种植为现代产业。旅游资源丰富,拥有一个303.09平方千米的自然生态圈保护区,主要用以保护在海水中生长的红水杉林,风光优美,景色怡人。

① 中华人民共和国驻泰王国大使馆经济商务参赞处.泰国内阁批准开发南部经济走廊[OL].(2018-09-01)[2019-03-16].http://th.mofcom.gov.cn/article/jmxw/201809/20180902781840.shtml.

续表

府名	基本概况	地理区位及环境	优势资源及产业
春蓬，又译尖喷 泰文：จังหวัดชุมพร 英文：Chumphon Province	首府：春蓬府城 面积：6 009 平方千米 人口：509 650 人口密度：84.8 人/平方千米 府辖：8 个县、70 个区、674 个村	地处马来半岛克拉地峡，西邻缅甸，东接泰国湾，北靠班武里府，南为素叻他尼府。府内西部有若干小丘陵，其余地区地势平缓。朗逊河（River Lang Suan）是府内主要河流。	海岸线长，旅游资源丰富。沙美岛及涛岛是著名的旅游点，交通便利。亚洲 4 号公路贯穿府内所有区域，曼谷等地有直达大巴和火车；飞鸟航空、幸福航空等每周有直飞往返春蓬与曼谷的多个航班；每天有渡船开往涛岛、苏梅岛等附近海岛。
素叻他尼，简称素叻府 泰文：จังหวัดสุราษฎร์ธานี 英文：Changwat Suratthani	首府：素叻 面积：12 891 平方千米 人口：1 057 481 万 人口密度：82 人/平方千米 府辖：18 个县、1 个次级县、131 个区、1 028 个村	地处马来亚半岛东海岸，濒临泰国湾。南部府区面积最广的一府。素叻他尼府城距离曼谷 462 公里，有现代化的公路和铁路相通。素叻他尼在印度梵文中的意思是"好人居住的城市"。	农业发达，盛产稻米、椰子、红毛丹等。旅游资源丰富，拥有泰国第三大岛苏梅岛及安通国家海洋公园。猴子训练学校，训练其摘椰子，是此地一特色。交通便捷，北通曼谷，南抵马来西亚。稻米、锡矿石输出港。码头可停靠海轮，通宋卡、巴蜀、曼谷等地。
洛坤，全称那空是塔玛叻府 泰文：จังหวัดนครศรีธรรมราช 英文：Changwat Nakhon Si Thammarat	首府：洛坤市 面积：9 943 平方千米 人口：1 557 482 人口密度：156.6 人/平方千米 府辖：21 个县、2 个次级县、165 个区、1 428 个村	泰国南部人口最多的府，位于马来半岛，东临泰国湾，多山地，拥有南泰最高峰黄山（Khao Luang）。黄山国家公园（Khao Luang National Park）为自然保护区。与宋卡府、博他仑府、董里府、甲米府和素叻府相邻。洛坤在印度梵文中意思是"圣王之城"。	农业资源丰富，工业发展速度不断加快。旅游资源丰富，府内交通便利，城市建设管理不断加强，旅游及商贸发展潜力巨大。当前依托丰富的矿产资源、农业和林业资源，积极发展新兴产业。

资料来源：泰国国家统计局、维基百科、百度百科

3.泰国东部经济走廊与南部经济走廊发展前景

2019年3月24日泰国举行了自2011年以来的首次全国大选,政党轮替、新旧政府交接等成为泰国政局不安的潜在因素继而影响经济建设。但是,作为泰国4.0发展战略的旗舰项目,东部经济走廊与南部经济走廊将逐步发展成为泰国经济新的增长引擎。通过培育东部与南部经济增长极,进一步释放泰国国内经济建设、社会发展的潜能与优势。可以预期,随着上述两大经济走廊建设的深入,泰国的经济模式、工业系统、产业结构、发展动力等将得到升级,或可推动泰国跨越"中等收入陷阱"。同时,东部经济走廊与南部经济走廊的建设也为全球范围的政府、企业、投资者提供了新的投资契机与合作空间。[①]

第三节 越南谅山—河内—胡志明市—木排经济走廊

作为GMS成员国之一,越南积极参与并推动次区域建设与合作。积极倡导中越"两廊一圈"合作并主动融入中国广西壮族自治区所提出的南宁—新加坡经济走廊发展规划之中,在陆路互联互通、跨境运输、跨境经济合作区、边境贸易、旅游、通关便利化、跨境劳务及农业等多个领域取得显著成果。同时,越南国内对现有"经济区—重点经济区—出口加工园区"经济发展模式进行结构重组,培育新增长动能,推动增长方式转型,适应经济发展新环境。[②]基于越南参与上述经济走廊建设的基础、经验与成果,结合国内经济建设与社会发展的现实需要,越南政府提出构建贯通北部、中部与南部的谅山—河内—胡志明市—木排经济走廊。

1.构建背景

越南在颁布谅山—河内—胡志明市—木排经济走廊发展规划前,已先后参与并推进GMS经济走廊、中越"两廊一圈"中2条经济走廊和南宁—新加坡经济走廊的建设,在经济走廊规划与建设方面具备相应的基础。

在GMS经济走廊建设方面,越南积极参与3条经济走廊涉及其境内的规划与建设。其中,南北经济走廊(NSEC)3条线路中的中线昆明—河内—海防经济走廊和东线南宁—河内经济走廊;东西经济走廊(EWEC)越南段西起老保口岸,东至岘港;南部经济走廊(SEC)3条线路全部终于越南,北线越南段为丽清

---

① World Bank.Thailand Economic Monitor—Inequality, Opportunity and Human Capital[R/OL].（2019-01-17）[2019-04-02].http://documents.worldbank.org/curated/en/154541547736805518/Thailand-Economic-Monitor-Inequality-Opportunity-and-Human-Capital.

② 蒋玉山.越南区域经济布局转型与再构战略[J].亚太经济,2018（5）:95-103.

口岸至归仁,中线越南段为木排口岸至头顿,南部沿海线越南段为河仙至南根。GMS经济走廊的建设为越南自主构建国内经济走廊奠定了基础。

在中越"两廊一圈"中2条经济走廊建设方面,越南积极倡导并推动昆明—老街—河内—海防—广宁经济走廊(西廊)和南宁—谅山—河内—海防—广宁经济走廊(东廊)的建设。[1]中越"两廊一圈"合作中2条经济走廊的相关基础设施建设已基本完成,有助于越南北部地区与中国西南部地区间的互联互通,推动该区域经济发展。[2]

在南宁—新加坡经济走廊建设方面,因该经济走廊所规划的线路贯穿越南而备受重视,越南政府颁布相关合作发展方案表示积极参与建设。

2.走廊形成

2015年3月,越南政府颁布第343/QD-TTg号发展规划,即《到2020年谅山—河内—胡志明市—木排经济走廊发展规划及2030年愿景(参与南宁—新加坡泛亚走廊)》,以1A公路和22号公路为载体,衔接境内重点城市,连通其他经济走廊,构建越南区域经济发展基本框架。至此,谅山—河内—胡志明市—木排经济走廊正式形成,并将承担沟通越南北部—中部—南部、促进经济要素跨区域流动、推动区域协调发展的功能与作用。

3.主要规划内容

根据越南政府颁布的发展规划,谅山—河内—胡志明市—木排经济走廊在地理范围、发展方向、建设目标、推进步骤等方面做了详尽的规划。作为越南首个国内经济走廊项目,谅山—河内—胡志明市—木排经济走廊将盘活国内巨大市场,释放经济发展活力,协调各经济主体经济行为,平衡地区间发展差距。

(1)规划地理范围

谅山—河内—胡志明市—木排经济走廊涵盖1A公路与22号公路贯穿的地区,包括21个省和3个中央直辖市。其中,1A公路沿线覆盖23个省/直辖市,自北向南分别是谅山、北江、北宁、河内市、河南、宁平、清化、宜安、河静、广平、广治、承天—顺化、岘港市、广南、广义、平定、富安、庆和、宁顺、平顺、同奈、平阳、胡志明市;22号公路覆盖1个省份,即西宁。

(2)发展目标设定

谅山—河内—胡志明市—木排经济走廊总体发展目标设定为:与"两廊一

---

① 高剑平.中越"两廊一圈"战略的经济哲学研究[M].北京:经济管理出版社,2010:22-42.

② 雷小华,张磊.中越"两廊一圈"与中缅"人字型"经济走廊建设比较研究[J].东北亚经济研究,2018,2(3):5-15.

圈"、东西经济走廊、经济带、主要城市和重点经济区共同构成越南国家经济发展战略,形成全国基础设施发展整体框架;通过经济走廊发展的创新效应与经济溢出效应带动其他地区社会经济发展。建设领域涵盖社会经济、环境保护和国防安全等。社会经济方面,发展至2020年,整个经济走廊地区经济规模达到2 000亿～2 200亿美元,约占全国GDP的70%;吸引国际旅客900万～950万人次,国内旅客4 000万～4 100万人次,实现旅游创收150亿～160亿美元;实现商业销售额约占零售贸易总额的40%,占全国贸易总值的1/3。环境保护方面,保证95%以上的城市生活垃圾与医疗废物得到有效处理;实现85%以上的工业园区与出口加工区废水处理达标。国防安全方面,确保国防及人民安全,构建陆基系统,必要时保证陆海空军事活动的实施。

根据经济走廊发展规划,交通基础设施、贸易与旅游、工业园区与沿海经济区、救援救护、国防安全是重点建设领域,具体如下:

第一,交通基础设施方面,确保现有公路体系的连通性,拓展区域空间的通达性,升级1A公路至4车道标准,推进北—南高速公路建设,建设各大城市环城道路,研究建设胡志明市—木排高速公路;重组河内、岘港与胡志明市三大机场系统,研究新建龙城国际机场与河内第二国际机场;升级南北铁路系统,研究建设南北高速铁路以及连接港口、工业园区、经济带的铁路;整合现有港口运营能力,提升海港竞争力,重点建设海防沥县港和头顿盖梅—市威港等。

第二,贸易与旅游方面,集中发展服务业,创造社会就业机会,构建多样化的产品与服务;加强投资,促进跨地区、跨国间的货物交换;打击走私、制假、造假、贩假,完善电子商务与信息系统,营造健康、高效的商业环境;建设一批走廊沿线旅游城市和国家级旅游度假区,优化旅游基础设施等;发展琼山市、河内市、荣市、顺化市、岘港市、芽庄市、胡志明市和木排口岸等成为走廊区核心城市中心。

第三,工业园区和沿海经济区方面,到2020年,实现工业及建筑业GDP贡献率达到43%至45%,集中建设茱莱(广南)—榕桔(广义)经济区群、清化宜山经济区、河静永昂等沿海经济区。

第四,救援救护方面,新建经济走廊沿线救援与救护中心,重点防范自然灾害,推进灾害防治工程建设,建立重大航空、海事、火灾、爆炸等事故的预警与处置机制等。

第五,国防与安全方面,建立国家防御体系,维护边界与岛屿尤其是边境地区的安全,加强国际合作,有效预防、打击走廊区域犯罪行为。

4. 优先投资领域

交通基础设施与旅游区是谅山—河内—胡志明市—木排经济走廊优先投资的两大领域。这与越南国内经济发展的资源禀赋构成及现实发展的需要相契合。一方面，经济走廊的建设依托交通干线，以主要交通通道为载体，促进沿线内要素的自由流动，实现资源的高效配置，因此需要加快越南境内交通基础设施的建设，优先开放交通基建领域的投资。另一方面，越南旅游资源丰富且优质，旅游发展潜力有待进一步释放，发展旅游区可有效实现旅游资源开发，促进社会就业和走廊建设发展，三者能够有机结合。

(1)交通基础设施领域

优先加快公路、铁路、机场和海港建设等领域的投资。公路方面，升级1A公路现有路段，拓宽部分路面，加快北南高速公路部分路段的建设，推进沿海公路各段连通，实现胡志明公路全线贯通，升级14号公路部分路段；铁路方面，升级北—南铁路为国家一级标准；机场方面，新建内排国际机场T2航站楼、龙城国际机场一期工程，优化岘港国际机场运营系统；海港方面，建设海防沥县港和头顿盖梅—市威港。

(2)旅游区

重点投资建设顺化陵姑—景阳旅游区、岘港山茶旅游区和庆和北金兰半岛旅游区，整合区域旅游资源，打造经济走廊沿线核心旅游区。

5. 发展前景

近年来，越南国内革新开放进程不断加深，经济环境持续改善，国内经济发展趋势持续向好，GDP及GNP保持稳定的增长率。作为越南自主规划并实施的首个国内经济走廊，谅山—河内—胡志明市—木排经济走廊将依托1A公路与22号公路为交通载体，促进廊区内资源的流动，提升经济要素配置的效率，带动沿线各地区间协调、有序地发展。可以预期，谅山—河内—胡志明市—木排经济走廊建设的开展，将有助于缩小地区间的发展差距，推动越南国内经济协调发展。随着经济走廊建设的推进，越南为中国及其他投资者提供了新的投资机遇，交通基建、互联互通、跨境运输、跨境经济合作、国际贸易、工业园区建设、海洋经济、旅游等将成为新一轮发展与投资热点。[①]

---

① 高玉麟,李碧华.越南—中国: 经济合作现状及 "一带一路" 带来的新机遇[J].东南亚纵横,2017（6）：27–31.

第四节　马来西亚五大经济走廊

为平衡区域间经济与社会发展,推动贸易、投资进一步升级,优化经济发展结构,释放经济发展动能,解决"中等收入陷阱"问题,实现"2020年跻身发达工业化国家"的宏愿,2006年,马来西亚政府在"第九个马来西亚计划"中宣布设立5个区域经济发展走廊,即依斯干达发展区(IDR)、北部走廊经济特区(NCER)、东海岸走廊经济特区(ECER),砂拉越再生能源走廊(SCORE)和沙巴发展走廊(SDC)。[1]五大经济走廊依据各自产业基础与自然条件优势,制定不同的发展策略,实施有针对性的产业集群政策,辅以税收、土地、租金、劳工等优惠措施,吸引本国及海外的投资。2011年,马来西亚政府发布"区域性中心城市和经济走廊改造计划",进一步推动五大经济走廊的发展。[2]

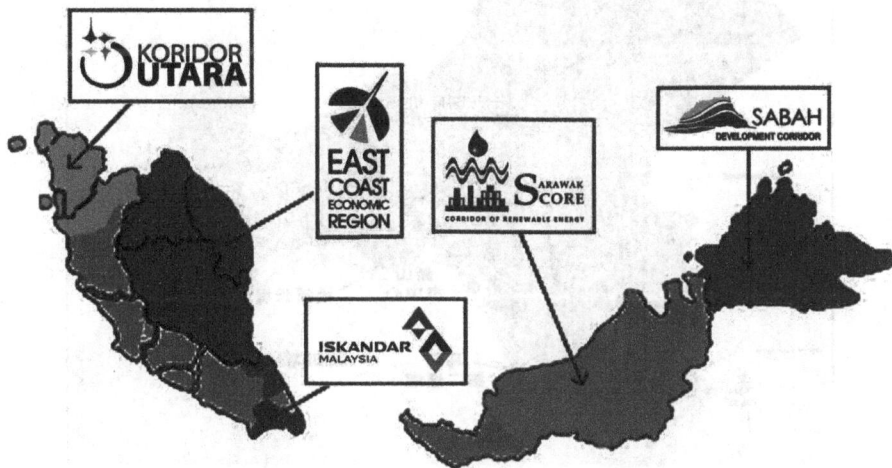

图1-3　马来西亚五大经济走廊示意图

资料来源: roshidan-rashid.blogspot.com

1. 依斯干达发展区（Iskandar Development Region，IDR）

依斯干达发展区于2006年11月正式启动,为马来西亚政府设立的第一个经济走廊,又称柔南经济走廊(SJER),占地面积2 217平方千米,人口约135万,涵盖柔佛州的新山、哥打丁宜和笨珍等数个地区,与新加坡隔柔佛海峡相望。

[1] ATHUKORALA P,NARAYANAN S. Economic corridors and regional development: The Malaysian experience[J]. World Development, 2018,106: 1–14.

[2] World Bank.Malaysia Economic Monitor—Realizing Human Potentia[R/OL].（2018-12）[2019-03-14].https://openknowledge.worldbank.org/handle/10986/30996.

发展定位为国际产业与服务中心,重点发展金融服务、旅游、教育、医疗、物流、电机电子、石油与油脂化学、食品加工等产业。根据《柔南经济特区2006—2025发展大蓝图》的规划,新山、努沙加亚、西大门发展区、东大门发展区以及士乃—士古来是重点建设的五大旗舰区,打造产业集中、功能明确的滨海发展区、休闲旅游发展区、教育与医疗保健发展区、国际综合商务与居住发展区、综合产业集聚发展区、综合物流发展区,以突出各地的资源、区位优势,实现本区协调发展。其中,新山和努沙加亚两个区域还被确定可实施智能快速过境卡的首批自由出入区,以吸引外国公司特别是新加坡公司在IDR设立办事机构。[1]

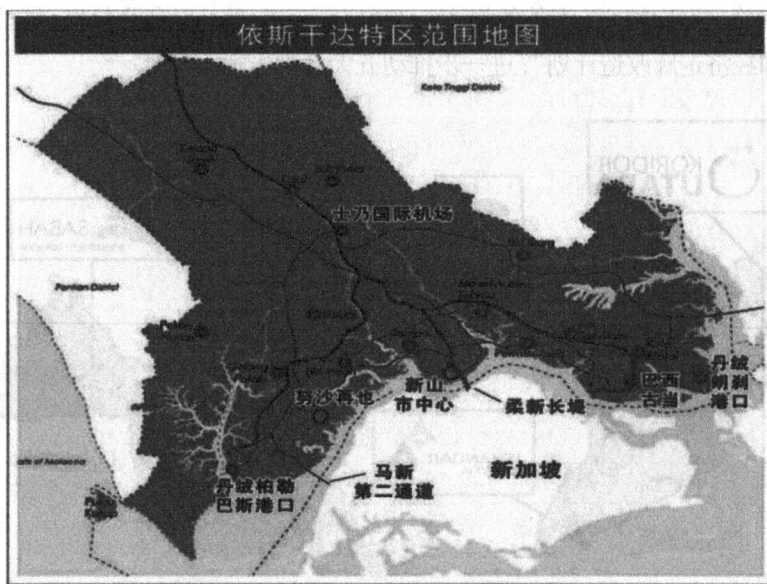

图1-4 依斯干达发展区示意图

资料来源:m.sohu.com

(1)发展历程

2006—2011年,依斯干达发展区(下称依区)累计投资847.8亿令吉,其中506.4亿令吉为国内投资,341.4亿令吉为外国投资,内、外资分别占比60%和40%。经过5年的建设发展,区内第一阶段各旗舰计划大部分已完成,第二阶段的建设持续推进。第二阶段主要发展目标是加强地区性合作,改善发展区周边的交通体系。2012年3月,时任总理纳吉布宣布,政府将在2012年至2020年间,在依区推动并落实59项发展计划。这59项发展计划预计可吸引约1 400

---

① RIZZO A, GLASSON J. Iskandar Malaysia[J].Cities,2011,29(6):417–427.

亿令吉的国内外投资,创造6.8万个就业机会。2016年3月,依区已累计投资2 024.5亿令吉,落实投资1 035亿令吉,占总投资额的51%。其中外资810.1亿令吉,占总投资额的40%,内资1 214.4亿令吉,占总投资额的60%。截至2017年12月,依区共吸引投资额达2 530亿令吉,其中私人投资超过90%。2018年,依区共吸引322.3亿令吉投资。预计2019年将实现300亿令吉投资。2017—2018年,依区六大领域的投资额增长16%,其中旅游与教育领域分别吸引19.4亿令吉与9.4亿令吉。截至2018年12月,依区累计投资已达2 853亿令吉,是五大经济发展区"吸金"最多的经济区。

2006—2016年依斯干达经济区发展历程如表1-2所示。

表1-2 2006—2016年依斯干达经济区发展历程

年份	主要大事记
2006	1.《柔南经济特区2006—2025发展大蓝图》公布,柔佛苏丹依斯干达为柔南经济走廊(SJER)主持开幕; 2.依斯干达发展局成立; 3.依斯干达投资机构(IIB)成立。
2007	1.依斯干达特区发展局(IRDA)成立; 2.依斯干达特区发展局法令(Akta IRDA 664)颁布; 3.努沙再也成立(现改名为依斯干达公主城)。
2008	1.柔南经济走廊由"Wilayah Pembangunan Iskandar, WPI"易名为"Iskandar Malaysia, IM"; 2.投资30亿令吉的道路基础设施建设工程开工; 3.大马依斯干达房屋计划工程展开; 4.马迪尼(Medin)计划推介。
2009	1.依斯干达城(Kota Iskandar)第一阶段工程启动; 2.斯里阿南立康专科医院投入运营; 3.马来西亚纽卡斯尔医药大学开始招生。
2010	1.哥伦比亚亚洲医院开始运作; 2.教育城综合体育馆工程启动; 3.新山转型计划启动; 4.截至本期,依斯干达特区累计投资690亿令吉。
2011	1.柔佛国际名牌商品城(JPO)开业营运; 2.马来西亚纽卡斯尔医药大学与荷兰海事工艺学院正式运作; 3.截至本期,依斯干达特区累计投资847.8亿令吉。

年份	主要大事记
2012	1. 新山滨海大道竣工； 2. 大马乐高乐园完工投入运营； 3. 公主港家庭主题乐园投入运作； 4. 第8届世界伊斯兰教经济论坛在新山举行； 5. 英国马可波罗学院、南安普顿大学、雷丁大学马来西亚分院/校投入运作。
2013	1. Excelsior国际学校投入运作； 2. 南马首个生物科技园（Bio-Xcell）投入运作； 3. 好时（HERSHEY）国际巧克力制造公司宣布投资8.16亿令吉设立士乃工厂。
2014	1. 教育城综合体育馆投入运作； 2. 大马松木影城（PIMS）投入运作； 3. 大马乐高乐水上乐园及酒店竣工； 4. 新山愤怒鸟乐园启动推介； 5. 纱玉河整治工程启动； 6. 新加坡管理发展学院分校动工。
2015	1. 鹰阁医院投入运作； 2. 柔佛州国际青年枢纽成立； 3. 低碳社会行动蓝图与绿色经济指南公布；
2016	1. 纱玉河整治工程1、2期工程完成； 2. 创造70万就业机会； 3. 2014—2025年依斯干达特区综合发展蓝图（CDP II）公布； 4. 马来西亚绿地智慧城市体验馆开幕； 5. 森林城市获免税城地位。

资料来源：依斯干达特区十周年报告

(2) 重点发展产业

房地产、制造业及服务业是依区重点发展产业。房产业蓬勃发展的依区，已被视为未来10年全球经济增长最迅速的地区之一，诸如UEM阳光集团(UEM Sunrise)、联马置地(UM Land)、Titijaya置地、绿盛世(Eco World)、实达集团(SP Setia)及双威集团(Sunway)纷纷进驻依区。教育城及医药城成功吸引外国大专学府及医疗机构进驻，加上乐高主题乐园及松木大马依斯干达影城等运作，"服务业导向"的产业格局已成型。依区政府为吸引外资，提供包括豁免10年所得税、不受外资委员会条例约束、不受新经济政策限制等在内的多项优惠政策和措施。马来西亚政府有意将依区打造成为与新加坡和中国香港、深圳的发展理念、发展模式相似的地区。凭借优越的地理位置、优惠的投资政策、完善的配套措施，依区一跃成为全国发展最快的地区。鉴于依区强劲的发展趋势和良好的外资进驻势头，预计2025年依区可吸引投资达3 830亿令吉。如表1-3所示。

表1-3 依斯干达发展区2025年发展目标及2015年发展成就

经济指标	发展目标（2025）	10年发展成就（2015）
投资额	3 830亿令吉	1 902.9亿令吉
就业机会	80万	70万
人口	300万	195万
GDP	1 204亿令吉	614亿令吉
经济增长率	7%～8%	4%～7%
人均GDP	42 631令吉	32 791令吉
就业人数	131万	91.67万
失业率	2.6%	2.9%
就业率	70%	67.1%

资料来源：依斯干达特区十周年报告

2. 北部经济走廊（Northern Corridor Economic Region，NCER）

北部经济走廊于2007年7月正式启动，占地面积240万公顷，人口430万，涵盖玻璃市、吉打、槟城及北霹雳(包括上霹雳 、吉辇、拉律马当—司南马及瓜拉江沙)等区域，计划建设期至2025年。重点发展领域为农业、制造业、旅游业、物流业等。北部经济走廊计划是"第九个马来西亚计划"(2006—2010)中的五个走廊经济特区计划之一。根据发展规划，马来西亚在2015年前筹集并投入1 770亿令吉资金，开展区内各项建设，其中政府投资占1/3，其余依靠私人投资，包括私人融资计划(PFI)。为了保证北部经济走廊计划顺利进行，马来西亚政府成立北部走廊发展执行委员会(Northern Corridor Implementation Agency，下称NCIA)，负责监督和推动NCER计划的实施。

(1)发展历程

北部经济走廊自2007年7月启动以来，各项建设有序推进，政府投资与私人投资持续推动廊区发展。2008—2016年，北部经济走廊共吸引799.2亿令吉私人投资并创造超10万个就业机会。2014年,北部经济走廊共吸引188亿令吉投资,超出预期目标88%,其中私人及本地投资占70%,远超设定的30%目标,创造18 381个就业机会,超出预期8 000个就业机会的目标。2015年,北部经济走廊共吸引私人投资125亿令吉,超出设定的100亿令吉的预期目标。2016年,北部经济走廊吸引私人投资83亿令吉,创造12 376个就业机会。2017年,投资额同期增长9.87%,达91.2亿令吉,并创造1万多个就业机会。2018年,计划吸引75亿令吉私人投资。与此同时,面对国内吉隆坡、巴生谷、依斯干达特区、东部走廊经济区以及东盟区内其他大城市的竞争,NCIA持续推出多项优惠政策及奖励措施,吸引国内外投资,包括设立农耕地合并管理补助金、人力资源发展补助金、研究与开发新产品风险基金等以及准许在特定领域引进外国知识工人。

图1-5 北部经济走廊示意图
资料来源:greendevil80.tripod.com

(2)重点发展产业

北部经济走廊计划从2007—2025年分阶段实施,建设期从"第九个马来西亚计划"至"第十二个马来西亚计划"。为了加快本区域发展,开发具有竞争力的商机,增加现有工业产值,推动农业、制造业及旅游和物流的服务业的转型与发展,北部经济走廊重点发展现代农业、物流、生物技术、旅游、教育、电机电子、制造业等产业。同时,马来西亚政府持续优化投资环境,优先改善物流基础设施等硬件设施,提升人力资源质量以及政府行政效率等软环境。2011年底,北部经济走廊推出"走廊及城市实验室"计划,选定26个发展项目,与私营部门合作,目标在2025年前吸引270.2亿令吉的投资,GDP达到174.6亿令吉。该计划涉及农业、制造业、旅游业等领域,将为北部各州创造7万个就业机会。2013年北部经济走廊启动第二期建设阶段,优先发展旅游、农业、制造业。目前,乌达拉生物技术中心设立了马来西亚第一个本土LED认证及测试中心。NCIA与公、私、学术教育三大部门合作设立工程科技共同研究(CREST),项目涵盖电机电子产业研发及电机电子产业人才培养。2018年,北部经济走廊实施社会创新发展项目,包括"社区创新中心"计划、3D立体打印技术、原住民社会包容计划、为残障人士开设的农业贸易计划、社区旅游、现代化施肥种植业等。根据《2016—2025年北马经济走廊特区发展蓝图2.0》的规划,未来北部经济走廊发展资金将重点投向制造业、服务业、农业及生物工业等领域。

3. 东海岸经济区(East Coast Economic Region,ECER)

东海岸经济区(如图1-6所示)于2007年10月正式启动,占地面积约6.67万平方千米,人口约390万,涵盖吉兰丹、登嘉楼和彭亨3个州以及柔佛州的丰盛港地区,计划建设期至2020年。计划到2020年吸引投资1 120亿令吉,创造就业机会56万个。东海岸经济区的设立,旨在提升经济价值链,增加知识和创新能力,消除社会经济不平等问题,加强机构协调和实施能力,提高人民生活质量,促进本地区可持续性发展。

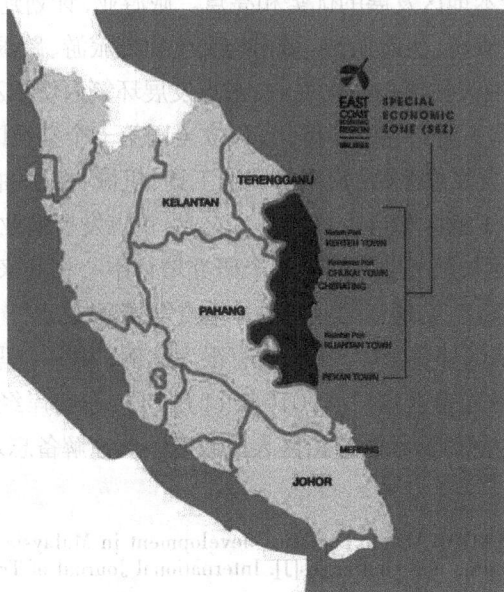

图1-6 东海岸经济区示意图

资料来源:amukifarchitect.com

(1)发展历程

东海岸经济区整体规划由马来西亚第一大国有企业马来西亚国家石油(Petronas)牵头实施并成立东海岸经济区发展理事会(ECERDC),确保1 120亿令吉总投资额、涉及227项工程项目得以落实。建设资金来源方面,联邦政府承担39%,国有企业占14%,私人投资占20%,私人融资占27%。资金投向领域,交通等基础设施占43%,旅游占15%,教育占15%,制造业占9%,农业占4%,其他占14%。截至2017年,东部经济走廊已累计实现私人投资1 116亿令吉(如图1-7所示),其中外国投资占54%,国内投资占46%,土著投资占14%。创造就业机会108 400个,实现就业57 800个,实现创业机会9 660个。公共投资与私人投资比例为1∶14。2007—2017年,东部经济走廊年平均投资增长率为28%。2017年,马来西亚政府在东海岸经济区的29个地点实施以社区为基础的专项发展计划,通过提供技术人才和培养企业家支持该地区的投资活动,特别是在农村地区和小城镇,该计划有效地提高了参与者的生活质量和生活水平。同时,马来西亚政府加快东海岸地区物流发展,提升区内互联互通水平。[①]

(2)重点发展产业

东海岸经济区将以专业园区的形式推动产业集群发展,包括塑料园、知识园、城中城、动画中心、农业城、商业交易中心等,以区别依斯干达发展区和北部经济走廊,打造本地区发展的优势和亮点。旅游业,计划到2020年投资160亿令吉,推动半岛旅游、生态旅游、城市与文化传统旅游、跨国旅游和岛屿旅游等32个项目。石油天然气和石化工业,重点发展环氧丙烷和乙烯类产品,推动石化产品多元化和下游产品的多样化,设立全国第一个塑料园区。制造业,投资100亿令吉,主要发展船舶、汽车等交通工具、机械、棕榈油、手工艺品、清真食品等,同时建立工业区和自由贸易区。农业,重点发展渔业、家禽、谷物及其相关领域的加工业与服务业,设立18个研究培育中心和马来西亚第一个农业城。此外,教育、医疗、交通运输业等也是重点发展领域。[②]

在东海岸经济区外资当中,中资占有很大比例,其中中马两国双园项目之一的马中关丹产业园备受瞩目。2016年11月1日,东海岸经济特区发展理事会(ECERDC)与中国广西壮族自治区人民政府签署谅解备忘录(MOU),两国将

---

① ZURAIMI A, YAACOB M, etc.Logistics development in Malaysia East Coast Region: infrastructure, constraints and challenges[J]. International Journal of Trade, Economics and Finance, 2013,4（5）: 325–330.

② 中华人民共和国驻马来西亚大使馆经济商务参赞处.马来西亚东海岸经济区概览[OL].（2008–02–20）[2019–02–12].http://my.mofcom.gov.cn/article/jjdy/200802/20080205387433.shtml.

加速先进制造业、再生能源、生物经济、餐饮、清真产业、旅游业、船运及通信科技等重点产业投资合作。江苏无锡尚德太阳能电力有限公司确认将在马中关丹产业园投资马币40亿令吉(10亿美元),承诺建设一个太阳能板及绿色能源配备生产基地,这是迄今为止东南亚规划建设最大的单体太阳能生产基地。

图1-7 2007—2017年东海岸经济区私人投资增长示意图
资料来源:大马经济网

4. 沙巴发展走廊(Sabah Development Corridor,SDC)

沙巴发展走廊于2008年1月正式启动,计划建设期至2025年,拟吸引1 050亿令吉外国投资,创造90万个就业机会,于2025年全面消除贫困,失业率将降至3.5%,实现州内GDP增长4倍至632亿令吉、人均收入增长3倍至14 800令吉。沙巴发展走廊计划是"第九个马来西亚计划"的重要组成部分,大马政府在"第九个马来西亚计划"中拨出114亿令吉作为发展资金,另拨50亿令吉专项资金发展优势产业。沙巴发展走廊规划分为西部、中部和东部三大区域,优先发展农业、制造业和服务业三大产业,发展高附加值产品,实现经济发展和社会分配相均衡,确保沙巴地区可持续发展。为了有效地推进沙巴发展走廊的建设,马来西亚政府成立沙巴经济发展投资局(SEDIA),吸引外来投资,加快走廊建设区的发展。

(1)发展历程

2008年,在沙巴发展走廊推介会上,马来西亚政府与包括中国、美国、日本等国在内的13家公司共同签署了合约与谅解备忘录,投资160亿令吉共同推动沙巴经济发展。2008—2013年,沙巴发展走廊吸引约1 140亿令吉投资。同时,政府推出一系列优惠租税政策,促进京那巴鲁黄金海岸海滨、沙巴农基工业园、

沙巴石油与天然气工业园、综合畜牧中心、海洋综合区及拿笃棕油工业综合区
的发展。2013年,沙巴石油及天然气站终端项目、亚庇工业园、拿笃棕油工业
区、山打根棕油工业区以及其他方面共投入近30亿令吉建设资金。2008年至
2014年,沙巴发展走廊在"第九个马来西亚计划"和"第十个马来西亚计划"下
实现了14亿令吉项目的建设发展。2014年2月,政府向SEDIA拨付16.34亿令
吉发展资金。2014年,沙巴发展走廊启动拿笃再液化终端、沙巴石油与天然气
终端(SOGT)及沙巴—砂拉越天然气管道(SSGP)、金马尼士(Kimanis)发电厂、
拿笃发电厂、实必丹(Sipitang)石油与天然气园(SOGIP)、沙巴石油与天然气终
端的气体分离厂、沙巴—砂拉越天然气管道延伸至沙巴工业园等项目。此外,
2008—2016年到访沙巴的游客,由230万人次增至370万人次,创造78.2亿令
吉外汇收入。亚庇国际机场,现已发展成为仅次于吉隆坡国际机场的马来西亚
第二繁忙的机场。泛婆罗洲大道也大大促进了沙巴的发展。截至2018年,沙
巴发展走廊共吸引投资1 650亿令吉。进入"第十一个马来西亚计划"后,政府
加大发展力度,包括提升实邦加货柜码头及亚庇机场设施,以便为沙巴地区经
济与社会发展带来更多成效。

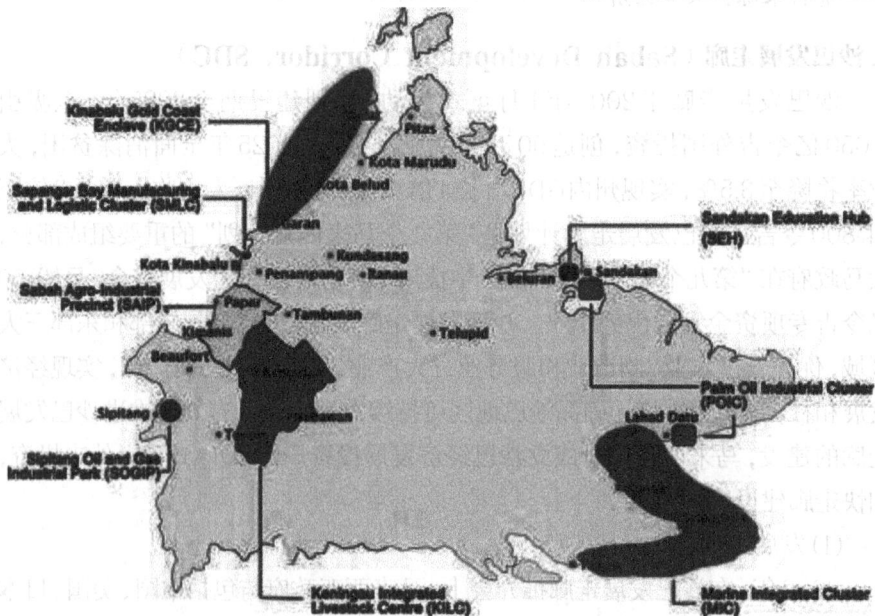

图1-8　沙巴发展走廊示意图
资料来源:沙巴经济发展投资局(SEDIA)

(2)重点发展产业

沙巴为全球第三大棕榈油生产地,自然资源丰富,多元民族文化遗产更是丰富。按照发展规划,该走廊区以农业、旅游、生物科技、地热、新能源能等为优先发展产业,将沙巴打造成为区域的贸易、投资、旅游中心。

表1-4 2025年沙巴发展走廊发展目标及实施战略

领域	发展目标	战略规划	主要内容
GDP	632亿令吉(增加4倍)	"精、准、快"计划	执行相关计划,简化繁文缛节,使发展计划过程达到"精、准、快"目的。
人均收入	14 800令吉(增加3倍)	农村城市计划	乡村与区域发展部推广"农村城市"概念(agropolitan),即在乡村地带以农业作为发展出发点,集中管理成为一个农村城市。
失业率	3.5%(基于2006年的5.8%)	一县一品计划	让每个县拥有代表性产品,直接为当地创造经济效益。
增加就业机会	90万	航空自由化	简化航空公司飞往沙巴的申请程序,全力为沙巴提供更大的便利,将其打造成卓越的旅游胜地。
旅游业创收	485亿令吉		
农业创收	170亿令吉		
沙巴码头吞吐量	增长6倍以上		

资料来源:大马经济网

5.砂拉越再生能源走廊(Sarawak Corridor of Renewable Energy,SCORE)

砂拉越再生能源走廊于2008年2月正式启动,占地面积70 709平方千米,占砂拉越州土地总面积的57%,人口超过60万,覆盖砂拉越州中部地区,包括民都鲁、加帛、诗巫、沐胶及泗里街。发展核心是能源资源,尤其是水力发电、煤炭及天然气。①计划建设期至2030年,拟吸引3 340亿令吉投资,创造160万个就业机会。马来西亚政府成立区域走廊发展机构(RCDA),作为处理砂拉越再生能源走廊发展事务的一站式机构。鉴于砂拉越地区拥有丰富的水利、煤炭、天然气等资源和能源优势,马来西亚政府鼓励金属冶炼、钢铁等能源密集型产业进驻走廊发展区。

图1-9是砂拉越再生能源走廊示意图。

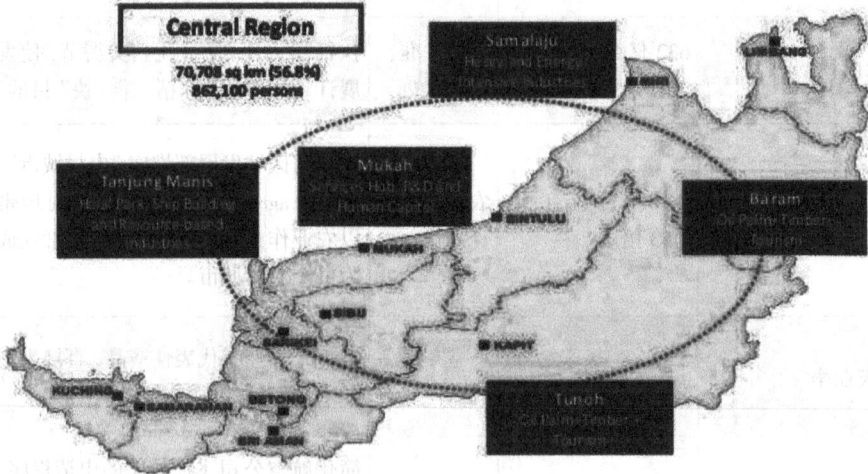

图1-9 砂拉越再生能源走廊

资料来源: oukas.info

(1)发展历程

2008年至2016年12月,砂拉越再生能源走廊共吸引投资1 044.54亿令吉,创造就业61 616个。2016年,"第十一个马来西亚计划"开始实施,砂拉越州走廊全年实现基础设施项目投资17亿令吉。根据建设规划,砂拉越再生能源走廊预计将吸引3 340亿令吉投资,其中670亿令吉来自公共投资,2 670亿令吉来自私人领域,公私投资比例1:4。预计可为砂拉越地区青年创造160万个就业机会。截至2018年11月,砂拉越再生能源走廊共吸引799.1亿令吉投资,其中私人投资336.4亿令吉,占投总资额的42%,其中已经落实9项总价值225.3亿令吉的私人投资项目,7项位于沙玛拉如工业园、1项在沐胶、1项在丹绒玛尼。政府鼓励在民都鲁基老越设立更多的石油化工业,以充分发掘并利用砂拉越丰

① SOVACOOL B K, BULAN L C. Energy security and hydropower development in Malaysia: the drivers and challenges facing Sarawak corridor of renewable energy (SCORE) [J].Renewable Energy, 2012,40 (1):113–129.

富的天然气资源。

表1-5 2008—2016年砂拉越再生能源走廊批准投资额及创造就业机会

地区及项目	投资额 / 百万令吉			创造就业机会		
	公共	私人	共计	公共	私人	共计
萨马拉如 Samalaju	3 506.10	59 831.14	63 337.24	959	30 201	31 160
沐胶 Mukah	1 436.00	2 829.50	4 265.50	2 118	1 290	3 408
丹绒玛尼 Tanjung Manis	2 715.00	3 920.00	6 635.00	313	899	1 212
杜诺 Tunoh	2 329.30	2.61	2 331.91	4 370	79	4 449
巴南 Baram	567.98	3 000.00	3 567.98	312	100	412
发电及输电（巴贡大坝除外）	0.00	18 286.56	18 286.56	0	12 200	12 200
泛婆罗洲公路	6 030.00	0.00	6 030.00	7 280	1 495	8 775
总计	16 584.38	87 869.81	104 454.19	15 352	46 264	61 616
比率	16%	84%	100%			

资料来源：砂拉越再生经济走廊2016年度报告

(2)重点发展产业

表1-6 砂拉越再生能源走廊十大优先发展产业

产业	主要优势
铝业	主要面向中国、东盟区内及马来西亚国内巨大的铝产品需求市场。
石油	萨马拉巨（Samalaju）下游石化产业投资可利用该区潜在的优势。
钢铁	依托区内丰富的能源，发展能源密集型钢铁产业。
玻璃	与该行业相关的是浮法玻璃制造；下游活动涉及汽车零部件及建筑部件。
海洋工程	随着区内发展，海洋工程已成为重要工业领域，尤其在砂拉越中部地区拥有强大的造船传统和文化。
棕榈油	鉴于中国及全球强烈、稳定的需求，棕榈油产业进一步发展。

续表

产业	主要优势
畜禽业	本地区及主要邻近市场对家禽的不断需求将为投资者提供发展良机。
木业	重点发展促进增值木材加工业，以增加本地区产业附加值。
水产业	随着水产养殖技术的不断改进，水产业具有无限的长期增长潜力。
旅游业	随着湖泊水电的发展及腹地的开放，将诞生新的旅游发展机遇。

资料来源：大马经济网

6.五大经济走廊发展前景

2018年5月9日，马来西亚第14届大选引起国内政局动荡，反对阵营希望联盟赢得116个议席，超过112席的执政门槛，而国民阵线失去维持61年的政权。政权交替，政商利益重构，既有利益格局变革，前总理纳吉布所涉贪腐、滥用职权问题等，成为马来西亚国内经济发展的不确定因素。马哈蒂尔上台后采取一系列政策继续推动国内经济发展，既有的发展规划进一步调整、完善，五大经济走廊执行机构继续照常运作。政府更加系统化管理五大经济走廊特区，并设法提升各走廊的特性，更有效地带动当地经济活动，增强各走廊的特性及系统化管理，有效地发挥不同特区的效用，推动其他周边地区的发展。[①]截至2018年6月30日，五大经济走廊吸引价值7 886.1亿令吉的承诺投资，实现投资总额达4 473.5亿令吉，其中依斯干达发展区1 540亿令吉，其次是北部经济走廊900亿令吉，东海岸经济区870亿令吉，砂拉越再生能源走廊780亿令吉和沙巴发展走廊687亿令吉。随着建设的深入发展，五大经济走廊将持续推动马来西亚全国经济高效、协调、快速的发展，助力实现"2020年跻身发达工业化国家"的宏愿。

第五节　印度尼西亚六大经济走廊与区域综合经济走廊

1998年5月21日，苏哈托辞职下台并结束其长达32年的专制统治，印度尼西亚(下称印尼)进入民主革新时期。21世纪以来，世界经济发展重心逐渐东移，亚洲地区新兴经济体快速崛起，印尼面临千载难逢的发展机遇，同时也面对前

① 中国报.林冠英：经济走廊各单位如常运作[N/OL].（2018-12-06）[2019-03-12].http://www.chinapress.com.my/20181206/.

所未有的挑战,尤其是中国与印度的崛起使得世界第四大人口国的印尼倍感压力,不得不重新思考并谋划发展战略。长期以来,印尼经济发展引擎集中于以首都雅加达为中心的爪哇地区,爪哇之外的地区发展缓慢,基础设施滞后。随着国内民主改革进程的深入,印尼东西部地区发展差距逐渐拉大,地区间经济发展失衡,制约整体经济增长。[①]

2011年2月22日,时任印尼总统苏西洛宣布实施"加快与扩大印尼经济发展总体规划"(Masterplan Percepatan dan Perluasan Pembangunan Ekonomi Indonesia,下称MP3EI),旨在通过实施2011—2025年中长期发展规划,实现2025年把印尼建设成为世界级富国水平的目标。2025年,预计人均收入为14 250~15 500美元,国内生产总值达4万亿~4.5万亿美元。在此基础上,进一步实现2045年将印尼建设成世界经济强国之一的国家愿景。MP3EI以2007年印尼工业发展路线图为基础,经过政府官员、企业家、专家和学者等多方主体多年酝酿、论证,最终拟定。MP3EI三大建设纲领之一就是"六大经济走廊",另外两大纲领也是围绕六大经济走廊开展,分别为基础设施建设与人力资本、科技水平提升建设。[②]印尼六大经济走廊规划立足国情,参照马来西亚经济走廊建设的模式与经验,并融入自身特色与要素,致力全国主要岛区社会与经济平衡发展。苏西洛任内举国内、国外之力推动六大经济走廊建设。2014年10月20日,佐科·维多多(下称佐科)上台执政。佐科政府调整并继续推动MP3EI建设。

2013年10月3日,习近平主席在印尼国会发表演讲,首次提出共建"21世纪海上丝绸之路"倡议。2014年10月,佐科上台执政,提出"全球海洋支点"战略构想。此后,中国、印尼两国积极对接上述倡议和构想,全面深化合作,取得丰硕成果。2017年5月14日,佐科出席"一带一路"国际合作高峰论坛并与习近平主席举行会谈,会谈期间佐科提出"三北经济走廊"计划,即重点推进北苏门答腊省、北加里曼丹省和北苏拉威西省的基础设施与工业发展,作为中国、印尼发展战略对接的第二阶段。随后,巴厘省也被纳入"三北经济走廊"项目并改名为"三北一岛"计划,即官方统称的"区域综合经济走廊"计划。

---

① World Bank.Indonesia Economic Quarterly—Strengthening Competitiveness[R/OL].(2018-12)[2019-04-21].https://openknowledge.worldbank.org/bitstream/handle/10986/30969/IEQ2018Dec.pdf.

② KUNCORO M. Economic Geography of Indonesia: Can MP3EI Reduce Inter—Regional Inequality?[J].South East Asia Journal of Contemporary Business, Economic and Law,2013,2(2):17-33.

1.印尼六大经济走廊

印尼六大经济走廊(如图1-10所示)以基础设施建设为发展重点,通过公私部门共同合作,立足六大经济走廊地区的客观条件与资源优势,拟定出8个经济优先发展领域和18类具体项目,以此构建特色经济增长极,设置功能差异的经济发展中心,整合各地区不同优势要素和资源,专注多元化经济发展。利用经济走廊衔接其他区域,根据当地的潜能和特质开拓新商机,推动印尼全国经济整体发展,进而实现既定的规划发展目标。[①]印尼政府还利用中央与地方多个层面的财政与非财政奖励政策、放宽条例、简化行政审批流程、设定绿色通道、优化行政服务等系统化的措施,支持六大经济走廊的发展。

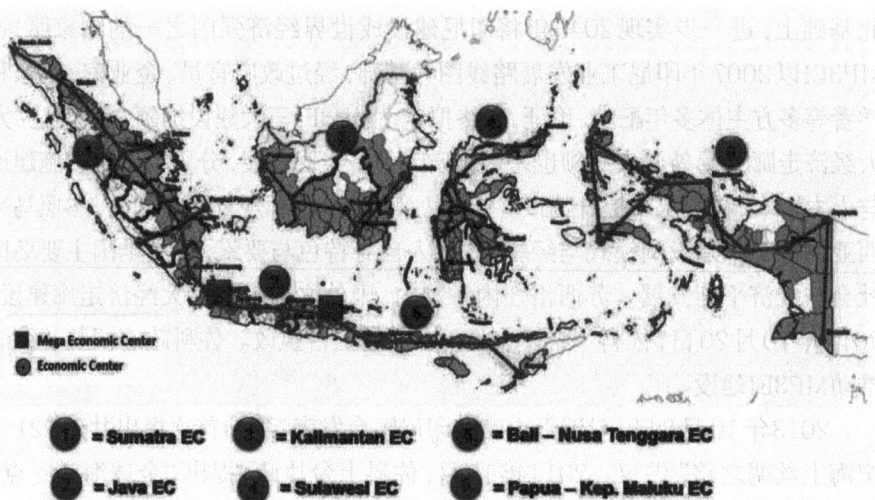

图1-10 印尼六大经济走廊示意图
资料来源：CMEA（2011）

---

① TAN K G, AMRI M, etc.Competitiveness analysis and development strategies for 33 Indonesian provinces[M/OL]. 2013: 29[2019-03-16].https: //www.academia.edu/5714896/ Competitiveness_Analysis_and_Development_Strategies_for_33_Indonesian_Provinces.

(1)六大经济走廊规划概况

表1-7 印尼六大经济走廊发展概况

名称	战略定位	节点城市	发展预期	核心产业	发展策略
苏门答腊经济走廊	国家农产品生产与加工中心、国家能源基地	雅加达、巨港、楠榜、棉兰、西冷、占碑、帕干巴鲁	GDP总量：从390亿美元（2010年）增至4 730亿美元（2030年）增幅：3.4倍年增长率：6.3%	棕榈油、橡胶、煤炭	转变棕榈种植方式，增加上游工业价值；提高橡胶产量，拓展下游工业链接；提升铁路等基础设施水平，扩大煤炭产量。
爪哇经济走廊	国家工业与服务业发展引擎	雅加达、万隆、泗水、三宝垄	GDP总量：从3 040亿美元（2008年）增至12 820亿美元（2030年）增幅：4.2倍年增长率：7.5%	制造业、食品生产、纺织业、交通运输业	加快食品生产，缓解供需失衡；发展纺织产业，引导其成长为优势竞争产业；发展高附加值运输产业，吸引更多原创企业投资。
加里曼丹经济走廊	国家矿产生产与提炼中心、国家能源基地	坤甸、巴厘巴板、三马林达、帕朗卡拉亚	GDP总量：从590亿美元（2008年）增至1 520亿美元（2030年）增幅：2.6倍年增长率：3.6%	棕榈油、石油、天然气、煤炭	增加棕榈油产量，注重深加工，提升附加值，拓展下游产业链；稳定油气开采量，保障能源生产持续增长；完善煤炭运输设施，提升煤炭产量。
苏拉威西—北马鲁古经济走廊	国家农业、种植业、渔业生产与加工中心	万鸦老、哥伦打洛、望加锡、马穆租、肯达里	GDP总量：从210亿美元（2008年）增至940亿美元（2030年）增幅：4.4倍年增长率：7.7%	粮食作物、种植园业、渔业、镍矿	提高粮食产量，保障国家粮食安全；更新种植园品种，提升附加值；减少天然捕捞，增加人工养殖；注重镍矿再加工，提高半成品出口。

名称	战略定位	节点城市	发展预期	核心产业	发展策略
巴厘—努沙登加拉经济走廊	国家旅游门户与副食品基地	登巴萨、马塔兰、泗水	GDP 总量：从 180 亿美元（2008 年）增至 760 亿美元（2030 年）增幅：4.3 倍 年增长率：7.6%	旅游业、农业、畜牧业	以巴厘岛作为门户，带动其他地区旅游业的发展，吸引更多国际游客，增加旅游创收；拓展下游产品链，增加农业产量,提升产品品质。
巴布亚—马鲁古经济走廊	自然资源加工基地与人力资源培训基地	查亚普拉、索龙、马诺瓦里、瓦梅纳、马老奇	GDP 总量：从 130 亿美元（2008 年）增至 830 亿美元（2030 年）增幅：6.3 倍 年增长率：9.6%	矿产业、农业、种植业	完善基础设施，重点开采金矿与铜矿，实施新矿山的开发，促进下游产业发展；推动马老奇粮食与能源基地的发展，提升产量,生产高附加值产品。

资料来源：Kajian Masterplan Percepatan Dan Perluasan Pembangunan Ekonomi Indonesia （MP3EI）

①苏门答腊经济走廊

苏门答腊岛，古称"金洲"，以出产黄金而闻名。苏门答腊岛是世界第六、印尼第二大岛屿，面积43.4万平方千米，常住人口约4 000万，人口密度约85人/平方千米，人口集中于北部及西部中央高地，最大的市区集中在巨港和棉兰，经济地位仅次于爪哇岛。苏门答腊地处马六甲海峡一侧，区位优势明显。全岛山脉、平原与北部沿海沼泽相间分布，是印尼经济作物的最大种植园区，盛产稻米、咖啡、橡胶、油棕等。橡胶、咖啡、棕榈油、苎麻纤维、胡椒等为主要出口农产品。印尼约有1/3的印尼木材产自苏门答腊森林。工业有炼油、采矿、机械、化工、食品加工等。矿产资源丰富,主要有石油、天然气、煤、锡矿、铝土矿、黄金等。廖内省的杜迈(Dumai)是印尼重要的产油区。

②爪哇经济走廊

爪哇岛(Pulau Jawa)是印尼第五大岛,南临印度洋，北面为爪哇海，是世界上人口最多、人口密度最高的岛屿之一，全岛面积12.67万平方千米，人口1.41亿 (2015年),密度高达1 117人/平方千米。爪哇岛是印尼最重要的岛屿，也是全国政治、经济与文化中心地区,其农业生产条件良好,土地垦殖率70%,为全国之冠,水稻、玉米、茶叶、花生、蔗糖等农业产量占全国产量的60%至90%,它是印尼重要的农业产区。爪哇岛主要矿产资源包括石油、煤炭、锰矿、铁矿、金矿、硫矿、磷矿等。其工业基础雄厚,拥有印尼全国最完整的工业体系,包括炼油、造船、机械、冶金、橡胶、纺织、化工、造纸以及制造业等;基础设施发展程度位居印尼之首,交通网络较为完善,拥有全国60% ～ 70%的公路和铁路里程。爪哇岛的教育与旅游等第三产业发展速度也较快。

③加里曼丹经济走廊

加里曼丹岛是世界上仅次于南美洲亚马孙河流域的第二大热带雨林区。岛上热带动植物资源极其丰富,巨猿、长臂猿、象、犀牛以及各种爬行动物和昆虫种类繁多。岛上建有世界上最大的热带植物园;主要矿藏有石油、天然气、煤、金刚石、铜、金、铝土、镁、硫、铁、金、银、石英砂、石灰石、浮石等,金刚石储量居亚洲前列。岛上经济产业以林木业为主,石油、天然气、煤、铜矿的开采与加工日益重要。农产品有稻米、橡胶、胡椒、西米、椰子等,其中西谷粉、胡椒产量居世界首位。值得一提的是,加里曼丹岛是印尼唯一没有地震的地带。

④苏拉威西—北马鲁古经济走廊

苏拉威西岛(Pulau Sulawesi),旧称西里伯斯(Celebes),是印尼中部的一个大型岛屿,也是世界第十一大岛。岛区四面环海,渔业资源丰富,海洋捕捞为当地支柱产业。近年来,海洋养殖业发展趋势良好并逐渐成为重点发展产业;水稻、椰子、咖啡、可可等为优势农产品。南苏拉威西省是全国著名粮仓,该省托拉查地区是世界上著名咖啡生产区。区内望加锡、美娜多(又称万雅老)是重要的国际枢纽港,航运基础雄厚。印尼政府将重点发展棉兰和美娜多国际航运枢纽港。望加锡重点发展造船工业,带动上下游工业的发展。此外,该区自然风光与人文景观资源丰富。

⑤巴厘—努沙登加拉经济走廊

巴厘岛因其得天独厚的旅游资源、蜚声海内外的旖旎风光而被全世界的游客认知。巴厘岛已经成为印尼旅游的第一品牌,也是印尼国际形象构建的重要元素。巴厘岛盛行印度教,岛上印度教的寺庙、家庙林立,具有宗教特色的木雕、石雕、门楼、艺术品随处可见。2012年巴厘文化景观"苏巴克(Subak)"灌溉系统正式入选世界文化遗产。龙目岛以湛蓝的海水和梦幻的沙滩闻名。世界上现存最大的蜥蜴—科莫多巨蜥,又称"科莫多龙",生活在著名的科莫多家公园,该公园1992年被联合国教科文组织确定为世界遗产。世界级潜水胜地、世界七大粉红沙滩之一等优质旅游资源,吸引了众多国际游客到访。

⑥巴布亚—马鲁古经济走廊

巴布亚全境75%的面积为热带森林,森林覆盖面积4 200万公顷,估价达780亿美元。若森林得到持续妥善管理,每年将产出超过5亿立方米的原木。其矿产资源丰富,主要有铁矿、锡矿、铜矿、镍矿、金矿、银矿等稀有金属矿。区内的科克瑙为重要的铜矿产区。米米卡县北部的毛克山脉山区拥有世界最大金矿、第3大铜矿,即格拉斯伯格矿场。马鲁古农业、林业和渔业资源丰富,木材、藤条、椰干、鳄鱼皮和海参等都是其优势产品。食品制造、木材加工、造船等为传统优势工业。另外,巴布亚省动植物资源十分丰富,植物约有1.6万种,其中124种为其特有。著名动物有极乐鸟、树袋鼠、袋貂等。

(2)发展历程

2011年,苏西洛政府颁布《2011—2025年加速与扩大印度尼西亚经济发展总体规划》,六大经济走廊发展规划应运而生并确定396项基建发展项目,总投资额超过4 000亿美元,苏西洛政府全力推进落实规划项目。2014年8月15日,时任总统苏西洛在庆祝印尼独立69周年演讲中表示,自2011年推出以来,MP3EI已经完成382个项目,包括208个基础设施项目和174个实体领域,价值854万亿印尼盾。① 大部分建设项目位于爪哇岛之外,投资额达544万亿印尼盾。"Trans Sulawesi"是第一个爪哇和苏门答腊之外的铁路项目,对于印尼全国的交通建设而言具有历史意义。②2014年10月20日,佐科上台执政。上台伊始,佐科承诺继续推进实施MP3EI规划,并结合自己的执政理念与施政纲领,对MP3EI规划进行了调整,重点发展农业、海洋与基础设施领域,突出农业生产与发展,强调粮食自给自足与粮食主权安全。③同时,为了解决项目建设预算短缺问题,佐科政府积极改善国内投资环境,吸引海外资金,以推动六大经济走廊建设,尤其是铁路、机场、港口等海陆基础设施发展。

(3)重点发展产业

印尼六大经济走廊重点发展产业概况如表1-8所示。

① TEMPO.CO.SBY Banggakan Realisasi MP3EI[OL].(2014−08−15)[2019−03−16].https://bisnis.tempo.co/read/599864/sby−banggakan−realisasi−mp3ei.

② TEMPO.CO.Pertama di Luar Jawa, Sulawesi Bangun Rel Kereta[OL].(2014−08−12)[2019−03−16].https://bisnis.tempo.co/read/599077/pertama−di−luar−jawa−sulawesi−bangun−rel−kereta.

③ CNN Indonesia.Jokowi akan Teruskan Proyek MP3EI[OL].(2014−09−05)[2019−03−16].https://www.cnnindonesia.com/ekonomi/20140905163700−78−2584/jokowi−akan−teruskan−proyek−mp3ei.

表1-8 印尼六大经济走廊重点发展产业概况

产业名称	重点发展领域	基础设施项目	区位	经济走廊
农业	棕榈种植	公路、铁路、港口、能源及水利	杜迈、玛磊、塞依芒克	苏门答腊、加里曼丹
	橡胶种植	公路、港口、能源及电力	南/北苏门答腊省、占碑省	苏门答腊
	粮食加工	公路、港口、能源、电力、人力资源	南苏拉威西、龙目岛、巴布亚	苏拉威西—北马鲁古、巴厘—努沙登加拉、巴布亚—马鲁古
制造业	钢铁业	公路、港口、电力	巴杜利津、赛益、萨堆湖、庞亚坦	加里曼丹
	食品与饮料业	公路、港口、电力及仓库	雅加达、三宝垄、泗水、望加锡	爪哇、巴厘—努沙登加拉、苏拉威西—北马鲁古
	纺织业	公路、铁路、电力	雅加达、三宝垄	爪哇
	机械与交通工具业	港口、电力	雅加达、勿加西	爪哇
	造船业	公路、供水、防波堤、泊位码头	拉蒙岸、卡里门	爪哇、苏门答腊
能源业	煤炭	铁路、港口、能源、电力	楠榜、巨港、帕朗卡拉亚	苏门答腊、加里曼丹
	石油天然气	公路、电力	波唐、芝勒干、图班、锦石、唐固	加里曼丹、爪哇、巴布亚—马鲁古

续表

产业名称	重点发展领域	基础设施项目	区位	经济走廊
矿产业	镍矿	公路、电力、给水	索罗亚格、哥拉卡、哈马黑拉	苏拉威西—北马鲁古
	铜矿	港口、电力	堤米卡	巴布亚—马鲁古
	铝土矿	公路、港口、电力	库亚拉丹戎、曼帕瓦	苏门答腊、加里曼丹
海洋业	渔业	公路、港口、能源	龙目、古邦、望加锡、万鸦老	苏拉威西—北马鲁古、巴厘—努沙登加拉
旅游业	旅游	公路、航空港、海港、电力	巴厘、东努沙登加拉	巴厘—努沙登加拉
电信业	电信	电力、通信网	爪哇之外岛区	爪哇除外
战略综合区域	大雅加达都市圈	机场、港口、铁路、通道、给水、公共设施、能源	雅加达	爪哇
	巽他海峡经济圈	公路、桥梁、铁路、能源	楠榜—万丹	苏门答腊

资料来源：Kajian MasterPlan Percepatan Dan Perluasan Pembangunan Ekonomi Indonesia（MP3EI）

2. 印尼区域综合经济走廊

佐科政府提出的区域综合经济走廊计划涵盖4个省，即北苏门答腊省、北加里曼丹省、北苏拉威西省和巴厘省，其选择具有区位"战略性"发展意义。通过区域综合经济走廊4省的基础设施完善、产业结构升级、优势潜能释放，形成经济辐射效应，带动更大范围区域的经济发展。同时，区域间基础设施的互联互通有助于经济要素自由流动，提高资源的配置效率。

(1)区域综合经济走廊4省基本概况

表1-9、表1-10分别列示了印尼区域综合经济走廊4省的基本概况和产业发展概况。

表1-9 区域综合经济走廊4省基本概况

省份	基本概况								
	行政代码	ISO编码	首府	面积	人口	县/市	乡	村/寨	时区
北苏门答腊省	12	ID-SB	棉兰 Medan	7 298 123	14 551 960	33	436	6 080	UTC+7
北加里曼丹省	65	ID-KU	丹绒施乐 Tanjung Selor	7 546 770	584 505	5	50	482	UTC+8
北苏拉威西省	71	ID-SA	万鸦老 Menado	1 385 164	2 572 939	15	167	1 828	UTC+8
巴厘省	51	ID-BA	登巴萨 Denpasar	578 006	4 165 115	9	57	716	UTC+8

资料来源：印尼中央统计局

表1-10 区域综合经济走廊4省产业发展概况

省份	核心产业规划	优势	劣势
北苏门答腊省	1.工业园 2.物流枢纽与港口 3.机场与航空城 4.旅游与会展 5.基础设施连通	1.北靠马六甲海峡，西南临印度洋，地理区位优越，港口及航运条件好； 2.农业基础较好，稻米、木薯、水果和蔬菜为优势农产品； 3.全国最大种植园带，烟草、剑麻、橡胶、油棕等为优势经济作物； 4.石油、食品、木材、五金加工、纺织、橡胶、卷烟、皮革、化工、机械及运输设备为优势产业，目前正迅速发展为棕榈油和油脂化学工业的加工中心； 5.旅游资源优质，例如多巴湖等。	1.铁路、公路和电力设施不足，基础设施发展严重滞后； 2.地震、火山喷发、海啸等地质灾害多发； 3.干旱、涝灾、山洪或滑坡等主要自然灾害频发； 4.高质量人力资源短缺； 5.官僚主义盛行，行政效率低下； 6.法律不完善，政策法规不齐全。

续表

省份	核心产业规划	优势	劣势
北加里曼丹省	1. 电力与能源枢纽 2. 工业园 3. 基础设施连通	1. 西靠马来西亚砂拉越，北邻马来西亚沙巴，具有区位优势； 2. 地处热带雨林区，生物资源十分丰富； 3. 旅游资源独特且优质； 4. 林木资源丰富，林木产业发展较快； 5. 河流众多，水资源丰富，水电潜力巨大。	1. 基础设施薄弱，电力、交通、通信亟待提升； 2.2012 年 10 月 25 日批准设立的第 34 个省区，属于年轻的省份，公共服务水平、行政效率需要提升，公共服务体系需进一步完善； 3. 社会经济总体发展水平偏低，贫困问题在很大程度上制约着经济建设与社会发展。
北苏拉威西省	1. 工业园 2. 物流枢纽与港口 3. 旅游与会展 4. 基础设施连通	1. 农业资源丰富，发展条件优越，发展潜力巨大； 2. 新能源领域发展势头兴盛，政府重点发展包括太阳能在内的新能源产业； 3. 智慧城市建设方兴未艾，城建升级效果逐渐显现； 4. 数字经济与蓝色经济发展潜力巨大； 4. 旅游资源丰富，海洋生态完整且多样，拥有西印度洋—太平洋中 70%的鱼类，常年平均水温 28 度，是潜水胜地。	1. 基础设施薄弱，机场运载能力亟待升级； 2. 人力资源短缺，尤其是懂英语、汉语的专业导游、服务人员数量偏少； 3. 其他配套设施与服务难以跟上，例如酒店、通信、医疗设施、专业救援服务等； 4. 地震、海啸、洪水、泥石流等自然灾害多发。
巴厘省	1. 高新技术研发 2. 基础设施连通	1. 旅游资源优质丰富，发展历史悠久，基础雄厚； 2. 文化创意产业资源丰富，市场需求巨大； 3. 会展经济潜力大，要素集聚程度较好。	1. 交通运输承载力超负荷，亟待提升、扩容； 2. 巴厘岛第二国际机场建设进展缓慢； 3. 全岛高速公路建设周期较长，推进速度缓慢； 4. 萨朗岸—北诺阿半岛通道等基础设施需进一步改造升级； 5. 阿贡火山喷发及其引发的一系列安全、环境问题需要注意。

资料来源：Economic corridor of industrial development in Indonesia、Kajian Masterplan Percepatan Dan Perluasan Pembangunan Ekonomi Indonesia（MP3EI）、维基百科、百度百科

（2）发展历程

自2017年5月，区域综合经济走廊计划正式提出以来，中印尼两国积极构建合作机制，高效落实对接项目，合作成果逐渐显现。区域综合经济走廊计划提出后，佐科指示海洋统筹部长卢胡特成立领导小组，研究并编写在"一带一路"倡议保护下的优先实施项目清单，用来发掘来自中国"一带一路"倡议的投资机会。2018年4月12日，卢胡特作为印尼总统特使出访北京，积极探讨开展区域综合经济走廊合作。2018年5月6日，国务院总理李克强访问印尼，期间两国签署了《中华人民共和国国家发展和改革委员会与印度尼西亚共和国海洋统筹部关于推进区域综合经济走廊建设合作的谅解备忘录》，双方加快合作实施步伐。2018年10月24日，卢胡特以印尼总统特使身份再次访问北京，区域综合经济走廊联委会建立，全面统筹两国在该框架下的具体合作。2018年11月17日，在巴布亚新几内亚APEC第二十六次领导人非正式会议期间，习近平主席会见佐科总统并强调，中方重视区域综合经济走廊倡议，愿同印尼方早日启动实质性合作。①2019年3月19日，中国、印尼区域综合经济走廊建设合作联委会第一次会议召开前夕，卢胡特向《雅加达邮报》透露，印尼政府计划向中国投资者推出28个优先投资项目，价值达911亿美元。②2019年3月21日，中国、印尼区域综合经济走廊建设合作联委会首次会议在巴厘岛召开，双方就中国、印尼共建"一带一路"合作、产能合作、走廊合作规划、重点港口和产业园区重大项目等合作事宜交换了意见。③

图1-11是印尼区域综合经济走廊示意图。

① 习近平会见印度尼西亚总统佐科[OL].（2018-11-17）[2019-03-10].http://www.xinhuanet.com/politics/leaders/2018-11/17/c_1123729088.htm.

② Billions on Offer for Belt and Road[OL].（2019-03-20）[2019-03-24].https://www.thejakartapost.com/news/2019/03/20/billions-offer-belt-and-road.html.

③ 中印尼"区域综合经济走廊"建设合作联委会召开首次会议[OL].（2019-03-24）[2019-03-28].https://www.yidaiyilu.gov.cn/xwzx/gnxw/83663.htm.

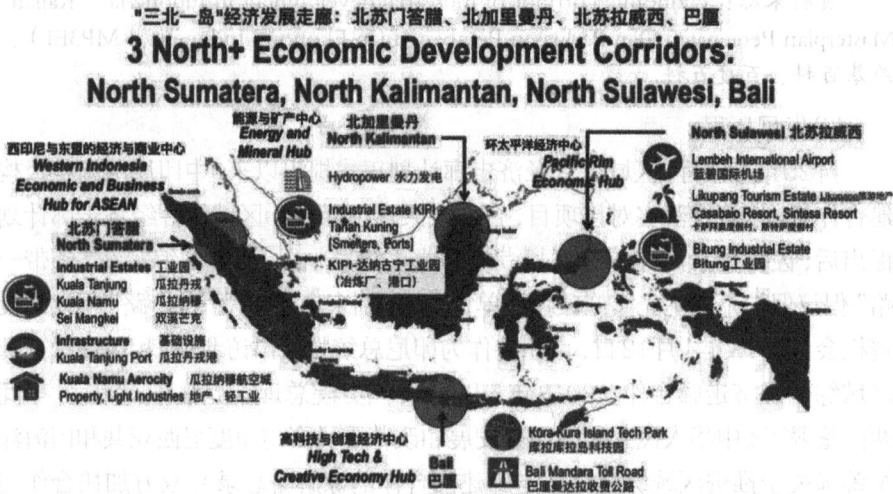

图1-11　印尼区域综合经济走廊（"三北一岛"经济发展走廊）示意图
资料来源：世界说

（3）重点发展产业

区域综合经济走廊涵盖的4个省具有"战略性"的区位选择意义。北苏门答腊省紧邻马六甲海峡，是印尼棕榈油核心产区，印尼政府将其发展定位于"西印度尼西亚与东盟的经济与商业中心"。北加里曼丹省水资源丰富，印尼政府有意将其打造为"能源与矿产中心"。北苏拉威西省在地理上与中国最接近，将被建设成为"环太平洋经济中心"。巴厘省是著名的旅游、商务中心，将继续发挥优势，构建"高科技与创意经济中心"。区域综合经济走廊建设规划包括6个工业园、2个观光项目、2个机场、2个港口、水电项目、收费公路。随着中国和印尼两国合作的加深，双方将在"一带一路"倡议下，重点推进产能、港口、产业园区、电力等领域的合作。2018年4月，卢胡特访华期间，双方已签署7项合作文件，涉及能源、化工、钢铁及工业园等领域。根据合作协议，中方在北加里曼丹省投资项目包括投资20亿美元建设卡扬水电站，投资7亿美元建设二甲醚转化煤制气工业，投资178亿美元成立并发展卡扬水电站合资公司；在巴厘岛投资16亿美元设立合资公司共建电站；投资12亿美元合建炼钢厂。根据谅解备忘录，两国将在北加里曼丹省合作发展电动车电池厂，同时合建达纳古宁曼古帕迪工业园。

目前，双方在北苏门答腊瓜拉丹戎港(Kuala Tanjung)、双溪芒克(Sei Mangkei)工业区、瓜拉纳穆国际机场(Kualanamu)、北加里曼丹双溪卡扬(Sungai Kayan)地区的清洁能源开发、北苏拉威西比通(Bitung)专属经济开发区、巴厘省库拉库拉岛(Kura-Kura)等领域的合作项目有序推进。

3. 发展前景

印尼六大经济走廊规划的制定,改变了传统重爪哇轻外岛的发展理念,开始重视并有针对性地开发其他岛区丰富的资源,推动当地经济发展,逐渐缩小爪哇岛与其他岛区间的差距,平衡印尼整体经济发展。交通基础设施、港口枢纽、大型发电站、集装箱码头等项目的规划与建设将促进印尼全国基础设施大发展。镍矿、铜矿和铁矿、煤炭等矿产资源的开发将进一步释放印尼作为矿产资源大国的优势与发展潜力。农业、种植园业、食品加工业等发展将进一步保障国家基本粮食安全以及凸显热带经济作物的优势地位。制造业的发展将进一步巩固国家工业基础,提升工业发展水平,构建合理高效的产业结构。"区域综合经济走廊"作为印尼对接"一带一路"倡议的优先规划,将在两国政治互信不断深化,经贸联系更加紧密的良好发展背景下为双方带来更大的收益。[①]

第二章

东盟地区经济走廊建设主要问题

东盟地区自然地理环境复杂,社会政治多样,经济发展水平不一,宗教信仰多元化,风俗习惯存在差异,在经济走廊建设的过程中容易受自然灾害、地理环境的影响。地区间经济发展不平衡也影响走廊的长期发展;政党轮替、政府更迭带来的政治动荡也会造成建设受阻[②];社会骚乱、宗教冲突、恐怖袭击也会对区内经济走廊的发展产生消极影响。此外,各建设主体和参与者缺乏系统、完善的法律、制度保障与沟通、协调机制,进一步影响走廊建设的进程。

第一节　自然地理环境复杂

东盟地区自然环境多样,地理环境十分复杂,区内以山地、丘陵为主并与平原、滩地等地形地貌交织共存。其河流、湖泊、海洋等水系众多,水文环境复杂。

---

① 廖萌.21世纪海上丝绸之路背景下中国企业投资印尼研究[J].亚太经济,2018(1):126–132.

② 范若兰.东盟十国基本国情及投资风险评估[M].北京:社会科学文献出版社,2016:178–181.

中南半岛地区具有"山河相间,纵列分布"的地表形态。马来群岛地势崎岖,岛屿星罗棋布,地势高峻,山岭众多,多火山和地震,区内大部分地区属于热带雨林气候,终年高温多雨,潮湿闷热。这种复杂、多样的自然地理环境使得东盟地区成为世界上最容易遭受自然灾害的地区之一,频繁发生的地震、海啸、火山喷发、暴雨、洪涝、泥石流等自然灾害以及水污染、大气污染、疟疾、登革热等次生自然灾害给区内各国和人民带来巨大的生命与财产损失。就当前东盟区内各经济走廊的建设规划来看,GMS经济走廊、马来西亚五大经济走廊、印尼六大经济走廊与区域综合经济走廊受本地区自然地理环境的影响较大,具体而言:

1. GMS经济走廊

GMS经济走廊地处中南半岛,该地区地势北高南低,山脉自南向北呈扇状延伸,形成掸邦高原及南部山谷相间分布的地形格局。湄公河自北向南纵穿老挝、缅甸、泰国、柬埔寨和越南,于越南胡志明市流入南海。此外,伊洛瓦底江、萨尔温江、湄南河、湄公河、红河自北向南,汹涌奔腾,深切的河谷将高原分为数块,形成典型的"山河相间,纵列分布"的地理形态。受制于水文、地形、地貌等自然地理要素,GMS经济走廊在建设过程中交通线路等基础设施的设计、施工、联通等方面需投入大量的资金、人力、技术,建设成本巨大。同时,暴雨、洪水、泥石流、干旱等自然灾害以及疟疾、登革热等次生环境问题也给经济走廊的发展带来一定程度的消极影响。从实际建设效果来看,GMS经济走廊项目的实施与落实远滞后于发展规划,这与本地区复杂的自然地理环境不无关系。

2. 马来西亚五大经济走廊

马来半岛中为山地,两侧为平原,沿海地区沼泽广布。东马沿海地区多分布平原,内地多丘陵和山地。马来西亚最高峰——京那巴鲁山位于沙巴,海拔4 101米。河流主要有霹雳河、彭亨河(马来半岛最长河流)、拉让江(马来西亚及砂拉越最长河流)、京那峇当岸河(沙巴最长河流,别译"基纳巴唐岸河")等。整个马来西亚属于热带雨林气候,终年炎热多雨。沿海地区受西南季风和东北季风的交替影响。这种自然地理环境下,马来西亚五大经济走廊,尤其是位于东马的沙巴发展走廊和砂拉越再生能源走廊,在发展进程中势必会受到地形、地貌、河流等自然地理因素的制约。此外,沙巴和砂拉越地处热带雨林区,生态环境多样,动植物资源丰富,在经济走廊建设过程中必须十分注重生态环境保护,使得项目工程论证与实施的环境成本较其他地区高,客观上增加了建设的成本。

3. 印尼六大经济走廊与区域综合经济走廊

印尼是世界上最大的群岛国家,全国 17 504 个大小岛屿分布于东西长约 5100 千米、南北宽约 1 900 千米的全境范围内。岛屿分布较为分散,苏门答腊岛、爪哇岛、加里曼丹岛、苏拉威西岛、伊里安查亚前五大岛屿内部多崎岖山地与丘陵。印尼地处赤道地区,气候为典型的热带海洋性气候,气温高、降雨多、湿度大,其水系发达,境内河流及湖泊众多。印尼全国共有 400 多座火山,其中活火山超过 120 座,阿贡火山、喀拉喀托火山、默拉皮火山等是喷发比较频繁的活火山。此外,地处环太平洋地震带,地震频发。印尼中央统计局的数据显示,2015 年印尼全年共发生大中小型地震 5 306 次,其中 5 级以上的大型地震 184 次。在此背景下,印尼六大经济走廊以及区域综合经济走廊建设项目的实施开展不可避免地受到自然条件、地理因素的制约,使得经济走廊建设的时间周期、资金投入、技术需求、人力资源等要素加大、增多。

第二节 基础设施水平落后

东盟区内除新加坡和马来西亚两个国家基础设施较为完善、基建水平较高之外,其余国家基础设施发展水平较为滞后,表现为公路、铁路、航空、海运、桥梁、隧道等交通设施的空间通达性较小,港口、机场、货运仓储等吞吐、承载量有限,信息通信技术与设施发展落后,电力输送短缺,能源供给欠缺,供水排水不畅,环卫环保和防卫防灾措施不足。作为经济发展的必要条件,高水平的基础设施能够为发展积蓄能量、增添后劲,为经济高速增长奠定坚实的基础,而建设滞后则可能成为制约发展的瓶颈。当前,东盟区内除马来西亚五大经济走廊基础设施建设较为完善之外,其余经济走廊程度不一地面临基础设施数量亟需扩大、基础设施建设质量亟待提升、基础设施建设有待提速等一系列问题。

1. GMS 经济走廊

囿于自然地理、历史、文化以及资金、技术、人力、管理等,中南半岛地区基础设施整体水平较为落后。公路、铁路、航空、水运立体通道综合运输体系尚未形成,干线公路空间连通性较弱;跨境道路运输合作范围偏小,湄公河国际航运货运量较少;信息高速公路仍处于初级阶段,跨境国际光缆连接程度低;GMS内电子商务、跨境交易平台建设不完善,贸易便利化水平低。区内的缅甸、老挝、越南和柬埔寨经济发展水平较低,其中缅甸、老挝和柬埔寨三国被联合国认定为世界上最不发达的国家。面对基础设施建设需要投入大量资金和人力、技术等要素的现实要求,上述国家的财力、物力、人力等显得"捉襟见肘"。以老

挝为例，境内主要的高速公路、桥梁以及正在建设的铁路项目大多由日本、泰国和中国等国资助修建，全国41座机场中仅有8座铺设跑道，其中国际机场仅3座，即万象瓦岱国际机场、琅勃拉邦国际机场和巴色国际机场。在这种情况下，GMS经济走廊推进过程中面临着基础设施落后的现实问题。

2.越南谅山—河内—胡志明市—木排走廊

总体来看，建设起点低、建设周期长、工程质量不稳定、财政预算有限、建设资金利用率低等因素严重制约着越南基础设施的发展，导致基础设施水平落后。一方面，公路体系不健全，交通辐射能力与货物、人员运输能力较差，路面宽度及承重也亟待提升。境内最重要的1号公路，依然面临路面狭窄的问题，大部分路段仅为双向两车道，为交通事故和交通堵塞埋下隐患。铁路基建方面发展滞后问题更为严重，全国3 146.638公里的铁路总里程中标准轨道铁路里程仅为222.206公里，套轨铁路292.183公里，其余2 632.249公里为米轨铁路。因为铁路系统运行时间久，行车设备简陋，线路质量差，导致速度慢，事故频发。另一方面，建设速度缓慢、项目周期冗长、工程效率低下也是越南基础设施发展面临的又一现实问题。以河内至谅山高速公路为例，该项目始于2014年，全长152公里，2016年河内至北江段先期完工通车，而北江至谅山段预计将于2019年底全线完成通车，年均25公里的建设速度能够从侧面反映出当前基础设施建设的速度与效率。此外，新建工程质量差。岘港—广义高速公路，2013年开工建设，2018年9月全线通车，全长139.2公路。然而该高速公路开通仅一个月，路面便出现大量坑洞与裂痕，虽经过修缮，却依旧出现新的坑洞，同时还发现6座桥梁基座发生沉降事故。最后，基础设施预算不足。根据越南交通部计算数据，2016—2020年，全国交通基础设施领域投资为10 093 980亿越南盾(约480亿美元)，国家预算仅为376 000亿越南盾，占总投资额的37.2%，其余差额需寻求官方发展援助(ODA)及预算外资金。

3.印尼六大经济走廊与区域综合经济走廊

作为世界上最大的群岛国家，基础设施建设是印尼政府面临的一项艰巨的工程，基础设施薄弱是其现状。爪哇岛由于人口密度大，经济活动频繁，岛内的雅加达、泗水、万隆等大城市面临严重的交通拥堵问题，雅加达甚至被诟病为东南亚著名的"堵城"。贯穿全岛的雅加达—芝甘北—万隆—三宝垄—泗水的铁路需要进一步升级，雅加达港口电力仍需扩容。电力短缺、水资源短缺、环境污染等问题也制约着爪哇地区的进一步发展。苏门答腊岛的棉兰、杜迈、巨港等区内重要港口的基础设施亟需升级、完善。廖内省棕榈园专线铁路以及贯通苏门答腊全岛的铁路、公路等交通基础设施尚需建设。电力短缺影响采煤和煤炭加工，难以支撑下游工业的持续发展。巴厘岛的交通运输承载力面临巨大的负荷，拥挤的班机导致航班时常延误，波音777、空客A380也无法起降，巴厘岛伍拉·赖(Ngurah Rai)机场亟待扩建升级，2013年就批准建设的巴厘岛第二国际机场迟迟未见实质性进展。加里曼丹岛公路、铁路的互联互通尤其薄弱，并进一步制约内河港口运输、区内煤炭运输。

第三节　地区间经济发展不平衡

发展不平衡问题是多种因素共同作用的结果，既有诸如地貌、水系、气候等自然因素，也有历史发展的原因，同时与一定时期内政府实施的发展政策密切相关。从区域视角看，一旦发展失衡过大，将引发地区间诸多政治、经济、外交、社会治安等问题。[①]例如，印尼因为"烧芭"引发的雾霾污染给新加坡和马来西亚造成严重的环境问题并引发一系列外交风波。缅甸、老挝和泰国交界的金三角地区是世界上著名的毒品犯罪、走私犯罪、武装冲突等问题的重灾区，给中南半岛地区及中国带来诸多问题，严重影响地区间的发展。从国内视角看，地区间经济发展失衡不仅影响国家整体经济的建设，还引发一系列社会问题。例如，马来西亚东部及西部发展的不平衡问题，印尼爪哇地区与外岛地区的发展差距问题等。

1. GMS经济走廊

一方面，GMS经济走廊受自然地理环境的制约；另一方面，历史上老挝、越南、缅甸、柬埔寨都遭受过殖民统治和掠夺。此外，不同时期内各国政府采取的发展政策不一。上述三个方面的原因导致GMS经济走廊参与建设的成员国泰国、老挝、缅甸、柬埔寨和越南各国之间经济发展不平衡。泰国经济发展优于其他四个国家。根据世界银行统计数据，2017年泰国人均GDP达6 595美元，同期的越南为2 342.2美元，老挝为2 457.4美元，柬埔寨为1 384.4美元，缅甸为1 256.7美元。泰国与其他四国之间的经济差距十分明显。越南、老挝、柬埔寨和缅甸之间也存在着一定程度的差距。经济发展不平衡使得在推进GMS经济走廊建设的进程中出现技术、标准、资金、机制等方面的差距与差异，影响走廊建设的质量和效果。

---

① 李向阳.亚洲区域经济一体化的"缺位"与"一带一路"的发展导向[J].中国社会科学,2018（8）：33-43.

2. 泰国东部经济走廊与南部经济走廊

东部经济走廊西接泰国首都曼谷,受惠于地理上的便利性。1981年,泰国政府实施的第五个国家经济与社会发展计划中,决定大力推动东部地区的制造业发展,承接来自大曼谷区的制造业扩散。东部经济走廊与大曼谷区经济联系密切,同属国内第一经济梯度,政治、经济、文化等远优于南部经济走廊;同时南临泰国湾,拥有漫长的海岸线,是泰国最重要的航运区域,也是东亚、东南亚、南亚以及大洋洲的交通枢纽。罗勇与春武里两府已发展成为泰国工业重镇,罗勇府是汽车制造业中心,也是泰国人均 GDP 最高的府。相比较而言,南部经济走廊在经济、工业、基础设施、科技等方面都落后于东部经济走廊,这种不平衡发展将制约泰国两大经济走廊的协调发展,削弱资金、技术、人力等投入要素的生产率,制约经济走廊的辐射与溢出效应。①②

3. 越南谅山—河内—胡志明市—木排经济走廊

谅山—河内—胡志明市—木排经济走廊所涵盖的24个省和中央直辖市经济发展水平不一,各地区发展在空间上相对隔绝,发展程度差距较大。谅山地区紧邻中国,具有良好的地理区位优势,重点发展边境贸易、跨境经济合作区、跨境物流等,经济发展水平处在越南前列。河内是越南政治、经济、文化中心,是越南经济发展水平最高的地区。岘港是越南中部经济最活跃的地区,2017年曾在此召开APEC峰会,是越南未来发展的重点区域之一。胡志明市有"东方巴黎"之称,依托良好的海港区位优势,胡志明市周边已建立众多工业园区,同时贸易、旅游等产业优势明显,经济发展速度较快,经济水平持续提升。相较于谅山、河内、岘港及胡志明市,其他省区经济发展速度相对缓慢,发展水平相对落后。此外,各地区间产业结构关联性较小,地区与地区之间、产业与产业之间发展相对独立,尚未形成紧密相连的产业链体系与价值链体系,加之地区间经济发展配套的法律、制度、资金、政策、人力、技术等措施不均衡,进一步导致经济走廊地区间经济发展的失衡。

4. 马来西亚五大经济走廊

从五大经济走廊的地理分布来看,依斯干达发展区、东海岸经济区、北部经济走廊位于西马,沙巴发展走廊和砂拉越再生能源走廊则位于东马。实际上,

① 王德光,樊艳红等.泰国经济发展竞争力及主要经济政策分析[J].经济研究参考,2017(70):105–111.
② 林宏宇,张帅.泰国地区间的产业分工体系研究:现状与展望[J].亚太经济,2018(4):66–73.

东西马之间差距颇大。国库控股研究所(Khazanah Research Institute)最新报告《2018年家庭状况：不同现实》显示，在基础设施方面，东马的教育、医疗、自来水设施和电力供应与西马相差甚远，其中电力供应最为悬殊。西马半岛各州属享有完整的电源供应，但是东马尤其是沙巴地区，仅有98.7%家庭有电源供应，有些地区如东革(Tongod)和比鲁兰(Beluran)缺乏完善的供电系统。东西马发展严重失衡将导致马来西亚五大经济走廊在建设发展中难以实现统筹协调、相互促进的发展格局，经济要素的投入也无法实现系统整合的效果，甚至有可能出现相互掣肘的干扰局面。

5. 印尼六大经济走廊和区域综合经济走廊

印尼是地区间经济发展不平衡的典型代表，对比爪哇岛与其之外的岛区可知，尽管爪哇岛面积位列第五，但却是印尼最重要的岛屿，也是全国政治、经济与文化中心地区。全岛面积126 700平方千米，人口1.41亿 (2015年)，密度高达1 117人/平方千米，超过一半多人口集中于此，是世界上人口密度最高的岛屿之一。爪哇岛拥有印尼最完整的产业链，工业基础雄厚。其交通发达，拥有全国60% ~ 70%的公路和铁路里程，港口、机场运输水平较高。爪哇之外的岛区基础设施、工业基础、经济发展水平等都难以与其相提并论，发展差距十分显著。这一现实发展差距也是苏西洛和佐科政府大力推进各大经济走廊的现实原因。但是，各岛区巨大的经济发展差距制约了印尼经济发展的协调性、有序性和持续性。

第四节　政治与社会风险交织

政体有序稳定、政府廉洁高效、政策措施连贯是经济发展的必要政治条件。社会结构合理、民族安定团结、互动交往有序是经济发展的基本社会要素。东盟区内政体多样化、政党多元化，例如印尼是总统共和体制，马来西亚是联邦议会民主制与选举君主立宪制，泰国是君主立宪制，越南是共产党专政。此外，多民族、多种族、多宗教信仰也是该地区典型的社会特征，区内佛教、伊斯兰教、印度教、基督教、原始宗教等共生共存，形成复杂多样的宗教信仰体系。上述问题导致东盟区内各经济走廊建设过程中易受政治动荡、社会风波、民族矛盾、宗教冲突、恐怖势力等政治与社会风险的影响。因为地理因素，一国的政治与社会风波可能演变成区域性的政治与社会问题，波及其他成员国。①

① 范若兰.东盟十国基本国情及投资风险评估[M].北京：社会科学文献出版社，2016: 233–263.

1. GMS经济走廊

GMS经济走廊是典型的多政体、多民族、多宗教的地区。政治动荡、社会冲突、民族矛盾、宗教问题长期存在并不时演变为区域性的政治、经济、社会发展问题。首先，贫困问题是该地区面临的最大也是最现实的社会问题，由贫困引发的社会治安、社会稳定问题以及跨国、跨地区的毒品走私犯罪、"三非"问题对经济走廊建设产生极大的消极影响。其次，民族及宗教冲突，典型事件是2017年缅甸罗兴亚难民危机，该事件不仅造成重大的人员伤亡，也给缅甸国内的政局和社会问题造成了重大冲击，同时波及东盟区内的稳定与发展。再次，恐怖与极端势力长期盘踞于此，严重影响区内各项经济建设，包括金三角地区的武装犯罪势力、缅甸境内的武装分裂势力、泰国南部的恐怖势力等不时制造冲突与动乱。最后，国家间冲突引发的外交动荡，例如围绕柏威夏寺的归属问题，泰国与柬埔寨发生多次武装冲突，对两国关系和争端地区人民生存、发展造成直接损害，并影响地区局势的稳定。

2. 泰国东部经济走廊与南部经济走廊

泰国政府执政周期过短，政治发展进程动荡，考验着政府的执政水平。2014年时任陆军总司令巴育发动政变，推翻英拉政府，成为泰国总理。2019年3月24日，泰国举行政变后的首次大选，根据开票结果，由于没有单个政党的席次过半，势必组成联合政府，给组织和执政都带来复杂性与不确定性，联合政府施政之路困难重重。泰国的廉政建设总体成效不容乐观，2018年泰国清廉指数得分仅为36分，全球排名99，较2017年排名下降3位，腐败问题降低了泰国东部与南部经济走廊对外投资的吸引力。[①] 由于劳工回流、本土教育重文轻理等原因，泰国已面临严重的劳工缺失问题，尤其是科研、高级技工极其缺乏引发投资者担忧。此外，泰国国内民族、宗教冲突及恐怖袭击时有发生，尤其是泰南部地区穆斯林纵火、绑架、袭警、抢劫军火等暴力事件屡屡发生。2015年8月17日，曼谷四面佛爆炸事件受到国际社会的广泛关注。上述问题成为制约两大经济走廊建设的主要政治及社会因素。

3. 马来西亚五大经济走廊

马来西亚是一个典型的多元族群、多元宗教的国家，包括马来族、华族、印度族在内，全国约有30多个民族。众多的民族成分，复杂的宗教构成，使得族群整合问题成为影响马来西亚经济建设与社会发展的关键因素。事实上，马来

---

① Transparency International.Corruption Perceptions Index 2018[R/OL].（2019-01-29）
[2019-04-10].https://www.transparency.org/cpi2018.

西亚族群矛盾及冲突由来已久,英国殖民统治时期的"分而治之"政策以及日本占领时期种族对抗政策都为种族对立埋下了隐患。伴随社会发展进程的加快,种族主义与种族歧视在马来西亚的政治、经济、社会和文化领域根深蒂固。大马社会沟通中心2015年马来西亚种族歧视报告显示,2015年马来西亚所发生的种族歧视案件多不胜数,包括影响较大的刘蝶广场偷手机事件、超市手推车划分清真与非清真以及9·16红衣集会等。此外,2018年5月9日举行的马来西亚国会下议院第14届选举,希望联盟击败国阵,时隔60年实现独立以来的首次政党轮替,马来西亚政局大变天。前首相纳吉布深陷贪腐丑闻,给马来西亚政坛及政府形象造成巨大影响。2018年马来西亚清廉指数得分47分,全球排名61位。[①]贪腐、渎职、滥用职权也制约着马来西亚政治的稳定与社会的发展,进而影响五大经济走廊的建设与发展。

4.印尼六大经济走廊与区域综合经济走廊

印尼是世界上最大的群岛国家,也是世界第四人口大国,民族众多,宗教多元,恐怖主义、民族分裂主义、极端宗教主义等依然存在。亚齐、巴布亚、马鲁古等是社会冲突与动乱的主要地区。2018年12月2日,一个武装分裂主义犯罪集团制造了巴布亚恩杜卡(Nduga)桥梁建造工人血腥屠杀事件,共造成31名工人死亡。贫困问题也制约着其经济发展。根据印尼中央统计局2017年的数据,巴布亚和马鲁古的贫穷人口比率高达21.33%左右,为印尼最贫困地区。此外,腐败严重、行贿受贿成风、官僚主义盛行、行政效率低一直是印尼政府的"顽疾"。2018年印尼清廉指数得分仅为38分,全球排名89位。[②]2019年4月17日,印尼同时举行议会选举和总统选举,选举委员会于5月公布选举最终结果。政党轮替、新政府执政,都为经济走廊的建设增加了不确定性并将影响经济走廊的建设。

第五节　缺乏完善的建设机制

经济走廊的建设需要完善的机制系统,包括法律机制、发展机制、竞争机制、人员机制、激励机制、监督机制、约束机制、预警机制等。机制对经济走廊建设具有基础性和根本性的作用,良好的机制可以有效促进建设系统达到自适

---

① Transparency International.Corruption Perceptions Index 2018[R/OL].（2019-01-29）[2019-04-10].https://www.transparency.org/cpi2018.

② Transparency International.Corruption Perceptions Index 2018[R/OL].（2019-01-29）[2019-04-10].https://www.transparency.org/cpi2018.

应状态,即在外部条件发生变化时,经济走廊建设系统能够及时、有效、自动地做出反应,调整既定的策略与措施,确保实现建设目标。面对激烈竞争的内外部发展环境以及复杂的系统风险,构建完善的建设机制系统十分重要。反观现阶段各经济走廊建设机制的发展现状,一方面存在建设机制系统不完善的问题,另一方面机制实践的效果有限,经济走廊建设的务实性、动态性、规模经济性、可持续性等特质被削弱。因此建设机制欠缺,进而导致上述经济走廊在建设发展过程中出现发展失衡、沟通不畅、无序竞争、同质竞争、低效建设、项目推进缓慢等诸多问题。

1. GMS经济走廊

GMS经济走廊的建设涉及六个国家、多个政府部门、若干专业机构、诸多企业及社会组织等主体,建设内容涵盖贸易投资、交通互联互通、国际卫生、文化旅游、能源合作、环境保护等多个领域,是一项复杂的系统工程。现有的建设机制主要有《区域投资框架》《领导人宣言》《河内行动计划》《交通与贸易便利化战略行动计划》《大湄公河次区域经济走廊论坛部长联合声明》《加强经济走廊论坛机制建设的行动纲领》《推动实施经济走廊具体项目试点概念计划》《跨境电子商务合作平台框架文件》《交通与贸易便利化行动方案》等。从实践特征看,上述机制更多涉及发展愿景与中长期规划。经济走廊建设所需的发展机制、工程建设机制、多方参与机制、协调机制、监督机制、评估机制等尚不明确,利益均衡机制和争端解决机制亟待完善。

2. 泰国东部经济走廊与南部经济走廊

泰国东部经济走廊已进入快速发展时期,基础设施工程建设、法律法规颁布、财税政策实施、对外宣传、招商引资等方面的建设工作有序推进、落实。与此同时,南部经济走廊的建设逐步展开。泰国政府同时推进两大经济走廊建设面临一个现实的问题,即内部竞争。根据泰国政府制定的两大经济走廊的发展规划可知,东部与南部经济走廊在多个领域及实施项目上相同或相近。这给泰国政府建设机制带来了挑战:一方面,现有的建设机制、投资机制、协调机制、监督机制等需要进一步完善;另一方面,面对新的建设周期、发展环境及区内其他国家经济走廊建设的竞争,泰国政府需适时构建新的机制,避免东部与南部经济走廊出现同质竞争、无序竞争。如何合理引导、高效配置走廊建设所涉及的资金、政策、信息、技术、人力资源等要素,是泰国各级政府部门及经济走廊建设参与者面临的现实问题。

3.马来西亚五大经济走廊

受地理、政治、历史等因素的制约，东马与西马隔南中国海相望，在法律、制度、财税、监督等机制方面存在差异，东马享有一定程度的自治权。此外东马与西马在发展程度、政策实施方面也存在差距，西马发展程度远高于东马。种族主义下，地区间的发展政策与政策导向存在差异。沙巴发展走廊和砂拉越再生能源走廊位于东马，其余三大经济走廊地处西马，每个经济走廊区各自设立了专门的投资与发展部门。基于此，马来西亚政府面临如何构建统一的建设机制并保障机制在联邦政府、州政府及地方政府间有效实施的现实问题。此外，五大经济走廊之间的内部竞争也需要关注。各大走廊为吸引国内外的投资，纷纷出台一系列的优惠政策与措施，但是如何合理把握内部间的竞争程度，避免无序、消极竞争，需要正视。面对印尼、泰国等邻国经济走廊建设的竞争，能否保持自身优势并成功吸引投资，也考验着马来西亚政府的建设机制系统。

4.印尼六大经济走廊与区域综合经济走廊

基于印尼的国情、民情可知，六大经济走廊以及区域综合经济走廊在建设过程普遍面临着法律法规、税收、土地、行政审批等方面的挑战。总体来看，印尼国内的监管环境复杂，政策较为多变，缺乏规范和透明的法律体系。相关法律规定欠缺，既有的法律陈旧滞后，制度不尽合理，有法不依、执法不严的乱象严重，法治环境亟待提升。仲裁、协调司法机制严重滞后，发展建设过程中遇到的纠纷借助司法解决十分困难。税务体系复杂，税负较重，税负条例多变，同一个税法条例，不同税务局的理解与执行各不相同，不同税务法官对同一个税务案件的认定也不尽相同。土地使用监管十分严格，尤其针对采矿、建设行业的土地使用审批程序十分复杂，增加了外资企业的投资风险和成本。

第三章

中国参与东盟地区经济走廊建设的现状与优势

东盟是新时期我国周边外交的优先方向，在亲诚惠容的理念和与邻为善、以邻为伴的周边外交方针下，双边致力于构建更为紧密的中国－东盟命运共同

体。[①]十八大以来,东盟成为"一带一路"建设的重点区,双方"钻石十年"平稳有序地推进,成果逐年递增,发展趋势良好。2018年11月,第20次中国–东盟领导人会议期间,李克强总理提议制订"中国—东盟战略伙伴关系2030愿景",将既有的"2+7合作框架"升级为"3+X合作框架",构建以政治、经贸、人文交流三大支柱为主线、多领域合作为支撑的合作新框架。随着东盟区内各经济走廊的推进与发展,中国参与的元素逐渐增多。中国在基础设施建设、产能、资金、技术、管理等方面的优势为各经济走廊的持续建设注入新的发展动力。

第一节　中国参与建设的现状

目前,在中国—东盟双边、多边及区域发展机制、建设平台、合作框架下,双方在经济走廊建设领域的合作成果逐渐增多。[②]中国积极参与GMS经济走廊以及马来西亚、泰国、印尼、越南国内经济走廊的建设,取得一系列合作成果。总体来看,在各经济走廊建设发展的进程中,中国已经形成政府引导、企业主导、社会参与的多元建设主体。参与形式包括直接投资、技术援助、项目援助、合资经营、工程承包、劳务输出等。参与建设的领域以基础设施为主,涵盖农业、工业、矿业、制造业、服务业等多个产业。

1.参与建设的主体

从参与建设的主体来看,主要分为部门、地方、使馆、企业、金融机构、行业协会六大主体。具体划分为政府机构部门、企业以及各类社会组织三大类。政府机构包括发改委、商务部、外交部、财政部、国家开发银行等主要中央部委机构,驻外使馆和领馆以及省、市、县等地方政府部门与机构。例如广西、云南两省作为地方政府是参与GMS经济走廊建设的重要主体。企业,主要包括国有企业、民营企业、私人企业等。按照行政级别可分为中央部委直属企业、地方(省、市、县)政府所属企业。按规模可分为大型企业集团、中型企业、小型企业等。参与走廊建设的队伍中,既有"国家队",也有"地方队"。中国交通建设股份有限公司、中国建筑工程总公司、中国电力集团、中国铁道建筑总公司、中国铁路集团、中国石油天然气集团公司、国家电网等是"国家队"主要代表。社会组织,主要有中国非政府组织、民间团体、行业协会、学会、公益组织等。随着各经济

---

① 中华人民共和国外交部.携手共筑新时代的中国—东盟关系[OL].（2018–03–14）[2019–04–05].https://www.fmprc.gov.cn/web/dszlsjt_673036/t1542251.shtml.

② 全毅,尹竹.中国—东盟区域、次区域合作机制与合作模式创新[J].东南亚研究,2017（6）:15–36.

走廊建设的深入，中国社会组织积极参与环境保护、人道主义援助等公益性服务。近年来中国蓝天救援队多次参与印尼、缅甸、老挝等国灾害救援，成为参与建设的新亮点。

2. 参与建设的走廊

基于各经济走廊构建的时间、建设周期及地理区位，GMS经济走廊是目前中国参与建设时间最久的走廊。20多年来，中国直接参与了三条经济走廊之一的南北经济走廊的建设，积极推进走廊东线、中线和西线规划项目的落实与发展。马来西亚五大经济走廊建设已超过10年，由于构建的时间较早，发展的周期较长，中国参与建设的程度较高。印尼六大经济走廊提出后，中国政府、企业等给予积极的回应并参与了桥梁、电站、公路、工业园区等项目的建设，它是中国参与的主要国外经济走廊之一。区域综合经济走廊是佐科政府于2017年提出的对接中印尼发展战略第二阶段的规划，力争将其打造为两国合作发展的新标杆。随着泰国东部经济走廊建设的推进，阿里巴巴、金山、华为、腾讯、京东等中资企业已逐步完成布局。可以预期，南部经济走廊建设的展开将为中国提供更大的参与空间。对比上述经济走廊，目前中国参与越南谅山—河内—胡志明市—木排经济走廊的建设项目较少，但是中越经贸合作趋势与发展潜力很大，预计未来中国参与其经济走廊建设的程度将不断加深。

3. 参与建设的形式

现阶段，中国参与上述经济走廊建设的主要形式包括国际直接投资合作、共建经贸合作区、工程承包与劳务输出、技术援助、项目援助、优惠贷款、BOT、PPP等。其中对外直接投资是中国参与建设的主要形式之一，有利于发挥中国企业以技术、资本、管理、知识为基础的竞争优势。根据《中国对外投资发展报告2018》发布的数据显示，2017年对马来西亚直接投资额为17.2亿美元，印尼为16.8亿美元，泰国为10.6亿美元，越南为7.6亿美元，老挝为12.2亿美元，柬埔寨为7.4亿美元。上述国家都为2017年中国对外直接投资流向的前20位国家。共建经贸合作区，主要有中国—印尼经贸合作区、马中关丹产业园、泰中罗勇工业园、越南龙江工业园、老挝万象赛色塔综合开发区、柬埔寨西哈努克港经济特区等。项目援建，主要代表项目包括印尼泗水—马都拉跨海大桥、印尼"三峡工程"佳蒂格德水电站、老挝曼昆公路、跨湄公河大桥、老挝国际会议中心项目、柬埔寨桑河二级水电站、中柬友谊医院大楼项目、柬埔寨国家体育场、柬埔寨3号公路等。

4.参与建设的领域

　　按照各经济走廊的发展程度、功能定位,现阶段中国参与建设的领域大致可分为两大类:第一类,大型基础设施、能源、资源、航路交通、公路、铁路、港口、机场、桥梁、电站、建筑业、农林牧渔业、交通运输和仓储等,主要面向GMS经济走廊、印尼六大经济走廊与区域综合经济走廊、越南谅山—河内—胡志明市—木排经济走廊等基础设施亟待完善、工业发展亟待升级的地区和国家,中国积极为上述领域的建设提供资金支持和技术援助;①②③第二类,制造业、高新技术、智能制造、大数据、云计算、人工智能、智慧城市建设、租赁、商务服务业、批发和零售业、房地产、娱乐、旅游、金融业、电子商务、教育服务等,主要面向马来西亚五大经济走廊、泰国东部经济走廊等基础设施水平较高、建设机制较为完善、运营系统科学合理、工业化程度较高的经济走廊。④⑤

第二节　主要参与项目及建设成果

　　伴随东盟区内各经济走廊发展进程加快,中国参与建设的程度也不断加强。中国在基础设施建设、互联互通、电力、能源、制造业、工业园区、跨境电子商务、贸易便利化等诸多领域积极参与建设,取得丰硕成果,不仅有效地推动了经济走廊建设地区社会经济的发展,还促进了中国企业走出去,积极参与国际经济合作,为全球经济治理贡献中国的经验和智慧。

1.GMS经济走廊

　　在GMS合作框架与发展机制下,中国积极推动经济走廊的建设与发展。《2022区域投资框架》规定了未来五年间的优先项目清单,包含227个投资和技术援助项目,总金额约660亿美元。目前,在政治安全、经济和可持续发展、社会人文三大支柱以及互联互通、产能、跨境经济、水资源、农业和减贫五个优先领域的建设都取得了积极进展。基础设施方面,中老铁路进展顺利,中泰铁路一期工程顺利推进,中缅陆水联运有序进行,跨境经济合作区和新型产业园

---

① 卢光盛,金珍."一带一路"框架下大湄公河次区域合作升级版[J].国际展望,2015,7(5):67–81.

② 吴崇伯."一带一路"框架下中国与东盟产能合作研究[J].南洋问题研究,2016(3):71–81.

③ 王志芳,邹璟菲等.中马产能投资合作重点领域分析与建议[J].国际经济合作,2018(4):68–74.

④ 刘馨蔚."泰国4.0"对接"中国制造2025"进泰瞄准"东部经济走廊"[J].中国对外贸易,2018(3):68–69.

⑤ 赵江林.中国与马来西亚经济发展战略对接研究[J].亚太经济,2018(1):27–33.

区建设取得显著成效。贸易方面,边境清关、信息互换、简化海关和过境手续等通关便利化及跨境电子商务合作日趋完善。区域安全治理方面,实施湄公河联合巡逻执法,打击跨境商品走私、毒品走私、人口贩卖、跨境赌博、"三非"问题等,开展环境保护领域合作。截至2019年4月,中老缅泰已开展81次湄公河联合巡逻执法行动,取得良好的执法效果。[①]

此外,在国别项目上,中国能建老挝万象电网现代化改造项目、葛洲坝集团老挝南巴尤水电站项目、北方公司老挝沙湾拿吉项目、湖北工程老挝230千伏乌江水电站二期输变电项目、中国路桥柬埔寨首条高速公路项目、中国一冶柬埔寨西港壹号项目、上海宝冶柬埔寨集茂万豪酒店项目、中建三局柬埔寨金边威尔斯公馆项目、中铁建设集团援建柬埔寨特本克蒙省医院项目、中国援建缅甸滚弄大桥项目、水电十四局缅甸曼德勒缪达产业新城项目、中铁国际缅甸曼德勒产业新城基础设施工程设计采购及建造项目、中国电建缅甸皎漂135MW燃气联合循环电站项目、山西建投缅甸曼德勒平安医院项目等是中国参与建设的国别项目,项目集中于电力、公路、桥梁、医院、城建等基础设施领域。

2019年4月25—27日,第二届"一带一路"国际高峰论坛期间,中国国家发展改革委与缅甸计划与财政部签署中缅经济走廊早期收获项目清单,与泰国交通部、老挝公共工程与运输部签署政府间合作建设廊开—万象铁路连接线的合作备忘录,中国中铁股份有限公司向缅甸交通与通信部递交木姐至曼德勒铁路项目可行性研究报告(技术部分)。可以预期,未来基础设施建设、互联互通仍将是中国参与GMS经济走廊建设的重点领域。

2.泰国东部经济走廊与南部经济走廊

泰国东部经济走廊是泰国4.0旗舰项目,主要发展新能源、未来汽车、电子智能、农业与生物技术、机器与自动化、生物能源与生物化学、医疗和健康产业、数字产业等。重点打造东部航空城市经济特别促进区(EEC-A)、东部经济走廊创新区(EECi)和东部经济走廊数字产业区(EECd)。目前,除了泰中罗勇工业园项目之外,在数码产业项目上华为、阿里巴巴、腾讯、金山、京东已实施具体项目;中国移动与联通分别参与泰国数码园、互联互通中心的建设项目;中国国家网信办参与大数据中心与海底光缆项目;华为实施5G建设项目;新松开展机器人与人工智能项目;上汽集团实施研发、培训及电动汽车电池测试;深圳华大基因参与研发高效生物科技设备、基因图谱解读、生命科学大数据;武汉光谷和

---

① 卢光盛,金珍."一带一路"框架下大湄公河次区域合作升级版[J].国际展望,2015,7
（5）：67-81.

武汉大学参与全球导航卫星系统与地理信息学；西北电子设备研究所参与卫星地面站建设；国家航天局和CNSO开展航天技术发展项目；大疆实施无人机研发设计；黄海水产研究所开展海鲜及农业研究；广西轻工业科学技术研究院和南宁万宇食品开展食品研发及淀粉产品研发等。

未来，在基础设施项目方面中国将重点参与乌塔堡国际机场、连接三大机场的高铁、廉查邦港三期、玛达普港三期以及数码产业基础设施的建设，包括5G、光缆和大数据中心。东部经济走廊与中国制造2025战略在数码产业、机器人、航空、新能源汽车、医疗、农业与生物技术六大产业高度契合，将借助安美德City、罗勇CPGC两大重点园区推进中资企业投资。此外，中泰两国在合资开发新城与公共服务设施项目上将进一步加强合作，包括智慧城市建设、大数据中心、城市治理"政务云"、自资源管理等。同时，随着南部经济走廊建设的开展，中国将在渔业、旅游、橡胶、能源、转口贸易等项目上积极参与建设。

3. 越南经济谅山—河内—胡志明市—木排走廊

基于地理位置、发展阶段以及经济结构等因素，中越经贸合作密切，中国连续13年成为越南最大进口市场，越南已成为中国在东盟最大的贸易伙伴。2017年，两国双向贸易额达937亿美元，同比增长30.2%，中国成为越南第一大贸易伙伴。2017年，中国对越南投资协议金额21.7亿美元，达历史最高水平。[①]2018年上半年，双边贸易额为660.4亿美元，同比增长28.8%，增幅领先于东盟其他国家。越南计划与投资部统计数据显示，2018年前6个月，中国大陆对越直接投资总金额8.4亿美元，在越南外资来源地排名中居第六位。其中，新批投资项目163个，协议金额3.3亿美元；追加投资的项目34个，增资金额1.9亿美元。越南已经紧密加入中国的供应链。

基于谅山—河内—胡志明市—木排走廊的建设现状，目前中国参与该走廊建设的项目十分有限。但是，中越共建"两廊一圈"以及中国对越投资的相关项目将对下一阶段谅山—河内—胡志明市—木排走廊的建设产生直接的影响。当前，中国对越南主要投资项目集中于基础设施、电力、公路、农业、工业园区等。代表项目包括中越"两铁"与"三桥"项目、TCL越南新综合制造工厂项目、新希望集团越南优质养殖项目、哈尔滨电气国际工程越南永兴3期3×660MW火电项目、中国一冶越南河内4 000吨/天生活垃圾焚烧发电厂项目、中国能建越南富安华会257兆瓦光伏项目、东方日升越南塔占太阳能NHI HA 50MW电

① 中国驻越南经商参处.中国驻越南大使馆举办中越经贸合作专题记者会[OL].（2018-08-09）[2019-03-28].http://vn.mofcom.gov.cn/article/jmxw/201808/20180802774292.shtml.

站项目、中越永新火电厂合作一期项目、中铁六局河内吉灵—河东线城铁项目以及龙江工业园、中越(深圳–海防)经贸合作区(简称深越合作区)等。其中,卧龙电气、三花智控、大洋电机、普联技术、华懋新材料、欧陆通电子、豪恩声学、道通科技、飞宏科技、特发信息、大乘科技、共进电子、和而泰智控、香港汇进等20家高科技企业已经入驻深越合作区,聚焦轻工制造、电子、机电行业的研发与生产。

显著的地缘优势、稳定的政治局势、丰富廉价的劳动力、日渐完善的营商环境、完备高效的合作机制将推动中越全面战略合作伙伴关系进一步发展。随着越南经济发展战略与"一带一路"倡议深度融合,双方经贸合作持续升级,中国将积极参与谅山—河内—胡志明市—木排经济走廊的建设。

4. 马来西亚五大经济走廊

马来西亚五大经济走廊定位清晰、功能明确而且各经济走廊的特点、优势突出。在"一带一路"倡议和国际产能合作的推动下,中马两国在政治、经济、人文、安全等各领域取得丰富成果。2008—2017年,马来西亚约50多宗总计近100亿美元的并购交易都有中国投资者参与,其中许多重大交易发生在金融服务、电力和公用事业、消费品等领域。截至2018年,中国已连续10年成为马来西亚最大贸易伙伴国,2018年双边贸易额达到1 086亿美元,再创历史新高。[①]当前,中国参与马来西亚五大经济走廊的建设项目主要集中在基础设施、房地产、工业园区、电信、汽车、高科技制造、服务业、农业、化工、冶金、石化、旅游等领域。主要项目包括东海岸铁路、马六甲皇京港、马中关丹产业园、马来西亚城、吉隆坡国际机场航空城的马来西亚数字自由贸易区、中国中铁马来西亚区域总部、华为马来西亚地区总部、华为吉隆坡南太客户解决方案创新与集成体验中心(CSIC)以及云端储存、物联网和大数据实验室、"中心一城"项目、工业化建筑系统(IBS)项目、碧桂园金海湾及森林城市、途牛旅游网北马旅游配套项目、中国商品城项目、无锡尚德太阳能板及绿色能源配备生产基地、中国国家电网公司砂拉越再生能源走廊工程项目、寰球公司恒源炼油厂欧IV升级改造项目、中设集团柔佛州29MW光伏电站项目与吉兰丹州45MW光伏电站EPC和O&M项目、铝制部件处理、重型机械制造业、石油提炼工业、不锈钢制品、碳纤维电气和电子信息通讯、可再生能源等。2015年2月7日,钦州港—关丹港集装箱直航班轮正式开通,为"两国两园"项目互动式发展提供全程物流支持。

---

① 中华人民共和国外交部.中国同马来西亚的关系[OL].(2019–01)[2019–04–12].https://www.fmprc.gov.cn/web/gjhdq_676201/gj_676203/yz_676205/1206_676716/sbgx_676720/.

2019年4月25日,第二届"一带一路"国际合作高峰论坛期间,李克强总理与马来西亚总理马哈蒂尔共同见证东海岸铁路沿线开发、恢复"马来西亚城"项目等双边合作文件的签署。[①]中国交通建设集团有限公司与马来西亚投资促进局签署关于加强东海岸铁路产业园、基础设施、物流中心以及沿线开发合作的谅解备忘录。可以预期,未来将有更多的中国企业参与五大经济走廊建设,双方合作成果将更加丰硕。

5. 印尼六大经济走廊与区域综合经济走廊

据印尼投资协调委员会(BKPM)统计,2017年中国对印尼直接投资达34亿美元,同比增长26%,为印尼第三大直接投资来源国。[②]截至2017年,中资企业在印尼市场累计完成合同额785.7亿美元,印尼成为中资企业在亚洲合同额最大的国别市场,累计完成营业额424.2亿美元,印尼成为中资企业在亚洲营业额第五大市场。目前约有1 000家中资企业在印尼市场开展业务,在印尼中国企业商会总会注册的有240多家。根据印尼投资协调委员会提供的最新数据,中国企业在印尼投资的前十大产业部门为电力、燃气和供水、机械、金属和电子工业、采矿业(不含石油和天然气开采)、贸易、橡胶和塑料工业、食品工业。此外机场、港口、道路、桥梁等基础设施项目建设以及冶炼厂、农业、旅游、制造业等也是中国参与建设的主要领域。中国主要建筑行业央企及大型民企纷纷布局印尼市场,积极参与各经济走廊建设。

中国参与的基建领域主要代表项目有泗马跨海大桥、佳蒂格德水电站、雅万高铁项目、中国路桥梭罗至卡托索诺(Solo-Kertosono)高速公路、中国电建印尼明古鲁燃煤电站BOOT项目、中国神华印尼爪哇岛7号燃煤电厂2×1050MW独立发电厂BOOT项目、杰纳拉塔水坝工程、里阿克瓦水坝工程、万隆高速公路三期项目、中国电建印尼卡扬河1~5梯级水电站项目、葛洲坝集团承建的印尼塔卡拉燃煤电站、中国上海电力建设公司丹绒卡朗(Tanjung Karang)建设2×5万千瓦的Sulbagut-1燃煤电站、哈电国际承建的印尼万丹67万千瓦超临界燃煤电站项目和印尼百通项目、中国神华集团爪哇7号项目、全国贫民窟改造项目、中国成达工程公司芝拉扎3期100万千瓦燃煤电站项目等。制造业领域主要有蒙牛YoyiC工厂、五菱汽车项目、小康汽车项目等。能源领域代表项目主要包括青山工业园、莫罗瓦利电动汽车电池厂、河北碧石工

---

① 李克强会见马来西亚总理马哈蒂尔[OL].（2019-04-25）[2019-04-29].http://www.xinhuanet.com//2019-04/25/c_1124417155.htm.

② 印尼媒体关注"一带一路"框架下中国对印尼投资趋势[OL].（2018-05-02）[2019-03-29].http://finance.chinanews.com/gj/2018/05-02/8504321.shtml.

业集团印尼钢铁厂、中国宏桥集团氧化铝项目、中冶OBI镍钴工程施工项目等。房地产项目主要有碧桂园雅加达天空之城(SKY HOUSE BSD)、北京五洲投资集团雅加达"生活之星"的公寓大楼等。电商领域主要是腾讯对Go-Jek12亿美元投资项目、阿里巴巴对Tokopedia11亿美元投资项目、京东对Traveloka5亿美元和Go-jek1亿美元投资项目。

2018年10月9日,清华大学东南亚中心在巴厘酷乐(Kura Kuta Island)奠基,东南亚中心将立足印度尼西亚,辐射整个东南亚地区,积极开展人才培训,促进人文与学术交流。[①]随着印尼国内各经济走廊建设的深入,以及"一带一路"迈向高质量发展阶段,中国参与印尼经济走廊建设的投资领域将从大型基础设施、能源、资源等逐步拓展至旅游、电子商务、人文教育交流等领域。印尼计划在北苏门答腊、西加里曼丹、北加里曼丹、马鲁古和巴厘岛的走廊向中方提供价值600亿美元的新项目,包括建设4座水电站、煤矿坑口发电厂、工业园区及港口等基础设施项目。2019年4月25—27日,第二届"一带一路"国际高峰论坛期间,印尼与中国企业签署30项印尼—中国区域综合经济走廊投资意向书(MOU),投资项目包括在北加里曼丹省的丹那库宁建设工业区和配套基础设施、巴厘岛龟岛科技园等,总体项目投资约646亿美元。教育与培训、科学研究、可再生能源、医疗服务、金融科技、数字经济等成为投资新热点。

第三节 中国参与建设的主要优势

改革开放41年来,中国在政治、经济、社会、文化和生态文明等方面取得举世瞩目的成就,发展进程中不断推进各方面的发展创新,积累、凝聚并形成了具有中国特色的社会主义道路、理论、制度、文化的发展实践体系。发展至今,农业、工业、服务业三大产业领域取得显著的发展成果,"主要农产品产量居世界前列,建立了全世界最完整的现代化工业体系,基础设施建设领跑全球,科技创新和重大工程建设成果丰硕。现在,我国是世界第二大经济体、制造业第一大国、货物贸易第一大国、商品消费第二大国、外资流入第二大国,我国外汇储备连续多年位居世界第一"。[②]中国在制度、资金、产能、技术、管理五大方面具有强大的优势,能够有效保障参与东盟区内各经济走廊建设的速度、质量与成效。

① 清华大学东南亚中心在印尼奠基[OL].（2018-10-11）[2019-02-11].http://www.tsinghua.edu.cn/publish/thunews/9648/2018/20181010123803675504335/20181010123803675504335_.html.

② 习近平在庆祝改革开放40周年大会上的讲话[OL].（2018-12-18）[2019-03-16].http://www.xinhuanet.com/2018-12/18/c_1123872025.htm.

1. 制度优势

中国已建立一整套系统、持久、稳定、有效、完善的经济建设与社会发展制度。完善的制度体系是保障各项事业发展的基础,也是关系"党和国家事业发展的根本性、全局性、稳定性、长期性问题"[1]。改革开放41年的发展历程已经证明中国各项事业的建设具有强大的制度保障和制度优势。同时,中国在参与区域及全球经济合作的过程中逐渐建立了双方、多边、区域及全球性的合作机制。当前,中国与东盟及其成员国已构建全方位、多层面、宽领域、立体式的合作框架与建设机制,包括区域性合作框架、机制、平台,例如CAFTA、RCEP、中国——东盟"3+X合作框架"等;次区域合作发展机制,例如GMS"3+5+X"合作框架、泛北部湾经济区合作机制、《河内行动计划》等;双边合作机制,例如中印尼副总理级对话机制、中印尼高层经济对话、中越双边合作指导委员会、中越基础设施合作工作组、中越经贸合作委员会机制等。完善、有效的多边、双边合作机制优势能够加快参与建设的进程,保障投入的人力、物力、资本、技术、知识、管理等要素得到高效配置,充分释放经济要素的活力,推进经济走廊建设高质量的发展。

2. 资金优势

中国拥有大规模的外汇储备,同时长期保持高位的储蓄率。截至2019年2月末,中国外汇储备达30 902亿美元。在全球经济复苏仍面临错综复杂的局势和因素的背景下,强大、稳定的外汇储备优势成为中国参与全球投资、开展国际经济合作坚实的资金保障,有力地支持中国政府、企业等主体以直接投资、合作投资、股权并购、PPP、援助等多种形式参与东盟区内各经济走廊的建设。中国主持并倡导的亚洲基础设施投资银行(下称亚投行)、丝路基金,专注于亚洲地区可持续基础设施建设、跨境互联互通等项目,两大金融机构各1 000亿美元的法定资本能够为各经济走廊建设提供市场化、国际化、专业化的资金支持与保障。亚投行自启动以来已先后在13个国家开展28个项目,包括2016年提供2.165亿美元贷款支持印尼贫民窟改造项目。此外,亚投行积极同世界银行、亚洲开发银行、伊斯兰发展银行集团等世界金融机构建立战略合作,在多个业务领域寻求共同融资项目。世界银行数据显示,自2016年1月亚投行运营至2018年1月,双方已联合融资10个项目,合作投资37亿美元。同时,在现有的金融机制下,亚投行及丝路基金通过示范和催化剂作用,鼓励、调动更多私人资

---

[1] 习近平在庆祝改革开放40周年大会上的讲话[OL]. (2018-12-18) [2019-03-16].http://www.xinhuanet.com/2018-12/18/c_1123872025.htm.

本参与基础设施建设,为东盟区内各经济走廊奠定更为坚实的资金保障。

3. 产能优势

改革开放以来,中国凭借对外开放政策优势、劳动力优势、资源优势等在钢铁、煤炭、平板玻璃、水泥、电解铝、船舶、光伏、风电、石化产业、土木工程建筑业、化工产业等产业领域取得快速发展,推动中国产业持续发展并一跃成为世界制造大国之一。现阶段,中国处于工业化发展的中后期、供给侧结构性改革的关键时期,经济发展由数量向质量、由传统领域向高新技术产业领域转型,产业结构不断升级优化,这一转型过程有许多富余的产能需要转移。立足东盟区内各经济走廊的发展现状,上述产业领域内的产能多数是各经济走廊建设所必需的生产要素。中国在钢铁、水泥、平板玻璃、土木工程建筑业等方面的产能优势可有效地支持各经济走廊在基础设施建设、能源、航路交通、制造业、化工等重点规划领域的发展,助其融入并提升在全球产业链、价值链和供应链中的地位。中国产能转移,可为上述经济走廊建设区创造大量就业机会,不仅有力地保障了所建项目的工期与质量,还有效地促进了当地的就业,推动社会经济平稳、快速发展。

4. 技术优势

创新已成为中国社会经济发展的新常态。党的十八大以来,从中央到地方,从政府到企业,从理论到实践,中国形成了"万众创新"的良好的氛围。技术创新成为中国经济领跑全球的核心动力与关键引擎,中国在制造业、生物工程、医药、信息技术产业、智慧城市、大数据、高速铁路、航空航天、大型基建工程等领域研发并掌握先进的技术,形成中国参与全球经济合作的技术优势,并进一步发展成为中国企业"走出去"参与跨国经济活动的有力保障。在参与东盟区内各经济走廊建设的进程中,中国的技术优势可以有效地保证参与建设的项目与工程的质量,同时技术的"溢出"效应或可带动当地技术升级与发展,一定程度上推动某一领域、产业的技术变革,进而触发更大范围、更多领域间技术升级和创新的连锁反应。以华为5G为例,伴随华为5G技术在印尼、泰国、马来西亚等国推进与落实,将推动各国经济系统新的变革,数字经济、智慧城市、电子商务、大数据集成等产业发展进程将不断加快并释放发展动力,有效地促进产业结构升级与经济结构优化。

5. 管理优势

基于中国参与东盟区内各经济走廊建设所涉及的行业、集中的领域、实施的项目,科学管理是保障建设有序、高效推进的关键要素之一。从动态视角看,

项目建设是一个系统的过程,面临内部、外部环境的影响,涉及计划、组织、协调、控制等环节。因此,科学管理是防患问题、化解风险的有效途径与手段。中国在多年的海外项目实施与运营实践中积累了丰富的管理经验,包括前期的可行性论证、项目实施运营、全面风险评估、建设流程管控、后续服务保障等具体管理实践。"本土化"管理是中国企业参与经济走廊建设的优势,从项目到技术再到人员,"本土化"运营模式使得中国投入的生产要素最大程度地"嵌入"当地的政治、经济、社会、文化及自然环境之中,有力地保障了要素整合及产出的效果。注重本地员工的培训也是中国管理的优势之一,成为海外项目运营与管理的重要环节及内容。通过科学、合理的培训,提升东盟区内各经济走廊建设区员工的工作技能与工作素质,为其培养熟练的技术及管理人员,改变既有的人力资源结构,提升本地人力资源质量和水平。

综上所述,在优先外交发展战略理念下,中国积极参与东盟各项事务,打造更为紧密的双方命运共同体。在双方多个合作机制、平台、框架下,中国政府、企业、社会组织等不同的主体以多种形式积极参与各经济走廊的建设与发展,在基础设施建设、制造业、工业园区、数字经济、电子商务等多个传统与新兴领域取得丰硕成果,为推动经济走廊的发展主动贡献中国的经验和优势。中国在制度、资金、产能、技术和管理五大方面具有较强的优势,能够为上述经济走廊的持续建设提供坚实的保障。

第四章
中国参与东盟地区经济走廊建设的主要挑战

中国参与东盟区内各经济走廊建设是一个系统的动态发展过程,其中包含着各种风险、问题与挑战。东盟地区自然地理环境复杂,社会发展阶段不一,经济发展水平存在较大差异,民族、种族构成多样,宗教信仰多元,加之国体和政体因素的影响,使得各经济走廊的建设机遇与挑战并存。基于此,中国参与各经济走廊建设的过程中需要正视现状、直面问题、接受挑战。现阶段,中国参与上述经济走廊的建设主要面临政治、基础设施、竞争和形象认知四个方面的问题。

第一节　政治局势波动

2019年是东盟地区的大选年,区内国家普遍存在政党轮替风险,以及由此衍生的政策不连续、政治暴力、政府合同违约及没收、征用等次生风险。[①]菲律宾中期选举竞选于2019年2月12日正式开始,超过60位参议员候选人及154个党团组织开展各项竞选造势活动。面对可能发生的暴力犯罪及恐怖威胁,菲律宾国警发布安全预警,确认全国701个选举热点地区并采取不同级别的安全监控。目前,菲律宾国内依然活跃着新人民军、摩洛伊斯兰解放阵线、阿布沙耶夫组织、摩解和摩伊解组织等反政府组织武装。此外,棉兰佬穆斯林自治区(ARMM)也是暴力事件频发地区。中期选举期间上述不安因素将给菲律宾的社会稳定及政治安全带来巨大的挑战。

泰国政府于2019年3月24日举行自2014年政变后的首次大选,投票结果显示,没有单一政党获得过半席位,组建联合政府势在必行,新政府组建和执政充满不确定性,联合政府施政之路困难重重。2019年4月17日,印尼举行全国大选,议会选举与总统选举同时进行。2019年5月21日,印尼选举委员会公布总统选举的正式计票结果,佐科获得约8 503万票,得票率占55.41%,普拉博沃获得约6 844万票,得票率44.59%。现任总统佐科以约10.82%的领先得票率击败对手普拉博沃赢得连任。但是,面对正式选举结果,普拉博沃以选举舞弊为由拒绝接受正式计票结果。2019年5月21日和22日,支持普拉博沃的强硬派团体在雅加达集会抗议并引发暴力冲突。此外,印尼当局逮捕了多名意图利用宣布大选结果的时机制造动乱的恐怖分子。大选及新旧政府交替时期,印尼社会不安因素增多,政治不稳定风险上升。

2018年5月9日,马来西亚举行国会下议院第41届选举,选举结果导致国内政局大变天,希望联盟击败国民阵线,马来西亚出现自独立以来的首次政党轮替。新首相马哈蒂尔上台伊始重新审查中资项目,包括暂停两国示范性合作项目——东海岸铁路,中马关系一度出现紧张。2019年5月,希望联盟执政一年之际,面临信心危机、接班危机与方向危机,马来西亚国民对希望联盟政府的支持率每况愈下,以国民阵线为首的反对党在2019年接连赢得三场补选,大有重整旗鼓之势。马来西亚国内政局依然存在不确定性。[②]

① 弓联兵,王晓青. "一带一路" 沿线东南亚国家的政党轮替风险及中国应对[J].当代世界与社会主义,2018(5):150–157.

② 陈中和:希盟执政一周年危机四伏[OL].(2019–05–10)[2019–05–24].https://www.sinchew.com.my/content/content_2051529.html.

基于2019东盟大选之年的背景，可以预期未来一段时间里政治动荡及其引发的一系列消极连锁反应将对中国参与各经济走廊的建设带来一定的挑战。中国必须正视大选竞争、政党轮替、新旧政府交接等问题，重视可能出现的潜在风险与威胁，注意防范和规避风险，做好充分的应对准备。

第二节　基础设施薄弱

整体而言，东盟地区基础设施建设发展较为滞后，基础设施总体水平较低，成员国之间基础设施发展程度不一致，马来西亚、泰国基础设施发展领先于印尼、越南、老挝、缅甸与柬埔寨。即使是一国之内，不同地区间的基础设施发展水平也有高低，例如马来西亚西部地区明显优于东部地区，使得沙巴发展走廊与砂拉越再生能源走廊的发展建设相较于其他三个经济走廊面临更多的基础设施制约。越南、泰国、印尼等国内也面临同样的基础设施发展不平衡问题。

基础设施薄弱是中国参与东盟区内各经济走廊建设面对的现实问题，尤其是GMS经济走廊建设、越南与印尼国内经济走廊的建设，基础设施欠缺、水平落后将在一定程度上制约经济建设的进程，增加项目施工的难度，增大施工量及投入成本。[①]例如，中国企业参与印尼部分经济走廊项目建设时，首先要解决的问题是电力与给水。一些项目施工区位于原始的森林区或人迹罕至的岛区，公路、通信、电力、给水等基本生产与生活条件尚不具备，必须先行解决此问题才能开展项目建设。同样，GMS经济走廊建设也因基础设施的互联互通问题导致发展进程受阻，影响建设的成效。面对基础设施薄弱的现实制约，如何保证参与的建设项目按时、保质地完工，如何通过参与建设有效地提升走廊建设地区基础设施水平，是中国参与东盟区内各经济走廊建设面临的又一大挑战。

第三节　区内外的竞争

东盟巨大发展潜力、广阔的市场需求和日渐完善的营商环境吸引了全球投资者的目光，发展成为全球重要的投资地之一。随着东盟区内各经济走廊建设的开展，区内外各投资主体纷纷参与投资，抢占市场先机。中国的竞争者不仅包括本地区的日本、韩国、新加坡等，还有美国、英国、澳大利亚、法国、荷兰等西方国家。上述国家及其企业在多个投资与建设领域同中国开展直接竞争，在一定程度上影响中国参与各经济走廊建设的收益。例如，中国与日本在印尼雅

① 杨超,等.印尼经济特区:中企投资的机遇和风险[J].国际经济合作,2016（12）：43-47.

万高铁、泰国高铁项目展开激烈竞争,尽管中国最终胜出,但是双方的博弈使得中方中标的条件更为苛刻,项目的获益空间被大大压缩。截至2018年9月30日,泰国东部经济走廊外资企业中,日本、中国、新加坡分别以3 600亿泰铢、437亿泰铢、361亿泰铢占外资总额的51.59%、6.27%、5.18%,位居海外投资的前三位。美国以268亿泰铢、占比3.85%排名第四。韩国投资计197亿泰铢、占比2.83%,位列第五。随着俄罗斯、奥地利等国的加入,东部经济走廊的竞争将进一步加强。

此外,奥巴马时期的"亚太再平衡战略",特朗普政府提出的"印太战略",一定程度上加剧了亚太地区的竞争局势。特朗普政府提出"印太战略",通过军事、外交、经济等策略,持续、深入介入印太地区的发展,旨在遏制中国的快速崛起,限制中国在该地区及国际事务的影响力,削减中国的话语权。"印太战略"下,针对性军事体系稳步构建,支撑性经济计划逐步成形,日本、澳大利亚、新西兰、印度以及东盟区内的印尼、越南对该战略表示出积极态度并采取不同形式的合作。在此背景下,美国遏制中国的姿态更加明显,措施愈加多元,力度不断强化。受此影响,中国参与东盟区内各经济走廊的建设将面临更大的竞争力、更强的复杂性和更多的风险性。如何在激烈的竞争环境下保持自身优势并持续增强竞争力是中国参与东盟区内经济走廊建设进程中必须认真思考的问题。

第四节　负面形象认知

随着中国的崛起,中国政府、企业、社会组织及个人参与国际性事务已经成为常态。中国积极推动构建人类命运共同体,为世界的发展贡献中国理念、中国方案和中国经验,以实际行动充分展示中国主张,践行负责任的大国形象。但是中国的崛起给既有的国际格局及世界秩序带来了冲击,引发东西方一些国家的焦虑、质疑与担忧,随之而来的是对中国形象的矮化、丑化和认知的扭曲。[①]中国在参与地区及国际事务中的积极主张、行为被过分解读甚至曲解。例如,"一带一路"倡议从提出之初发展至今,围绕该倡议的负面报道和认知并未停止过,"新马歇尔计划""中国殖民论""债务陷阱论"等表述给"一带一路"倡议的发展带来了一定的阻碍。[②③]囿于政治、历史、文化等因素,东盟地区对中

---

① 李捷."一带一路"沿线国家群体性反华事件探析[J].当代亚太,2017（1）:44-70.

② 潘玥.中国海外高铁"政治化"问题研究:以印尼雅万高铁为例[J].当代亚太,2017（5）:107-132.

③ 王勇辉.印尼对"一带一路"倡议的负面认知与我国的应对[J].国际论坛,2018,20（4）:10-15.

国形象的认知存在偏见、误解与刻板印象。中国因素经常在政党博弈及商业竞争中被炒作、利用,给中国积极参与区域建设带来对抗与阻力。[1][2]在商业竞争中,保守与偏见依然存在。在东盟国家商品市场上,"Made in China"被一部分市场参与者视为劣质、仿冒的商品代表。事实上,当前中国制造凭借"质优"和"价廉"在全球占有绝对的市场份额。中国参与东盟区内各经济走廊的建设,如何应对负面形象认知带来的对抗与阻力,如何改变既有的刻板印象与认知偏见,需要各方重视并积极应对。

第五章
中国参与东盟地区经济走廊建设的主要路径及对策

中国参与东盟区内各经济走廊的建设是一个长期的过程,机遇与挑战并存。中国需要与各经济走廊建设主体积极沟通,共同探讨合作原则,不断完善建设机制,加强基础设施领域的互联互通,推动产能、投资、经贸、人文领域的合作,注重环境保护,构建风险预警与防范系统,进一步推进务实合作,增强走廊建设地区的获得感,建设高质量的经济走廊。

第一节　探讨合作原则

东盟是我国周边外交的优先方向,长期以来双方保持良好的政治互信和紧密的经贸合作。近年来,双方人文交流方兴未艾,中国—东盟多领域、深层次、高水平的合作格局逐步形成。在"一带一路"倡议下,中方积极参与东盟地区经济建设,主动探讨合作原则。中国参与东盟区内各经济走廊建设的合作原则应包括:

第一,政治上,遵守和平共处五项原则,即尊重各国主权和领土完整、互不侵犯、互不干涉内政、和平共处、平等互利;

第二,经济上,坚持市场运作,遵循市场在资源配置中的决定性作用,发挥

---

① 张赛群.马来西亚"一带一路"差异化认同:原因、风险及启示[J].国外社会科学,2018（4）：24-31.

② 顾强,蓝瑶.积极变化与疑虑并存:越南对"一带一路"认知之变迁与对策思考[J].云南民族大学学报（哲学社会科学版）,2018,35（4）：18-27.

市场规律的调节作用,尊重国际市场通行规则和准则;

第三,文化上,坚持和谐包容,倡导求同存异、兼容并蓄,尊重各国差异多样的文明,支持各国发展道路与经济走廊建设模式的选择,和平共处,共同繁荣;

第四,社会上,坚持开发合作,以开放的心态面对合作,以诚恳的姿态推进合作,鼓励各国政府、企业和国际、地区组织共同参与经济走廊的建设;

第五,利益分配上,坚持互利共赢,兼顾各方利益,尊重各方利益关切,寻求各方利益契合点,发挥各参与主体的智慧与创意,各施所长,各尽所能,释放优势与潜力,创造最大的共同利益。

第二节 完善机制建设

中国参与东盟地区各经济走廊建设,需要系统、完善的发展机制和保障制度,以此作为持续、深入推进建设的基础。完善的机制保障可有效地解决建设进程中出现的问题与风险。

1. 机制建设

持续深化中国与东盟政治互信,进一步加强双边经贸合作,有效推进双方人文交流与合作,开展多层次、多渠道沟通对话。推动签署并落实中国与东盟、中国与东盟成员国双边和多边合作备忘录及发展规划,切实推进经济走廊具体项目的建设和实施。发挥中国—东盟合作机制的功能,提升双方经济走廊合作的实施方案、路径、行动规划的作用。发挥中国—东盟(10 + 1)领导人会议、东盟与中日韩(10 + 3)领导人会议、东亚峰会(10 + 8)、亚太经合组织(APEC)、亚洲合作对话(ACD)、亚信会议(CI-CA)等现有合作机制的功能。加强双方在互联互通、金融、海洋、农业、信息通信技术、人力资源开发、相互投资、湄公河流域开发、交通、能源、文化、旅游、公共卫生、环境等多个领域的合作。[①]将上述领域与东盟区内各经济走廊相结合,寻找合作建设共同点,并在现有合作机制下就经济走廊合作前景、发展与合作问题坦诚、深入地交换意见,力争取得广泛共识。同时,推动中国与东盟人文领域的交流与合作,以更好地增进各方互信、推进走廊合作持续发展。

2. 实施路径

中国参与东盟区内各经济走廊的建设合作,应立足于双方实际发展情况,

---

① 全毅,尹竹.中国—东盟区域、次区域合作机制与合作模式创新[J].东南亚研究,2017(6):15-36.

充分结合各自发展需求。当前,我国正处于深化改革的关键时期,社会经济转型、产业升级、供给侧结构性改革需求迫切。鼓励企业"走出去",借助"一带一路"倡议的合作平台,有计划地完成产业转移,促进国内产业要素的集聚与优化,实现产业转型、结构升级。与此同时,东盟地区正努力推动、协调各成员国的发展,力争实现《东盟2025:携手前行》愿景。中国参与东盟地区各经济走廊建设的路径应充分考虑时间、产业、主体和模式四个重要因素。

(1)从时间上看,经济走廊的建设通常与东盟各国或次区域的中长期发展规划密切相连,建设周期较长,时间跨度大。基于此,中国参与各经济走廊建设合作时应合理规划"近期"、"中期"和"远期"的实施布局。鉴于马来西亚、印尼、泰国、越南及GMS经济走廊当前发展现状和发展需求,近期布局应侧重基础设施、能源、通信等领域;中期规划进一步实现由点到线及面的跨区域合作,优化产业布局,提升经贸合作水平;远期布局聚集全面推进中国与东盟的区域合作,建立持久、高效的合作机制与合作体系。

(2)从产业上看,公路、铁路、机场、港口、能源、交通运输是东盟区内各经济走廊优先发展的领域,也是中国具备优势的产业。长期以来,东盟一直是中国最大的海外承包工程市场。有色、房地产、科技、金融、农业、旅游和娱乐等也是主要产业合作领域。工业园区、矿产加工、电力、制造业、基础设施建设、电商和互联网金融投资等是中国参与印尼经济走廊建设的主要产业选择。房地产、旅游、能源是中国参与马来西亚五大经济走廊主要产业。当前,中国与东盟地区经济发展阶段决定了实现产业衔接的可行性。

(3)从主体上看,中国企业是参与东盟区内各经济走廊建设的核心主体。企业的组织性、经济性、商品性、营利性及独立性使得其在参与经济走廊建设的进程中具有其他主体不可比拟的优势,加之技术的先进性和管理的科学性,进一步保证其核心参与主体的地位。中国政府的参与也是必不可少的,政府在政策引导、制度保障、法律保障、市场调控等方面起着不可替代的作用。同时,鼓励非政府组织、非营利性组织、协会组织、民间团体等各类社会组织积极参与建设中,发挥整合、协调的功能,减少建设过程中出现的冲突,保持合作的稳定性,构建良好的公共关系,有利于东盟区内各经济走廊建设目标的实现。

(4)从模式上看,引导中国企业以"本土化"模式开展投资和建设,嵌入当地实际发展环境,突出产业集聚效应,重点打造一批高质量、示范性工程。鼓励中国企业投资并参与经济走廊重大项目建设,尤其是能够树立中国企业形象、产生良好经济效益和示范效应的工程项目。同时,创新投资和建设模式,开展绿色投资、绿地投资、BOT等多种形式的投资。总之,中国参与东盟区内各经济走廊的模式既要多样化,也要能够保证收益,同时适用于所在国实际情况。

第三节 推进基础设施联通

积极规划双边交通基础设施的建设发展,有序推进国际运输通道、跨境运输组织及边境基础设施等方面的合作。中国在参与GMS经济走廊以及越南、泰国国内经济走廊建设时可侧重于边境基础设施与跨境运输组织等方面的共建,发展陆路交通走廊,促进陆路过境运输,确保人员、货物、运输工具的无障碍流动。深度参与印尼、马来西亚经济走廊的港口、机场、铁路、电力等基础设施建设。充分利用"一带一路"合作平台,推进基建领域的务实合作,建设高品质项目工程,铸就品牌形象,打造高质量的互联互通伙伴关系。东盟国家自然地理环境多样,地缘政治复杂,经济发展水平不一,文化宗教多元,基础设施建设复杂,建设中的困难不容回避,为此,双方应建立长效沟通机制,推动双边、多边及区域间的互联互通。①

第四节 加强产能与投资合作

中方参与东盟区内各经济走廊建设的过程中可有针对性地选择矿产、能源、农业、制造业、电力、农业、电子商务、互联网金融等领域合作,实现中国优势产能与各经济走廊建设需求有效对接,共同打造产能与投资合作集聚区和示范区。依托"丝路产能合作中心"平台,面向经济走廊的近期、中期、远期规划发展目标,以中国优势产能为导向,部署产业投资,共建产业示范园。同时探索绿地投资、绿色投资等合作方式、投资模式,加快水电、太阳能、生物质能等领域的合作,强化科技园区和创新高地合作。此外,完善人员、管理、信息、通信等配套资源和设施的部署。②

第五节 深化经贸与人文合作

应立足双边现有经贸合作,借助东盟区内各经济走廊建设的契机,深挖中国与各国之间双边、多边的经贸合作的优势,进一步释放中国—东盟区域大市场的潜力。优化商品贸易结构,扩大服务贸易,提升经贸合作水平。重点发展

---

① 杨祥章.中国—东盟互联互通研究[M].北京:社会科学文献出版社, 2016: 159-163.
② 吴崇伯."一带一路"框架下中国与东盟产能合作研究[J].南洋问题研究,2016(3):71-81.

装备制造和高新技术产品的合作,进一步加强旅游、物流、通信、大数据、数字经济、互联网金融、文化创意等服务领域的交流合作。①深化教育、科技、文化、卫生、旅游、知识产权等领域的合作,提升中国与各国间人员往来、信息传递便利化水平和服务质量,推动非政府组织、协会组织、民间机构等社会组织之间的往来与合作,培育旅游、教育、培训、科研机构和品牌,开展电影、音乐、戏剧、文化遗产传承与保护等领域的交流与合作。

第六节　注重生态环境建设与保护

鉴于东盟地区自然环境的差异性、生态的多样性、自然灾害的多发性、环境保护的迫切性,中国参与东盟区内各经济走廊建设的过程中应当注重环境建设与生态保护。通过成立"一带一路"绿色发展国际联盟,落实《巴黎协定》和加强绿色融资包括发行绿色债券等,打造绿色丝绸之路,实现生态可持续发展。在项目实施前、建设中以及运营后充分考量对环境的影响,科学论证并严格执行涉及环境议题的产业投资与项目建设。应扩大防灾、减灾领域的合作,针对地震、海啸、火山喷发、洪涝灾害、泥石流等自然灾害的防范、预警及救助等事务开展信息共享、技术合作、经验交流。同时,积极防范与处理雾霾、噪声污染、光污染、化学污染等人为因素导致的对生态与环境产生的影响与破坏。积极探索在研究与实验领域合作的可行性。②③

第七节　构建风险预警与防范系统

东盟地区自然环境多样,地缘政治形势复杂,政策协调难度大,经营环境不稳定。区内成员国之间利益交织,关系复杂,诉求多样,涉及具体工程和项目的实施、落实时需要面对多个利益主体之间的博弈。加之,该地区对中国的形象认知存在固有、保守的偏见,中国参与各经济走廊建设的进程中面临经济问题政治化的风险。同时,经济走廊建设各国经济发展水平差距较大,市场发育程度不一,产业结构与类型多样,营商环境质量参差不齐,监督与管理制度存在较大差异,法律法规完备性与执行效果因时、因地不同,中国参与各走廊建设面临诸多市场风险。此外,东盟地区也是自然地理灾害多发的地区。上述问题及风

① 谷合强.“一带一路”与中国—东盟经贸关系的发展[J].东南亚研究,2018（1）: 115-133.
② 杨思全.“一带一路”区域防灾减灾战略思路研究[J].中国保险,2017（3）: 7-11.
③ 许闲.“一带一路”防灾减灾合作: 挑战与应对[J].国际问题研究,2017（1）: 33-44.

险将对中国参与各经济走廊建设产生不利影响。为此,建立以政府为主导、以企业为主体、多方参与的风险预警机制十分必要。应积极推进中国与东盟、东盟各成员国双边及多边合作机制的构建与完善,为中国有效参与各经济走廊建设合作提供政策、法律及制度保障。

结语

东盟地区经济走廊建设正当时,GMS经济走廊、泰国东部经济走廊与南部经济走廊、越南谅山—河内—胡志明市—木排经济走廊、马来西亚五大经济走廊、印尼六大经济走廊与区域综合经济走廊作为区内主要经济走廊,处在不同建设阶段,发展程度与水平不一,关键领域与重点目标各有差异。随着建设进程的加快,各经济走廊将进一步释放发展潜力,持续推动本国及地区间经济发展。在"一带一路"迈向高质量发展阶段的背景下,中国坚持平等互利的原则,积极参与上述经济走廊的开发、建设与发展,高质量、高标准、高水平建设各项工程与项目。参与上述经济走廊建设是一个长期、复杂、系统的动态过程,机遇与挑战并存,风险与收益同在。为此,中国应遵循科学论证、合理规划、充分准备、积极协调、多方沟通、及时预警、高效实施的原则,循序渐进,稳步推进,注意生态建设,重视环境保护,实现参与东盟区内各经济走廊的共商、共建、共享、共赢。

第二部分
东盟公共服务均等化

◎温师燕

▶ 导 言

　　2019年是东盟共同体成立的第4个年头，东盟共同体在政治、经济、文化、社会等方面读取得了较大进步，东盟的愿景文件《东盟2025：携手前行》要求到2025年建成一个团结的、包容的、可持续的社会，让人民享受和平、和谐、安全的环境。目前，东盟的整体公共服务水平不高，如交通基础设施、教育基础设施、卫生基础设施和社会保障水平都有待改进。同时，东盟次区域内部存在着基本公共服务水平不一致、覆盖不均匀等情况，东盟社会生产力水平的提高也会同步提升公民对公共服务的需求水平，国家内部的差异和国家间的差异都不利于政局的稳定和一体化进程的发展。因此，东盟国家除了致力于提高国内公共服务覆盖面之外，还要在东盟国家之间接壤区域建立基础设施生产力提升框架和平台，推动区域可持续城镇化模式建设，促进知识共享。可持续基础设施能够促进整个东盟次区域了解相关挑战和建立建设性伙伴关系，推动其发展目标，提高生活质量，有利于东盟区域一体化的早日实现。

　　公共产品和服务一般属于公共物品，具有非竞争性和非排他性，基本上由政府来提供。但是在传统模式下，政府效率较低，人口老龄化加剧了社会负担。为了改变此种现象，"新公共管理"理论开始兴起，发达国家的公共部门管理发生巨大变化，由刻板僵化的管制模式转变为灵活机动的管理模式，[①] 倡导建设服务型政府，更加注重"公平"原则。"新公共管理"理论的中心主题是：政府机构是提供公共服务的主体，具体行政部门需要各司其职；同时，也

---

① OWEN HUGHES. Public Management and Administration: An Introduction[M]. 2nd ed. New York: Macmillan Press LTD., ST. Martins Press, Inc.,1998: 1.

要拓宽外部范围,将其他机构纳入供给方范围。^①新公共管理理论也提出通过引入竞争机制来改善政府办事效率的做法,希望能合理利用私营部门的现金管理制度和水平,提升政府管理能力。^②公共服务均等化要求分为三个层级,首先应该保证最低限度的公共供给,"一个国家的公民无论居住在哪个地区,都有平等享受国家最低标准的基本公共服务的权利";其次,随着经济的发展,政府公共服务的供给水平也应该逐步提高;最后要实现结果均等。^③东盟公共服务均等化尚处于初级阶段,现阶段需要完成的目标是实现最基本的公共服务的均等化,保障公民最基础的公共服务的获得权。

第六章
东盟公共服务均等化现状

第一节　东盟基础设施概况及差异

基础设施是指一个国家的公共资本,包括:水坝、道路和桥梁;交通运输网络,如航空和铁路运输线路;发电厂和电力传输线路;远程通信系统和公共教育设施。^④这些有形的可度量的公共品对经济发展有着至关重要的作用,尽管有学者指出二者之间关系过于复杂^⑤,但参考花旗银行2016年的研究报告,基础设施投资每增长1%,将会拉动GDP增长1.2%^⑥。更有研究指出,东盟的经济发展已经严重受制于基础设施的不足,基建发展速度远跟不上经济发展速度,各国、各区域间的基础设施相差甚远。本节重点剖析交通运输基础设施和通信网

---

① 陈振明.评西方的"新公共管理"范式[J].中国社会科学,2000(6):73-82+207.

② 黄小勇.新公共管理理论及其借鉴意义[J].中共中央党校学报,2004(3):62-65.

③ 安体富,任强.公共服务均等化:理论、问题与对策[J].财贸经济,2007(8):48-53+129.

④ 杰拉尔德·W.斯通.经济学(宏观):第2版[M].杨海涛,等译.北京:机械工业出版社,2013:58.

⑤ GRIGG NEIL S. Infrastructure and Economic Development: Civil Engineering Perspective[J]. Journal of Professional Issues in Engineering Education and Practice, 1993(1):51-61.

⑥ New Citi Report: Infrastructure—the $59 trillion opportunity to kickstart global growth[R/OL]. (2016-10-20)[2018-12-20]. https://www.businesswire.com/news/home/20161020005199/en/Citi-Report-Infrastructure---59-trillion-opportunity-kickstart.

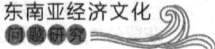

络基础设施的差异。

1. 交通运输基础设施概况及差异

交通运输基础设施包括空中、陆地、水路等运输设施,具体来看,主要包括机场、空中航线、铁路、公路、内河航道、港口、码头、桥梁等设施。东盟地区交通基础设施正处于快速发展阶段,截至2017年底,东盟拥有492个机场,其中419个国内机场,73个国际机场;商业航队1 387家;国内航空客运量高达3.09亿人次,国际航空客运量高达2.89亿人次,国际转机客运量为209.8万人次;国内航空货运量为166.3万吨,国际航空货物装载量为288.1万吨,国际航空货物卸载量为251.2万吨。铁路总长度21 872千米,双轨铁路线路长度1 804千米,电气化轨道线路932千米,城市轨道线路总长度599千米;准备就绪的火车头有1 597个,客运车厢有6 813节,货运车厢有21 854节;铁路总乘客达到8.38亿人次,铁路货运量达到7.84亿吨。公路总里程1 757 006千米,其中,柏油公路总里程752 217千米,占比42.81%;高速公路总里程5 097千米;运输公司87 358家,国内货代公司3 816家,仓储公司657家,固定路线巴士运营公司10 951家,新增机动车驾驶证数量368.7万份,摩托车新发牌照354.65万个,注册的道路机动车总数量为2.20亿辆,其中,注册的客车数量为4 532.3万辆,出租车为43.7万,注册巴士233.8万辆,公共巴士1.64万辆,注册摩托车2.05亿辆;公路行人为11.5亿人次,出租车乘客7.85亿人次,公交车乘客25.78亿人次;公路货运量5.52亿吨。国内港口有1 355个,国际港口有475个;国内客船数量为28 901条,总吨位715.4万吨,国内货运为10 168条,总吨位5 327.9万吨,国际商船19 429条,总吨位2.54亿吨,国际集装箱船4 454条,总吨位7 366.2万吨;河流港口有7 268个,内河航道总长度35 399千米。

就各国的具体情况来看,区域差异巨大,印尼在交通基础设施的数量上是最多的,增速也较快,2005—2017年期间,印尼的机场、铁路和港口建设总量和增速皆位于东盟成员国的首位,尤其是机场数量,印尼增加的机场数量超过其余国家新增机场数量总和。就质量而言,新加坡的交通设施保障面广、质量较高。如,新加坡的公路皆为柏油路,其高速公路的占比远超其他东盟国家,机场利用率高,直达航线班次多。

(1)机场

截至2017年(如表6.1所示),机场总数量居首位的是印尼,有265个,占据东盟整体的53.86%,其国内机场236个,占据东盟整体的56.32%;国际机场29个,占据东盟整体的39.73%。印尼的国内机场数量优势大于国际机场,与印尼的地理位置有着较大联系。若从拥有的商用飞机机队密度来看,最高的为新加坡；每个机场平均有10支左右航队的国家为马来西亚、泰国、文莱和越南；印尼每个机场平均2支航队，密度较低；而密度最低的国家是菲律宾，为0.59。[①]客运体量最大的是泰国，达到了国内7 514.8万人次，国际7 826.3万人次；但航空客运设施利用率最高的国家是新加坡，平均每个机场国际客运量达到了3 078.7万人次，2017年樟宜机场的实际客运量更是达到了6 222万人次，比上年增长了6%，居于全球第18位，在东盟居于首位；国内机场利用率最低的国家是老挝，国际机场利用率最低的国家是印尼。[②]国内货运体量最大的是印尼，而国际货运体量最大的是新加坡，新加坡的国际货物装载量达到了96.9万吨，国际货物卸载量达到了115.6万吨，货运量再次刷新了纪录，国内、国际货运量最低的都是老挝，均在1千吨左右。

表6-1　东盟成员国的航空基础设施及其运力

	文莱	柬埔寨	印度尼西亚	老挝	马来西亚	缅甸	菲律宾	新加坡	泰国	越南
机场总数（个）	1	8	265	13	25	34	86	2	37	21
国内机场数量（个）	0	5	236	9	19	31	75	0	31	13
国际机场数量（个）	1	3	29	4	6	3	11	2	6	8
商用飞机机队（支）	10	–	586		297	46	51	229	423	195
国内客运量（千人）	–	572	96 890	810	49 740	2 893	51 528		75 148	31 113
国内货运量（千吨）	–	76	587	1.1	189	2	529	–	113	167

————————

① 老挝和柬埔寨的商用机队缺少统计数据。

② Port Authority of New York and New Jersey.2017 Annual Airport Traffic Report[R/OL]. [2018-12-22]. https://www.panynj.gov/airports/pdf-traffic/ATR2017.pdf.

续表

	文莱	柬埔寨	印度尼西亚	老挝	马来西亚	缅甸	菲律宾	新加坡	泰国	越南
国际客运量（千人）	1 774	7 666	31 556	1 620	49 783	4 378	26 812	61 574	78 263	25 330
国际中转游客（千人）	244	–	78	31	118	115	–	646	866	–
国际货物装载量（千吨）	1	37	224	1	367	25	14	969	820	422
国际货物卸载量（千吨）	7	27	224	0	392	30	17	1156	658	–

注：数据表中存量数据为截至2017年数据；流量数据为最新年份数据（2016或2017年）。

数据来源：AJTP（Asean-Japan Transport Partnership）

(2)铁路

截至2017年(如表6-2所示)，东盟成员国中，铁路总长度最长的国家是缅甸，达到了6 112千米，占东盟铁路总长度的27.94%，印尼、泰国和越南的铁路线路都在3 000千米以上，这四个国家占东盟铁路总长度的80%以上；线路最短的国家是老挝，仅有4千米，文莱境内没有铁路。论轨道的质量和技术水平，马来西亚较为先进，其双轨铁路、电轨、城轨均居于东盟东家前列：马来西亚的双轨铁路占东盟的42.52%，电轨线路占东盟的82.3%，城轨线路占东盟的54.76%，其货运量远远大于客运量。柬埔寨、老挝、越南尚无电轨、城轨。马来西亚、印尼、缅甸、泰国和越南的火车设备较为齐全，其中，印尼的火车头、载客车厢和载货车厢分别占东盟的31%、42%和37%。

(3)公路

公路是东盟较多国家的主要出行和运输途径，截至2017年(如表6-3所示)，东盟公路里程最长的国家是越南，公路总长度370 664千米，占东盟公路总里程的21.84%，柏油路262 857千米，占比34.94%；然而东盟柏油路占比最高的国家是新加坡，柏油路占公路总比重为100%，文莱和菲律宾占比90%以上，而老挝的占比仅15%，柬埔寨17%。马来西亚的柏油路占比77%，居于中上水平,其高速路发展良好,占东盟高速路总里程的40.96%,其注册机动车占东盟注册机动车总量的13.05%。从交通工具来看,印尼的机动车数量最多,占总数的59.28%,摩托车数量也占50%以上;而从公路车辆密度来看,菲律宾、新加坡和印尼的机动车密度较高,印尼、菲律宾、越南的摩托车密度较高。[1]

表6-2 东盟成员国的铁路基础设施及其运力

	柬埔寨	印度尼西亚	老挝	马来西亚	缅甸	菲律宾	新加坡	泰国	越南
铁路总长度（千米）	650	5 551	4	1 833	6 112	529	—	4 034	3 160
双轨铁路长度（千米）	—		4	767	706	75		252	—
电轨长度（千米）	—	—		767	—	50		115	—
城轨长度（千米）	—		—	328	94	82		95	—
火车头（个）	12	490	—	155	235	9	—	414	282
载客车厢（个）	10	2 855	—	164	1 405	228	—	1 315	836
载货车厢（个）	200	8 098	—	2 438	3 449	—	—	5 038	2 631
乘客数量（百万人次）	0	360	0	3	47	379	3	35	9
货物数量（千吨）	759 673	40		5 617	1 739	—	—	11 695	5 600

注:文莱尚未铺设铁路,故忽略不计。

数据来源:AJTP（Asean-Japan Transport Partnership）

---

[1] 老挝的车辆密度较高,这是由于老挝的公路里程过短造成的,数据畸高,忽略不计。

表 6-3　东盟成员国的公路基础设施及其运力

	文莱	柬埔寨	印度尼西亚	老挝	马来西亚	缅甸	菲律宾	新加坡	泰国	越南
公路总长度（千米）	3 053	61 508	539 415	59 870	237 022	164 377	32 868	3 500	284 729	370 664
柏油公路长度（千米）	2 860	10 685	–	9 251	181 518	39 497	31 035	3 500	211 013	262 857
高速路长度（千米）	–	–	820	–	2 088	590	396	164	225	815
注册机动车数量（千辆）	409	442	130 562	1 978	28 738	6 801	10 411	962	37 059	2 902
公交车乘客（千人）	2 032	–	–	6	294 627	1 558 890	–	3 952	718 415	–
货运量（千吨）	–	–	–	5 795		61 375	–		483 760	1 071

数据来源：AJTP（Asean-Japan Transport Partnership）

(4)港口

东盟十国中仅老挝属于内陆国，其余国家都有港口承载客运、货运业务，印尼、泰国和菲律宾是港口、客船、货船和货物吞吐量都较多的国家，但新加坡和马来西亚的港口运输效率较高(如表6-4所示)。印尼的国内港口占东盟国内港口总数的47.16%，菲律宾占比31.59%，泰国占比18.16%，这三个国家占了96.9%；菲律宾国际港口占东盟国际港口总数的39.79%，越南占比34.32%，印尼占比17.9%，三者占了92%。泰国的国内客船数量居于东盟首位，菲律宾的国内货船数量居于首位，印尼的国际集装箱船和国际商船数量居于首位。但从货物运输量来看，新加坡2个国际港口的运输量高达6.28亿吨，港口的平均运输量居于东盟首位，其次为马来西亚、泰国和印尼；国内港口运输量最大的国家是印尼。此外，老挝的海上基础设施基本处于空白状态，其内河港口数量也仅有28个，航线1 954千米，运力有限，囿于地理位置和经济发展水平，老挝的水路运输相当落后。

从东盟各国海陆空三个层面的主要交通基础设施来看，各国之间的差异相当巨大，基础设施较为完善的新加坡、马来西亚和文莱与最落后的老挝、柬埔寨、缅甸等国在基础设施的绝对数量和覆盖程度上存在着几十倍乃至百倍的差异，东盟一体化的重要途径之一便是交通基础设施的互联互通。区域内交通运输行业未来的发展空间较大,东盟未来基础设施发展的方向是:机场将依赖数字转型,铁路将加大区域合作,公路将提高运输效率,港口将强化互联互通。

表6-4 东盟成员国的港口基础设施及其运力

	文莱	柬埔寨	印度尼西亚	马来西亚	缅甸	菲律宾	新加坡	泰国	越南
国内港口(个)	2	5	639	13	22	428	–	246	
国际港口(个)	1	3	85	15	9	189	2	8	163
国内客船(条)	86	–	838	10	15	11 135	–	16 773	44
国内货船(条)	5	–	3 608	4	149	4 186	–	1 453	763
国际集装箱船(条)	799	1 305	11 875		10	116	4 578	190	556
国际商船(条)	264	1 295	2 843		1	2		13	36
国内海运货物吞吐量(千吨)	9	2 007	965 126	–	4 782	101 496		60 850	175 132
国际海运货物吞吐量(千吨)	1 873	4 368	1 172 091	544 711	36 240	152 063	627 688	215 869	281 486
国际集装箱吞吐量(千吨)	104	460	503	23 784	1 048	4 173	33 667	9 090	11 497

注:老挝是内陆国家,没有海港,仅有内河港口,故此处表格舍去老挝。

2.通信网络基础设施概况及差异

东盟数字经济发展迅速,根据谷歌及淡马锡的报告,2018年东盟的互联网经济规模将会达到720亿美元,比2017年高出44%,是2015年的2.77倍。据

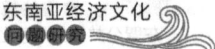

预测,2025年东盟的互联网经济规模将突破2 400亿美元。①该份报告仅预测
了较为成熟的电子商务、线上媒体、线上旅游出行和共享出行这四个行业,目前
互联网经济中仍处于早期发展阶段的其他部门包括教育、金融服务、医疗保健
和社会商业等。互联网经济的潜力无限,其发展离不开通信网络基础设施的支
撑。2017年,东盟国家的固定电话订阅数为3 314.72万,相较于2010年的最
高峰阶段下降了54.67%,这与全球固定电话订阅数的大趋势是一致的。然而,
移动蜂窝电话的订阅数量大幅上升,2017年达到了9.38亿美元,比2000年增
加了41.46倍。固定宽带的安装经历了由少至多的过程,随着2003年老挝的加
入和2005年缅甸的加入,东盟各国都实现了固定宽带的接入,2017年固定宽
带总接入量为3 368.31万;安全的互联网服务器2017年达到了124.92万台,比
2010年增加了213.6倍。根据世界经济论坛2016年全球信息技术报告中发布
的网络准备指数(The Networked Readiness Index),新加坡排名全球第一、马
来西亚排名第31、泰国排名第62、印尼排名第73、菲律宾排名第77、越南排名
第79、老挝排名第104、柬埔寨排名第109、缅甸排名第133,东盟基本上涵盖
了从最高到最低的网络信息水平。

(1)电话

东盟成员国的固定电话订阅数量主要呈现出三个层次,第一层次为印尼,
2000—2017年,印尼的平均固定电话订阅量占东盟的40%以上。2006年起,
印尼的固定电话订阅数经历了一次很大幅度的上升,此次上升持续到2010年,
印尼占东盟固定电话订阅数的一半以上,此后尽管大幅度下降,印尼仍然是东
盟固定电话订阅数最多的国家,2017年占东盟总订阅数量的比重为33.7%。第
二个层次为越南,2000—2017年平均占比16.41%,经历了和印尼相同的走势,
在2009年之后开始下滑,2017年被马来西亚的固定电话订阅数量超过。第三
个层次为其他国家,这些国家在东盟中的占比相对较少,值得注意的是,马来西
亚和菲律宾的固定电话订阅数在2015年后出现了小幅增长,2017年两国固定
电话订阅数量在东盟中的比重分别为19.85%和12.56%。

如果从每百人拥有的固定电话来看,新加坡每百人拥有的固定电话远远超
过其他国家,2010年以前超过其他国家的每百人固定电话之和,2010年后随
着新加坡固定电话订阅数量增长放缓和其余国家固定电话拥有量的增加,新加

---

① GOOGLE & TEMASEK. E-Conomy SEA 2018: Southeast Asia's internet economy hits an
inflection point [R/OL].(2018-11)[2018-12-23].https://www.thinkwithgoogle.com/intl/en-
apac/tools-research/research-studies/e-conomy-sea-2018-southeast-asias-internet-economy-
hits-inflection-point/.

坡每百人拥有的固定电话在东盟中占比持续下降，2017年占比为34.32%。泰国、越南以及文莱和马来西亚可以被看作固定电话普及率中等的国家，泰国和越南持续快速增长，2017年已达到每百人中有11部固定电话的水平，马来西亚和文莱在波动中增长，每百人固定电话订阅量也超过了8部。其余国家每百人的固定电话订阅量仍然在4部以下。

2000—2017年，东盟的移动蜂窝电话急剧增长，其中印尼的绝对数量和增长率遥遥领先，印尼2017年移动蜂窝电话用户达到了4.59亿，是2000年的124.07倍，名义年增长率高达729.82%。因此，在谷歌和淡马锡对东盟数字经济的预测中，印尼被预测为发展潜力最大的国家，其数据经济体量将超过其他东盟国家之和。2017年，越南、菲律宾和泰国的移动蜂窝电话用户也达到了1亿以上，其中，菲律宾和泰国属于持续增长型，而越南自2006年开始快速增长，2012年后小幅波动下降。马来西亚和缅甸在4 000万用户以上，柬埔寨达到了2 000万用户，其余国家皆在1 000万用户以下。

就移动蜂窝电话的拥有率来看(如表6-5所示)，2010年之前变动较小，各国都在努力提高移动蜂窝电话的普及率，截至2010年，每百人拥有100部以上蜂窝电话的国家有新加坡、越南、马来西亚、文莱和泰国。在2010年之前，越南的蜂窝移动电话用户增速最快，其中，2006—2010年名义年均增速达到了117%。2010年以后，东盟蜂窝电话拥有率发生了剧烈的变化，各国发展迅速，排名不断发生变化，2015年泰国首次超过新加坡，跃居东盟移动蜂窝电话密度最大的国家(149.94部/百人)，2017年印尼超过新加坡跃居第二，仅次于泰国，二者之间的差距也缩小到2.19部/百人。但2015年后除了泰国和印尼以及新加坡以外的其他国家都经历了小幅下降，目前尚未达到100部/百人的国家仅剩下缅甸和老挝。

表6-5 2000—2017年东盟成员国每百人拥有的移动蜂窝电话排名

	2000 年	2005 年	2010 年	2015 年	2016 年	2017 年
1	新加坡	新加坡	新加坡	泰国	泰国	泰国
2	文莱	马来西亚	越南	新加坡	新加坡	印尼
3	马来西亚	文莱	马来西亚	马来西亚	印尼	新加坡
4	菲律宾	泰国	文莱	柬埔寨	马来西亚	马来西亚
5	泰国	菲律宾	泰国	印尼	越南	文莱

	2000 年	2005 年	2010 年	2015 年	2016 年	2017 年
6	印尼	印尼	菲律宾	越南	柬埔寨	越南
7	柬埔寨	老挝	印尼	菲律宾	文莱	柬埔寨
8	越南	越南	老挝	文莱	菲律宾	菲律宾
9	老挝	柬埔寨	柬埔寨	缅甸	缅甸	缅甸
10	缅甸	缅甸	缅甸	老挝	老挝	老挝

数据来源：World Bank

(2) 互联网

东盟成员国固定宽带的安装量基本处于持续上升状态,其中,越南、泰国和印尼的上升幅度较大、速度较快,其余国家上升速度较慢,马来西亚则出现了波动和下滑。截至2017年底,越南的固定宽带用户在1 000万以上,泰国在800万以上,印尼在600万以上,其余国家在400万以下。根据We Are Social和Hootsuite的2018年全球数字新报告,越南的网络用户在线率达到了惊人的67%,社交媒体的渗透率达到了57%。2017年越南的Facebook用户数量跃居全球第7位,越南人每天上网的平均时间长达7小时[①]。

就每百人拥有的固定宽带数量来看,新加坡稳居第一。2010年后,新加坡超过了25条/百人,虽然此后稍有波动,但2017年仍然保持在25.76,远高于东盟其余国家。泰国和越南持续增长,2017年都达到了10条以上,文莱和马来西亚在8条以上,其余国家都在5条以下,柬埔寨、老挝和缅甸甚至少于1条。

东盟成员国中安全的互联网服务器在2010年后开始发展,2015年后发展进入高速轨道,其中,新加坡和印尼的增速最快,印尼曾于2017年超过新加坡,但2018年新加坡加速追赶,再次超过印尼,达到了47.76万,占整个东盟的38.24%,印尼则占比27.49%;拥有100台以上服务器的国家还包括马来西亚和越南,泰国达到了66.23万台,其余国家的互联网安全服务器数量皆在1万台以下。

就每百万人拥有的互联网安全服务器而言(如表6-6所示),新加坡远远超出了其他东盟国家。2011年新加坡尚未超过1 000台;2011—2015年,新加

① We are social & Hootsuite. Digital in 2017 Global Overview[R/OL]. (2018–01) [2018–12–23].https://wearesocial.com/blog/2018/01/global–digital–report–2018.

坡持续加大互联网安全服务器的发展,达到了3 585.18台;2015年4月,新加坡网络安全局(CSA)正式成立,作为监督和协调网络安全工作的中央机构,先后与英国、美国等国家签署了谅解备忘录,希望加强国际网络安全合作。网络安全对数字经济社会发展至关重要,2016年10月,新加坡总理李显龙启动了新加坡网络安全战略,并正式宣布了该国的网络安全策略报告,指出要加大对互联网信息基础设施的建设。此后,新加坡互联网安全服务器进入高速增长阶段,2016—2018年,由1.91万台增加到8.4万台,名义年增速高达170.37%;2018年新加坡互联网安全服务器的数量在全球排名第5。2018年,其余国家中仅马来西亚超过5 000台,文莱、越南和印尼超过1 000台,剩下国家均在1 000台以下。马来西亚、越南和印尼在全球的每百万人拥有的互联网安全服务器排名中名次提升较快,目前都处于前100名,老挝则有所下降,排在200名以外。

表6-6 2010—2018年东盟成员国每百万人拥有的互联网安全服务器排名

	2010	2015	2016	2017	2018
文莱	95	72	88	83	85
柬埔寨	200	192	201	198	188
印度尼西亚	182	179	110	90	95
老挝	211	212	218	221	217
马来西亚	91	95	78	60	64
缅甸	245	244	200	228	231
菲律宾	155	167	180	187	183
新加坡	37	21	6	4	5
泰国	130	137	134	116	104
越南	173	156	115	88	89

注:此处按照世界银行的国家进行排序,包括欧盟等区域,共264个国家和地区参与排名。

数据来源:作者根据World Bank数据计算得出

第二节　东盟公共教育概况及差异

公共教育服务是为了保障学生的受教育权利,使其能够获得基本的教育资源,而由政府主导、多元主体供给的社会教育服务是对政府教育的重要补充。教育关系到国民素质、劳动力素质、科技研发水平、政策执行力、社会安定和长远发展,基础教育作为教育的起始阶段,其重要性不言而喻。初等教育净入学率、生师比、青年人口识字率和政府对公共教育的投入等都是衡量基础教育的重要指标。考虑到东盟国家教育水平的巨大差异,本书将公共教育缩小到初等教育阶段,包括小学和初中教育。东盟国家的义务教育年限差别较大,最长的提供11年义务教育,如菲律宾;最短的提供5年义务教育,如老挝和缅甸,柬埔寨尚未设立义务教育制度;文莱、缅甸和泰国提供9年义务教育,新加坡和马来西亚则提供6年义务教育。随着东盟教育的发展,东盟各国的识字率都在提高,除了柬埔寨、老挝、缅甸、越南之外,其他国家15岁以上人口的识字率都在90%以上,男女识字率平等指数皆不小于1。15~24岁的青年人口的识字率除缅甸外都在90%以上;除了老挝(0.96)、缅甸(0.99)和越南(0.99)外,东盟其他各国识字率的性别平等指数均不小于1,青年识字率的性别平等程度越来越高。

1.入学率

根据联合国教科文组织调查,2000—2017年期间,东盟国家的初等教育净入学率均值由64.55%上升到80.33%,于2010年开始超越东亚和东南亚(Eastern and South-eastern Asia)的平均水平。东盟国家的基础教育得到了重视,但2011年后出现了失学率升高的现象,且男生和女生的失学率存在着较大的差异。

(1)净入学率

东盟国家的小学毛入学率基本上达到了全覆盖状态。2017年,除了泰国(95.67%)以外,其他国家均达到了100%以上,显示了东盟对初等教育的重视。然而,净入学率更能体现东盟国家真实入学率之间的差距。2017年,净入学率达到90%以上的国家有新加坡、老挝和柬埔寨,80%以上的有马来西亚、缅甸和菲律宾,60%以上的有文莱和泰国,印尼仅43%,越南尚未统计。其中,新加坡和马来西亚的教育体系相对完善,净入学率持续保持在较高水平,而柬埔寨、老挝、缅甸和菲律宾则是由中等或较低水平缓慢爬升至80%以上。

(2)失学率

各国国家小学失学率总体呈现出先降后升的态势(如图6-1所示),2011—2012年是失学率最低的两年,此后,有波动上升的趋势。2017年,东盟国家中小学失学率最高的国家是柬埔寨(9.44%),失学率在5%以上的还有印尼(7.27%)和老挝(6.66%)。其中,柬埔寨的失学率在2011年降到了2.48%,印尼降到了2.45%,2012年开始缓慢上升;老挝的两次低点则分别出现在2009年和2014年。失学率最低的国家是新加坡,2016年的失学率仅为0.06%,其次为马来西亚和泰国,失学率在2%以下,文莱、缅甸、菲律宾在5%以下。值得一提的是老挝和菲律宾,这两个国家在近十年内失学率下降速度最快,政府将教育提上了日程,加大了对教育的支持力度。

东盟国家小学失学率(%)

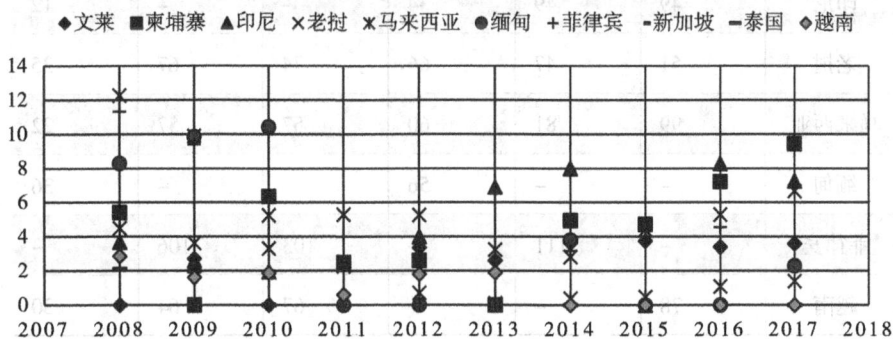

图6-1 2008—2017年东盟各国小学失学率
数据来源:UNESCO

2.生师比

生师比是衡量一个国家教育水平和办学质量的重要指标之一。在教育的初级阶段,数量目标优先于质量目标,生师比就需要低一点,以满足学生的需求。随着教育阶段的提高,质量目标便优先于数量目标,那个阶段生师比可以稍微提高一些。各国应该根据国情并比对国际社会的基本情况,制定合理的生师比标准。

(1)学前阶段生师比

东盟学前阶段的平均教师资源变化不大(如表6-7所示),由2000年的22:1降低至19:1,其中,文莱、印尼、马来西亚和越南呈生师比下降,尤其是马来西亚,2000—2017年,其生师比由27:1下降到15:1,学前教师师资力量有了将近一倍的增长,其国际排名也由99名上升到22名。但是,柬埔寨、老

东南亚经济文化
问题研究

拉、缅甸、菲律宾的生师比却有所上升,以柬埔寨为例,2008—2017年,其上升幅度最大,由23:1上升到34:1。此外,新加坡基础教育在东南亚地区处于领先地位,其学前教育体制基本上沿袭了英国的学前教育体系,学前教育机构多由社会资本开办,教育质量较高。泰国2009年起将学前教育纳入免费教育部分,以保障学前教育的可获得性。

表6-7　2010—2018年东盟成员国学前阶段生师比排名

	2000	2005	2010	2015	2016	2017
文莱	67	65	71	63	50	26
柬埔寨	101	92	101	105	102	62
印尼	49	49	34	–	–	12
老挝	51	47	66	74	67	35
马来西亚	99	81	60	57	57	22
缅甸	–	–	56	–	–	36
菲律宾	–	111	–	103	106	–
越南	78	–	–	67	64	30

注:泰国和新加坡未公布此项数据。此处按照联合国教科文组织的国家进行排序,不包括欧盟等区域,共242个国家和地区参与排名,其中,有数据的国家2000年114个、2005年118个、2010年114个、2015年115个、2016年112个、2017年65个。

数据来源:作者根据World Bank数据整理得出

(2)小学和初中阶段生师比

与学前阶段的趋势不同,东盟小学阶段的生师比普遍呈下降态势,基本被纳入每个国家义务教育阶段的小学教育得到了东盟国家的普遍重视,2000—2017年区域平均生师比由28:1下降到20:1,每个老师所需要教育的学生规模缩小了8人,从2009年开始高于全球平均水准。2017年,每个教师对应的学生数少于20的国家有文莱(10)、马来西亚(12)、新加坡(15)、印尼(16)、泰国(16)和越南(19),每位教师对应的学生数在40以上的为柬埔寨(42),其余国家位于其间。

初中阶段的生师比均值介于学前阶段和小学阶段之间,低于小学阶段,高于学前阶段(如图6-2所示)。初中阶段的生师比变化幅度也较小,2000—2017年由20∶1下降为18∶1,曾在2006年出现26∶1、2005年出现25∶1的峰值,总体看来,东盟国家初中阶段的师资依然低于世界均值(17∶1)。2017年,生师比水平高于世界均值的国家有文莱、印尼和越南(新加坡未纳入统计)。缅甸的初中生师比是东盟中最高的,2014年以来出现了下滑趋势,2018年为28∶1。

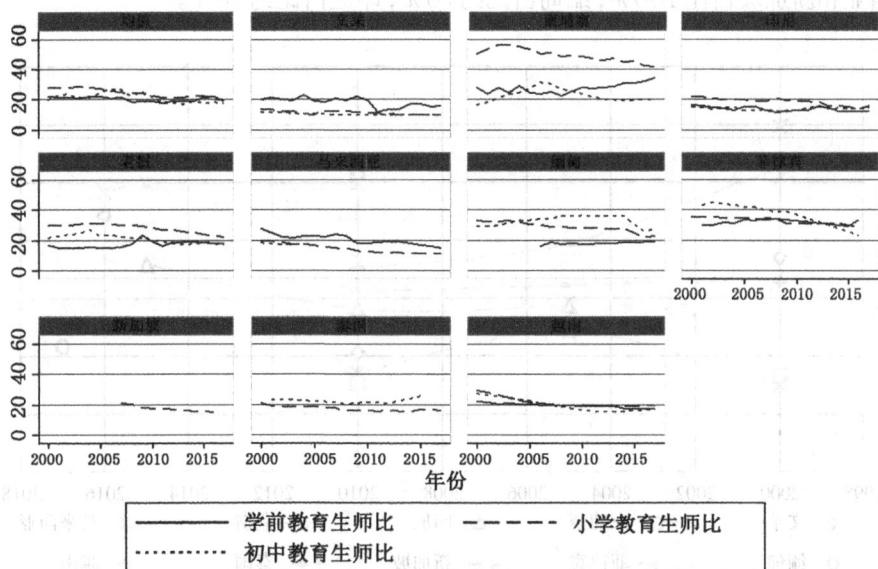

图6-2 2000—2017年东盟各国初等教育各阶段生师比

数据来源:UNESCO

3.政府对教育的支出

2000—2013年东盟整体的教育支出大幅增加,从180.63亿美元上升到845.04亿美元,增长了3.68倍,2000—2017年世界各国政府教育支出占GDP的比重均值一直在4.5%上下波动(如图6-3所示),波动幅度不大,东盟国家政府对教育的支出在1%～6%之间波动,马来西亚属于支出水平较高的国家。东盟大部分国家的教育体系尚不完善,政府需要加大教育投资力度,以完善学校软硬件设施。

据可查询数据显示,截至2016年,东盟国家中曾经或目前处于世界教育支出平均水平以上的国家只有马来西亚和文莱,泰国曾于2000年超过世界均值,后期占比一度下跌。支出占GDP比重较少的是老挝和缅甸,政府支出的不足很大程度上会导致教育基础设施短缺。从学校能使用的基本设施来看,2016—2017年,新加坡和马来西亚小学和初中可以用电的比率达到了100%,印尼在

90％以上，而老挝和缅甸都在40％（小学阶段）和80％（初中阶段）以下；2017年，马来西亚能出于教育目的使用网络的小学和初中占比100％，而缅甸占比不超过1％；2017年，小学阶段能出于教育目的使用电脑的国家中，马来西亚占比高达100％，印尼32％，缅甸0.9％，初中阶段马来西亚100％，印尼42％。2016—2017年，小学和初中能喝到基本饮用水的比例也存在不小的差异：马来西亚和新加坡占比100％，缅甸占比约70％，印尼占比约50％。

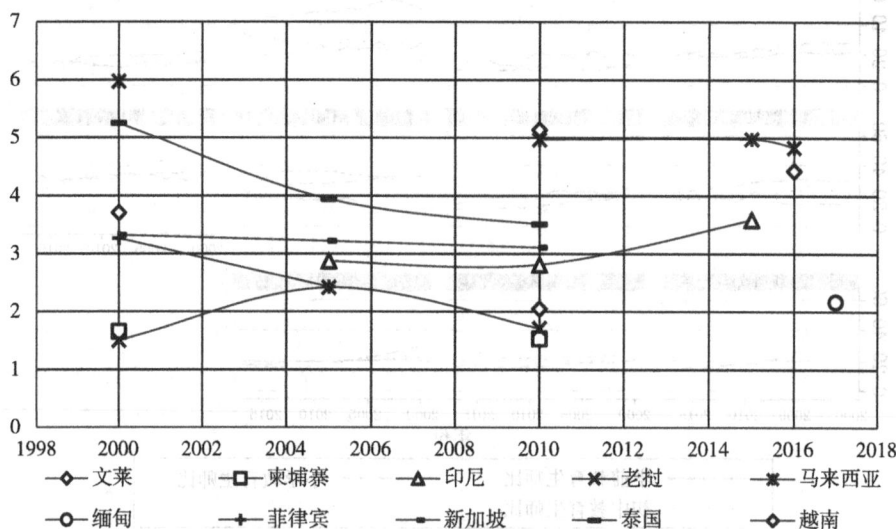

图6-3　2000—2017年东盟各国教育支出占GDP比重
数据来源：UNESCO

第三节　东盟公共卫生概况及差异

在《东盟2025年愿景》《东盟社会文化共同体蓝图2025》等文件的指导下，东盟卫生合作组织通过了《东盟2015年后卫生发展议程》（《ASEAN Post-2015 Health Development Agenda》），其中包含了卫生部门的共同目标、战略、实践和计划。 为了实现东盟卫生合作的愿景、使命和目标，该议程提出需要集中资源和精力重点发展4个公共卫生集群，涉及20个公共卫生事项，其中包括提供健康的生活方式(如减少烟酒消费、提高营养水平)、提高应对所有的新危险和新威胁的水平(如减少传染性疾病和提高灾难控管水平)、强化健康系统和护理服务(如提高传统药品获得性、提高全民健康覆盖率)和保障食品安全。《东盟2015年后卫生发展议程》的短期目标如下：到2020年，通过促进健康的生活方式实现东盟共同体的最大健康潜力,确保所有年龄段的所有人的健康生活和促进各年龄段人群的福祉;促进有弹性的卫生系统,以应对传染病、新发传染病和被忽视的热带病;应对环境健康威胁、危险和灾害,并确保为该地区的灾害健康管理做好有效准备;东盟共同体可以普遍获得基本保健、安全和优质的医疗产品,包括传统和补充药品;根据可持续发展目标,实现未完成的与健康有关的千年发展目标。本书探讨的最基本公共卫生服务主要包括基本医疗设备和基本卫生设备,是保证公民生存和健康的重要基础设施。东盟的公共卫生设施尤其是医疗设施跟国际水平还存在一定差距,但近年来,最基础的清洁饮水服务和卫生设施情况有所改善。

1. 最基本公共卫生设备

根据《东盟2015年后卫生发展议程》的发展目标,提高全民健康服务覆盖率、扩大医疗人力资源、做好灾害健康防控都是需要优先发展的行业。尽管东盟的全民健康覆盖指数差异不算过大,但具体到东盟各国医疗站点、各级医院数量和各类医护人员数量上面,差异显著,尤其是最高水平国家和最低水平国家之间对比非常明显。

(1)医疗基本设施

根据世界卫生组织的数据(如图6-4所示),截至2015年,东盟国家的全民健康覆盖服务指数为64.8,其中文莱和新加坡超过了最高阈值80,泰国、越南、马来西亚位于70以上,缅甸、菲律宾和柬埔寨位于50以上,而印尼和老挝位于50以下。截至2013年,东盟每10万人平均拥有的医院数量为1.1所,其中乡村或地区医院0.8所、省级医院0.2所、专门医院0.1所,远低于世界平均水平。成员国中每10万人平均拥有的医院数量最多的国家是老挝(2.25),得益于乡村或地区医院数量;拥有最多省级医院的国家是新加坡(0.53);拥有最多专门医院的国家是文莱(0.24)。东盟医疗机构中,医疗站点的比重较大,每10万人拥有的医疗站点均值为19.78,其中新加坡最多(59.22),是最少国家(柬埔寨,0.75)的78.96倍。根据最近年份数据[①],医院的平均病床数量约为每万人1.71张,除了文莱、新加坡、泰国和越南之外,少于每万人2张,低于世界平均水平(每万人3张左右)。

就医疗人力资源来看,截至2015年,东盟的内科医生数量为每千人1位,护士和助产士的数量为每千人2.58位,牙科人员数量为每千人0.19位,制药人

---

① 大部分国家数据是2015年的,老挝为2012年数据,菲律宾为2011年数据,泰国为2010年数据。世界平均水平是可获得数据国家的均值。

员数量为每千人0.26位,其他医护人员为每千人0.31位。其中,最高水平国家(新加坡,2.276)内科医生密度是最低水平国家(柬埔寨,0.143)的15.92倍,最高水平国家(新加坡,7.12)护士和助产士密度是最低水平国家(菲律宾,0.24)的29.67倍,最高水平国家(马来西亚,0.504)护士和助产士密度是最低水平国家(菲律宾,0.019)的26.53倍,最高水平国家(马来西亚,0.522)制药人员密度是最低水平国家(柬埔寨,0.04)的13.05倍,最高水平国家(新加坡,1.042)护士和助产士密度是最低水平国家(菲律宾,0.004)的260.5倍。

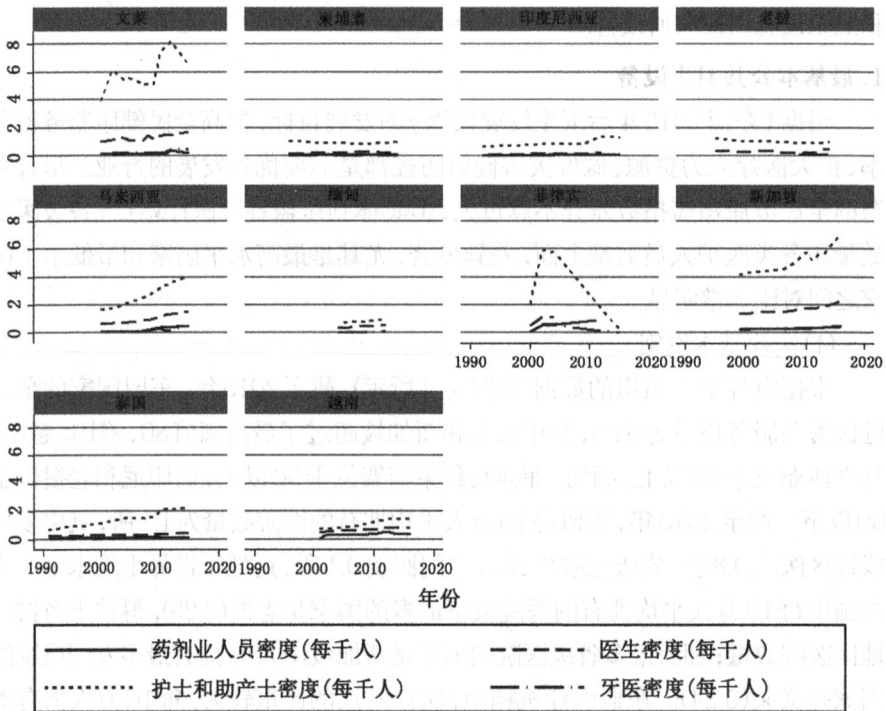

图6-4 1991—2016年东盟医护人员密度

数据来源:WHO

(2)卫生基本设施

东盟基本卫生设备水平有了一定幅度的提升(如图6-5所示),2000—2015年东盟能够使用基本卫生设备的平均人口占比由62.89%上升到79.9%,一直高于全球平均水平;能够使用基本饮水服务的平均人口占比由76%上升到88.9%,从落后于全球平均水平4个百分点逐步转变为超过0.44个百分点。截至2017年,东盟国家中使用基本公共设备的人口占比超过90%以上的有新加坡、马来西亚、文莱和泰国,除了柬埔寨以外,其余国家均达到了60%以上的水平。而基本饮用水的普及率达到90%以上的国家包括新加坡、文莱、泰国、马来西亚、越南和印尼,其余国家中,仅缅甸处于70%以下。2016年,死于不安全用水和不安全卫生设施的死亡率均值为4.74%,低于世界平均水平(13.61%);女性死亡率高于男性;老挝和缅甸死亡率在10%以上,而文莱、新加坡和马来西亚位于0.5%以下。2016年由于卫生设施缺乏导致腹泻致亡人数6 059人,占世界比重1.25%,其中,菲律宾由于卫生设施缺乏导致腹泻致亡人数占总人数比例最高,达到0.31%,柬埔寨、缅甸和泰国在0.2%~0.3%之间,文莱和新加坡基本上为0%。

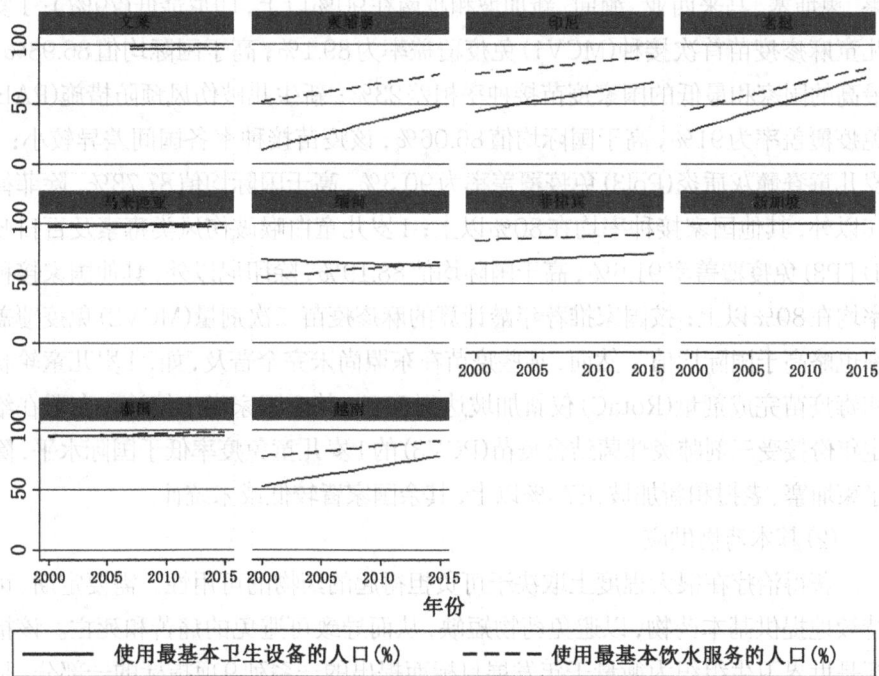

图6-5　2000—2015年东盟各国最基本卫生、饮水设备使用人口占比
数据来源:WHO

2.人口免疫率和基本药物供应

人口免疫率和基本药物供应也是社会公共卫生的重要方面。根据《东盟2015年后卫生发展议程》的后两个发展目标,东盟要致力于控制和减少传染病,增加传统药物可获得性,提高制药水平等,以增强应对危害和灾难的能力和强化健康系统。

(1) 人口免疫率

免疫是降低5岁以下儿童死亡率的重要组成部分。免疫覆盖率估计数用于监测免疫服务的覆盖范围,并指导消除疾病的工作,是卫生系统绩效的良好指标。东盟各国大部分普通疫苗的覆盖率都高于国际均值:1岁儿童卡介苗免疫覆盖率均值为91.3%,高于国际均值89.61%,其中文莱、柬埔寨、马来西亚、新加坡、泰国和越南都在90%以上,最低的老挝和菲律宾在80%以下;1岁儿童乙肝免疫覆盖率91.8%,高于国际均值87.18,其中,文莱、柬埔寨、马来西亚、缅甸、新加坡、泰国和越南在90%以上,印尼最低(79%);一年内接种三剂乙型流感嗜血杆菌疫苗的1岁儿童的百分比为90.67%,高于国际均值87.26,其中,文莱、柬埔寨、马来西亚、缅甸、新加坡和越南在90%以上,印尼最低(79%);1岁儿童麻疹疫苗首次接种(MCV1)免疫覆盖率为89.1%,高于国际均值86.98%,最高的国家和最低的国家疫苗接种率相差23%;新生儿破伤风预防措施(PAB)免疫覆盖率为91%,高于国际均值86.06%,该疫苗接种率各国间差异较小;1岁儿童脊髓灰质炎(Pol3)免疫覆盖率为90.3%,高于国际均值87.73%,除菲律宾以外,其他国家接种率均在80%以上;1岁儿童白喉破伤风类毒素及百日咳(DTP3)免疫覆盖率91.6%,高于国际均值88.19%,除印尼以外,其他国家接种率均在80%以上;按国家推荐年龄计算的麻疹疫苗二次剂量(MCV2)免疫覆盖率也略高于国际均值。然而,某些疫苗在东盟尚未完全普及,如,1岁儿童轮状病毒疫苗完成剂量(RotaC)仅新加坡达到57%,其余国家尚未统计。东盟在给定年份接受三剂肺炎球菌结合疫苗(PCV3)的1岁儿童免疫率低于国际水平,除了柬埔寨、老挝和新加坡在70%以上,其余国家皆较低或未统计。

(2) 基本药物供应

获得治疗在很大程度上取决于可负担得起的药物的可用性。需要定期、可持续地提供基本药物,以避免药物短缺,从而导致可避免的痛苦和死亡。该指标是世界卫生组织为衡量千年发展目标而提出的一系列9项指标的一部分,是世卫组织中期战略计划(MTSP)国家进展指标之一,中期战略计划的目标是80%。为了特定调查药物清单的可用性,世卫组织和国际卫生行动组织(HAI)制定了标准方法,在药物配药点的样本中,至少在四个地理或行政区域收集关于特定药物清单的可用性的数据,可用性为在调查当天发现药物的药店的百分比。从目前可获得的数据来看,印度尼西亚的公共基本药物供应为65.5%,私人基本药物供应为57.8%;而菲律宾则分别为26.8%和21.7%,距离80%的短期目标仍然有较大差距。

第四节 东盟社会保障概况及差异

印度尼西亚国家社会保障协会于1995年9月提出组建一个名为"东盟社会保障协会"的提议,使得东盟成员国的社会保障组织之间,在培训、研究和发展等领域进行有意义的区域合作。1998年2月13日,在泰国曼谷,建立东盟社会保障协会(ASSA)的协议备忘录(MOA)由社会保障组织负责人正式签署,MOA的签署标志着ASSA成为东盟地区区域合作的首要社会保障协会。2000年,东盟社会保障协会的网站上线,标志着东盟将加速促进社会保障经验交流与合作。2013年,东盟第二十三次峰会期间,东盟各成员国发布了《东盟加强社会保障联合声明》(Asean Declaration on Strengthening Social Protection),该声明中将社会保障作为一项基本人权,指出东盟各国应该致力于提高社会保障覆盖范围、可获得性、服务质量、公平性和可持续性,确保受益人获得最优利益。2015年11月,东盟10国领导人在马来西亚吉隆坡通过《东盟地区执行〈加强社会保障宣言〉的区域框架和行动计划》(ASEAN Regional Framework and Action Plan to implement the Declaration on Strengthening Social Protection),进一步明确了东盟社会保障的目的、原则、框架以及关键战略和评价体系。2018年,柬埔寨国家社会保障基金、老挝国家社会保障基金和泰国社会保障办公室获得了优质客户服务大奖,菲律宾的政府服务保险制度获得了客户服务优秀奖及金融素养优秀奖,印尼的医保中心(BPJS Kesehatan)和柬埔寨的公务员国家社保基金获得了卓越管理奖,印尼的人力资源保障中心(BPJS Ketenagakerjaan)、马来西亚的雇员工基金计划和越南的社会保障获得了信息技术卓越成就奖,菲律宾健康保险公司获得了信息远见奖,新加坡中央公积金局、菲律宾社会保障制度获得了优秀创新奖,马来西亚社会保障组织(SOCSO)获得了创新嘉许奖/顾客服务嘉许奖,泰国的国家健康保障办公室获得了保险责任范围许可奖,菲律宾的雇员补偿委员会和文莱的员工信托基金获得了策略传达嘉许奖,柬埔寨的退伍军人国家基金获得了转型识别奖。

1. 养老保险

2015年,东盟的平均法定退休年龄是57.33岁,文莱、老挝、菲律宾和越南的男性法定退休年龄为60岁,其中老挝和越南的女性退休年龄为55岁,其余国家法定男女性退休年龄均为55岁(印尼为56岁)。东南亚国家的老年人口比重相对较低,但养老问题也是政府关注的重要问题之一。根据ILO的定义,养老金有效覆盖率是指法定养老金领取人数的百分比。东盟的养老金有效覆盖率为31.9%,低于世界平均水平53.99%,其中文莱和泰国高于80%,而老挝和柬

埔寨则低于10%；男性养老金有效覆盖率高于女性。

　　文莱的养老保险主要覆盖了正式部门的员工，其中，养老金计划覆盖了公务员体系，而员工信托基金覆盖了公共和私人部门员工。现时(2017年)，员工信托基金的强制性供款比率仍为雇员5%、雇主5%，但同时雇员信托基金(TAP)鼓励其成员自愿供款。柬埔寨只有公务员才能领取养老金。A类公务员的法定退休年龄为60岁，B类公务员为58岁，C类和D类公务员为55岁。公务员在服务满30年以上后，按月领取相当于基本工资净额80%的养恤金；到退休年龄时，工作年限在20年以上不满30年的，养恤金为基本工资净额的60%。完成20年以上工作的人每年可按其薪金净额的2%领取补充养恤金，总额不超过工龄抚恤金的80%，不低于基本月工资。已达退休年龄而任职未满20年的公务员，不领取养恤金，只领取相当于每月工资总额8倍的一次性津贴。该计划由国家预算全额资助，私营部门工人的养老金计划尚未实施。2015年7月1日，随着《国家社会保障法》(Sistem Jaminan Sosial Nasional或SJSN) 的颁布(第40/2004号)，印度尼西亚固定收益(DB)养老金计划(私营部门工人的社会保险)开始生效；接着是《社会保障法实施机构法》(Badan Penyelenggara Jaminan Sosial或BPJS)(第24/2011号)和《政府养老金计划条例》(第45/2015号)颁布。马来西亚的社会保险计划只适用于公务员，其养老计划包括唯一提供定期现金福利的政府退休金计划，以及一项针对没有家庭支援的贫穷长者的社会援助计划。菲律宾 2011 年启动的老年补助金和退伍军人退休计划被视为非缴费计划。新加坡没有专门的"养老金"，只有中央公积金(CPF)，这是针对新加坡公民和永久居民的一种强制性储蓄计划，由雇员和雇主共同提供，用来应对退休、保健和购房需要。根据2018年墨尔本美世养老金指数，新加坡位列世界第七、亚洲第一，有着健全的养老金制度，但与A级国家(荷兰、丹麦)相比，尚有进步空间。①2011年，泰国启动了一项新的非正规部门职工自愿社会保障制度。该计划以工人和政府为基础，为老年人、残疾人、幸存者、疾病和产妇福利提供资金。泰国政府对非正式部门养恤金的缴款取决于投保人的年龄：30岁以下的占投保人缴款的50%；30岁至49岁人士占80%；如果是50岁或50岁以上，则为100%。越南为1995年1月以前在公共部门工作和退休的人提供必要的津贴和养恤金，从2018年1月1日起，政府将开始资助自愿捐款(2015年12月29日第134/2015/ND-CP号法令)。

2. 工伤保险

截至2016年，东盟的工伤保险法律强制覆盖率均值为51.55%，低于亚太地区平均水平(61.41%)，也低于世界平均水平(57.49%)，其中，印尼的工伤法定覆盖率最高，为93.82%；文莱法定覆盖率在80%以上；新加坡和马来西亚在70%以上；菲律宾高于均值，其余国家皆低于均值，老挝最低，为6.7%。东盟国家采用的工伤责任制度中，文莱的工伤保险是雇主责任制，雇主承担全部费用；新加坡采用涉及私人承运商保险的雇主责任制；泰国采用涉及公共承运商保险的雇主责任制；柬埔寨、印尼、老挝、马来西亚、缅甸和菲律宾都采取社会保险制度来进行工伤保障；越南则采用社会保险与雇主责任(临时伤残福利)结合制。就雇主责任而言，文莱雇主直接向员工提供工伤福利；柬埔寨雇主除了承担雇主责任制下的全部工伤费用外，还需承担0.8%的社会保险费率；印尼的雇主根据评估的工作环境风险水平，每月支付雇员工资0.24%至1.74%的工伤费率，雇主供款根据五类工作环境风险级别划分：每月工资的0.24%(第一类)、0.54%(二类)、0.89%(第三类)、1.27%(四级)或1.74%(V类)，该分类级别必须至少每两年评估一次；老挝雇主支付每月可保收入总额的0.5%；马来西亚雇主根据45个工资等级支付每月工资的1.25%；缅甸雇主支付每月工资的1%~1.5%(费率视业务规模及意外率而定)；菲律宾雇主对于月收入低于14 750比索的支付0.06%，对于每月至少盈利14 750比索的支付0.2%；新加坡雇主支付工伤保险总费用(直接为员工提供福利或支付保险费)；泰国根据评估风险，雇主支付员工每年工资的0.2%到1%；越南雇主承担月工资的0.5%和全部临时伤残津贴。对于个体经营业主，大部分东盟国家不承担工伤保险费用，印尼的个体经营业主可以选择每月申报收益的1%缴纳工伤保险费；缅甸则是基于自愿的原则缴纳工伤保险费，缅甸自愿缴纳工伤保险比例高达61.02%。大部分东盟国家的政府无须为工伤保险拨付资金，仅柬埔寨需要为工伤保险支付必要的津贴，老挝需要支出每月可保收入总额的0.5%，菲律宾可以将工伤保险费纳入财政赤字。

3. 生育保险

东盟的平均产假周期为94.8天，低于世界平均水平(113天)，其中，老挝、新加坡和越南的产假在100天以上，缅甸、柬埔寨、印尼和新加坡为90天及以上，文莱、马来西亚和菲律宾在8周以上。东盟带薪产假期间工资占原工资的平均比重为89.5%，略低于世界平均水平(89.61%)，实际上，除了柬埔寨、缅甸和泰国之外，其余国家带薪产假期间薪酬与原工资水平一致，此外，缅甸、菲律宾和越南给予生育母亲一定的现金福利。就产假福利提供者来说，大部分是雇主与

社会保险系统,印尼、马来西亚和新加坡是雇主责任制,雇主是主要资金来源;缅甸、菲律宾和越南是社会保险系统责任制,主要资金来自雇主、雇员、个体经营者和政府;其余国家则是以上两种责任制结合。此外,老挝、马来西亚、菲律宾和泰国不仅给予正式公司雇员产假,也为个体经营者提供产假。

文莱的现金生育福利是雇主的责任。与就业有关的一项计划是为在雇员信托基金登记的人士提供现金福利。在该计划下,雇主会按每月工资总额的100%支付13周(雇主会在首8周支付,政府将在接下来的5周支付)内支付工资,员工还将享有额外两周的无薪假期。老挝的生育补助金由被保险人在出生前六个月按每月平均投保收入的60%一次性支付。缅甸职工也可享受一次性支付的生育补助金,数额如下:单产职工享受月工资的50%;生育双胞胎的职工享受月工资的75%;生育三胞胎或三胞胎以上的职工,则是享受100%的月工资。菲律宾的生育补助金额为被保险人每日平均保障收入的100%。每日保障收入是出生或流产发生6个月(1月—6月、4月—9月、7月—12月或10月—3月)前的12个月内最高的6个月的总和,除以180。这项福利最多可支付4个孩子的抚恤金。新加坡的生育津贴前八周由雇主支付,后八周由政府资助,直至上限;对于第三个和以后出生的婴儿,整个16周将由政府资助,最高上限为16周。泰国带薪产假的前45天100%由雇主承担,后45天的50%由社会保险承担。这项福利最多可支付两个孩子的抚恤金。2011年,泰国启动了一项新的非正规部门职工自愿社会保障制度;此外,向正规部门工作人员支付生育补助金,福利是每次生育补助1.3万泰铢。越南的生育津贴是一次性发放的,每生一个孩子或每领养一个不满4个月的孩子(2016年1月1日起增至6个月)的津贴是公务员最低工资的两倍。在只有父亲参加社会保险的情况下,其子女在出生月份按公务员每月最低工资的两倍一次性领取津贴。

4.失业保险

文莱和新加坡的国家法律中没有固定的失业福利方案;柬埔寨、印尼、马来西亚和菲律宾则是由国家法律(例如《劳动法》)规定,由雇主直接支付一笔遣散费,也没有法定失业福利方案;老挝、缅甸(尚未执行)、泰国和越南则是由社会保险承担失业保障。印度尼西亚《劳动法》(2003年第13/2003号法律)规定,在雇佣关系终止的情况下,必须支付遣散费(根据雇佣期间的长短,支付1至8个月的薪金)。缅甸于2012年颁布了《社会保障法》,该法包括失业保险待遇(第37条),但失业保险待遇尚未实施。新加坡没有以立法为基础的失业福利方案,工作津贴训练资助计划为符合资格参加工作津贴收入资助计划的人士提供资助就业训练,包括每小时最高可达4.50新元的训练津贴。老挝2016年开始实施社会保险,其中包括失业保险。

第七章

东盟公共服务均等化的问题与原因

第一节　东盟区域间联通性低

　　泛亚铁路网拥有118 000千米的现有铁路轨道或规划修建的轨道,铁路网沿线国家为实现其目前或未来国际贸易的潜力而选定将这些铁路轨道纳入泛亚铁路网。其中,有12 405千米属于缺失路段(如表6-8所示),占泛亚铁路网总距离的10.51%,填补这些缺失路段所需的总投资额估计为700多亿美元。缺失路段包括国内缺失路段和国际缺失路段,其中国内缺失路段是指由于地理情况导致国内缺少连续不断的铁路基础设施;国际缺失路段是指在邻国铁路网络之间缺少有形联系。对于后者而言,由于领土原因等,存在连接的困难,所以填补缺失路段需要有关铁路部门及各国政府共同努力。某段铁路的建成能否促进区域经济或贸易的发展是该段铁路项目是否被批准的重要影响因素。然而,与建设必要基础设施的成本相比,每条线路是否可能产生更多的交通量也是一个至关重要的因素,特别是在寻求私营部门投资的时候。

　　东盟次区域的缺失路段占整个泛亚铁路缺失路段的31.65%,即大约3 926千米,它是亚洲及太平洋经济社会委员会(亚太经社会)区域中铁路联通程度最低的经济集团。东盟次区域间的铁路互联互通存在于次区域内部、次区域与邻近国家之间。次区域内部的铁路网络仅存在于马来西亚与泰国之间、泰国与老挝人民民主共和国之间,并且部分铁路覆盖面较低,例如将泰国铁路网从泰国北部的廊开(Nong Khai)延伸至老挝的塔呐冷市(Thanaleng)的铁路路线,在老挝境内长度仅为3.5千米。

　　关于与邻近东盟次区域之间的铁路互联互通,仅在中国与越南之间经以下线路实现跨境铁路互联互通:

　　(a)从越南河内至越南老街/中国河口过境点的296千米长的线路;

　　(b)从越南河内至越南同登/中国凭祥过境点的162千米长的线路。

　　尽管一些项目处于不同的施工阶段,但迄今为止,中国与老挝人民民主共

和国或缅甸之间还未实现有效的铁路互联互通。最后,东盟次区域与南亚之间尚未实现以缅甸为过境国的铁路互联互通,目前,印度铁路公司已经开始修建一条通往印度莫雷和缅甸德穆过境点的铁路线;孟加拉国政府最近获得亚洲开发银行的财政援助,以建设南线,从而将该国的铁路网向南首先延伸至孟加拉国科克斯巴扎尔,最后到达缅甸边境的干敦。

修建东盟次区域中的泛亚铁路缺失路段将进一步实现《东盟互联互通总体计划》的目标,并且在次区域内部、经中国在东盟次区域与东北亚之间、经印度在东盟次区域与南亚之间创建新的交通运输线路。例如,修建柬埔寨与泰国之间的缺失路段将能够利用泰国林查班港口的海上运输能力为柬埔寨制造业部门开辟一条通道。与此同时,在老挝人民民主共和国建设连接与中国接壤的磨丁和老挝与越南之间边境的穆加关这一主要南北线路路段,这将为中国和老挝货物经马来西亚巴生港、泰国林查班或越南岘港等港口开辟一系列海运选择。最后,修建缅甸的缺失路段将创建中国与印度之间的第一条直通铁路通道。在东盟秘书处主持下一年一度的"新加坡—昆明铁路通道项目"特别工作组会议上,相关国家讨论了东盟次区域的铁路互联互通问题。

表6-8 泛亚铁路缺失路段

泛亚铁路缺失路段

国家	缺失路段	距离 (千米)	缺失成本 (百万美元)
柬埔寨	波贝—诗梳风	48	80
	巴登—桔井	258	686
老挝	万象—穆加关(经他曲)	450	732
	万象—磨丁	417	7 000
	塔呐冷—万象	9	50
	巴色—沙湾那吉	230	5 000
	沙湾那吉—敦沙万/寮保	222	5 000
缅甸	腊戌—木姐	232	480
	葛礼—德穆	127	98
	丹彪扎亚—三塔山口	110	246

续表

泛亚铁路缺失路段

国家	缺失路段	距离 （千米）	缺失成本 （百万美元）
泰国	波艾（班派）—穆达汗—那空拍侬	355	1 840
	乌汶府—空尖	80	293
	北榄坡府—夜速	284	911
	登差—清莱—清孔	326	2 360
	南多—三塔山口	153	491
	亚兰—科龙拉	6	1
越南	永昂—谭鸭—穆加关	119	281
	胡志明市（边和）—头顿	115	2 700
	胡志明市—禄宁	129	903
	胡志明市—芹苴	174	7 462
	东河—寮保	82	567
东南亚地区		3 926	37 181
泛亚铁路 缺失路段		12 405	75 554.5
占比		0.316 5	0.492 1

注：此处仅有部分国家数据，因而占比尚未达到38%。

数据来源：亚洲及太平洋经济社会委员会泛亚铁路网工作组

第二节　东盟公共服务水平总体偏低

东盟的基础设施、公共教育、公共卫生和社会保障覆盖率均未能满足经济发展需求，亚洲开发银行(ADB)在《亚洲发展展望2017》中指出，亚洲仍有超过4亿人用不上电，3亿人喝不上安全的饮用水，超过15亿人没有基本的卫生设施[1]，而东盟国家占据了以上人口中的较大部分。东盟作为拥有6.47亿人口的

---

[1] 赵忠秀,胡旭东.新全球化中的开发性金融:金砖国家的视角[J].国际贸易,2017（12）:53–57.

世界第六大经济体，2017年GDP达到了27 650.4亿美元，虽然GDP增速较快，但公共服务与中、日、韩、美等国家及欧盟等经济体相差较多(如表6-9所示)。

首先，就基础设施而言，东盟的交通基础设施远落后于其他国家，铁路总里程仅仅超过了面积较小的韩国，落后于印度、日本和中国，远落后于美国和欧盟；东盟的公路里程大约为铁路里程的80倍，但仅相当于美国的1/4，中国和日本的1/3。但是，东盟的通信网络基础设施具有相对优势，虽然其每百人宽带订阅量仅为美国等国家的1/5～1/4，其移动基础设施却较为发达：就每百人拥有的移动手机数量来看，东盟高于美国、欧盟、韩国、中国和印度，仅低于日本，达到了每百人125.51台。

其次，就教育服务而言，东盟的初中生师比(逆指标)仅低于印度，高于中、日、美、韩和欧盟，说明东盟的初中教师数量不如其余经济体充足。而东盟教育支出占国民生产总值的比重也低于中、美、韩、印和欧盟，其占比略高于日本的原因是日本人口老龄化、青少年人口减少，教育经费有所收缩；但就人均教育经费而言，日本仍然远远高于东盟。

再次，就卫生服务而言，东盟能够使用最基本的卫生服务和最基本的饮水服务的人口占比仅高于印度，中、日、美、韩和欧盟的这两项卫生服务人口覆盖率高达98%以上，分别比东盟高出20个百分点和10个百分点。

最后，就社会保障而言，东盟正在积极提高社会成员的保障率。目前，文莱尚无失业保险，医疗保险采取有限条款；柬埔寨的失业保险采取有限条款，残疾、救济和养老保险的法律尚未生效；印尼的生育、医疗、失业保险采用有限条款；老挝缺乏儿童和家庭福利；马来西亚的生育、医疗、失业保险采用有限条款，缺乏儿童和家庭福利；缅甸的失业、残疾、救济和养老保险的法律尚未生效；菲律宾失业保险采用有限条款，缺乏儿童和家庭福利；新加坡没有失业保险。

表6-9　东盟公共服务水平与其他经济体对比图

		东盟	美国	欧盟	中国	日本	印度	韩国
国民生产总值	GDP（亿美元）	27 650.42	193 906.04	172 818.71	122 377.00	48 721.37	26 008.18	15 307.51
	人均GDP（现价美元）	4 271.08	59 531.66	33 723.27	8 826.99	38 428.10	1 942.10	29 742.84

续表

		东盟	美国	欧盟	中国	日本	印度	韩国
基础设施	铁路（万千米）	2.21	29.36	21.14	13.10	2.79	6.74	0.41
	公路（万千米）	169.72	685.30	–	585.95	121.35	590.33	10.64
	每百人移动电话拥有量	125.51	122.01	122.88	104.58	133.45	87.28	124.86
	每百人宽带订阅量	7.50	33.85	34.34	26.86	31.68	1.33	41.58
教育服务	初中阶段生师比	18.00	14.71	11.89	12.27	12.40	26.96	14.17
	政府教育支出占 GDP 比重（%）	3.52	4.99	5.06	4.14	3.47	3.84	5.25
卫生服务	使用最基本卫生设备人口比重（%）	79.90	99.97	98.07	75.04	100.00	44.15	99.89
	使用最基本饮水服务人口比重（%）	88.90	99.20	99.76	96.00	98.95	87.56	99.59
社会保障	社会保障和劳动保障覆盖率（%）	37.93	–	–	63.05	–	29.71	–

数据来源：World Bank、AJTP、UNESCO

第三节 东盟制度质量差异明显

目前东盟各国的政府形式分为五种：三个君主立宪制国家(马来西亚、柬埔寨和泰国)，三个共和国(印度尼西亚、菲律宾和新加坡)，两个共产主义国家(老挝、越南)，一个宪政苏丹国(文莱)和一个前军政府统治国家(缅甸)。从上文分析可以看出，东盟国家的公共服务总体水平偏低，且各国发展状况存在较大的差异。基本公共服务由于属于公共物品，具有非竞争性或非排他性，也有可能同时兼具以上两种特质，因而绝大多数是由政府提供的，政府作为基本公共服务的供给主体，需要全面了解社会公共服务的供求现状、资金使用效率、项目落地率。[①]这与一国政府的制度质量有着密切联系，制度质量反映了制度对经济绩效的影响。根据刘文革、董暄(2016)对各国制度质量指数的测算(如表6-10所示)可以看出，东盟在全球117个国家中排名如下。在统计的117个国家中，东盟仅有新加坡、马来西亚和泰国的排名位于半数以上，其余国家皆居于中下水平，东盟的整体制度质量有待提升。

表6-10 东盟国家制度质量得分与排名

排名	国家	制度质量
2	新加坡	91.74
38	马来西亚	63.79
53	泰国	54.92
67	菲律宾	45.90
72	印度尼西亚	44.04
80	越南	42.56
88	柬埔寨	39.68
97	老挝	35.05

资料来源：刘文革，董暄. 制度质量指数构建及其跨国比较 [J]. 制度经济学研究，2016（1）:75-90.

根据透明国际2018年全球清廉指数报告(如图6-6所示)，CPI(清廉指数)采用100分制，100分为最高分，表示最廉洁；0分表示最腐败；80~100分之间表示比较廉洁；50~80分表示轻微腐败；25~50分表示腐败比较严重；0~25

① 温师燕.东盟基础公共服务地区间差异及均等化路径探析[J].创新,2019,13（2）: 64-74.

分则表示极端腐败。2018年全球清廉指数显示,新加坡比较廉洁,文莱轻微腐败,印尼、泰国、越南、菲律宾、缅甸、老挝腐败比较严重,而柬埔寨则极端腐败。东盟国家在全球180个国家中廉洁程度的排名跨度也较大,有排名前10位的国家,也有排名倒数20位的国家,总体排名靠后,有6个国家属于排名中后50%的国家,仅新加坡、文莱、马来西亚和印度尼西亚居于前50%。东盟各国政府需要根据行政机构现状进行改革和调整,严抓腐败,严打贪官,减少贪腐行为,简化流程,细化规章,提升政策透明度,为发展营造公平和谐的政策环境。此外,东盟国家可以积极借鉴其他国家的管理经验,如丹麦、新西兰、芬兰和瑞典等国家;此外,东盟内部的新加坡排名一直居于全球前列,高效廉洁的公共服务在国家上享有盛誉,其经验值得东盟其余国家学习。

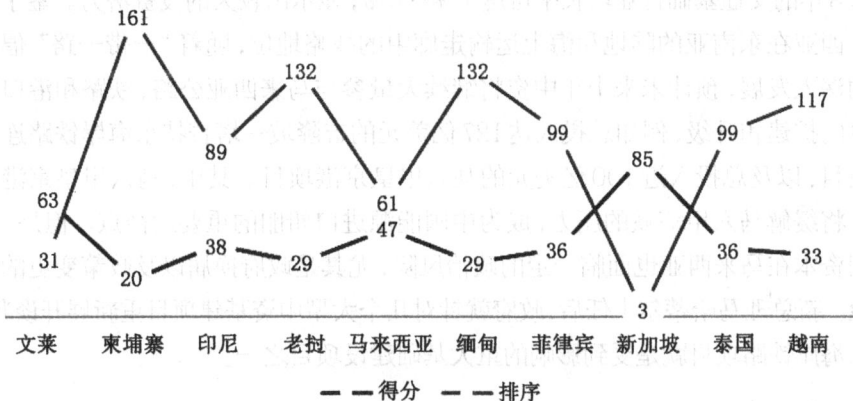

图6-6　东盟国家2018年政府清廉指数

数据来源:透明国际(Transparency International)

第四节　东盟基建资金缺口庞大

作为增速较快的发展中经济体,东盟国家在基础设施项目上的融资需求巨大,根据亚洲开发银行2018年的数据,东南亚的基础设施总支出为550亿美元,而该地区基础设施的年度支出估计为1 570亿美元。因此,东南亚目前正面临1 020亿美元的基础设施缺口,远远超出政府和银行融资所能提供的范围。新加坡的债券市场吸引了大量私人资本进行基础设施项目融资。据新加坡政府工作报告,大约60%的东盟基础设施项目受益于新加坡银行的项目融资或咨询服务。例如2017年5月,中国银行新加坡分行发行了超过40亿元人民币(6

亿美元)的"一带一路"债券(BRI Bonds),用来支持"一带一路"项目的发展。在东盟国家中,印尼的基础设施缺口是最大的。据统计,在2011—2025年,印尼计划推进的基础设施建设的总值将达到4 400亿美元。

随着"一带一路"倡议的推进,东盟国家道路、桥梁等基础设施建设在中资的注入下不断完善。2017年,中资帮助印尼兴建雅加达至万隆间高铁、爪哇岛和马杜拉岛间跨海大桥等印尼政府高度重视的战略基础设施项目,其中雅加达至万隆间高铁的贷款额度高达45亿美元。从交通状况来看,一方面,马来西亚半岛的东海岸地区交通不发达,阻碍了这些地区的工业发展,这让政府对交通建设有着迫切要求。另一方面,马来西亚拥有长达1 400千米的高速公路和1 800千米的铁路网,这些道路网的升级需求旺盛。据报告预测,马来西亚在未来8年的交通基础行业增长率可达6%~8%,显示出较大的投资潜力。鉴于马来西亚在东南亚的陆地和海上运输走廊中的战略地位,随着"一带一路"倡议的深入发展,预计未来十年中资将继续大量参与马来西亚公路、铁路和港口项目的扩建和升级,例如总投入达127亿美元的吉隆坡—塔普特东海岸铁路连线项目,以及总投入近100亿美元的马六甲皇京港项目。其中,马六甲皇京港项目将缓解马六甲海峡的压力,成为中国能源进口船舶的重要途径点。但是,中国资本在马来西亚也面临一定的政治风险,尤其是政府换届以及政策变更的风险。新总理马哈蒂尔上任后,政府就针对几个大型中资基建项目重新展开谈判,东海岸铁路项目就是受到影响的重大基础建设项目之一。

第五节 政府财政压力较大

东盟各国的政治体制较为复杂,各国财政支出能力和支出差异较大,基础性公共服务支出也水平不一,例如,各国教育支出占政府公共支出比重在5%至20%之间波动。由于财政收入有限,东盟各国的外债依存度相对较高,但各国政府债务水平相差较大,印尼和老挝的债务率(用债务国未偿还外债总额占商品和劳务出口收汇额的比重来衡量)都在100%以上,分别是184.16%和327.92%,远高于国际公认安全标准(小于100%);马来西亚、菲律宾和柬埔寨的债务率居中;泰国、越南和缅甸的债务率水平较低,在50%以下。就负债率(用债务国未偿还外债总额占当年国民生产总值的比重来衡量)而言,老挝的负债率为93.08%,马来西亚的负债率在69.58%以上,其余国家皆低于60%的国际警戒线。从短期外债与外汇储备的比率来看,马来西亚和老挝达到了80%以上,印尼和泰国位于30%以上,远远超过了25%的国际警戒线。东盟国家的偿债水平也存在着较大的差异,从偿债率(当年的还本付息额与当年出口创汇收入额之比)来看,仅老挝和印尼超过了30%的国际危险线,外债的还本付息率过高,存在产生债务危机的危险,其余国家政府尚有能力应对外债偿还义务。各国的偿息率皆低于10%的国际警戒线,印尼、老挝位于5%以上,但仍然可控。从以上分析可知,东盟国家的债务率相对较高,但偿还债务水平尚在可控范围内。东盟区域内部债务水平和偿债能力差异较大,其中印尼和老挝的外债举借率最高,但老挝的偿债水平较低,远低于印尼。老挝基建资金对外依赖性过强、不确定性较高,加上其制度质量偏低,公共服务的供给存在较大问题。在东盟外债总体水平较高的情况下,提高资金管理制度和资金监管水平愈发重要,政府需要大力进行改革,合理分配财政资金,提高财政资金使用效率,并加强财政资金用途监管。

第八章
国际公共服务均等化经验借鉴

第一节　美国公共服务均等化经验

美国基本公共服务涵盖了国计民生的重要领域,已基本实现公共服务均等化[1],其公共服务体系主要是效率与公平兼顾型。美国实现公共服务均等化主要得益于国家福利理念、政府财权与事权的对等、良好的转移支付制度和公开透明的政务信息等。

1.国家发展理念兼顾效率与公平

美国现代社会福利制度是以保障社会成员的基本经济和社会安全为宗旨设计的,主要包括社会保险、社会救济和社会服务三大类项目。[2]美国的发展理念是在个人自由主义基础上建立福利文化,个人的工作、社会责任及其绩效与社会福利是挂钩的。在新公共管理理论发展和成熟之后,政府的效率被提上日

[1] "公共服务均等化"课题赴美加考察团,马晓河,罗蓉.加拿大和美国基本公共服务均等化情况的考察[J].宏观经济研究,2008(2):29-34.

[2] 许宝友.美国社会福利制度发展和转型的政治理念因素分析[J].科学社会主义,2009(1):141-146.

程,政府开始由管理型政府向服务型政府转变,社会保障也多由市场和政府合力来进行解决。

在养老保障方面,美国养老保险的实质是财富的代际转移,主要由联邦退休金制度、企业年金计划和个人退休计划组成。联邦养老金制度是由政府主导的强制性社会养老保险制度,美国的社会保障税是仅次于个税的第二大税种,政府鼓励居民在工作时多缴纳社保,以便在晚年获得更多养老金。企业年金计划是企业主导、雇主和雇员共同承担并可享受税收优惠的企业补充养老保险制度,目前已经成为大部分企业首选的企业补充养老保障制度。个人退休金计划是个人根据意愿参加的个人储蓄养老制度,参与者将本金和收益限制在个人退休计划的账户内直至退休后方可领取。老年、遗属、伤残者保险(OASDI)是最大的养老保险项目,其保险金取决于退休前(或伤残前)的工作年限和水平。

美国的医疗健康保障体系分为公共医疗保险和私人医疗保险两个部分,其中公共保险包括老年和残障健康保险(medicare)、联邦政府对各州医疗援助资助(medicaid)、儿童健康保险(CHIP)和其他保险。老年和残障健康保险是仅次于社会保障项目(social security)的第二大政府财政支出项目。美国的私人医疗非常发达,产品体系齐全、类型多样,在美国的医疗保险体系中占较大的比重,大部分美国人都购买了私人医疗保险。私人医疗保险是公共医疗保险很好的补偿机制,能够较好地满足不同人群、不同层次的需要。美国独具特色的市场医疗保险制度特点在于市场化意味较为突出,政府不干预市场医疗保险本身的经营行为。

2. 政府财权事权对等、转移支付制度完善

美国的联邦、州和地方(市、县)三级政府之间财权与事权较为匹配,各级政府都有相对独立的优势税种,能够基本保障其职能的发挥;各级政府都有明确的职责划分,能够保障其责任的担当。这种财权与事权相匹配的结构极大地刺激了政府履行义务的积极性,提高了政府的效率。美国实行分税制,各级政府在宪法规定权限内确定自己的税法和税制,有独立的税收机构负责本级税收的征收,国家预算由联邦政府编制,州和地方政府独立编制,执行本级预算。[①]

目前,美国政府公共支出主要有十大类,包括教育、医疗、养老、社会保障、基础设施和一般支出等方面,大部分公共支出责任由两级或三级政府共同承担。联邦政府对州和地方实行转移支付,转移支付比重大约占州和地方收入的

---

① 涂永珍.论美国财政联邦制的发展演变对我国构建和谐央地关系的启示:对十八届三中全会关于财政体制改革重要精神的解读[J].学习论坛,2014,30（4）:76-80.

1/3,联邦政府向下转移支付,是联邦政府制约和监督地方政府财政行为的有效手段。联邦政府的转移支付项目,是按照州或地方政府的城市规模、人口规模、人均收入、所得税征集情况等一系列因素来分配款项,人口规模和密度越大,得到的补助金就越多。"用脚投票"原则使得公民选择公共服务较好的地区,这便促使州及地方政府积极改善本地公共服务质量,各地之间也着力于提高地区性公共服务的连通性和覆盖面。此外,为确保各州和地方合理利用转移支付,联邦财政转移支付有着严格的法律限制和监督。美国联邦宪法规定的纵向分权不但有效保障了各级政府的权力,也能防止过度集权和地方过度自治;同时,较好地发挥了州及地方政府在管理公共事务方面的创新性。

3.政府积极改革公共服务供给模式

美国的公共服务供给模式较为灵活,表现出供给主体多元化、供给范围小、供给同构性低、供给结构较合理、供给方式市场化程度高等特征[1]。20世纪70年代末80年代初,新公共管理运动开始兴起,公共管理理论强调市场机构的优越性,认为政府在供给公共服务时应当引入市场竞争机制,从而提高公共服务供给效率,缩减政府成本。20世纪80年代美国政府经历了财政危机,在这种形势下,美国的公共服务供给开始实行"合同外包"模式,私人机构向公众提供公共服务,政府负责验收和监督。在《联邦财产和行政服务法》《联邦采购规定》《合同竞争法》《服务获取改革法》等法律框架下,政府通过公开招标和竞争性谈判等方式选择合适的私人机构,双方签订任务导向型合同或结果导向型合同,在完成项目并达到预期目标时,政府向私人机构支付费用。在改革高峰期内,该模式取得了较好的成效,缩减了政府开支,提高了公共服务的覆盖面。20世纪90年代后,该模式的问题开始不断涌现,如公共服务质量下降、公平不足、责任缺失,以及空心国家等,美国开始思考该模式的弊端。20世纪末,由私人提供的公共服务项目占比开始下降,公私合营和非营利组织提供的公共服务开始增多,政府提供的公共服务虽然占比下降,但依旧占最大比重。[2]

美国在20世纪90年代后开始大力推进公私伙伴合营方式供给公共服务,三级政府都制定了促进公私合作的法律和政策,联邦政府制定的法律文件为公私合营提供了基本法律框架,而各州和地方政府在该框架下制定各自的单行法和法律细则。如,联邦政府在1995年颁布《国家高速公路法》,以进一步鼓励私

---

① 戴昌桥.中美地方公共产品供给模式比较研究[J].中南财经政法大学学报,2013(3):30-35.
② 常江.美国政府购买服务制度及其启示[J].政治与法律,2014(1):153-160.

人部门参与交通基础设施建设；2014年颁布《收费公路PPP模式特许经营合同核心指南》，详细介绍了PPP项目参与收费公路建设的具体问题。美国大部分州也对公私合营进行了立法赋权，1989年美国首个州(加利福尼亚州)通过了针对交通项目的公私合营法。截至2017年6月，已经有37个州实现了PPP 立法。[①]

第二节　欧洲高福利国家公共服务均等化经验

欧洲高福利国家的公共服务体系主要是公平型，其代表国家是瑞典、法国、英国。此类国家将公平置于优先地位，强调全民社会保障、高水平社会保障、多层次社会保障，形成了完整的公共服务体系，公共服务主要由国家提供。最典型的国家是瑞典，"合作"的集体主义文化使得公民持有"政府应负起照顾人民、举办福利的责任"的意识，瑞典为其公民提供了"从摇篮到墓地"的全方位、高水平的社会福利，政府在进行再分配时要力图保障所有公民的基本生活。

1. 准确定位公共服务中的政府职责

公共服务是当代政府的重要职能，但实践证明，政府完全独立提供公共产品和服务存在着困难，也会带来财政资金使用效率低下等问题。政府需要将自身调节为管理者，在公共服务供给过程中主要承担政策供给、过程指导和质量监督等责任，使公共服务合法合规、合理高效、供求平衡、质优价廉，使公民能够切实享受到相对均等和水平递增的公共服务。在这方面，法国的做法值得借鉴。法国政府首先区分政府和公民社会组织提供公共服务的不同类型，在此基础上，政府履行激励、资质鉴定、管理评估等具体职责，充分发挥社会组织在公共服务中的作用。

法国政府和社会组织提供不同类型的公共服务，政府负责基础性重大公共服务，例如国防和公平服务；而社会组织则提供其他公共服务。如某项公共服务被外包，政府会出台较为严格的服务标准(例如教育)，并对提供服务的社会组织实行监督。同时，为了鼓励社会资本方参与公共服务的供给，法国政府不仅给予办公场地等实物资助，还主动采取资助、签约、第三方支付(政府发放代金券，代金券持有者在市场上采购某些特殊服务)等措施来刺激社会资本的积极性。法国政府严格测试社会组织的能力，为了获得独家代理资质，社会组织需要通过授权与认证、承认身份、签订协议等法律程序的认证。除了前期的把关，政府的事中与事后监督也至关重要，社会组织的各项活动需要记录在案，年终

① 刘承韪.美国公私合作关系（PPP）的法治状况及其启示[J].国家行政学院学报,2018（4）：140–146+152.

需提交工作报告,政府对社会组织的工作状况进行评估,并形成公开出版物,接受民众监督。

2. 将社会组织视为政府公共服务供给的良好合作伙伴

公共服务改革对于矫正"政府失灵"有一定的作用,既可以提高财政资金的使用效率,也可以提高公共服务的质量;还可以改善社会组织的运营效率,促进管理型政府的发展,提高社会组织对国家的贡献。为此,政府不仅要加强对社会组织的支持、引导,也要加强对社会组织的监督,是社会组织成为公共服务的重要供给力量。社会组织要做到有能力、有实力、有责任,三者不可偏废。为此,国家要逐步健全基础制度,完善上层建筑,严把资金管理关,强化评审制度,防止社会组织假借提供公共服务之名进行不合理的利益攫取。在处理与社会组织的关系方面,英国的案例比较典型,其公共服务改革最有特色之处是政府与社会组织建立的长久的公私合营关系。而公私合营改革中最有特点的是PFI(Private Finance Initiative),英国是公私伙伴关系历史最久、制度最为完善的国家。16世纪的《慈善使用条例》和《伊丽莎白济贫法》,表明英国政府有让慈善机构承担社会服务的意向,此后英国政府设立了第三部门参与提供社会服务。目前英国的慈善机构中有相当大一部分是政府出资建立的,且在获得政府支持的同时,得到了社会组织的捐助资金。20世纪70年代末,英国开始大规模推进与私营部门之间的合作,1997年财政部下设专门工作组负责PFI的推广工作,1999年设立英国伙伴关系(Partnership UK)替代财政部的专门工作组,2011年设立基础设施局(Infrastructure UK)全面负责公私合营工作,2012年英国又推出了PF2(private finance 2)计划来推进公私合营工作的进一步实施。

3. 注重从来源上提高社会保障水平

在欧洲这类高福利国家,政府的开支巨大,随着老龄化加剧,人口依存度会增加,社会负担加重,社会稳定性会受到冲击,从源头上减少失业人口、加强教育、增加社会创造财富的能力变得尤为重要,这是切实提高社会保障水平的重要渠道。以法国为例,20世纪80年代后受到经济危机冲击的法国经济增速放缓,财政赤字扩大,财政状况吃紧。2007年受欧债危机和经济危机双重影响,新任总理萨科齐选择对公共服务体系进行改革,从源头上提升社会保障效率和水平。

首先,政府对就业进行了改革,以期提升就业率,恢复社会购买力。2009年法国推出了惠及20多万人的职业生涯安全基金项目,该项目拨款9亿欧元对就业者进行职业继续教育或实现就业转型。此外,政府还为再就业协议添加

了新的条款,承诺在一年内维持再就业,薪水不低于原薪水。2009年7月,法国实施"积极就业团结收入"项目,旨在纠正现行各种不同社会救济和再就业奖励措施彼此独立造成的不合理现象;2016年9月,"积极就业团结收入补助金"(RSA)提高2%,是2012年以来第四次增长,将惠及250万低收入群体。

其次,政府注重提升教育质量,希望通过教育水平的提升来促进年轻人就业机会均等化,其教育理念的核心是成功、劳动和机会均等。法国教育支出和教育人均支出在国际上处于较高的水平,法国教育支出占GDP的比重自1995年起就保持在5.5%左右,小学阶段每名学生的政府支出占人均GDP的17%以上,中学阶段占27%左右,高等教育阶段占36%左右。2010年,法国政府拨款3亿欧元用于贫寒优等学子寄宿学校建设工作;此外,法国注重教育公平,积极推动残障学生进入普通学校学习。法国不仅注重基础教育,也积极推动高等教育革新。法国政府2007年颁布的《大学自由与责任法》给予大学较大的自主权,这一举措充分调动了大学的积极性,大学基础教育和前沿研究都得到了较好的发展,逐步确立了在国家研究与创新体系中的地位。[①]教育质量的提升能够很好地解决青年人口的就业问题,提升国家竞争力和科技水平,有利于青年人口创造出更多的财富,从源头上缓解人口老龄化带来的养老等社会保障压力。

第三节　日本公共服务均等化经验

日本受"忠义"的社会价值观影响,遵循"忠义"共同体主义福利文化,企业基本采用"终身雇佣制"。由于日本雇员占人口的绝大多数,日本的企业承担了较多的公共服务供给义务。一般情况下,日本的企业保障由法定福利和附加福利两部分组成。[②]从1980年开始,日本历届政府均希望找到合理的公共服务供给体制,如政府购买、公私合营等,其基本方向是将社会资本引入公共服务供给体系,扩大公共服务供给主体和资金来源。

1. 确立了公共服务改革的法律

20世纪70年代以后英国和美国拉开了公共服务改革的序幕。日本自二战后开始实施的政府主导型管理模式积弊已久,行政机构庞大,管理失调,效率不高,官僚主义严重,一些典型腐败案例严重影响了政府的信誉,在此情形下日本

---

① 中华人民共和国科技部.法国政府稳步推进大学自治改革[EB/OL].（2011-01-18）[2019-03-31]. http://www.most.gov.cn/gnwkjdt/201101/t20110117_84349.htm.

② 张军.中西福利文化下社会福利制度模式比较分析:基于中国、日本、美国、瑞典四国的考查[J].探索,2011（5）:141-146.

开始了对官僚制度、政府透明度的相关改革。基于此种情况,政府的公共服务供给模式也发生了相应的改变,2006年颁布的《公共服务改革法》,确定了日本公共服务改革的基本法律框架。

《公共服务改革法》界定了公共服务的范围,明确了立法的目的,确定了公共服务的供给主体,并且规定了公共服务的主要实施方式。根据这部法律,日本公共服务的范围包括国家行政事务、地方公益性事务、民间资本提供的特定服务等;公共服务的实施主体是国家行政机构、地方共同团体和民间事业者;公共服务的主要实施方式为合同承包。从《公共服务改革法》实施以来,日本引入了竞争机制,大幅节约了行政成本,提高了公共服务的供给效率,扩宽了公共服务的供给市场。此外,民营组织和地方社团也对公共服务的供给方法进行了创新。①

2. 保持政府对其他供应主体的干预

与美国和北欧国家的管理型政府不同,日本政府直接对其他公共服务供给机构的行为进行干预。首先,日本对公共服务进行了明确的领域划分,将教育、医疗、基础研究等关系到国计民生的重要领域划分至基本公共服务领域,并设立了类似于公务员单位的公法人机构来负责该领域公共服务的供给工作;而宗教、慈善、贸易服务、医疗服务等则被划分至非基本公共服务领域,允许具有民间公益法人资格的社会组织参与该领域公共服务的供给。其次,基本公共服务和非基本公共服务领域的最重要资金来源都是财政拨款。日本政府为公益法人提供财政资金以外的经济支持,例如税收减免、鼓励个人捐赠和公司捐赠等方式。最后,日本政府对民营化实施方式进行了明确的规定。2005年日本"推进规制改革、民间开放3年计划"正式展开,政府开放了8项示范性公共服务给民间竞标经营,此后政府购买公共服务范围逐步扩大。2015年,日本总务省出台了《关于推进地方行政服务改革之注意事项》,该文件进一步明确了日本购买公共服务制度,并明确了每种制度的具体执行形式。

3. 创新公共服务民营化模式

20世纪80年代以来,日本为了削减成本、提高公共服务质量,开始走民营化道路。90年代,政府设立了公私合作整备研究会,开始探索新型民营化道路,"公私合作伙伴关系"PPP(public-private partnership)在日本得到了较快发展。2015年,根据日本总务省文件规定,日本公共服务公私合营模式可以分为

---

① 潘华.日本公共服务供给体制改革:明确分工、引入竞争、健全法制[N].中国经济导报,2015-05-16(B05).

民间委托制度、PFI(private finance initiative)制度、指定管理者制度和市场检验制度。民间委托制度曾于20世纪末得到大力推广,在政府购买公共服务的模式中占有主要地位。PFI(private finance Initiative)制度在借鉴英国经验的基础上因地制宜地进行了调整。1992年成立"内阁府民间资金等活用事业推进室",1999年推出PFI法,从行政制度层面和法律层面保障PFI的运营。PFI的具体运作模式有建设—移交—支付(BTO)、建设—运营—移交(BOT)、建设—运营—拥有(BOO)、恢复—运营(RO)等方式。指定管理者制度是在2003年修订地方自治法之后出现的新型管理制度。在该制度下,各地方自治体指定符合遴选要求的承接商,并对承接主体进行进程和质量的监督。市场检验制度在2006年《市场检验法》出台之后正式生效,分为中央层级制度模式和地方层级制度模式。该项制度并非简单将公共服务外包,而是要求政府与社会机构进行公平竞争,成本最小、质量最高的一方将获得项目的建设权,能够有效地实现财政支出的削减和公共服务质量的提升。①此外,提案型公共服务民营化是日本的一个机制创新,政府向民众公布公共产品和服务的需求信息,社会资本方根据需求信息进行提案。经过严格的审查之后,若提案被采纳,该项目将会由提案的社会资本方承接。②

第四节　新加坡公共服务均等化经验

新加坡政府在建国之初就开始注重政府工作的改进和对公务员服务理念的培养,以提升政府的公共服务质量。为了解决新加坡建国之初的就业问题和住房短缺问题,新加坡政府在1960年至1961年成立了建屋发展局(HDB)和经济发展局(EDB)。新加坡政府采取强制储蓄养老的中央公积金制度,以确保员工在退休后有足额的养老金,其机动灵活的公共服务供给方式和清廉高效的政府办事效率都值得其他东南亚国家借鉴和学习。

1. 公共行政高效廉洁

高效、负责、有效和透明的公共行政是社会和经济发展的关键驱动力,新加坡公共服务得以发展的重要原因是政治领导层具有远见卓识,专注于国家建设。公务员队伍效率很高,其队伍内部的腐败行为被无情而果断地摧毁。这种有效的"政治/行政领导"界面是可以支持经济、医疗保健、教育和其他转型发

---

① 俞祖成.日本政府购买服务制度对我国的启示[J].党政视野,2016（3）:37.
② 邹东升,张奇.提案型公共服务:日本民营化运作模式[J].日本问题究,2015,29（1）:31–37.

展组成部分的上层建筑。简而言之,政治领导和公务员都充满了内在的公共服务动机。

首先,新加坡的法律制度较为完善。公务员的任职条件在宪法和行政管理法律中都有明确的规定,例如,宪法规定了公务员任职要求;《公务员守则和纪律条例》和《公务惩戒性程序规则》则规定了公务员的行为准则以及渎职的惩罚措施。此外,还有大量的行政法规保障了从遴选公务员、录用公务员到监督公务员的公平公正。新加坡的公务员遴选制度较为严格,不仅要通过正式考试,还需要经过一系列政治审查,真正做到择优录取。

其次,新加坡个人财产申报制度完善。在新加坡,公务员入职前需要进行个人财产申报。就职期间,若个人财产发生变化,需要填写变动财产申报清单;若有配偶,还需申报配偶的财产。公务员的财产申报和审核流程较为成熟,法院和国家贪污调查局会对公务员申报的财产进行细致严谨的审查。此外,新加坡公务员还需接受持续的在职期间品德考核。

最后,新加坡反腐力度较大。新加坡的《防治贪腐法》和《1989年腐败(利益没收)法》关于贪污的规定详细明确、可操作性强。[1]1959年新加坡人民行动党在取得执政权后修订了防治贪腐法,实施了《防治贪腐法》(the Prevention of Corruption Act, POCA),强化了反贪污机构的权力,界定了腐败的范围和惩罚机制;该法从1960年到1993年共修订了7次。1989年《1989年腐败(利益没收)法》,规定贪腐收入即便在死亡后也会被没收,强化了反腐的执行力度。

新加坡的反腐败成功,除了离不开反贪法律之外,还离不开执行力强的独立反腐败机构。新加坡是单一反腐败机构模式的开创者,贪污调查局直属于总理办公室管辖,不受其他政治权力影响;该机构公务员的招募任命、工资发放皆独立于其他政治权力。贪污调查局(CPIB)有着严格的人员筛选标准、专业人员培训标准和规范的工作流程。2014年以来,贪污调查局加强了透明度,公开发布了年度报告。

2.积极借鉴国外经验

新加坡政策制定者毫不犹豫地学习其他国家的成功经验并吸取其失败教训,制定相关政策并对当地情况进行适当修改。然而,当新加坡面临其他国家无法解决的问题时,人民行动党领导人会提出创新的解决方案来解决这些问题。由于英国殖民政府未能解决严重的住房短缺和普遍的腐败问题,人民行动党政府在1959年6月就职后启动了解决这两个问题的创新解决方案。1960年

---

① 刘河芬.李光耀廉政建设思想与新加坡实践[D].河南师范大学,2015.

2月,建屋发展局成立,作为法定委员会,通过为新加坡人提供低成本公共住房来解决住房短缺问题。建屋发展局开展了有效的公共住房计划,从1960年2月至2016年12月开始建造1 129 236个单位公住房,并在此期间将新加坡公共住房的人口比例从9%增加到82%。公积金建设公共住房和差异化购屋政策很好地解决了新加坡住房问题;而腐败问题则通过《防治贪腐法》和贪污调查局的共同努力得到了解决,廉洁指数一直居于世界前列。

新加坡的基础设施建设也乐于借鉴和学习其他国家的经验。例如,樟宜机场被公认为当今世界上最好的机场之一,它提供了与务实的文化适应的良好例证。这是由于因为新加坡在建设该机场之前派遣官员前往几个国家检查最佳和最差的机场,目的是建设一个比荷兰的史基浦机场(被认为是当时最好的机场)更好的机场,并避免了纽约肯尼迪机场或英国希思罗机场所面临的问题。

3.致力推进改革创新

新加坡积极推进公共服务体制创新,例如新加坡公共服务委员会(PSC)的招募机制和功能就在不断进行更新和改进。该机构成立于1951年,任命来自当地人口的公职人员。委员会由受人尊敬的个人组成,他们本身并非来自公共服务部门。[1]公共服务委员会在新加坡公共服务中发挥着重要作用,负责监察殖民地公务员的招聘、晋升及服务条款。公务员事务局认为,具前瞻性的公共服务必须适应不断转变的公共服务需要。因此,在过去的60年里,PSC的结构和角色已经演变,以保持相关和有效。时至今日,公务员事务局仍然是委任和提升高级公务员的权力机关。公务员事务局亦协助维持公务员的操守和纪律,并考虑晋升及颁发公务员事务局奖学金的申请。PSC是一个中立和独立的机构,在执行其工作时既不畏惧也不偏袒。它继续坚持正直、公正和精英管理的原则,这是新加坡公务员制度的特点。

此外,新加坡政府也积极革新公共服务的具体实施措施。2007年新加坡修建了滨海湾隧道项目,将具有供水、供电、供冷、电子通信等各项功能的管道集合在一起,更好地保护了公共设施,提高了土地利用率。此后,新加坡开始着手保护公共服务隧道的立法问题研究。2017年据《联合早报》报道,新加坡政府已经通过公共服务隧道法案,将隧道六米之内的范围设为公共服务保护区。

---

[1] Public Service Division. Building A Public Service Ready for The Future [EB/OL]. [2019-04-02]. https://www.psd.gov.sg/heartofpublicservice/our-institutions/building-a-public-service-ready-for-the-future/.

该项法案的实施将会使公共服务的管制和保护有法可依。[1]

第九章
中国-东盟合作框架下的东盟公共服务均等化路径

第一节　优化上层建筑，及早出台政策性文件和规划

为了促进东盟地区旅游、投资和贸易的发展，提高基础设施的投资和生产率，东盟政府需要发挥引导和监督作用，优化上层建筑，改善制度质量，及早为公共服务均等化制定中长期发展规划并出台相应的政策文件。

首先，东盟要确定公共服务均等化的总目标，即"基本覆盖""公平均等"和"可持续"。"基本覆盖"要求东盟各国在最基础的公共设施上能做到全面覆盖，在其他公共设施上能逐步达到国际水平。"公平均等"就是要协调区域水平，控制区域差距，不分国别、区域、城乡，相同的基本公共服务项目要按相同的标准提供。"可持续"要求制定较为长远的规划，建设质量过关的公共服务，消除急功近利的短视行为。

其次，东盟要改善制度质量，加强政治的稳定性。根据世界银行全球治理指数(worldwide governance indicators)，可以看出东盟的话语权和问责指数普遍不高，其中，得分最高的菲律宾和新加坡在全世界都未能进入前50%，说明东盟国家的公民较难参与到政府的活动中去，言论自由、结社自由和媒体自由较弱。王巍、袁航(2018)利用灰度关联模型对东盟十国的政治风险进行计算，得出2015年东盟国家的政治风险为：新加坡<文莱<马来西亚<泰国<缅甸<越南<菲律宾<印度尼西亚<老挝<柬埔寨，最高的新加坡和最低的柬埔寨之间差异高达0.42(总分为1)[2]。

世界银行报告指出，贸易开放度与制度质量呈正相关关系，特定机构的特征与制度质量之间存在着联系，政治制度中的制衡措施似乎对整体制度质量的

① 新加坡拟兴建公共服务设施隧道[EB/OL].（2018-03-29）[2019-03-29]. http://www.cafta.org.cn/show.php?contentid=83641.

② 王巍,袁航.政治风险冲击、制度质量与中国对东盟直接投资[J].东南亚纵横,2018（3）: 72-81.

声音和政治措施产生了重大影响。[①]东盟国家要坚持多边主义,坚持对外开放,保持与区域内其他国家和区域外国家之间的联系,提高贸易开放度,保持政治制度中的制衡机制,中央和各级地方政府可从产权保护、法治体系和政府效率这三个具体方面入手,落实相关工作,长此以往,一定能够对东盟制度质量的提升有所助益。

再次,东盟需要及早出台相应的政策文件。2016年东盟秘书处签署了文件《东盟互联互通规划2025》[Master Plan on ASEAN Connectivity (MPAC) 2025],该规划进行了外部、区域和国家三个层面的安排。在外部层面上,东盟要求与对话伙伴和其他伙伴建立良好的互动,利用国际组织和多边组织的力量,根据已签署的次区域协定,与私营部门和其他利益攸关方进行合作,促进东盟互联互通的规划和施行。在区域层面上,东盟互联互通协调委员会(ACCC)、东盟部门机构(东盟首席执行机构和东盟其他执行机构)和东盟秘书处将起到重要的作用。国家层面上,国家协调机构负责协调项目进度。国家工作重点在于支持、调整和推动国家层面的具体职责,国家执行部门则负责执行项目。这三个层次的机构之间要保证互相依托、共同促进、合作共赢。

第二节　鼓励私人资本参与,加强金融服务体系建设

东盟国家的公共服务资金缺口较大,仅仅依靠政府部门的收入不足以涵盖全部支出,因此,政府要创新公共服务供给机制,可以选择对投资部门放松管制,为潜在投资者创造合适的条件,或者加强公私伙伴关系(PPP),引导私人资本参与公共服务的供给。公私伙伴关系通常很复杂,投资者和公共机构需要就成本、公共政策和规章制度等各种因素制定保证措施。为了防止任何意外和并发症,欧盟-东盟商业理事会建议各国政府制定PPP法律并实施透明的招标和承包模式。在寻求与私营公司建立伙伴关系时,东盟政府需要谨慎,虽然私营公司可能有助于弥合基础设施差距,但私人参与基础设施项目的主要目的是获取利益,因此,东盟成员国政府在私人部门进入公私伙伴关系时不要忽视其国家和人民的需要和利益。

东盟的PPP总体发展水平尚不算完善,就法律框架而言,虽然很多国家都在积极构建PPP法律框架,并通过相关法律来保障PPP的运营,但是距离既符

① ROUMEEN ISLAM, CLAUDIO E. Montenegro. What Determines the Quality of Institutions? [R/OL]. [2019-03-02].http://documents.shihang.org/curated/zh/416091468766754963/pdf/multi0page.pdf.

合国际标准、又有成功实施记录的法律框架,还有很长的路要走。私人资本普遍认为在这些区域开展运营带有一定的法律风险,因此在决定是否与政府合作、投资于特定市场时,大部分投资者需要一个令人放心的、健全的法律平台。因此,为了使PPP法律框架能够成功实施,吸引投资和让投资者放心,框架需要深思熟虑、精心设计,不仅需要吸取国际上成熟的PPP司法管辖区的成功经验,还需要消除投资者针对特定司法管辖区的顾虑。制定法律时需要考虑对采购/招标过程中的明确性、透明度和可靠性采用严格的标准;尽可能使用标准格式文件以减少对潜在投资者而言的不确定性;建立持续的风险分配追踪记录,以便投资者对有关司法管辖区的特定问题有先例可循。[①]

大多数东盟国家依然处在相对初期的发展阶段,进一步放开区域间和区域内的货物、服务和资本流动,有益于东盟的经济增长并加强包容性。然而,东盟双边银行业一体化的水平尤其低。Duval等人根据国际清算银行详细的国别数据计算发现,亚洲双边银行业一体化的水平仍然落后于世界其他地方。他们的计算呼应了亚洲开发银行(2013年)的研究结果,即东盟五国双边银行业一体化的水平尤其低。[②]

在东盟建立一个更大的现代化综合金融服务体系,加上进一步与资本充裕的地区融合(包括ASEAN"+3",即中国、日本和韩国)很有必要,这样即便全球的利率水平逐步上升,最终也能吸引大量资本流入东盟。更开放的金融账户会提升东盟国家的金融包容性,并有助于减少贫困,缓解该地区因工资差距大而出现的较强烈的移民动机。然而,金融开放的扩大也会加剧经济波动性。鉴于其他国家的经验,并考虑到东盟低收入国家金融部门的脆弱性,政策制定者需要采取谨慎方法,继续加强其宏观经济框架,从而对金融体系改革起到支撑作用。东盟国家可以借助双边信贷额度和区域金融安全网、多边金融机构、区域开发银行(如亚行)以及周边伙伴国的力量来加强区域金融服务体系的建成。

第三节　加强区域间合作,注重与"一带一路"项目对接

加强东盟各国发展战略同"一带一路"倡议的对接,有效落实东盟一体化倡议(IAI)工作计划(2009—2015)和包括大湄公河次区域经济合作(GMS)、东

① DENTONS RODYK & DAVIDSON LLP. 东盟公私伙伴关系指南[R]. Singapore, 2017-10-17.https://dentons.rodyk.com/en/~/media/0efe1ab0afd040c69ced6e7c50fd052b.ashx.

② GEERT ALMEKINDERS, SATOSHI FUKUDA, ALEX MOURMOURAS, et.al. 东盟金融一体化[R].IMF, 2015.https://www.imf.org/~/media/Websites/IMF/imported...loe-pdfs/.../wp1534c.ashx.

盟湄公河流域发展合作(AMBDC),以及文莱、印度尼西亚、马来西亚、菲律宾东盟东部增长区(BIMP-EAGA)在内的次区域合作,有利于推动可持续发展,缩小东盟各国发展的差距。

东盟的互联互通规划与中国的"一带一路"倡议中提到的"五通"契合度非常高,双方可以进行多方面、高水平、宽领域的有效对接。"一带一路"倡议可与印尼"海洋支点"战略、老挝"变陆锁国为陆联国"战略、柬埔寨"四角战略"、菲律宾"雄心2040战略"、越南"两廊一圈"战略等东盟国家自身发展规划深度对接,不断优化中国与东盟国家各领域务实合作的顶层设计和规划。中国与东盟在互联互通领域加强合作,将有效带动东盟国家物流、房地产、零售等众多行业的发展。麦肯锡全球研究院发表的报告称,中国和东盟围绕"一带一路"的合作将提升东盟地区的投资吸引力、贸易便利度和一体化进程。

"一带一路"倡议的核心理念是开放包容、合作共赢,它既是中国首倡,又为各国所共享,旨在实现共同发展的愿望。在全球经济复苏缓慢、"逆全球化"思潮复现的国际背景下,中国与东盟国家需要提升双方战略伙伴关系,联手应对挑战,开辟增长新动力,探索发展新路径。中国和东盟应该进一步对接各自的发展战略和经济政策,实现优势互补、联动发展,助力东盟共同体建设,推动构建更为紧密的中国—东盟命运共同体。

第四节 利用国际援助,完善区域连通性

首先,东盟需要继续加强与亚洲邻邦的合作伙伴关系。2016年,东盟分别与日本、韩国和中国举行第14次、第7次和第15次交通部长会议,并发表了联合声明。第20届东盟+3(APT)纪念峰会于2017年11月14日在菲律宾马尼拉举行,并签署了关于APT合作20周年的马尼拉宣言。[1]2019年4月11—12日,在印度新德里举行的第21届东盟—印度高级官员会议(AISOM),将东盟—印度战略伙伴关系提升到更高的高度。[2]21世纪以来,中国在东盟的基础设施投资约为1 550亿美元,超过90%的项目是2013年后的计划,包括价值178亿美元的北加里曼丹Kayan河水电项目(印度尼西亚)、价值127亿美元的东海岸铁路连线、吉隆坡-塔普特项目(马来西亚)和价值99亿美元的马六甲皇京港项目

---

① The ASEAN Secretariat. Chairman's Statement of the 20th ASEAN Plus Three Commemorative Summit[Z]. Manila,2017-11-26.

② The ASEAN Secretariat. ASEAN, India to deepen strategic partnership[N/OL]. (2019-04-15) [2019-04-16]. https://asean.org/asean-india-deepen-strategic-partnership/.

（马来西亚）。可以预见，中国在东盟的投资势头正热，未来的投资项目将会持续增长。

其次，东盟需要继续加强与欧盟之间的伙伴关系。欧盟与东盟之间的伙伴关系可以追溯到1972年，当时欧盟（当时称为欧洲经济共同体）成为东盟第一个正式对话伙伴。欧盟目前为东盟第二大贸易伙伴。2017年双边贸易额达2 610亿美元，同比增长11.9%，欧盟是东盟第一大投资来源地；2017年来自欧盟的投资资金达254亿美元，占东盟外资总额的18.6%。欧盟强调支持东盟的核心作用，将东盟视为欧盟在地区的重要伙伴。[①]2010年欧盟成立了亚洲投资基金（AIF），旨在促进额外投资和关键基础设施，优先关注与气候变化目标相关的项目、环境和能源领域，以及中小企业和社会基础设施领域的"绿色"投资，东盟的柬埔寨、印度尼西亚、老挝、马来西亚、缅甸、菲律宾、泰国和越南都在项目领域内。该基金还可以资助涵盖上述两个或多个国家的区域项目。2010—2015年期间欧盟向AIF分配了总额为1.42亿欧元的金额，旨在促进绿色经济，优先资助气候项目和"绿色"投资，重点支持改善社会服务和基础设施、能源设施、环保等项目。东盟应该利用与欧盟的良好关系，加强与欧盟在科技环境等领域的合作，利用AIF基金发展此区域内基础设施建设，完善社会服务，扩大社会福利。

再次，东盟需要加强与美国之间的合作伙伴关系。截至2018年底，美国是东盟第三大贸易伙伴，双边贸易金额达2 342亿美元，美国是东盟第五大投资来源国，其投资总额为43亿美元。2015年美国与东盟的合作关系上升为"战略伙伴关系"，双方关系进入了一个新的阶段。2018年4月3日在马来西亚雪兰莪举行的第31次东盟与美国对话，以及2018年5月4日在印尼雅加达东盟秘书处举行的第九次东盟-美国联合合作委员会会议都要求加强合作和伙伴关系。2016年宣布成立的"美国-东盟联系"（US-ASEAN Connect）旨在加强东盟和美国之间的经济联系，涉及领域包括通信设施、基础设施等多个方面。《2016—2020阶段东盟与美国行动计划》也要求双方继续加强在自由贸易与投资、中小型企业发展、数字经济等优先领域进行合作。东盟要积极利用这些文件，把握机遇，扩大与美国在安全、投资等多个领域进行务实合作。

---

① 东盟与欧盟承诺加强全面合作[N/OL].（2019-01-12）[2019-04-04].https://zh.vietnam
plus.vn/东盟与欧盟承诺加强全面合作/91183.vnp.

第五节　发展跨境电商，促进互联网经济发展

2018年11月，东盟成员国在新加坡签署东盟电子商务协议，希望在电子商务领域加强合作，创造良好的商业互信，推动电商应用发展，促进跨境电商便利化，从而进一步实现数字联通，刺激经济发展。①东盟的电子商务市场巨大，潜力无限。根据淡马锡和谷歌的商务报告，2018年底东南亚地区的电子商务总值已经达到720亿美元，预计到2025年将达到2 400亿美元。②2000—2017年，东盟的移动蜂窝电话急剧增长，以印尼为例，2017年移动蜂窝电话用户达到了4.59亿，是2000年的100多倍，其余国家增长速度也较快，东盟应该借助电子通信类基础设施的发展势头，积极发展电子商务，并促进移动通信、人工智能等高新科技发展。

中国与东盟跨境电商互补性强、合作潜力巨大，双方投资贸易合作日趋活跃，《中国-东盟跨境电商平台合作建设备忘录》(2015)、《中国-东盟跨境电商平台运营与管理机制备忘录》(2016)等文件相继出台。随着互联网技术迅速发展，跨境电子商务正成为拉动中国与东盟贸易发展的新引擎，2017年双方电商贸易额突破了5 000亿美元。中国的重要电商企业阿里巴巴、京东、苏宁等将东盟视作重要发展领域，正在持续加大对东盟电商行业的投资，以期加强跨境电商合作，推动双边电商发展。据统计，截至2016年，阿里巴巴平台已有超过100万家东盟供应商；2017年，京东金融应邀出席了东盟财长投资者研讨会(AFMIS)；2018年京东物流在泰国建成了智能仓储物流中心，这是京东物流搭建全球供应链基础网络(GSSC)的重要站点；2016年苏宁云商集团搭建了中国-东盟跨境电商平台，目前已入驻了柬埔寨、印尼、马来西亚、菲律宾、新加坡、泰国和越南七个国家的商户。中国与东盟应进一步提升贸易便利化水平，构建中国-东盟跨境电商合作新机制。

由于巨大的发展潜力，东盟已经吸引亚马逊等世界知名电商企业落户，但东盟的电子商务发展还存在着较多问题，如跨境物流不够通畅、营商环境有待

---

① 李晓渝，耿学鹏.东盟国家签署东盟电子商务协议[N/OL].（2018-11-12）[2019-04-06].http://www.xinhuanet.com//world/2018-11/12/c_1123702052.htm.

② GOOGLE & TEMASEK. E-Conomy SEA 2018: Southeast Asia's internet economy hits an inflection point [R/OL]. [2018-04-07].https://www.thinkwithgoogle.com/intl/en-apac/tools-research/research-studies/e-conomy-sea-2018-southeast-asias-internet-economy-hits-inflection-point/.

提升、网络安全有待强化和消费习惯固化等问题。因此,要加强电商发展,首先,要夯实东盟与其他地区之间的跨境电商发展基础,加强网络、物流设施建设互联互通,构建东盟与其他地区之间的区域物流中心,提升跨境电商产品的标准化水平,加快推进东盟和国际标准接轨。其次,进一步提升东盟与其他地区的贸易便利化水平。开放的投资环境不仅能吸引资本大量流入,促进电子商务进一步发展,也能加强东盟的国际化水平。再次,成立东盟与其他地区的跨境电商政府间协调机构,具体负责基础设施建设规划、标准制定、人才培养、后勤保障、信息共享等工作。

结　语

东盟地区公共服务均等化目前面临着总体水平不高、局部差异较大、内部参差不齐的问题。作为全球第六大经济体,其基础设施水平、公共教育水平、公共卫生水平和社会保障水平都低于应有水平,也远低于欧盟、美国、日本、中国等。随着东盟经济的持续增长,现有的基础设施已经无法成为经济增长的有力支撑,这些引起了东盟国家的高度关注,各国都制定了相应的政策来大力发展基础设施建设,如柬埔寨2014—2018年国家战略发展计划(NSDP)、印度尼西亚基础设施项目规划(2016—2026)、第11个马来西亚五年规划(2016—2020)、新加坡的政府关联借贷融资计划等。在东盟一体化进程快速推动的背景下,东盟国家需要加强此区域内部的合作,强化东盟共同体意识,立足于国别优势和国家实情,搭建公共服务均等化大平台,互帮互助、相互扶持,以民生为本,从民心出发,整合东盟次区域的优势资源,解决区域间的互联互通、教育公平、医疗公正、社保均等问题。同时,"一带一路"倡议为东盟地区的基础公共服务发展提供了良好的外部环境,丝路基金和亚投行等机构将基于"共商、共建、共享"原则为东盟国家提供"市场化、国际化、专业化"的支撑。东盟国家需要把握机遇,抓准时机,借鉴国际经验,不断提高公共服务供给水平、供给质量,构建包容、和谐、可持续的东盟共同体。

第三部分
东盟产业合作

◎张　媛

▶ 导　言

　　2013年以来在面临全球经济增长放缓、产业分工深度调整和第四次工业革命爆发的大背景下，东盟国家通过经济结构调整和转型来促进经济增长。随着区域经济一体化的进程不断推进，东盟逐渐实现经济共同体目标——单一市场和生产基地。此外，东盟各国积极与世界各国开展双边和多边合作，贸易和投资便利度不断增加，吸引了区域内外投资者纷纷参与东盟的经济活动。东盟国家区域内和区域外生产要素的自由流动和优化配置，形成参与国家相关产业的互动和产业链融合重构，呈现出较明显的区域产业合作趋势。近年来，东盟对内和对外的产业合作是基于各国的比较优势，在相关经济发展战略、产业政策的推动下，伴随跨国公司对利益的追求，不断扩大规模，拓宽领域。

　　中国倡导在"一带一路"框架下进行产业合作，因此东盟成为中国产业合作的重要区域。明确东盟国家近年来的产业发展重点、区域内外产业合作趋势是开展中国与东盟产业合作的基础。深化中国与东盟的产业合作，要从国家、地方和企业等多方面入手，科学规划，做好保障，通过地方特色优势产业合作和企业创新模式等策略增加产业互动和优化产业布局，实现多赢。

第十章

现阶段东盟国家经济发展战略和产业发展重点

为了适应2013年以来全球经济增长放缓、产业分工深度调整和第四次工业革命爆发的时代背景,东盟国家主要通过经济结构调整和转型来促进经济增长。东盟各国根据自身经济和产业发展状况制定适合各自国情的经济发展战略和规划,确定产业发展重点,通过转型升级和结构优化,增强产业竞争力,促进经济增长。

第一节 东盟四国经济发展战略和数字化产业发展

为了抓住第四次工业革命带来的发展机遇,新加坡、泰国、印尼和马来西亚均推出了不同程度的数字化发展战略,将新技术应用到各国现有优势产业的转型升级上。

1. 新加坡七大战略和产业转型升级

新加坡经济委员会2017年2月发布的未来五至十年经济发展愿景,为未来十年设定的经济增长目标为每年增长2%～3%。其中包括七大战略:第一,加强国际联系。通过与世界各国加强贸易和投资合作,设立全球创新联盟,深入了解海外市场。第二,使国民掌握精深技能。通过教育和培训投入,帮助国民掌握精深技能。第三,进行企业创新能力建设。为企业提供创新生态系统,增强其扩大业务的能力。第四,提高中小企业的数字化能力。帮助中小企业使用数字科技,提高其数据分析、网络安全和挖掘数字资产能力。第五,打造具有活力的互通都市。增加城市互联互通投资,为城市增长和再生做好规划。第六,落实产业转型蓝图。积极落实多个行业转型蓝图,建立行业集群,加强行业合作。第七,增强商会工会的作用。鼓励商会工会提供创新监管环境,营造可持续发展环境,启动有发展前景的行业。[1]

新加坡的产业转型思路是通过产业集群和跨行业合作实现本土企业的转

---

① 中华人民共和国驻新加坡共和国大使馆经济商务参赞处.新加坡发展规划[EB/OL].（2018-09-10）[2019-03-30]. http://sg.mofcom.gov.cn/article/gqjs/201809/20180902784758.shtml.

型升级。政府把23个产业集结为六大产业群,并推出产业群战略。①新加坡自1965年起进行了三次产业升级和转型。2016年,新加坡政府公布了最新的产业转型蓝图,涉及23个具体行业,覆盖新加坡经济的80%。②各产业蓝图都是围绕协助企业提高生产力、提高投资技能、推动创新和走向国际化等四个方面提升产业竞争力。以下列举部分产业的转型蓝图目标:

食品服务业于2016年9月首先发布转型蓝图,目标是力争在不增加人力的情况下,在未来五年取得每年2%的生产力增长。食品制造业产业转型蓝图是要将新加坡打造成亚洲第一的食品及营养中心,并希望到2020年,食品制造业生产力复合年均增长率可达到4.5%,创造2 000个"专业人士、经理、执行人员及技师"(PMET)的新工作。能源与化学业的产业转型蓝图目标是在2025年取得127亿元的制造业增值,并增添1 400个就业机会。精密工程业制造转型蓝图,力争在四年内为该行业创造3 000个相关工作机会,让行业总产值从320亿元增至420亿元。海事与岸外工程产业转型蓝图正式出炉,其目的是帮助该行业在2025年取得58亿元增值,并创造约1 500份新工作。

陆路交通业推出行业转型蓝图,目标是在2030年前,创造8 000份新的就业机会,并在接下来五年为陆路交通创新基金拨出2 500万元,资助相关研究和科技试验计划。航空产业转型蓝图旨在推动航空业在2020年之前达到40亿元的增值目标,创造约1 000份新工作。在海上运输业上积极推动数字化,扩展连通性,提升员工技能,以克服国内外挑战,并确保新加坡在该领域的国际竞争力。到2025年,为新加坡海运业增设超过5 000个新就业机会,并让该领域取得45亿新加坡元(约合34亿美元)的实际增值。

金融服务业的产业转型蓝图目标是推动新加坡金融领域每年取得4.3%的实际增值,以及2.4%的生产力增长。旨在每年为新加坡金融服务业创造净3 000个工作,以及每年为新加坡金融科技领域创造额外净1 000个工作。专业服务产业转型蓝图旨在推动专业服务业于2020年前每年创造5 500份专业人士、经理、执行员与技师的工作,同时达到310亿元的增值目标。酒店业转型蓝图目标是吸引更多人加入酒店业,同时推广简化工作流程,让员工从事较高增值的工作。每年制造200份PMET工作,直到2020年。

① 陈婧.六大产业群战略加强跨界合作转型[N/OL].(新加坡)早报,2018-04-19[2019-01-20]. https://www.zaobao.com.sg/sme/news/story20180419-852008.
② 一文读懂新加坡产业升级的顶层设计[EB/OL].(2018-03-08)[2019-01-20]. https://cj.sina.com.cn/articles/view/6160533420/16f3247ac00100a3al.

2. 泰国4.0战略和创新经济转型

泰国政府2016年提出的泰国4.0战略旨在将经济转变为以高附加值为基础的创新和服务驱动型经济，即将传统的农业种植模式升级为智能化农业，将传统的中小企业升级为智能型中小企业，将传统的服务业升级为具有高附加值的服务业等。泰国4.0战略有四大目标：第一，促进经济繁荣，打造以创新、科技创意为主导的经济体系。泰国政府计划在5年内运用国内生产总值的4%作为研发预算，并全力增加经济成长率至5%～6%；希望能在2032年前让泰国国民人均收入从原本的5 470美元增至15 000美元。第二，提升社会福利。泰国政府计划将社会差距自2013年的0.465缩小至2032年的0.36，在5年内至少让20 000个家庭成为智慧农家(smart farmers)，并在20年内完成社会福利系统转型。第三，提升人类价值。泰国政府计划在10年内透过泰国4.0战略将泰国人类发展指数(human development index, HDI)从0.722提升至0.8(或跻身至世界HDI指数最高的前50位国家)，也希望能在20年内让泰国至少5间大学能名列全球前百名高等教育机构之中。第四，保护环境。泰国计划要增加人口，减少恐怖主义威胁，并让至少10个城市发展成为全球最适宜人居的城市。①

为了实现以上目标，泰国政府优先推出东部经济走廊建设，聚焦发展十大目标产业，并使之成为经济增长的新引擎。②为了吸引外国投资，泰国总理巴育公布，国家投资政策将向"核心技术、人才、基础设施、企业和目标产业"五大领域倾斜。具体来看：首先，在核心技术方面，提升泰国具有潜力的核心科技质量，如生物科技、食品、能源、健康医疗相关科技以农业技术等。其次，在人力发展方面，吸引海外人才参与泰国4.0。再次，在基础设施建设方面，发展软硬基础设施。最后，在企业方面，赋予各级企业和企业家权利，鼓励大公司帮助当地供应商发展、支持新创企业，并扶持中小企业从代工生产(OEM)阶段提升至自有品牌生产(OBM)阶段。此外，在目标产业方面，促进对十大目标产业的投资，尤其是对东部经济走廊(EEC)的投资。

为了促进目标产业发展，泰国还通过了《国家促进目标产业竞争法案》。法案提出了三大有利于吸引外国投资的相关政策：一是对符合投资资格的公司免征公司所得税，免征期限最多至15年；二是免除进口机器税，对在泰国工作的外国专家和工人也免除签证并给予工作证明；三是设立目标产业补贴基金，目

---

① Royal Thai Embassy, Washington D.C.Thailand 4.0[EB/OL]. [2019−01−30].https://thaiembdc.org/thailand−4−0−2/.

② 泰国积极推进4.0战略[EB/OL]. (2017−02−24) [2019−01−30]. http://www.mofcom.gov.cn/article/i/jyjl/j/201702/20170202522822.shtml.

前原始基金约有2.86亿美元,将提供给目标产业的研发、创新及提高专业知识。

3.印度尼西亚工业4.0和制造业复兴

印尼佐科总统于2018年4月发布印尼工业4.0路线图。印尼工业4.0是印尼加入第四次工业革命的发展战略。该路线图要求政府机构、行业协会、企业和学者等多方利益相关者参与协作。印尼工业4.0旨在实现国家的伟大愿望,即到2030年印度尼西亚成为全球十大经济体,使工业净出口率恢复到10%,劳动生产率比劳动力成本翻倍,对研发和技术创新领域投入达GDP的 2% (或比目前的投入高7倍)。[1]为了实现这一目标,印尼政府制定了多项国家优先战略:改革要素流动、工业区重塑、提高人力资源质量、促进中小微企业(UMKM)发展、技术投资、形成创新生态系统、吸引外国直接投资、统一政策和法规、建设国家数字基础设施等。

印尼工业4.0把食品饮料、纺织、机动车辆、电器以及化工原料列为优先发展产业。5大产业在印尼制造业中举足轻重:生产总值占 60%,出口占 65%,劳动力占 60%。[2]如果该路线图实施成功,印尼制造业将会以这五大产业为引领得到复兴。以食品饮料产业发展为例,通过以下四个步骤对该行业进行4.0改造:第一个步骤,推动网络物理系统(cyber-physical systems)形式的智能设施,将互联网与生产线相结合,形成更加优化和高效的生产系统。第二个步骤是改善原材料供给系统,重新安排将保证饮食产业的供应。第三个步骤,工业部将把上游工业和下游工业进行合并,形成综合性产业,以提高食品和饮料行业的竞争力,例如为已实施"工业4.0"的生产商建立一个试点项目之类的措施。第四个步骤是为加强出口提供培训,接着是举办食品和饮料产业的商务会议和投资促进活动,以吸引投资商,提高"工业4.0"产能,并扩大食品和饮料的出口渠道。如果该路线图实施成功,食品和饮料产业将在2025年成为东盟区域简单至中等包装饮食品市场的领头羊。到2030年,印尼将成为全球饮料食品五大出口国之一。希吉特指出,落实"工业4.0"将使饮食加工品出口值增长4倍,从2018年的126.5美元出口指标上升为2025年的500亿美元。[3]

印尼把制造业作为适应第四次工业革命的优先发展产业,一旦落实成功,将使印尼实体经济增长1%～2%。因此,在2018—2030年期间,印度尼西亚

---

① Making Indonesia 4.0: Indonesia's strategy to enter the 4th generation of industry revolution [EB/OL]. [2019-02-01]. https://www2.investindonesia.go.id/en/why-invest/indonesia-economic-update/making-indonesia-4.0-indonesia-strategy-to-enter-the-4th-generation-of-ind.

② 谢成锁,刘磊.《印尼工业4.0路线图》综述[J].全球科技经济瞭望,2018,33(4):1-7.

③ 印尼开始落实工业4.0路线图[N].国际日报,2018-10-05(A3).

的国内生产总值增长率至少应为每年6%～7%。与此同时,到2030年,制造业的目标是为国家GDP贡献21%至26%。同时,在蓬勃发展的制造业和出口业绩的支持下,到2030年,通过路线图创造的就业机会估计为700万个到1 900万个。

4. 第十一个马来西亚计划2016—2020年和知识型高附加值产业发展

第十一个马来西亚计划是目前马来西亚正在实施的国家发展五年计划。在2015年由前任总理纳吉布公布实施,发展以人为本和资本为基础的经济,实施高影响力项目。该计划提出马来西亚从2016年到2020年五年的经济发展目标:实际国内生产总值(GDP)预计将在2016—2020年间每年增长5%～6%,人均国民总收入(GNI)每年增长7.9%;国内生产总值将在2020年达到2.6万亿林吉特(7 214亿美元);到2020年,人均国民总收入预计将达到15 690美元;通货膨胀率将保持在3%以下;私人投资预计年增长9.4%,公共投资每年增长2.7%;出口总额将以每年4.6%的速度增长;保持贸易顺差;政府债务降至45%以下;到2020年,石油天然气行业收入下降至15.5%;技术工人比例占就业人口的40%以上等。[①]

另外,该计划还明确了六个战略重点,包括:加强对公平社会的包容性;改善所有人的福祉;加快人力资本发展;追求绿色增长,实现可持续性和复原力;加强基础设施以支持经济扩张;重新设计经济增长以实现更大的繁荣。

重新设计经济增长以实现更大的繁荣,将带来强劲的经济增长,对于确保实现成为发达国家的愿望至关重要。在这一推动下,所有经济部门都将转向发展更多的知识密集型和高附加值产业。服务业将转向现代服务,包括伊斯兰金融、生态旅游、信息通信、创意产业、清真产业以及石油和天然气。制造业将转向生产更为多样化和复杂产品的产业,如化学品、电气和电子、机械和设备。农业部门将通过可持续和现代农业技术创造高收入,实现现代化。

2018年10月马哈蒂尔总理公布对第十一个经济发展计划进行中期审查,调整一些战略重点和目标。在外部市场波动以及全球经济增长放缓的背景下,调低经济增长目标;把对劳动密集型产业和大型项目建设的政策关注转向更多高科技、更具创新性和知识型的行业;更多政策来应对不断上升的生活成本和失业问题;将对投资相关行业给予更多特殊税收减免,特别是将颁布吸引外国投资者的税收减免政策。

---

① Malaysia's economic plan 2016—2020[EB/OL]. (2017-09-16) [2019-03-20]. https://aseanup.com/malaysia-economic-plan-2016-2020/.

第二节　经济多元化发展战略和产业发展重点

为了摆脱单一的产业结构,文莱和柬埔寨在经济发展战略中比较侧重于基础设施建设,以及通过多元化产业发展优化产业结构,促进经济增长。

1."文莱2035年宏愿"和油气下游及非油气产业

文莱自1994年就开始启动经济多元化战略,但是成效不太明显。2014年以来,国际油价暴跌对文莱经济造成巨大冲击,国内生产总值连续三年负增长。为了克服经济结构单一造成的风险,文莱政府推动经济多元化战略,在加大对农、林、渔业以及基础设施建设投入的基础上,积极吸引外资,发展油气下游产业、伊斯兰金融及清真产业、物流与通信科技产业、旅游业等。

"文莱2035年宏愿"(以下简称"2035宏愿")是文莱现阶段比较重要的国家发展战略。2008年,文莱政府提出一项长达30年的发展计划,分为三个部分:"2035宏愿""2007—2017年发展策略纲领"和"2007—2012国家发展计划",分别规划了长期、中期和近期文莱国家发展目标和相关政策措施。"2035宏愿"明确了三大发展目标,即到2035年,文莱要成为一个有高素质人才、高生活水平和高经济水平的国家。为了实现以上三大目标,文莱制定了八大发展战略并全面实施。这八大战略分别是:教育战略、经济战略、国家安全战略、体制发展战略、本地商业发展战略、基础设施发展战略、社会安全战略及环境保护战略。此外,文莱政府每五年制定一个《文莱国家战略、政策和发展纲要》,对国家发展战略进行适当调整。为了保证"2035年宏愿"目标的实现,"2035年宏愿"发展战略要实现的目标之一就是经济多元化。①

2.柬埔寨《四角战略》第四阶段和经济多元化

柬埔寨第六届政府在2018年颁布第四阶段《四角战略》,未来5年柬埔寨将实行4个战略性目标,为经济发展注入新的活力。其中四大战略目标包括:第一,经济多元化。通过经济多样化和提高竞争力,在维持宏观基本面稳定的同时确保每年7%可持续经济增长。第二,增加就业。在质量和数量方面为柬埔寨公民创造更多就业机会,特别是为青年人提供技能培训、就业市场信息,改善工作条件和促进国内外投资。第三,降低贫困率。实现低于10%的减贫目标,通过注重提高市场参与度,实施社会保护政策,降低日常生活负担,提供优质公共服务,缩小社会差距,防止贫困回归。第四,提高政府治理能力。进一步加强

---

① "文莱2035宏愿"基本情况介绍[EB/OL].(2008-06-04)[2019-02-01].http://www.mof com.cn/article/i/dxfw/cj/200806/20080605574913.html.

国家和国家以下各级公共机构的能力和治理,以确保提供公共服务的有效性和效率,更好地为人民服务,改善商业和投资环境。①

确定了四个优先发展领域:首先,进行人力资源开发。提高教育、科学和技术质量,提高职业培训;改善公共医疗保健和营养;增强性别平等和社会保障。其次,促进经济多元化发展。改善物流系统,提高运输、能源和数字连接;开发经济增长的新来源;促进数字经济和工业革命4.0发展;促进金融和银行业发展。再次,要促进私营部门的发展,包括就业市场发展、中小企业发展、公私合作,增强竞争力。最后,要促进包容性和可持续发展。促进农业和农村发展,加强对自然和文化资源的可持续管理,加强城市化管理,确保环境的可持续性和为气候变化做准备。通过加强该战略四个主题之间的联系和相互作用来实现发展,这是反映政府增强人民福利的决心的方程体系。

经济多元化涉及的优先发展产业包括:①交通、能源和数字基础设施建设。政府希望通过建立一个充满活力的物流系统,扩大能源和数字网络覆盖连接国内关键的经济极点,提高经济增长潜力,实现多样化。②制定和实施服装和鞋类行业发展战略,以提高竞争力,促进增值,发展配套产业,拓展价值链。③进一步改善经济特区的运作,以吸引更多投资,建立包括农产品加工、家具制造、家用电器生产以及旅游纪念品生产在内的工业基地。④制定旅游业总体规划,重点关注旅游产品和目的地的多样化,吸引高消费游客,鼓励支持旅游产业。⑤促进娱乐服务行业以及文学、艺术、卡通电影的发展。这些都是具有增值和创造就业机会的创意性产业。鼓励生产和消费国内娱乐产品,特别是传统产品和地理标志产品。⑥促进石油和天然气工业发展,特别是石油生产。同时以高效、透明和负责任的方式加强对这些资源进行收入管理。⑦为数字经济和第四次工业革命做好准备。⑧促进银行业和金融业的发展。

第三节　经济增长战略和基础设施建设

近年来,通过基础设施建设拉动经济成为东南亚一些国家的发展思路,例如菲律宾和老挝致力于通过基础设施的完善增加经济长期增长潜力。

① Royal Government of Cambodia. Rectangular Strategy for Growth, Employment, Equity and Efficiency: Building the Foundation Toward Realizing the Cambodia Vision 2050 Phase IV [M/OL]. Cambodia phnom penh: the Royal Government of Cambodia, 2018:9-10[2019-02-03]. http://cnv.org.kh/wp-content/uploads/2012/10/Rectangular-Strategy-Phase-IV-of-the-Royal-Government-of-Cambodia-of-the-Sixth-Legislature-of-the-National-Assembly-2018-2023.pdf.

1. 菲律宾"大建特建"和基础设施建设

菲律宾杜特尔特总统特别重视发展经济,2016年上台后就推出"十点经济社会发展议程",将维持宏观经济政策的稳定、税制改革、通过PPP进行基础设施建设、发展农村和乡村旅游以及人力资源开发等议题都提上政府发展议程。其中,针对薄弱的基础设施建设,杜特尔特还推出了涉及1 800亿美元的"大建特建"投资计划。该计划旨在加快基础设施投资,促进经济增长,创造就业机会和改善菲律宾人民生活;将基础设施支出从2017年国内生产总值(GDP)的5.4%提高到2022年的7.3%。计划从2017年到2022年,基础设施项目的公共支出目标为8万亿至9万亿比索。①

该建设计划下的主要基础设施项目包括建造苏比克-克拉克铁路,南北铁路项目连接LosBaños,拉古纳和马尼拉的图图班以及邦板牙的克拉克自由港;克拉克占地1500公顷的工业园区;此外,还有克拉克国际机场的扩建——这是杜特尔特政府推出的第一个混合型公私合作项目。这些是交通部(DOTr)与基地转换和发展局(BCDA)的联合项目。此外,还有一些其他项目:(a)四个能源设施;(b)10个水资源项目和灌溉系统;(c)五个防洪设施;(d)三项重建计划。

"大建特建"的资金来源多元化,包括:政府税收改革计划的大量税收资金、官方发展援助(ODA)、公私合作伙伴关系(PPP)和世界银行(WB)贷款等。2018年菲律宾国家预算计划已拨出1.1万亿比索用于基础设施建设,公共工程和公路部(DPWH)以及交通部(DOTr)的预算增长40.3%和24.3%。此外,还有来自中国和日本的援助和投资。

基础设施的改善不仅能促进建筑等行业的发展,还能创造大量就业岗位。政府增加的基础设施支出将对以下行业或部门的总增加值产生影响:(1)建筑业;(2)家庭部门;(3)批发零售;(4)食品生产企业;(5)原油、天然气和凝析油;(6)基础金属工业;(7)石油和其他燃料产品;(8)化学和化学产品;(9)非金属矿产品;(10)电力。②现任政府的公共基础设施发展计划每年将平均产生106万个新工作岗位,预计到2022年将创造170万个就业岗位,能够极大地缓解菲律宾国内失业状况。其中,建筑、批发零售、木竹藤产品生产、林产品生产、金属制品生产、采石、陆路运输、非金属矿产品开采、金矿开采、租赁和其他商业活

① ANNA MAE YU LAMENTILLO. What is "Build, Build, Build"? [EB/OL].(2018-03-23)[2019-02-02]. https://news.mb.com.ph/2018/03/23/what-is-build-build-build/.

② JONATHAN T. BINO, ALEXANDER E. DACANAY. Does Build, Build, Build translate to Win, Win, Win for the Philippines economy?[Z/OL].(2018-01-08)[2019-03-02].https://www.bworldonline.com/build-build-build-translate-win-win-win-philippine-economy/.

动等行业的就业岗位将大幅增加。

2.《缅甸可持续发展计划（2018—2030）》和优先发展产业

2018年8月缅甸计划和财政部发布《缅甸可持续发展计划(2018—2030)》(MSDP)。该计划包含三大支柱、五个目标、28个战略和251个行动计划。[①]在宏观经济发展方面,政府将实施谨慎的财政政策。未来的目标是将财政赤字保持在国内生产总值的5%以下,同时将对中央银行融资的依赖性降低到可以忽略不计的程度。为了有效管理汇率和国际收支,中央银行将采用以市场为基础的参考利率,并将非正规汇款系统正式化,外汇储备最终将在中央银行而非国有银行持有。将开发货币互换拍卖市场,以尽量减少外汇风险,并帮助满足当地银行对外币的需求;开发金融市场,包括银行间、回购和债券市场。

经济发展思路是保持经济稳定,创造就业机会,以私营企业为主导拉动经济增长和发展完善国内基础设施建设。鉴于目前缅甸的经济结构,农业和中小企业是优先发展对象。政府将通过改善融资和市场准入、提供土地使用权保障以及获取机械和技术来促进这些部门的增长。国家创新政策将支持当地企业家和初创企业,实现向包容性数字经济的过渡。与此同时,政府将促进制造业,工业和服务业的作用,重点是为即将到来的数字经济做好准备。

此外,在贸易便利化和金融服务自由化的基础上,优先发展基础设施、医疗保健、能源和旅游等产业。贸易方面,正在根据区域和全球承诺并根据自由原则修订贸易政策。缅甸商务部和其他与贸易有关的机构将简化贸易和海关程序,合理化关税,并发布明确的指导方针。金融服务方面,将对外资开放。外国银行将被允许向当地借款人提供本币和外币贷款,并与当地机构进行银行间借贷,鼓励国内和国外金融机构形成伙伴关系。国有银行将进行改革,移动和金融技术服务的范围将扩大,并将制定全面的小额信贷部门战略。保险业也将得到加强和进一步自由化。将开发改善移民工人的跨境金融服务,以增加侨民对国内经济的贡献。

基础设施方面,优先发展国家重要的基础设施、农村地区的基础设施和促进城乡连通性的基础设施。原则上,将通过公私伙伴关系和其他创新融资模式推行具有商业可行性和可融资性的基础设施项目,具有明显社会和经济发展影响的项目将由政府或发展援助资助。国际运输走廊将得到升级,铁路线将得以

---

① Myanmar Sustainable Development Plan （2018– 2030）[M/OL].The Government of the Republic of the Union of Myanmar Ministry of Planning and Finance，2018：04. [2019-3-3].http://themimu.info/sites/themimu.info/files/documents/Core_Doc_Myanmar_Sustainable_Development_Plan_2018_–_2030_Aug2018.pdf.

扩展和现代化,农村交通连通性将得到改善,包括实施新的国家农村公路通道计划。政府认为教育系统是健康经济不可或缺的,并将支持发展强大的教育体系。目前迫切需要对医疗保健行业进行投资,私营部门医疗服务提供者将有投资机会。政府将建立一个透明的系统来优先考虑医疗保健投资。

近年来,缅甸的能源需求大幅增加。为了满足需求,政府希望在可再生能源和不可再生能源之间取得平衡。利用缅甸丰富的可再生能源,如太阳能、风能、水能和地热能,优先投资创新、可持续的能源利用项目。MSDP旨在促进私营部门更多地参与能源生产和供应,以及加强跨境区域和国际合作;鼓励包括可再生能源和可持续城市发展在内的绿色投资;实现旅游部门的可持续扩展以及文化和生态旅游。

第四节　工业化发展战略和产业的全面发展

越南和老挝是东盟北方发展比较落后的国家,但近年来制定了适宜各自的发展战略。越南很早就确定了工业化发展战略,而老挝则开展比较务实的中长期经济规划,明确产业发展重点。

1. 越南《2025年工业发展战略》和重点发展行业

2014年6月越南发布《2025年工业发展战略》,希望通过战略的实施,有效调动国内经济部门和外部的所有资源,发展和重组工业部门,走向现代化;优先发展和转让具有竞争优势和现代先进技术的工业子行业技术,如农副产品加工、电子、电信、新能源和可再生能源、机械工程和药物化学;重新安排工业空间布局,以促进子行业和地方综合实力发展,深入参与全球价值链。具体目标包括:到2020年,工业增加值年增长率将达到6.5%~7.0%;2021—2025年达到7.0%~7.5%,2026—2035年达到7.5%~8.0%。到2020年,工业产值年增长率将达到12.5%~13.0%,2021—2025年达到11.0%~12.5%,2026—2035年达到10.5%~11.0%。争取到2020年、2025年和2035年,工业和建筑业分别占国民经济的42%~43%、43%~44%和40%~41%。到2025年,工业出口占出口总额的比例将达到85%~88%,2025年后达到90%以上。到2025年和2025年之后,高科技工业产品和高科技应用产品的价值将分别占GDP的45%左右和50%以上。2011年至2025年,工业部门的ICOR(增量资本产出率)将为3.5%~4.0%;2026年至2035年期间为3.0%~3.5%。能源-国内生产总值弹性系数到2015年将达到1.5,到2020年将达到1.0,到2035年将保持在0.6~0.8,接近该地区的其他国家。年度温室气体排放量将以4%~4.5%

的速度增长。①

被选为发展重点的行业包括以下三类:

第一类,加工制造业。其中重点发展的子行业包括①机械工程和冶金行业。到2025年优先考虑以下几类工业和产品:服务于农业、汽车和机械零配件的机械和设备,以及生产用钢;2025年以后,优先考虑以下行业和产品组:造船、有色金属和新材料。②化学品行业。到2025年优先考虑基础化学品、石油化学和技术塑料及橡胶的制造;2025年以后,优先发展医药化学工业。③农副产品加工业。到2025年,根据农业部门的重组进程,优先提高主要农业、渔业、水产和木材产品的加工比例;将国际标准应用于农产品的生产和加工,建立商标,提高越南农产品的竞争力。④服装、纺织品、皮革和鞋类等行业。到2025年,优先生产供国内市场和出口生产的原辅材料;2025年以后,优先生产时装和高档鞋类。

第二类:电子和电信行业,到2025年,优先发展计算机设备产品、电话和组件;2025年以后,优先发展软件、数字内容、信息技术服务和医疗电子。

第三类:新能源和可再生能源产业。到2025年,促进风能、太阳能和生物燃料等不同形式的新能源和可再生能源的发展;2025年以后,为了和平目的开发核能,并优先发展地热能、海浪能等形式的可再生能源。

2. 老挝第八个社会经济发展五年计划（2016—2020年）和三大产业的全面发展

2016年老挝第八届国会第一次全体会议审议通过第八个社会经济发展五年规划(2016—2020年)。第八个五年社会经济发展计划追求持续、包容的经济增长目标,在经济和产业发展领域包括:年均实际GDP增长率不低于7.5%;农业增长率为3.2%,占国内生产总值19%;工业增长率为9.3%,占国内生产总值32%;服务业增长率为8.9%,占国内生产总值41%。到2020年,非资源部门的GDP贡献率超过第七个五年计划中的平均贡献率。商品和服务出口达到GDP的15%,维持可控的贸易逆差。②

为了达到上述目标,老挝政府制定了三大行业的发展重点:

① The Industrial Development Strategy through 2025, vision toward 2035[EB/OL]. [2019-02-04]. http://www.chinhphu.vn/portal/page/portal/English/strategies/strategiesdetails?categoryId=30&articleId=10054959.

② 8th Five-Year National Socioeconomic Development Plan（2016—2020）[M/OL].Lao: Ministry of Planning and Investment, 2016; 88. [2019-03-04].http://www.la.one.un.org/images/publications/8th_NSEDP_2016-2020.pdf.

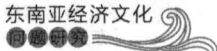

发展坚实且可持续的农林业。在粮食生产、经济作物种植、林业和森林资源管理方面均设置了发展目标。促进绿色有机农业发展以满足国内外消费者需求；促进生产、营销和加工；利用现代科学和技术提高生产率；通过有效管理改善灌溉系统；升级现有农业推广和发展中心，成为能够展示农业生产技术和为人民提供粮食种子的综合中心；发展适合每个地区发展潜力和地理特征的农林业。

实现高增长工业。老挝政府在第八个五年计划中分解了工业部门的发展目标，包括：提高加工业、手工业的增长率，达到年均15%；完成15座大坝的建设，如装机容量为1 285兆瓦的Sayabouly大坝(2019年)，装机容量为410兆瓦的Xe Pien-Xe Namnoi(2019年)，装机容量为322兆瓦的Sekhamane 1号(2016年)，装机容量为240兆瓦的Nam Ou 5号(2017年)等；用电率达到95%；将出口价值平均提高到15%，贸易赤字维持可控等。为了实现上述目标，工业部门把以下产业作为现阶段的发展重点：加工业，尤其是以农林业原料为投入的农产品加工业以及以零件装配为主的机械设备制造工业；吸引外资投资建设以生产服装和电子产品为主的工业园；手工业，挖掘每一个地区具有潜力和遗产价值的手工艺品并提高品质；发展水电、太阳能等清洁能源，把能源产业转变成可持续的创收部门；加强促进矿物加工，减少矿物原料出口，提高矿产品的价值；建筑业，主要是基础设施建设，跨境公路、经济走廊建设和公路升级以及铁路、综合物流系统和新国际机场的设计工作。

发展与生产密切相关的服务业，为人民创造就业机会。加强该地区的陆路过境点，并提供多样化的商品和服务，以满足国内和国际市场的需求。发展目标包括：产品年均增值12%，批发和零售业务平均每年增加9%；向偏远和农村地区扩展市场或建立市场；到2020年，游客人数将增加到600万，人均停留超过10天，最低年收入为9.53亿美元等。为了实现上述目标，服务业重点发展的产业包括：旅游业，发展完备的旅游服务体系并与国际接轨；批发和零售，扩大和疏通销售网络；物流业，改善货物运输系统并成为次区域运输业务中心与邻国连通；完善高速公路配套措施；建立四个物流园区；用国际标准改善出入境检查服务等；提高商业银行和机构的效率，使其达到区域和国际标准，提高交易业务的便捷性。

第十一章

东盟国家对内产业合作

2015年东盟经济共同体建设如期建成。随着《2025年东盟经济共同体蓝图》十年发展规划的实施,交通运输、信息和通信技术、电子商务、能源、食品、农业和林业、旅游、医疗保健、矿产资源和科学技术等九大优先整合部门的合作不断推进。随着合作机制的健全和完善,东盟区域内部基于各国比较优势的产业合作规模和领域不断扩大,参与产业合作的国家已经扩大到东盟整体,合作领域不断扩大。

产业合作的实质是生产要素的流动促进合作双方产业链融合重构。贸易和投资是促进生产要素流动的两大途径,因此也成为产业合作的主要路径。[①]本章主要从贸易和投资路径概括东盟国家区域内产业合作的规模、行业和国别结构等特征。

第一节 贸易路径下的产业合作

1.区域内贸易规模稳定增长,但仍然依赖区域外贸易

2007年到2017年,东盟区域内、区域外和总贸易额均有不同程度的上升(如图11-1所示)。期间由于2008年爆发金融危机,区域内、区域外和贸易总额均呈现相同的下跌趋势。贸易总额从2008年的19 009.72亿美元跌至2009年的15 377.96亿美元;区域外贸易从14 291.45亿美元跌至11 608.17亿美元;区域内贸易从4 718.27亿美元跌至3 769.79亿美元。

2010年到2014年,贸易总额和区域外贸易不断上升,而区域内贸易稳中有升。2010年贸易总额为20 014.43亿美元,区域外贸易额为14 985.79亿美元,区域内贸易额为5 028.64。2014年贸易总额达到25 352.08亿美元,区域外贸易达19 270.95亿美元,区域内贸易为6 081.14亿美元。而2015—2016年,随着全球经济增长缓慢、逆全球化和贸易摩擦以及地缘政治的影响,东盟贸易总额、区域外和区域内贸易均呈现下滑趋势。

① 李一鸣.中欧产业合作研究[D].吉林大学,2018年6月.

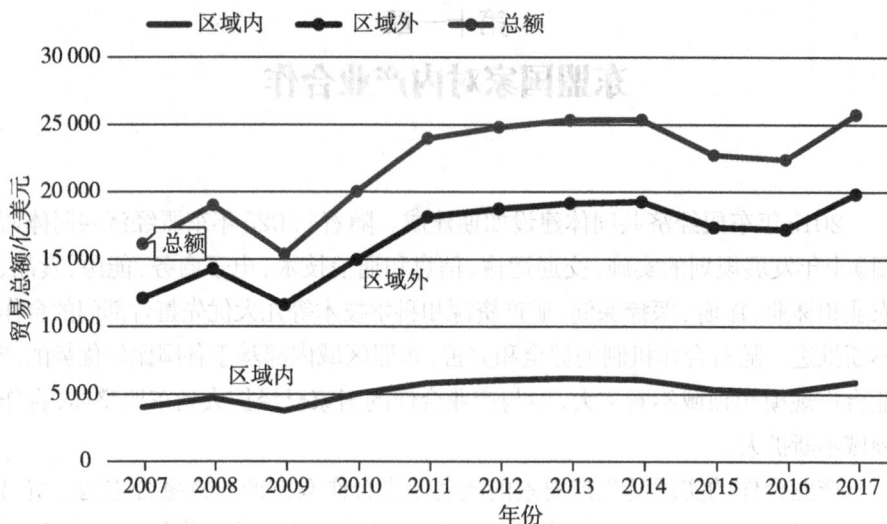

图11-1　2007—2017年东盟区域内、区域外和贸易总额趋势图
资料来源：根据 ASEAN 数据绘制

　　2017年,东盟贸易总额、区域外贸易和区域内贸易均有显著上升。其中,总贸易额和区域外贸易额上升幅度较大,区域内贸易额则呈稳中有升的态势。东盟贸易总额从2007年的16 139.85亿美元上升到2017年的25 742.88亿美元,增长了60%。区域外贸易额从12 107.60亿美元上升至19 840.62亿美元,增长了64%。相比贸易总额和区域外贸易,区域内贸易稳中有升,从4 032.24亿美元上升至5 902.27亿美元,增长幅度约为46%。可见,区域内贸易的增长速度比区域外贸易增长速度慢。此外,区域内贸易占比呈缩小趋势。2007年区域内贸易额占东盟总贸易额的24.98%,而2017年区域内贸易占总贸易额的比例为22.93%。

　　东盟成员国之间的贸易壁垒依然是造成区域内贸易规模增长不大的主要原因。虽然东盟国家于2015年便进入共同体时代,东盟各国纷纷削减了关税,但非关税壁垒仍然是区域内贸易的主要障碍。其中,由于非关税措施引起出口成本增加最多的国家是缅甸,菲律宾适中,新加坡较少;规则透明度方面,新加坡和泰国的非关税措施被认为是透明的,菲律宾和马来西亚适中,而柬埔寨、老挝和缅甸的非关税措施相对不透明。菲律宾最常见的非关税措施手段是动植物检验检疫措施。[1]东盟各国基于健康、安全、环保和消费者权益保护等各种原

––––––––––––––

① 非关税壁垒阻碍东盟贸易一体化进程[EB/OL].（2017-07-03）[2019-03-03]. http://www.mofcom.gov.cn/article/i/jyjl/j/201707/20170702603400.shtml.

因设置了贸易保护性条款。例如,印度尼西亚已经建立了许多非关税壁垒,以保护其钢铁、服装、电子和炼油行业。因此,与区域外贸易相比,区域内贸易增长幅度较小。目前东盟各成员国正在致力于解决增加对外贸易手续透明度、减少手续办理时间和费用以及改善各国的非关税壁垒等问题,进一步减少贸易壁垒,增加区域内贸易。此外,东盟内部国家的政治形态多元化和国家之间的领土主权争端,为东盟的紧密关系增添许多障碍。

2.区域内贸易比较集中于加工制成品的产业内贸易

区域内生产网络基本形成,但比较集中于加工制成品。从东盟区域内贸易的商品结构来看,各国根据自身的比较优势与区域内其他国家建立产业内贸易关系,即进出口同类商品。根据《商品名称及编码协调制度的国际公约》(HS)分类商品目录,第一章到第二十四章为农副产品,第二十五章到第九十七章为加工制成品。从2017年东盟各国区域内进出口贸易商品前五位的列表中可以看出,东盟区域内贸易各国排名前五名的商品大部分是第25章到第97章的加工制成品,且比较集中于第27类(矿物燃料)、第85类(电机、电气设备及其零件)、第84类(原子核反应器、锅炉、机器)和第87类(机动车辆、拖拉机等陆地车辆,零件及配件)商品的进出口贸易(见表11-1)。

第27类(矿物燃料)商品在东盟各国已经形成规模较大的产业内贸易。除老挝没有出口外,各国均同时大量进出口该类商品。此外,矿物燃料类商品是文莱、缅甸和印尼区域内进出口贸易排名第一位的商品。文莱和缅甸的矿物燃料出口占各自区域内出口总额比重较大。文莱的矿物燃料类商品出口额占总出口额的81.8%,进口占比仅为19.17%;缅甸的矿物燃料类商品出口占总出口额的53.43%,进口占比为43.63%;印尼的矿物燃料类商品出口占总出口额的26.64%,进口占比为31.67%;马来西亚和新加坡的矿物燃料类商品进出口规模虽然不及第85类(电机、电气设备及其零件),但仍然是两国进出口规模占比较大的第二大商品。矿物燃料类商品占马来西亚总出口额的19.91%和总进口额的21.11%,占新加坡出口总额的23.65%和进口总额的22.67%。泰国和越南进口比较多的矿物燃料,进口额占进口总额的比例分别达到22.93%和19.08%。矿物燃料类商品也是老挝的区域内贸易排名第一的进口商品。

除了缅甸没有出口第85类(电机、电气设备及其零件)商品外,其余东盟国家也形成规模较大的电机、电气设备及其零件类商品的产业内贸易。电机、电气设备及其零件类商品是新加坡和马来西亚区域内进出口贸易均排第一位的商品。2017年新加坡出口电机、电气设备及其零件类商品占总出口额的27.81%,进口占比为34.62%。马来西亚电机、电气设备及其零件出口占总

出口额的28.24%,进口占比为26.78%。另外,菲律宾、越南和老挝的电机、电气设备及其零件类商品出口也排第一位,占比分别为53.22%、30.75%和22.08%。

第84类(原子核反应器、锅炉和机器)商品在新加坡、马来西亚、泰国、菲律宾、文莱和越南形成产业内贸易。各国第84类商品的出口占各国出口总额的比例分别为13.01%、12.89%、14.48%、7.68%、2.59%和4.94%;进口占各国进口总额的比例分别为11.33%、10.05%、10.44%、7.51%、11.15%和9.49%。

第87类(机动车辆、拖拉机等陆地车辆,零件及配件)商品在泰国、印尼和菲律宾的出口商品中占比较大,此类商品出口额占各国总出口额的比例分别为12.80%、9.59%和3.99%。第87类商品的主要进口国为文莱、柬埔寨、老挝、缅甸、菲律宾和越南,进口额占各国进口总额的比例分别为4.39%、9.33%、11%、6.28%、19.86%和5.35%。

从2017年东盟各国区域内进出口贸易商品结构来看,区域内农副产品的进出口贸易较少。仅有少数国家在区域内进出口农副产品,如印尼、老挝和缅甸。印尼出口第15类(动植物油脂)商品比较多,占印尼出口总额的6.34%。第22类商品(饮料、酒类和醋)在老挝区域内进出口贸易中占比较大,出口额占比达13.20%,进口额占比达6.87%。缅甸的第3类商品(鱼类、甲壳类、软体动物及水生无脊椎动物)出口较多,占出口总额的7.9%。与此同时,第15类商品(动植物油脂)进口较多,占进口总额的8.81%。

由此可见,区域贸易已形成基于各国比较优势,以第27类(矿物燃料)、第85类(电机、电气设备及其零件)和第84类(原子核反应器、锅炉和机器)商品为主的产业内贸易。而第87类(机动车辆、拖拉机等陆地车辆,零件及配件)商品也形成比较大的生产基地和消费市场。虽然东盟自由贸易区的形成是区域产业内贸易形成的直接原因,但其最根本的动力来自国外跨国公司在东南亚的产业布局以及东南亚各国大型跨国公司和企业集团在东盟区域内的业务扩张。跨国公司母公司与子公司之间的内部产品流动形成产业内贸易。从以上分析来看,东盟已形成比较集中的以矿物燃料、电机、电气设备及其零件、原子核反应器、锅炉和机器类为主的区域生产网络。

表11-1 2017年东盟各国区域内贸易前五位商品及占比

国家	出口前五位商品					进口前五位商品				
	1	2	3	4	5	1	2	3	4	5
文莱	[27] 81.80%	[38] 4.04%	[29] 3.59%	[84] 2.59%	[85] 1.6%	[27] 19.17%	[84] 11.15%	[87] 4.39%	[30] 4.23%	[85] 4.14%
柬埔寨	[71] 20.53%	[40] 20.26%	[85] 17.02%	[61] 7.54%	[84] 5.08%	[27] 25.62%	[87] 9.33%	[60] 7.85%	[85] 5.46%	[71] 4.14%
印尼	[27] 26.64%	[87] 9.59%	[85] 6.90%	[15] 6.34%	[71] 6.13%	[27] 31.67%	[85] 11.24%	[84] 9.54%	[39] 8.27%	[29] 5.58%
老挝	[85] 22.08%	[74] 19.48%	[22] 13.20%	[07] 6.28%	[17] 4.67%	[27] 19.74%	[85] 14.41%	[87] 11%	[84] 8.88%	[22] 6.87%
马来西亚	[85] 28.24%	[27] 19.91%	[84] 12.89%	[39] 5.01%	[90] 3%	[85] 26.78%	[27] 21.11%	[84] 10.05%	[40] 3.7%	[39] 3.6%
缅甸	[27] 53.43%	[03] 7.9%	[89] 6.89%	[74] 6.48%	[88] 4.48%	[27] 43.63%	[15] 8.81%	[87] 6.28%	[84] 4.22%	[85] 3.89%
菲律宾	[85] 53.22%	[84] 7.68%	[74] 7.39%	[32] 6.28%	[87] 3.99%	[87] 19.86%	[85] 16.11%	[27] 11.18%	[84] 7.51%	[39] 4.2%
新加坡	[85] 27.81%	[27] 23.65%	[84] 13.01%	[39] 4.92%	[71] 4.47%	[85] 34.62%	[27] 22.67%	[71] 11.33%	[71] 5.27%	[90] 2.51%
泰国	[84] 14.48%	[87] 12.80%	[85] 11.08%	[27] 10.16%	[39] 5.96%	[85] 23.75%	[27] 22.93%	[84] 10.44%	[37] 3.84%	[39] 3.55%
越南	[85] 30.75%	[72] 8.11%	[27] 7.43%	[84] 4.94%	[39] 2.93%	[27] 19.08%	[85] 15.83%	[84] 9.49%	[39] 6.49%	[87] 5.35%

注：[03]鱼类、甲壳类、软体动物及水生无脊椎动物；[07]食用蔬菜、根及块茎；[15]动植物油脂；[17]糖和糖食；[22]饮料、酒类和醋；[27]矿产燃料；[29]有机化学品；[30]医药产品；[32]鞣制蔬菜提取物；单宁及其盐类醚类和其他衍生物；[38]杂项化工产品；[39]塑料制品；[40]橡胶制品；[61]服装和服装配件；[71]天然或养殖珍珠、宝石、贵金属、镀金属；[72]铸铁、钢铁；[74]铜及其制品；[84]原子核反应器、锅炉、机器；[85]电机、电气设备及其零件；[87]机动车辆、拖拉机等陆地车辆，零件及配件；[88]飞机、航天器及其部件；[90]光学、摄影、电影、精密度量、医药或手术工具和仪器等同类制品。

表格里的百分比数值指的是该类商品进口额（或出口额）占该国总进口（或出口）的比重。

资料来源：根据 ASEAN 数据整理编制

3.东盟各国积极参与区域内贸易合作

根据东盟秘书处数据库数据，从2007年到2017年东盟各国均与区域内各

成员国开展商品贸易,并呈现以下趋势:

(1)柬埔寨、老挝和缅甸的进出口贸易增速最快

2007年柬埔寨对东盟贸易总额为15.34亿美元,2017年贸易总额增至66.48亿美元,增长了333%。其中出口东盟的商品从2.5亿美元增至11.23亿美元,增幅约349.2%;进口从12.83亿美元增至55.25亿美元,增幅约为330.6%。老挝对东盟的贸易总额也从2007年的8.08亿美元增至2017年的52.39亿美元,增长了548%。其中出口从2.3亿美元增至18.34亿美元,增幅约697%;进口从5.76亿美元增至34.05亿美元,增幅约491%。缅甸对东盟的贸易总额从2007年的48.41亿美元增至2017年的115.12亿美元,进口贸易额从14.13亿美元增加到76.20亿美元,增幅也分别达到138%和439%。

(2)新加坡、泰国和马来西亚仍然是区域内净出口商

新加坡、泰国和马来西亚区域内贸易连续11年贸易顺差,是区域内净出口商。2007年新加坡对东盟出口955.54亿美元,进口666.29亿美元,顺差289.25亿美元。泰国对东盟出口328.94亿美元,进口249.93亿美元,顺差79.02亿美元。马来西亚出口452.96亿美元,进口373.16亿美元,顺差79.80亿美元。2013年新加坡的贸易顺差值达到顶峰,达597.65亿美元,之后逐步缩小,2017年新加坡顺差371.42亿美元。泰国也是东盟区域内净出口商之一,2014年顺差额达到161.26亿美元,2017年的顺差也达到148.91亿美元。马来西亚也是连续11年的顺差,其中2008年顺差就达157.24亿美元,2017年顺差为132.22亿美元。

(3)柬埔寨、印尼、老挝、菲律宾和越南成为区域内的净进口商

柬埔寨、印尼、老挝、菲律宾和越南区域内贸易连续十一年贸易逆差,是区域内净进口商。从2007年开始,柬埔寨区域内贸易出口小于进口,逆差额达10.32亿美元,且从2008年开始贸易逆差逐渐扩大,从12.89亿扩大到44.02亿美元。印尼对东盟的贸易逆差在金融危机后于2010年达到顶峰,约为137.77亿美元。随着国内经济改革的成功,2017年印尼对东盟的贸易逆差减少到11年来的最低点,约为0.39亿美元。老挝对东盟的贸易逆差也呈现不断扩大的趋势。从2007年的3.44亿美元扩大到2017年15.71亿美元,将近5倍。菲律宾对东盟的贸易逆差在2013年以前比较稳定,大约在55亿美元左右,但从2014年开始迅速扩大,从71.93亿美元增加至2017年的178.27亿美元。越南对东盟的贸易逆差持续在30亿~90亿美元之间。2007年越南对东盟贸易逆差约为77.14亿美元,2017年约为65.44亿美元。缅甸从2014年开始出现对东盟贸易逆差,逆差额保持在27亿~37亿美元之间。

文莱在这11年的区域内贸易中表现不活跃。2007年文莱的区域内贸易总

额为31.93亿美元,其中出口21.50亿美元,进口10.43亿美元。2017年文莱的区域内贸易总额为27.96亿美元,其中出口14.65亿美元,进口13.31亿美元。

第二节　投资路径下的产业合作

东盟各国的区域内投资近年来成为东盟地区外资投资的主要来源,2017年区域内投资占东盟地区外商总投资额的19%。虽然新加坡仍然是区域内直接投资的主要来源国和东道国,但随着区域一体化进程的推进和东南亚各国营商环境的改善,区域内投资开始流向其他更多的国家,其中CLMV(柬埔寨、老挝、缅甸、越南)四国流入的外国直接投资增速较快。制造业、农林渔业、金融保险、房地产、批发零售和信息通信是区域内直接投资的主要产业。

1.投资规模和来源国结构

长期以来东南亚地区一直是寻求廉价劳动力的外国企业的直接投资目的地,在积累了足够资金和专有技术后,东盟地区的一些大公司也开始进行战略性的跨境投资。例如泰国暹罗水泥集团在邻近的老挝建造了一个100亿泰铢的工厂,每年能够生产180万吨的水泥。该集团预计,在中国跨境"一带一路"倡议的背景下,需求将激增。马来西亚Tan Chong Motor Holdings正在拓展缅甸业务。该汽车制造商于2016年开始在仰光组装日产汽车的Sunny轿车,并将于2019年在中心城市Bago开设另一家工厂。[①]

从东盟各国对区域内直接投资流量变化表(表11-2)中可以看出,东盟各国对东盟的区域内投资规模变化不大,投资来源结构有所变化。投资规模最小的年份是2013年,仅为184.91亿美元;投资规模最大的是2017年,约为269.75亿美元。其他年份的投资在200亿美元到260亿美元之间,变化不大,但来源结构有所变化。

新加坡是区域内的最大投资来源国,其次是马来西亚和泰国。新加坡对东盟区域内投资从2012年的98.15亿美元增长到2017年的187.52亿美元,增长了91%,占东盟总投资的比重从2012年41.97%增长到2017年的69.52%。2012年马来西亚在东盟区域内直接投资流量38.81亿美元,占当年东盟区域内直接投资总额的16.60%。2017年马来西亚在东盟区域内投资流量上升至39.90亿美元,占东盟区域内直接投资总额的14.79%。泰国也是区域内投资的

---

① ASEAN Businesses Boost Investment in Own Backyards [EB/OL]. (2018–01–27) [2019–03–12].https://financialtribune.com/articles/world-economy/80901/asean-businesses-boost-investment-in-own-backyards.

东南亚经济文化
国别研究

主要来源之一。2012年泰国区域内直接投资流量为11.59亿美元,占区域内总投资的4.96%。2017年泰国区域内直接投资流量增至23.71亿美元,占比达到8.79%。

印尼、菲律宾和文莱的区域内投资呈缩减趋势。印尼在2012年也曾经是区域内投资最大的来源国之一,直接投资流量为61.31亿美元,占东盟总投资比重为26.22%。但之后印尼不断缩小区域内投资,2017年直接投资流量仅为7.02亿美元,占比为2.6%。菲律宾的区域内直接投资流量也从2012年的8.7亿美元减少至2017年的3.7亿美元,占东盟国家区域内投资的比例从3.72%减少至1.39%。文莱的区域内投资从2012年的8.49亿美元减少至2017年0.33亿美元,占区域内投资的比重从3.63%减少至0.12%。

柬埔寨、缅甸和老挝区域投资增速较快。柬埔寨2012年区域内直接投资流量仅为238万美元,2017年增至2 036万美元,增长了7.5倍。缅甸区域内直接投资流量从0.99亿美元增至2.73亿美元,增长了1.8倍。老挝区域内直接投资流量也增长了95倍。2012年到2017年,越南区域内直接投资流量约为3亿美元到5亿美元之间。2017年越南直接投资流量占区域内投资总额的比重为1.55%。

表11-2 东盟各国对东盟区域内直接投资流量变化

单位:百万美元/百分比

来源国	2012	2013	2014	2015	2016	2017
文莱	848.76	227.17	−683.04	55.28	238.45	32.57
	3.63%	1.23%		0.27%	0.92%	0.12%
柬埔寨	2.38	−1.62	20.40	47.14	−7.38	20.36
	0.01%		0.09%	0.23%		0.08%
印尼	6 131.60	2 352.61	1 394.05	855.73	1 620.57	702.30
	26.22%	12.72%	6.25%	4.11%	6.26%	2.60%
老挝	0.07	1.06	1.85	2.24	23.86	6.70
	0.00%	0.01%	0.01%	0.01%	0.09%	0.02%

续表

来源国	2012	2013	2014	2015	2016	2017
马来西亚	3 881.52	1 395.77	1 400.81	3 710.05	4 525.83	3 990.29
	16.60%	7.55%	6.28%	17.83%	17.48%	14.79%
缅甸	98.65	95.07	101.14	30.42	51.99	273.30
	0.42%	0.51%	0.45%	0.15%	0.20%	1.01%
菲律宾	869.75	335.66	518.55	855.85	317.37	374.00
	3.72%		2.32%	4.11%	1.23%	1.39%
新加坡	9 814.66	13 267.93	15 721.23	13 702.22	15 459.52	18 752.09
	41.97%	71.75%	70.45%	65.84%	59.70%	69.52%
泰国	1 158.79	1 012.05	3 640.46	1 137.66	3 323.59	2 370.54
	4.96%	5.47%	16.31%	5.47%	12.84%	8.79%
越南	430.65	339.72	327.14	397.49	305.69	418.60
	1.84%	1.84%	1.47%	1.91%	1.18%	1.55%
东盟	23 385.68	18 491.51	22 314.88	20 809.88	25 894.49	26 974.96

注：百分比为各国当年区域内投资占同年东盟区域内总投资额百分比。

资料来源：根据 ASEAN 数据库数据整理编制

2. 投资流向和东道国结构

由于东盟共同体建设政策红利以及东盟各成员国投资环境的改善，区域内资金流向更为分散，除了原有的东盟六国外，越南和缅甸成为区域内投资者竞相投资的新选择。

2012年区域内投资资金主要流向新加坡、印尼、马来西亚和越南，这四国吸引的直接投资流量占区域内总投资资金的99%（见表11-3，以下同）。其中，新加坡是区域内直接投资资金的最大东道国，2012年吸引投资资金115.42亿美元，占东盟区域内总投资资金的49.36%。印尼2012年吸引区域内投资75.88亿美元，占区域内总投资资金的32.45%。投资马来西亚的区域内资金2012年为28.14亿美元，占区域内总投资资金的12.03%。2012年投资越南的区域内资金为12.63亿美元,占区域内总投资资金的5.4%。

　　2017年印尼成为区域内直接投资资金的最大东道国,吸引区域内投资达118.73亿美元,占区域内总投资的比重高达44.02%。新加坡吸引区域内投资资金减少至39.58亿美元,占比减少到14.67%。随着政局的稳定和营商环境的改善,缅甸也成为吸引区域内投资者的主要东道国。缅甸吸引的区域内资金规模从2012年的1.51亿美元增长至2017年的25.90亿美元,增长了16倍。投资越南的区域内资金在2017年达到25.31亿美元,占区域内总投资的9.38%。马来西亚吸引的区域内投资2017年有所下降,为21.66亿美元,占区域内总投资的8.03%。泰国在2017年也吸收了18.24亿美元的区域内投资,占总投资的6.76%。

表11-3　东盟区域内投资的东道国结构

单位：百万美元／百分比

东道国	2012	2013	2014	2015	2016	2017
文莱	31.47	−57.98	141.20	86.65	−64.66	535.27
	0.13%		0.63%	0.42%		1.98%
柬埔寨	523.02	298.85	372.48	425.41	635.77	603.49
	2.24%	1.62%	1.67%	2.04%	2.46%	2.24%
印尼	7 587.88	8 721.11	13 083.72	9 228.63	9 907.49	11 873.41
	32.45%	47.16%	58.63%	44.35%	38.26%	44.02%
老挝	73.64	104.61	137.94	221.83	196.64	171.16
	0.31%	0.57%	0.62%	1.07%	0.76%	0.63%
马来西亚	2 813.90	2 150.03	2 283.98	2 931.35	2 098.71	2 165.88
	12.03%	11.63%	10.24%	14.09%	8.10%	8.03%
缅甸	151.20	1 186.80	683.62	2 230.65	1 682.89	2 590.45
	0.65%	6.42%	3.06%	10.72%	6.50%	9.60%

续表

东道国	2012	2013	2014	2015	2016	2017
菲律宾	145.17	−41.71	137.10	57.30	608.26	722.21
	0.62%		0.61%	0.28%	2.35%	2.68%
新加坡	11 542.20	3 523.00	4 868.50	3 041.00	6 519.40	3 957.80
	49.36%	19.05%	21.82%	14.61%	25.18%	14.67%
泰国	−745.35	528.21	−940.73	433.60	2 003.37	1 824.12
		2.86%		2.08%	7.74%	6.76%
越南	1 262.55	2 078.59	1 547.08	2 153.46	2 306.61	2 531.17
	5.40%	11.24%	6.93%	10.35%	8.91%	9.38%

资料来源：根据 ASEAN 数据库数据整理编制

3. 投资行业范围

区域内投资主要流向制造业、农林渔业、金融保险和房地产等行业，但近年来投资呈现分散化趋势，区域内更多行业获得资金投资，批发零售和信息通信行业成为重要的区域内投资行业(见表11-4，以下同)。这与东盟各国为了适应全球工业4.0、实现经济持续增长而进行产业结构调整有关。

制造业是吸引东盟区域内投资资金的最大行业。2012年制造业吸引区域内投资53.96亿美元，2013年为62.79亿美元，2014年为61.48亿美元。在全球经济不景气的2015年也有44.12亿美元区域内直接投资流向制造业，2017年制造业吸引区域内资金达86.98亿美元。随着制造业投资的增加，区域内生产网络逐步形成，各国制造业产业链相互融合和发展。

农林渔业是区域内投资的第二大行业。2012年吸引区域内投资12.93亿美元，2013年为15.99亿美元，2014年增至41.01亿美元，2015年投资也保持在41.26亿美元，2016年有所下降，至27.53亿美元，2017年又上升至42.75亿美元。由此可见，农林渔业也是东盟各成员国主要推动的合作领域。

金融保险业和房地产业是吸引东盟区域内资金的主要行业。2012年东盟区域内直接投资金融保险资金高达98.14亿美元，是当年区域内投资最火热的行业。虽然从2013年开始，金融保险业的区域内投资下降至20亿美元至60亿美元之间,但仍然是吸引区域内投资的主要行业。2012年房地产业获区域内投资42.68亿美元,并连续三年上涨,至2014年区域内资金投资达48.9亿美元,超过当年金融保险业的投资,成为除了制造业以外的第二大吸引外资的行业。2017年的房地产投资虽然回归理性,降至29亿美元,但房地产业目前仍为区域内资金投资的主要行业之一。

批发零售和信息通信成为重要的区域内投资行业。随着互联网技术的发展,东盟电子商务发展潜力巨大。批发零售业成为吸引区域内投资的新亮点。从2014年开始,批发零售业吸引的区域内投资逐年增加,从4.54亿美元增长到2017年的24.68亿美元,增长了4.4倍有余。信息通信行业的投资在2017年也达到13.26亿美元。随着东盟产业结构调整和转型的不断推进,采掘业的投资有缩小的趋势。2017年采掘业获得区域内投资仅为6.9亿美元,与2016年的12.16亿美元相比下降了近50%。

表11-4 东盟区域内FDI主要行业流向

单位:百万美元

行业	2012	2013	2014	2015	2016	2017
农林渔业	1 293.11	1 599.22	4 101.39	4 126.25	2 752.58	4 274.84
采掘业	551.40	331.00	1 289.81	1 190.99	1 216.60	690.26
制造业	5 395.52	6 279.00	6 148.43	4 412.26	6 612.95	8 698.49
批发零售	-1 115.20	454.36	1 215.80	1 273.39	1 766.83	2 467.57
信息通信	636.14	54.24	219.68	771.28	231.70	1 325.58
金融保险	9 814.08	2 269.12	4 739.95	2 468.28	5 437.08	2 605.46
房地产	4 268.11	4 655.20	4 889.92	3 000.92	3 457.87	2 898.50
其他服务业	1 018.39	918.93	-1 581.35	194.88	1 372.71	1 695.28

资料来源:根据 ASEAN 数据库数据整理编制

第十二章
东盟国家对外产业合作

东盟国家与区域外国家之所以建立产业合作机制,一方面是由于跨国公司在寻求市场和资源,另一方面也由于国家层面在推动,双方通过经济发展战略、合作协议等途径展开合作。美国、日本、德国和中国是与东盟开展产业合作较重要的国家,近年来也发生了一些变化。

第一节　东盟与美国

1977年,美国与东盟开始了对话合作伙伴关系。从20世纪90年代开始,双方推出以贸易、投资、技术转让和教育为重点的经济合作,伙伴关系日益紧密。美国与东盟的伙伴关系侧重于五个领域,包括支持经济一体化、扩大海上合作、培养东盟新兴领导人、为东盟妇女提供机会以及应对跨国挑战。2006年双方签订了《美国-东盟贸易和投资框架协议》(TIFA),投资贸易不断扩大。[1]

1. 产业合作现状

(1)美国-东盟连通战略

2016年,"美国-东盟连通"成为美国政府与东盟及成员国经济互动的战略框架。该计划主要包括四大支柱:商业连通、能源连通、创新连通和政策连通,为东盟和未来的美国经济活动提供战略重点。[2]"美国-东盟连通"汇集了美国政府和私营部门的所有资源和专业知识,反映了美国支持东盟持续一体化的愿望以及美国与东盟贸易投资的增加。

商业连通支持美国和东盟之间开展更多的商业合作。美国正在与区域金融机构合作,建立农业企业信贷增强计划,以增加融资渠道,改善该地区中小型农业企业和企业家的业务流程和技术。通过美国商务部与新加坡贸易部之间的新谅解备忘录,美国和新加坡公司将致力于在整个东盟地区提供电子商务、金融技术、基础设施和智能城市解决方案。

能源连通是利用可持续、高效和创新的技术帮助发展东盟电力部门。为了

---

[1] History of the U.S. and ASEAN relations [EB/OL]. [2019-03-10]. https://asean.usmission.gov/our-relationship/policy-history/usasean/.

[2] U.S.-ASEAN Connect Initiative [EB/OL]. [2019-03-10]. https://asean.usmission.gov/our-relationship/policy-history/usaseanconnect/.

实现这一目标并增加并网可再生能源的供应,美国国际开发署将通过其清洁能源亚洲计划支持东盟各成员国。

创新连通是支持以创新为重点的生态系统,促进发明,创造新业务,促进可持续增长,并协助东盟打造该地区未来的创新者、企业家和商业领袖。为了解决东盟目前面临的一些关键问题,组织建立一个成功和充满活力的区域数字经济。这项跨领域举措将包括一系列公私合作政策、能力建设以及电子商务、数字创业、移动支付和宽带连接等。该举措将支持东盟发展可以推动创新和包容性经济增长的开放和综合数字经济。

政策连通是与东盟国家合作,改善支持东盟成员国在东盟经济共同体下的区域一体化目标的增长、贸易、创新和投资的政策和监管环境。在美国-东盟贸易研讨会以及美国-东盟贸易与投资框架安排下,帮助东盟成员国官员熟悉高标准的贸易协定的影响因素,有助于改善贸易和投资环境。

(2)贸易和投资合作

东盟是美国的第四大贸易伙伴和重要的投资伙伴。2017年东盟与美国的双边贸易达到2 343亿美元(见表12-1,以下同),比2016年增长了10.62%,占东盟总贸易额的9.1%。其中,东盟对美国的出口额从2016年的1 131亿美元增加到2017年的1 427亿美元,增长了26.17%;东盟从美国的进口额从807亿美元增长到916亿美元,增长了13.51%。东盟与美国的贸易呈现顺差,顺差额从2016年的504亿美元增加到2017年的511亿美元。其中,2017年越南顺差325亿美元,泰国顺差117亿美元,印尼顺差97亿美元,马来西亚顺差50亿美元。新加坡则表现出对美国的贸易逆差。

2012年—2017年,新加坡、泰国、马来西亚、印尼和越南是美国在东盟的主要商品贸易对象。2017年,五个国家与美国的商品贸易占东盟总贸易额的91%;各国与美国的商品贸易占比分别为25%、18%、15%、11%和22%。越南与美国的商品贸易增长较快,从2012年的245亿美元增长到2017年的508亿美元,增长了107%。其中,越南出口到美国的商品增长了112%,进口增长了91%。[1]

从2017年进出口贸易商品结构来看,东盟出口到美国的前五类商品为:电机、电气设备及其零件(85),核反应器、锅炉和机械(84),服装及配饰(61~62),橡胶(40),鞋靴及类似零件(64)。从美国进口的前五类商品为:电机、电气设备

---

[1] Trade in goods between ASEAN and US [DB]. [2019-03-15]. https://data.aseanstats.org/trade-annually.

及其零件(85),核反应器、锅炉和机械(84),航空器、航天器及其零件(88),光学仪器(90),矿物燃料(27)。

可见,东盟与美国已形成电机、电气设备及其零件(85)以及核反应器、锅炉和机械(84)两类商品的产业内贸易。2017年东盟出口美国的电机、电气设备及其零件(85)达360亿美元,进口200亿美元;核反应器、锅炉和机械(84)出口达218亿美元,进口173亿美元。从各国与美国的进出口主要商品结构来看,美国与文莱、马来西亚、菲律宾、新加坡、泰国等东盟五国开展核反应器、锅炉和机械(84)的产业合作;与马来西亚、菲律宾、新加坡、泰国和越南开展电机、电气设备及其零件(85)的产业合作。

东盟是美国在亚洲投资的首选目的地。东盟从美国获得了近2 740亿美元的累计投资,超过了美国对中国、印度、日本和韩国的总和。自2004年以来,美国在东盟的外国直接投资年均增长率为12%,目前占美国对亚洲投资的1/3以上。

2017年美国对东盟的直接投资流量达到43.22亿美元,比2016年的188.48亿美元有所下降,原因是美国投资者从制造业和采矿业分别撤回52亿美元和32亿美元,主要从马来西亚和印尼撤资。美国直接投资主要流向新加坡,2017年对新加坡直接投资流量为70.82亿美元。美国向东盟投资的前五大行业分别是批发零售、金融保险、房地产、运输仓储和建筑,五大行业投资总额达到136.49亿美元。

(3)合作机制和模式

跨国公司的利益追求是驱动美国与东盟开展产业合作的主要机制。超过3 000家美国公司在东盟开展业务,其中包括2015年在全球财富500强中排名的130家美国跨国企业(MNEs)中的70%。

许多美国公司将东盟作为生产平台,把产品出口东盟各国以及世界其他地区。因为东盟大部分国家拥有丰富的资源、廉价且规模较大的年轻劳动人口等适宜制造业生存的条件,加上不断增长的中产阶级和城市化进程的推进,东盟各国具有巨大的消费潜力。区域一体化的推进以及东盟与许多其他亚太国家签订自由贸易协定使得世界各国纷纷在东盟进行制造业投资。

绿地投资和并购是美国在东盟国家的主要投资方式。大约50%的美国制造业投资集中在计算机和电子产品行业,约20%投资于化学品(包括石化产品)。东盟一直是英特尔、希捷、西部数据和得克萨斯等公司的重要生产基地。陶氏、埃克森美孚和杜邦等美国进入前10名化学公司在东盟投资生产仪器。在机械和设备行业,卡特彼勒和通用电气在东盟拥有显著的影响力,福特和通用汽车在汽车行业影响力较大。宝洁公司是东盟最大的消费品公司之一。

美国在东盟投资占优势的是服务业,首先是非金融服务投资,占比约65%,其次是金融和保险服务。如在制造业方面,美国对东盟的大部分服务投资都是针对新加坡。然而,流入新加坡的大部分外国直接投资最终流向其他国家,通常是流向其他东盟成员国。在保险领域,大都会人寿保险公司(MetLife)和友邦保险公司(AIA)等美国公司近年来通过跨国并购对东盟的投资也有所增加。在信息技术服务方面,IBM和惠普在东盟也占了比较大的市场份额。柏克德工程公司(Bechtel)、博莱克·威奇公司(Black & Veatch)、福陆公司(Fluor)和哈利伯顿公司(Halliburton)在该地区非常活跃,特别是提供了建筑东盟基础设施发展的工程服务。[①]

2. 前景展望

受中美贸易战、贸易保护主义、美国优先的影响以及美元资金回流美国的趋势的影响,美国和东盟的产业合作处于相对的低潮期,并且随着贸易战和贸易保护潮流的进一步加剧,东盟和美国的产业合作将停留在基础产业,再加上东盟内部经济发展的不平衡,大多数国家的产业发展和美国的相关产业存在一定的梯度差异,东盟国家和美国的产业合作可能在总量上会有一定的增长,并接受原本在中国的产业资本的流出。

表12-1　2016—2017年东盟对外贸易情况

单位:亿美元

贸易伙伴	2016			2017		
	总额	出口	进口	总额	出口	进口
世界	22 386	11 527	10 859	25 743	13 222	12 521
中国	3 687	1 442	2 245	4 410	1 865	2 545
德国	563	276	287	617	330	287
日本	2 024	966	1 059	2 193	1 058	1 135
美国	2 118	1 311	807	2 343	1 427	916

资料来源:根据 ASEAN 数据库数据整理编制

---

① ASEAN Secretariat, UNCTAD.ASEAN Investment report 2016[R/OL]. [2019–03–10]. https://asean.org/storage/2016/09/ASEAN–Investment–Report–2016.pdf.

第二节　东盟与日本

东盟和日本正式开始对话合作伙伴关系始于1977年的"福田主义"。从那时起,东盟与日本在政治安全、经济金融和社会文化合作等方面均取得重要进步。2015年,东盟共同体成立,日本企业加快了在东盟寻求市场和生产基地。

1.产业合作现状

(1) 贸易与投资合作

2002年日本与新加坡签订了第一份经济合作协议(JSEPA)。从那时起,日本和东盟成员国通过双边协议开展贸易合作,深化作为主要贸易和投资的伙伴关系。2015年,两国更新了"东盟—日本十年(2012—2022年)战略经济合作路线图",以推进贸易、投资、基础设施建设、人力资源培训、中小微型企业等领域的合作。日方承诺继续协助东盟落实《东盟一体化倡议》(IAI)和《东盟互联互通总体计划》(MPAC)。双方还支持地区经济互联互通、贸易便利化的进程,面向签署高质量、平等与透明的贸易自由化协议。

2017年东盟与日本的双边贸易达到2 193亿美元,比2016年增长了8.35%,占东盟总贸易额的8.5%。其中,东盟对日本出口额从2016年的966亿美元增加到2017年的1 058亿美元,增长了9.52%;东盟自日本进口,其进口额从1 059亿美元增长到1 135亿美元,增长了7.18%。东盟与日本商品贸易呈现出东盟对日本的逆差,2017年的逆差额为77亿美元。

东盟与日本贸易比较集中于泰国、印尼、马来西亚、新加坡、越南和菲律宾。2017年上述六国与日本贸易占东盟与日本贸易总额的98%。其中,泰国与日本贸易占25%,新加坡占17%,印尼占15%,马来西亚占15%,越南占15%,菲律宾占11%。[①]

从商品结构来看,东盟出口日本的前五位商品是电机、电气设备及其零件(85),矿物燃料(27),核反应器、锅炉和机械(84),塑料及其制品(39),木材及其制品(44)。从日本进口的前五位商品是电机、电气设备及其零件(85),核反应器、锅炉和机械(84),机动车辆、拖拉机等陆地车辆及零件和配件(87),铸铁、钢铁(72),塑料及其制品(39)。可见,东盟和日本开展产业内贸易的主要商品类别为电机、电气设备及其零件(85),核反应器、锅炉和机械(84),塑料及其制品(39)。

日本是东盟的最大投资国。2017年日本对东盟的直接投资流量达到134.14亿美元,相比2016年的137.67亿美元有所下降,原因是日本投资者从金

① Trade in goods between ASEAN and Japan [DB].[2019-03-16].https: //data.aseanstats.org/trade-annually.

融保险业撤回22.62亿美元。日本向东盟投资的前五大行业分别是制造业、批发零售、其他服务、电力电气和房地产等，五大行业投资总额达到140.76亿美元。从东盟与日本的贸易和投资结构来看，日本与东盟的产业合作主要集中于制造业。例如日本汽车企业在东盟国家已经建立汽车以及汽车零部件行业。

泰国是日本在东盟的投资中心，是日本向东盟其他国家扩张的门户。日本公司主导泰国汽车市场。泰国汽车大约80%到90%的生产、销售和出口都是由与日本汽车制造商有关联的公司承担的。丰田、本田、三菱、日产、五十铃和铃木都在泰国设有工厂。丰田、本田和日产将泰国作为其汽车出口到邻国及其他地区的生产基地。日产通过Siam Motors Nissan Company生产汽车。五十铃在泰国有两家制造小卡车的工厂，并将该国作为其出口业务的基地。在泰国建设汽车生产中心，使日本汽车制造商获得了向澳大利亚和东南亚国家等新兴市场出口汽车而无须缴纳关税的巨大优势。此外，生产成本比日本的同类工厂低约20%至30%。

虽然日本直接投资资金主要流向印尼、泰国、马来西亚、新加坡和菲律宾等国家，并在这些国家建立了庞大的制造基地和销售网络，但近年来，日本公司加大了对柬埔寨、老挝、缅甸和越南的投资力度。因为CLMV四国较低的人工成本、丰富的自然资源和正在快速成长的市场被日本看作是难得的机遇。日本把CLMV四国看作是东南亚地区劳动密集型产业的新生产基地。例如，汽车零件制造商Yazaki Corporation于2012年在柬埔寨的Koh Kong省开设了新工厂，用它为泰国的汽车厂提供生产线。

(2)基础设施建设产业

早在20世纪70年代后期，日本建设的基础设施就已经被东盟各国以及经合组织称为"优质基础设施"的典型代表。日本企业的基础设施建设除了改善发展中地区的整体物流外，还具有高安全性、环保、可靠性和包容性标准。20世纪90年代，日本政府制定了基础设施连接蓝图，通过在东南亚增加官方援助建设公共基础设施，来配合日本在东南亚制造业生产基地的构建。[①]因此，基础设施建设产业是日本在东南亚的重要布局。

随着经济增长加速，东南亚的基础设施建设需求日益增加。据亚开行的数据预测，2016—2030年东南亚国家基建方面的需求为2.8万亿美元，平均每年的需求为1 840亿美元。据BMI Research称，自2000年以来，日本已经为该

---

① TOMOO KIKUCHI, SAYAKA UNZAKI. Japanese infrastructure investment in southeast asia[R/OL].[2019-05-05]. https://www.rsis.edu.sg/wp-content/uploads/2019/05/PR190503_Japanese-Infrastructure-Investmentin-in-SEA.pdf.

地区(已完成或正在进行)的项目提供了2 300亿美元,并出口了相关技术。①

虽然日本和中国在东南亚基础设施建设行业存在激烈的竞争,但是在东盟的投资地区存在差异。日本对东盟的投资集中在新加坡、泰国、印度尼西亚和马来西亚等经济较为发达的传统东盟国家,日本在上述四个国家的投资占其在东盟地区投资总额比重的80%以上,对东南亚其他国家的投资整体上处于观望阶段,日本在传统东盟国家的投资依然占据优势。但中国对马来西亚的投资比重已经超过日本,中国和日本在传统东盟国家的投资差距不断缩小。中国在新东盟国家的投资优势比较明显,在老挝、柬埔寨的优势更加突出。但日本在越南的投资依旧保持优势并远超中国。近几年,日本也开始增加对新东盟四国基建产业的投资。

表12-2　2016—2017年各国对东盟直接投资情况

单位：亿美元/百分比

		世界	中国	德国	日本	美国
2016年	投资总额 占比	1 226 100	113 9.2	−6.75 —	137.67 11.2	188.48 15.4
	行业1	金融保险	金融保险	制造业	制造业	金融保险
	行业2	批发零售	房地产	其他服务	批发零售	批发零售
	行业3	制造业	批发零售	房地产	不具体	不具体
	行业4	房地产	制造业	批发零售	金融保险	房地产
	行业5	其他服务	住宿餐饮	管理咨询	其他服务	运输仓储
	投资金额 占比	1 038.27 84.72	92.4 84.77	9.87 —	121.34 88.14	222.7 —

---

① China and Japan: the challenge of building Southeast Asia [EB/OL].[2019-03-20]. https://www.webuildvalue.com/en/global-economy-sustainability/china-and-japan-the-challenge-of-building-south-east-asia.html.

续表

		世界	中国	德国	日本	美国
2017年	投资总额 占比	1 356 100	114 8.4	28.05 2	134.14 9.9	43.22 3.2
	行业1	批发零售	房地产	制造业	制造业	批发零售
	行业2	制造业	批发零售	其他服务	批发零售	金融保险
	行业3	金融保险	金融保险	批发零售	其他服务	房地产
	行业4	房地产	制造业	运输仓储	电力油气	运输仓储
	行业5	其他	电力油气	专业和科技服务	房地产	建筑
	投资金额 占比	1 086.76 80.13	99.69 87.67	37.28 —	140.76 —	136.49 —

资料来源：根据 ASEAN 数据库数据整理编制

2. 前景展望

随着"一带一路"的发展和美国及日本印太战略的推行，日本在传统领域和传统东盟国家之外，也会在基建产业和日本的相关优势产业加大和东盟各国的经济合作，争夺对东盟国家的产业竞争主导权，包括高速铁路和交通建设产业，日本作为中国最主要的竞争对手，和中国进行了激烈的竞争。在马来西亚东铁建设上，日本一度获得极强的竞争优势。但日本的产业结构也是处于产业链高端，和东盟的产业合作主要是产业间贸易，无法切入产业链条，因此，在产业深入合作层面上，无法进一步发挥其比较优势。同时在新东盟国家，日本没有先行优势，在制度和法律上存在一定的脱节。

第三节　东盟与德国

早在70年代中期，联邦德国就看重东亚和东南亚的经济发展潜力，开始迅速发展与东亚和东南亚的经贸关系。[①]2016年7月，东盟和德国正式结成发展伙伴关系，并签署了2018—2022年的发展伙伴关系实践合作协定，其合作领域，包括政治安全、经济、社会文化、互联互通、缩小发展差距和东盟一体化、可

---

① 林进成.联邦德国与东亚、东南亚的经济贸易关系[J].世界经济,1986（11）.

持续发展和追赶机制等。在经济领域提出加强贸易和投资、食品、农业和林业、能源安全、旅游、创新和技术等合作。

1. 产业合作现状

(1)贸易和投资合作

随着东南亚各国经济的发展,中产阶级不断扩大,高质量和高价格的德国产品在东南亚受到消费者喜爱。东盟与德国的贸易总额从2007年的388亿美元增长到2017年的617亿美元,并呈现出东盟对德国的贸易逆差。从2004年到2017年,除2007年和2017年的两年顺差外,东盟对德国贸易一直是逆差。可见,德国商品在东南亚市场具有很强的竞争力。2015年德国与越南签订了自由贸易协定。

德国是东盟在欧盟国家里最大的贸易伙伴。2017年东盟与欧盟的贸易总额为2 614亿美元,东盟出口欧盟1 580亿美元,进口1 034亿美元。德国与东盟的贸易总额为617亿美元,占东盟与欧盟贸易总额的24%。2016年欧盟成为东盟第一大投资来源,占东盟总投资比例为31.5%,东盟自身占比为24.8%。德国是东盟在欧盟国家里最大的货物贸易伙伴。

近年来,德国与东盟的双边贸易和投资增长较快。根据东盟秘书处的统计,2017年东盟与德国的双边贸易达到617亿美元,比2016年增长了9.6%。其中,东盟对德国出口额从2016年的276亿美元增加到2017年的330亿美元,增长了19.55%;东盟自德国进口两年均保持287亿美元(见表12-1)。东盟与德国进出口贸易具有很强的互补性。2017年德国向新加坡出口的前几类商品是机械设备、汽车及其零部件、化工产品和仪器;向新加坡进口的前五位商品是化工产品、机械设备、仪器、塑料橡胶和贵金属。对东盟主要出口电子电气产品、机械、汽车、光学和医药产品(见表12-2,以下同)。电子设备是东盟对德国出口的主要商品。2017年东盟对德国电子设备双向贸易额达到168.73亿美元,其中,出口约129.04亿美元,进口约48.48亿美元。原子核反应器、锅炉、机器及其配件是东盟从德国进口的主要产品。2017年该商品的双向贸易额达到125.51亿美元,其中东盟对德国出口约50.69亿美元,进口约74.82亿美元。

新加坡、马来西亚、泰国、越南和印尼是与德国贸易规模较大的东盟国家。2017年新加坡与德国的贸易总额达157亿美元,占东盟对德国贸易总额的25%;马来西亚排第二位,与德国贸易额达123亿美元,占东盟对德国贸易总额的20%;泰国对德国贸易额为110亿美元,占比达18%;越南对德国贸易额为95亿,占比达15%;印尼对德国贸易为62亿美元,占比达10%。上述五个国家

对德国贸易占东盟对德国贸易总额的89%。[1]

2017年德国对东盟的直接投资流量达到28.05亿美元，与2016年相比增长了516%，占欧盟对东盟投资总额的11.25%，是欧盟国家中除荷兰、爱尔兰和英国以外的第四大外资来源国。原因是德国投资者调整投资行业结构，2016年和2017年大量从金融保险撤资，撤资金额分别为16.6亿美元和9.7亿美元。2017年制造业投资增加了210%，投资金额达16.84亿美元，占德国对东盟投资总额的60%；其他服务业投资增加了965%。德国2017年投资东盟的前五大行业分别是制造业、其他服务、批发零售、运输仓储、科技服务等，投资总额达37.28亿美元。

德国积极发展与东盟各国的多边合作，其中新加坡和马来西亚是德国长期以来的合作伙伴。德国与新加坡的合作集中在贸易和创新。德国与新加坡的贸易投资关系比较稳定。2004年新加坡与德国的贸易总额为119.15亿美元，2017年贸易总额为156.96亿美元。从2006年到2016年，新加坡对德国连续十一年逆差，2017年为顺差。

印尼和德国一直都保持较好的政治和经济关系。德国对印尼最重要的出口产品是机械、化学品、金属、其他汽车和车辆设备。印尼对德国的主要出口产品是服装、食品(植物油)和动物饲料、农产品、电子产品、鞋类和矿石。目前，大约有300家德国公司在印尼开展业务。除了一些重要的跨国公司外，还有众多中小企业，这些企业中有许多家在印尼拥有自己的生产设施。

德国从马来西亚进口的主要产品是电子电气产品、机械、仪器和技术设备、食用和工业用油脂、橡胶制品和化学产品；其主要出口到马来西亚的是电子电气产品、机械、汽车、光学和医药产品。由于其良好的投资环境，马来西亚吸引了外国直接投资。与此同时，投资确保技术转让，提供经济刺激。这尤其适用于德国工业。总共有400家德国公司在马来西亚运营，其中许多公司经营工厂并出口全球生产的产品。马来西亚也越来越多地被德国公司当作东南亚及其他地区的区域中心。

(2)新兴产业合作

在传统行业，东盟和欧盟，主要是德国，进行了广泛和深入的合作，譬如食品、农业和林业、基础设施、机械设备和炼油等行业。在新兴产业，金融科技、网络安全等方面，也有一定的合作。东盟制定了东盟可再生能源支持计划

---

[1] Trade in goods between ASEAN and Germany [DB].[2019-03-15]. https://data.aseanstats.org/trade-annually.

(ASEAN-RESP)以及东盟-德国能源计划(AGEP),期望在可再生能源和创新技术方面进行广泛和深入的合作,尽管还停留在政府层面,但发展前景和政策远见预示着比较乐观的将来。

在教育产业合作和推动职业教育方面,德国有世界一流的职业教育体系,通过学习欧洲的技术和职业教育与培训系统,通过市场驱动型的双轨制职业培训,促进东盟劳动者技术和技能培训,发展旅游、环保和可再生能源,从而实现可持续发展的共同目标。

2. 前景展望

随着东盟-欧盟自由贸易区协定的签订,以德国为代表的欧盟和东盟在贸易往来和产业合作方面迈入了新的阶段。同时,德国是最早支持"一带一路"建设的发达国家之一。德国和中国在东盟除了传统产业合作外,采取了第三方市场合作的合作模式。2015年,李克强总理向德国领导人表达了开展第三方市场合作的意愿,并指出了第三方市场合作的意义,即可以通过各国之间的优势产能合作,把发达国家的先进技术同中国的制造优势相结合,这不仅能够满足发展中国家的经济发展需求,提升发达国家先进技术水平和扩大其产品市场,更能够实现中国产业的转型升级,是三方受益之举。2016年,时任德国总统约阿希姆·高克访华时,李克强总理提出中德双方应当把两国的经济发展转型规划进行对接,结合两国各自优势,共同进行第三方市场合作。

第四节　东盟与中国

东盟与中国的产业合作与其他国家相比较,在总量和结构上都处于明显的优势地位。在总量上,中国和东盟的产业合作有极大的投资金额,同时在广度上涉及各个行业和部门,在深度上也涉及产业发展的各个链条,并且在传统产业和新兴产业都有大量的涉及,比较突出的有农业、机电设备产业、海洋产业、基建业和高铁产业。

1. 产业合作现状

中国是东盟的重要贸易和投资伙伴。2017年东盟与中国的双边贸易达到4 410亿美元,比2016年增长了19.61%(见表12-1)。其中东盟对中国出口额从2016年的1 442亿美元增加到2017年的1 865亿美元,增长了29.33%;东盟从中国进口从2 245亿美元增长到2 545亿美元,增长了13.36%。2017年中国对东盟的直接投资流量达到114亿美元,比2016年的113亿美元基本持平,而投资行业结构有所调整,除批发零售、金融保险、房地产、制造业外(见表12-

2), 2017年电力油气取代住宿餐饮成为投资前五位的行业, 五大行业投资总额达到99.69亿美元, 占中国对东盟总投资额的87.67%。

中国与东盟在农业领域的合作主要集中在种植业、渔业、水产养殖业、农业环保等方面, 中国与东盟国家经常举办具有特色的各种农业技术国际培训班以进行交流与合作, 如2015年在长沙举办杂交水稻技术国际培训班、在广西举办蔬菜优良新品种新技术示范与推广国际培训班, 2013年在云南举办优质马铃薯种植及种植薯生产技术国际培训班。中国的农业技术和生产设备与东盟国家匹配, 价格较为便宜, 性价比高, 易于推广, 其中中国的农作物种植技术, 特别是杂交水稻技术受到东盟国家偏爱。

中国与菲律宾两国作为传统农业国家, 在农业的各个领域, 比较优势特征明显, 产业互补性强, 具有极大的合作潜力, 两国一直确定农业是两国经贸合作的重点领域。中菲两国1975年建交, 不断开展农业合作交流, 次数和频率不断增多。2016年两国签署了《中国农业部与菲律宾农业部农业合作行动计划(2017—2019)》, 2017年正式实施。作为重要的一带一路参与国, 随着我国"一带一路"的深入推进, 中菲农业合作联委会于2017年召开第5次会议, 中菲两国的农业合作进入全新阶段, 在农业产业合作上起到对东盟其他国家的示范作用。

机电产品作为传统优势产业, 占据双边总贸易额60%以上, 是中国向东盟国家出口的最主要产品。中国一开始在机电产品的比较优势上处于相对弱势, 随着改革开放的推进, 双方在机电产品领域相互竞争, 形成了自己独特的比较优势。其中, 机电产品均是中国向东盟五国(马来西亚、印尼、菲律宾、泰国和越南)出口的主要商品, 包括机电及音响设备, 占中国向印尼总出口额的35.2%, 占中国向菲律宾总出口额的30%, 占中国向马来西亚总出口额的31.9%, 而对泰国和越南, 占比更是超过了40%。机电产品技术含量适中, 工艺比较成熟, 附加值较高, 在产业链条中处于中等水平, 而塑料橡胶制品和矿产品技术含量少, 附加值低, 因此在双方交易额中占比不大。而光学仪器等技术含量较高产品, 由于双方技术水平的缘故, 只占中国向东盟五国出口额的2%左右。

马来西亚从中国进口的主要产品为矿物、塑料橡胶、动植物油脂、食品等产品。2015年马来西亚向中国出口机电产品的贸易额其占向中国出口总贸易额65%。机电产品是马来西亚向中国出口的主要产品, 马来西亚工业基础较好, 且近年来一直大力扶植电子产业, 马来西亚政府把电子产业和信息产业作为其主要的支柱产业, 其机电产品在国际上有一定的竞争力。

中国从新加坡进口的产品主要为机电、化工、珠宝和贵金属等高附加值产品；同时由于新加坡的港口地位，中国也从新加坡进口塑料等石油行业附属产业产品，因为其具有成本优势。新加坡缺乏低廉的物质资源，其各种生活必需品是中国输出的劳动密集型产业商品。

随着中国的信息技术和互联网网络技术的后来居上，同时由于东南亚的市场非常广阔，中国的电子信息技术企业已经在东盟开始建立研发中心和附属机构，通过品牌营造、市场营销，目的是在市场源头占据新加坡等东南亚国家的中高端市场，促进中国和东盟相关产业的合作与升级。而东盟国家也都在积极推进智慧城市建设，在信息技术和电子科技以及移动支付和互联网技术上，开展产业合作，已成为世界创建智慧城市的主试验场。中国作为世界第二大经济体，在信息技术和互联网科技上具备后发优势，经过多年发展，我国智慧城市建设成果显著，新一代信息技术日益成熟，各领域智慧化建设对中国企业的创新驱动效应日趋显著，可以帮助东南亚国家的城市信息化建设，为智慧城市"走出去"创新奠定良好的有利条件。

海洋产业是中国和东盟国家的重点产业，双方共有广泛的太平洋和南海。2011年，中国政府提出与东盟国家海上互联互通战略，采取有效措施，与东盟国家发展集装箱班轮等物流和客流航线，促进运输便利化，降低交易成本。为了促进产业优势，中国投入30亿元成立中国－东盟海事合作基金，促进海洋科学研究与环境保护，开展海洋联通、海上安全和搜救等领域的合作，并逐步深化合作，形成中国与东盟多层次、全方位的立体合作模式，并制定合作规划，以促进海洋产业的发展。

以印尼为例，印尼可称为"东盟龙头"，是重要的东盟国家，拥有诸多岛屿和漫长的海岸线，政治和经济实力强劲，人口和经济总量占东盟十国近50%。印尼拥有丰富的自然资源，包括丰富的海洋石油、天然气和各种矿产资源。它处于两个海洋的交汇处和两大洲的中间位置，是其他国家通往澳大利亚的重要途径。它是"海上丝绸之路"重要的节点和中心，位于关键性战略位置。传统渔业、现代造船、石油和天然气开发以及海洋旅游是印尼海洋经济的重要领域。印尼海洋经济每年可增长到1.2万亿美元，而目前发展不到1 100亿美元，具有广阔的发展潜力。虽然中国缺乏海洋空间，但海洋技术相对较高。印尼凭借其自身独特的海洋产业优势，成为中国海洋产业重要的合作伙伴。

中国高铁具有后来者的优势。虽然中国高速铁路起步较晚，但却是世界上发展速度最快的国家，已经拥有世界上最多的高速铁路线。中国高铁在吸收了西方发达国家的现有技术后，加以改进和创新，形成与众不同、具有中国特色的高速铁路技术。中国高铁在技术上已经不断更新换代和创新，性价比非常高，

建设速度快,成为中国独特的名片和品牌,并在和其他国家的合作过程中,带动了高铁相关产业链的发展,获得了极高的声誉。高铁带动了整体工程建设水平的提高,进一步降低了成本,从而进一步打开了东南亚市场,为塑造国家软实力奠定了良好的基础。在印尼,中国铁路公司和印尼Vikal公司于2015年成立合资公司,并获得印尼高铁建设项目,充分利用印尼的各种资源建设印尼国内高铁项目。项目运营降低了物流成本,提高了印尼相关产业的竞争力。

在通信和通信设备行业,手机出口市场占有率、贸易专业化系数和显示性比较优势指数三个显示性指标显示,中国手机产业出口市场占有率不断提升,产业贸易专业化系数平均在0.95以上,显示性比较优势也始终保持在2.5以上,中国手机产业具有极强的国际竞争力,且仍在增强阶段。

在既有的各个领域和产业合作之外,东盟和中国双方又开拓了新能源、航空信息以及生物医药的产业科技合作,拓展了新的合作空间。在新能源方面,东盟和中国一直支持新能源的合作与发展,推动新能源太阳能公司英利绿色能源控股有限公司成立东盟地区总部,中国成为新加坡最大的光伏组件供应商。中国还促进双方大学间合作,推广太阳能自动控制技术、LED光伏智能照明技术和并网发电技术,促进联合技术研究和新产品的发明和推广。与此同时,2013年,在中国-东盟技术合作伙伴的框架下,双方推动航空信息技术合作,中国和东盟共享遥感卫星数据和服务平台,并利用自由共享的中国遥感卫星数据开发航空信息技术的市场应用,同时在城市治理、环境监测和东盟国家的救灾工作方面进一步加强合作。

2. 前景展望

由于中国和东盟在产业结构上处于类似的阶段,产业内贸易已成为中国和东盟的主要贸易形式。随着"一带一路"倡议的实施和发展,基础设施建设将进一步加强相互联系,贸易便利化合作水平将得到提升,区域经济将更加一体化,东盟和中国的产业合作将进一步加强。

中国对包括东盟各国进行大量的公共基础设施建设投资,对东盟国家的产期产业成本的降低起到了决定性的基础作用,由于中国的比较优势仍然侧重于劳动密集型产业,出口产品与其他国家出口产品有相似之处,从而面临激烈的竞争。发达国家如美国,日本,韩国和新加坡也看好东盟市场未来的广阔前景,积极抢占商机,开展各领域合作。这些国家的企业凭借技术和竞争优势迅速在东盟市场扩张,使中国企业面临更大的国际贸易压力和挑战。

东盟各国的工业化发展水平及信息化发展水平等还存在较大差异,中国企业在参与东盟国家"智慧城市"建设过程中,如何把握东盟国家的实际国情,因地制宜地参与不同模式、不同规模、不同级别的智慧城市建设合作,从而进一步加强不同行业、企业间的最优整合模式,统一性合作布局,理清参与国际化智慧城市建设的阶段目标、关键因素和主要障碍已成为亟待解决的问题。

中国和东盟的产业合作与其他国家相比,是全方位多层次的,几乎贯穿了所有产业及产业链条,有助于发挥中国和东盟双方的比较优势,有利于提升其产业发展水平。

第十三章
新时期全面推进中国与东盟产业合作对策

在全球价值链分工日益深化的时代背景下,中国与东盟各国只有通过产业合作才能实现产业技术和工艺的价值链升级。虽然中国与东盟在产业结构上具有较好的互补性,但要开展全面和深入的产业合作,还需要制定国家层面的规划,地方层面积极配合,跨国企业开展创新合作。

第一节 国家层面的顶层设计

从全球价值链升级的角度出发,通过对东盟国家制造业发展情况进行逐一分析,中国要加强和东盟制造业的合作,从而提升中国与东盟在全球价值链中的地位,促进中国-东盟自由贸易区可持续发展,必须要有国家层面的顶层设计。通过国家顶层设计的方式,参考国际产业发展的先进经验,有助于中国和东盟国家的产业合作,形成发展合力。

1. 遵循比较优势,增强效益测算

充分发挥中国优势产业的比较优势,结合东盟的市场和资源,实现规模效应。中国工业部门中位置熵最高的部门是:基本金属和金属制品,机械和其他非金属矿产品,皮革和鞋类,纺织品和纺织产品,化学品和化学产品,纸张印刷和出版。这些部门的位置熵大于1,表明这些部门具有较高的专业化水平,属于主导部门。同时,东盟国家这些部门的位置熵小于中国,且数值基本上小于1(越南的其他非金属矿产品行业除外),这意味着这些部门的专业化水平较低,这是一个劣势,即与中国相比没有比较优势。位置熵的比较表明,这些部门一方面是中国的主导部门,另一方面是东盟国家的弱势部门,这表明中国和东盟国

家在这些部门中具有产业合作的基础。同时,比较中国与东盟国家在这些部门的产量,可以看出中国的产量远远大于东盟国家的产量,中国在这些部门的总产量方面也具有绝对优势。以纺织行业为例,2011年中国纺织行业总产量为959.979亿美元,是印尼的24倍、菲律宾的156倍、马来西亚的295倍、泰国的42倍、越南的44倍。同时在新兴产业如手机和通信设备上,中国也对东盟诸国有着明显的区位优势。

2. 拓展结构层次,延伸产业链条

产业合作对彼此的影响主要取决于产业合作部门的中间投入结构,即产业链的哪一方更具偏向性。对于中国而言,参与国际产业合作的目的之一是借助国外优势资源促进国内产业结构的转型升级,推动中国向区域产业高端产业发展产业链。从促进国内产业结构升级的角度来看,中国应引导产业合作部门以国内高端产品为中间投入,加强两个部门之间的联系。根据产业合作部门对国内高端产业的需求,中国可以扩大对东盟国家的高端产品出口,推动国内产业结构向高端产业发展。同时,由于东盟国家的高端产品比低端产品更难以取代本地产品,这使得中国的高端产业部门能够从长期的国际产业合作中受益。为此,中国在选择产业合作部门时,可以把重点放在与高端产业部门关系更密切的部门,虽然这可能会牺牲部分经济增长,但更有利于国内产业结构调整和升级。

3. 建立产业规划,突出重点产业

《落实中国—东盟面向和平与繁荣的战略伙伴关系联合宣言的行动计划》旨在落实于2003年10月8日在印度尼西亚巴厘岛签署的《中国—东盟面向和平与繁荣的战略伙伴关系联合宣言》,应对未来5年将出现的地区和全球挑战,其中涉及经济产业方面合作的内容包括投资合作、金融合作、农业合作、信息通信合作、交通合作、旅游合作、能源合作等。2013年中国"2+7"合作框架的实施与提出,确定了中国和东盟在包括七个主要领域的政治安全和经济发展与合作的两点共识。铁路、港口、电力等基础设施是双方产业合作相对集中的领域,传统制造业之间的合作进一步深化,跨境电子商务和信息技术已成为东盟和中国之间产业合作的重点,而中国则具备跨境电子商务和信息技术的后发优势。东盟在这些新兴产业中也有广泛的需求,该计划突出重点行业,建立产业规划,集中资源;引领新兴产业和重点行业,提升地位,提高竞争力。

4. 进行政策扶持,提供税收优惠

要促进东盟和中国的产业合作发展,除了产业政策外,最重要的就是财政政策和税收优惠,这将直接推动和促进双方的产业融合和发展。

第一,财政政策。主要是使用有关财政专项资金,为产业合作提供支持。2015年和2016年,我国财政部和商务部先后关注对外贸易和经济发展专项资金,支持国际产能合作项目。由财政部和商务部联合发布的《关于2015年度外经贸发展专项资金申报工作的通知》,明确定义"支持对外投资合作重点项目"和"支持境外经济贸易合作区建设"。此外,对外承包工程专项资金、保障风险专项资金和中小企业国际市场开发专项资金也为中国企业外包承包项目和开拓新兴市场提供支持。

第二,税收政策。主要是给予企业税收优惠、做好纳税服务以及完善税收协定。(1)税收优惠。主要是:所得税抵免,《企业所得税法》(2008)及其相关配套政策明确了企业对外收入所得税抵免;增值税退税(免税),《财政部、国家税务总局关于出口货物劳务增值税和消费税政策的通知》(2012)规定出口企业的海外投资出口货物免征增值税退税。(2)税务服务。发布《关于进一步做好"走出去"企业税收服务与管理工作的意见》(2010)等文件,税务部门通过特装服务和优化出口退税服务为"走出去"企业提供更便利的税务服务,减轻企业的税负。(3)税收协定。一是扩大税收协定国家和地区的覆盖范围。目前,中国已与101个国家和地区签订了六大洲税收协定,为中国境外投资企业提供了有效保障。二是利用税收协定为我国企业境外投资解决涉税纠纷。2013年发布的《国家税务总局关于发布〈税收协定相互协商程序实施办法〉的公告》明确企业在与我国签有税收协定的国家遭遇与协定规定不相符的待遇时,可以申请国家税务总局与对方税务当局进行相互协商。

东盟国家也采取了以产业发展为目的的吸引外资的财税优惠政策。大多数东盟国家都是发展中国家。为了吸引外资,各国都制定了相关法律法规,对外资企业给予优惠政策。《中国—东盟产能合作联合声明》为中国与东盟国家的国际产能合作奠定了政策基础。

第二节 地区层面的多层次合作

在全球化和区域一体化背景下,次国家政府即地方政府作为国际关系中的"有限参与主体",发挥着越来越重要的作用。地方跨国合作具有针对性、灵活性和地方性等特点。中国与东盟友好城市缔结数量大幅增加,在中国和东盟国家关系发展中扮演重要角色。中国与东盟地方政府对话机制也逐步建立,地方政府积极参与中国与东盟次区域合作机制,并发挥了重要作用。要进一步促进

地方政府合作，有五个条件：一是增加地方政府的地理密度，二是提高地方政府所服务的人口的同质性程度，三是寻求合作的地方政府间的共同政策目标(包括潜在的成本节省、服务的连续性、资本密集型物品和服务)，四是维护地方强有力的领导者，五是上级政府对地方政府合作的财政支持和其他激励。

地缘优势是中国和东盟地方政府跨国合作的外在动力，群体规模的同质性是决定中国和东盟地方政府跨国合作的内在动力，共同政策目标是中国和东盟地方政府跨国合作的基本动力，领导者的推动是中国和东盟地方政府跨国合作的核心动力，良好的国际环境是中国和东盟地方政府跨国合作的直接动力。

阻碍地方政府合作的因素包括：一是寻求合作的政府数量增加，产生无效竞争和资源浪费，二是地方政府所服务的人口的异质性程度提高，三是相关法律对地方政府行为的约束。地方政府合作风险涉及协调不力、分配不公和背信弃义等内容，其在中国和东盟地方政府跨国合作上具体表现为：首先，跨国地方间经济社会发展差距导致政府之间的沟通协调成本增加大量事后交易成本。事后交易成本是指中国和东盟跨国地方政府在合作中所产生的执行成本和自主权丧失的成本。地方政府在合作过程中往往因为利益偏差、意见争执导致协议偏离最低的执行成本。同时，随着产业合作的推进，地方政府在产业中的主导地位会动态变化，有导致自主权丧失的风险。①

1. 立足资源禀赋，展现地区优势

中国和东盟产业合作整体层面上涉及中国各地方的对外开放，但由于中国地方的相对独立性和区域优势的特点，中国的地区资源禀赋和比较优势不一样。在大的经济合作框架下，发挥我国地方的资源禀赋优势，利用其比较优势，有利于提高地方层面的多层次合作，推动产业结构的发展和创新。

当今中国经济追求高质量发展进入了新的阶段，转变发展方式、优化经济结构、转换增长动力、构建现代化经济体系，是当代中国经济发展的重要内容和战略导向。在此背景下，与东盟有经济联系的各个区域，依托独特的地理优势、政策优势和比较优势等因素，配合东盟产业的发展，必将迎来新的历史机遇。中国-东盟自由贸易区的建立，促进了"一带一路"建设，加强了地方与东盟国家之间的经贸往来和各领域的密切合作，目前从整体来看，东盟已经是广西、云南的第一大贸易合作伙伴。

由于中国各地优势和禀赋的不同，比较优势也不一样，各个地方要根据自

---

① 卢光盛.中美贸易战背景下的中国—东盟关系：影响、风险与应对[J].南洋问题研究，2019（1）.

己的特色和特点,促进地方产业和东盟国家的合作;同时由于面对东盟各国,可选择的空间相对较大,可以进行细致的比较和甄别,来促进地方和东盟国家的产业合作和发展。对于东盟各国而言,由于其内部营业环境的不同,其地方优势和禀赋也存在着国别和地区差异,加强地方优势和禀赋的研究,有助于双方将各自的比较优势落到实处。

在决定现代国家实现可持续发展的主导因素上,技术和管理是最重要的两个环节,是执行力的重要体现。提高技术水平有利于东盟国家提升本国产品的竞争力,减少对欧美市场的依赖,培养自身技术独立和经济独立。中国在农产品等初级产品加工、开采方面拥有先进技术和丰富经验,可以通过各种形式,加强与东盟国家的技术交流,一方面提高这些国家的初级产品加工和开采技术,另一方面也可以更好地满足中国对相关产品的需求。

中国天然橡胶生产、配送中心海南自由贸易试验区和免费贸易港的建设成为助力剂,促进中国与东盟国家在天然橡胶工业的合作,带来发展海南天然橡胶工业的新的机会。一方面,对于“走出去”的生产加工企业,海南自由贸易试验区和贸易港的建设将带来优惠的关税政策,这将大大降低天然橡胶的进口成本,提高企业开发国外天然橡胶资源的积极性,扩大中国企业开发海外天然橡胶资源的规模;另一方面,海南是我国天然橡胶的主产区,可以充分利用海南气候环境优势和关税政策优势,发展天然橡胶生产制造,集资金与技术,整合工业资源,优化资源配置,建设中国天然橡胶生产和配送中心,提高中国天然橡胶的竞争力。

广西产业基础薄弱,主导产业支撑力不强,对东盟的产业合作仍然集中在农业、机械等劳动密集型产品和加工制造环节上的传统产业领域,信息和节能环保产业、生产性服务业等新兴产业合作很少,主要是从事中低端的加工装配,生产链条短、生产效率低、产品技术含量低、国际竞争力不强。广西企业对东盟出口的自主品牌产品较少,许多外贸生产企业的产品品牌在东盟市场上并不出名。大多数边境小规模出口产品是低端和无品牌的杂货,难以扩大市场,形成稳定的出口渠道。广西可以利用区位优势,对接国内产业,加快和加强品牌建设,提高产品技术含量;利用东盟的劳动力优势,尽快建设一批有影响力的品牌,有效掌握东盟国家的市场份额。

目前,中国与东盟之间的贸易便利化合作水平处于快速发展时期。贸易便利化合作的不平衡以及东西方之间的差距也越来越突出。中国和东盟之间的贸易合作过程与中国的经济发展呈现出区域差异的特征。中国-东盟贸易便利化合作与中国地区行业增长有相对明显的相关性。贸易便利化已成为“后关税

时代"工业增长的重要力量,由于各行业对东盟的贸易依赖存在明显差异,中国-东盟的贸易便利化合作需要进一步加强行业的资源配置,促进地方优势产业的结构优化,并促进地方资源的有效利用,同时通过贸易便利化促进宏观经济增长。

2. 利用合作平台,配合"一带一路"倡议

加强地方区域在中央框架下与东盟的产业合作,创新合作方式、扩大合作范围、突出合作重点、把握合作原则、谋划合作新方向,是新时代地方产业发展和经济发展必须解决好的重要问题。中国与东盟在产业合作上已签订了《中国—东盟全面经济合作框架协议》《服务贸易协议》《投资协议》《落实中国—东盟面向和平与繁荣的战略伙伴关系联合宣言的行动计划》等。中国政府创造的协作政策平台,通过"一带一路"倡议,为中国与东盟地方政府培育社会资本,降低由于信息获取和协商谈判造成的过高交易成本,进一步推进了中国—东盟友好城市和次区域合作。在此平台上,东盟和中国的各地区能够更便利地利用自身优势,发挥各自的主动性和积极性。

3. 加大基础投入,推动内部建设

中国各个地方经济发展并不平衡,尤其是中国沿海各省和南部各省,在产业发展阶段和产业基础上还有许多梯度差异,发展并不均衡。中国的南部省份,主要是广西和云南两省,它们与东盟产业合作的过程,也是其内部产业跃迁的过程。

具体从地方政府的执行层面看,产业合作机制协调性不强,有效性不足。一是协调机制和支撑体系不够完善。例如,广西与东盟产业合作一定程度上存在"政府热,民间冷"现象。尽管近年来广西与东盟双方投资明显增加,但国内民间资金并没有积极跟进,不少企业持观望态度,政府资金对社会资金的撬动效应没有得到充分体现,经贸合作主要由政府资金主导,尚未实现市场主导的根本转变。广西与东盟产业合作仍然存在一定的"错位""越位"现象,政府对民间企业、社会智库和社会团体组织与东盟各国的交流与合作干预过多,放手不够,桥梁服务和指导作用有待进一步提高。二是广西北部湾经济区行政管理一体化建设进展缓慢,经济区各类要素集聚和配置没有实现最优化。广西北部湾经济区的4个城市由于区位的同一性,自然资源、人力资源等生产要素基本相同,产业发展存在相似性和同一性,导致北海、防城港、钦州围绕海洋功能区划争抢项目等问题时有发生,内耗式竞争、无序竞争不可避免,资源的空间配置效率较低。

在经济发展模式方面,传统依赖廉价劳动力和资源消耗的粗放型经济增长方式已经不适应当前广西等地方面临的新形势;一些要素成本快速增加,传统禀赋的比较优势逐渐减弱,资源瓶颈、环境问题等对广西经济发展的约束日益严重。在产业基础方面,广西的产业能级较小,支柱产业需要培育,产业总体规模不够大,引领发展的带动力不强;三次产业发展不协调,农业占比过大,工业对经济发展的支撑力不强,金融、物流、仓储等生产性服务业发展滞后;先进装备制造、节能环保、生物医药、信息技术等高新技术产业规模与国内发达地区相比差距较大。企业竞争力方面,广西企业普遍规模较小且分散,竞争力强、综合实力雄厚的集团型大企业较少;国有企业比重大,民营企业比重小且缺乏活力;企业抗风险能力差,受生产成本增加和产品市场变化的影响大。在市场经济发展方面,广西、云南等边疆省份要素市场发育滞后,管理体制需要创新,运行机制需要健全,市场化程度需要提高,经济发展中长期积累的结构性、体制性矛盾突出。

因此,加大国内基础建设投入,推动内部建设和发展,练好内功,提升地方发展水平,更有助于全国各个地方在中央的整体框架下和东盟进行产业合作,并在这个过程中实现国内某些产业的跨越式发展。

4.完善合作机制,提高合作水平

在地方政府相互间的协调和产业合作中,构建多层次地方政府跨国协商机制是重要的一环。首先,在省市层面应继续深化和拓展"中国—东盟省市长对话"机制,在跨国地方政府间搭建省市长对话平台,中高层领导定期进行交流和对话。其次,在中国—东盟跨国地方政府之间设立议事协调机构,通过常设机构形式,定期召开协调会议,总体协调诸如大型基础设施建设、环境治理、利益分配等跨国地方政府间重大事项,充分发挥第三方在宏观引导、动态监控以及区域协调方面的作用。最后,建立中国—东盟跨国地方政府参与主体间的"协调管理委员会",参与主体以联席会议的形式开展专门性、常态化的协商工作,保障协作治理的实施。当合作机制因国家间领土或利益纠纷无法发挥作用时,多层次地方沟通协调机制便可以继续发挥沟通作用,进而调动中国—东盟跨国地方政府间协作的积极性,推动跨国地方政府间协作持续发展。对我国而言,应在次区域合作机制层面,通过跨区域公共产品的提供和利益的让渡,推动协调机制的建立,提高中国—东盟区域合作机制的制度化水平。[①]

产业合作必然涉及产业资本的流动,由此带来资源资本和人口的流动,对地方政府而言,必然会导致税收利益和政治利益的不匹配,长期利益的实现会

---

① 胡佳.地方政府跨国合作的动力机制与约束条件[J].地方治理研究,2019(1).

对某些地方政府造成短期利益的损害,完善地方政府跨国合作的利益分配和利益补偿机制,有助于从根本上消除地方政府的顾虑,从全局出发,服务于产业发展的大局,实现整体资源配置的最优。

上级政府推动是解决制度性集体行动困境的有效方式之一。中央政府应出台支持地方政府跨国合作的相关文件或政策。在赋予地方政府一定的对外交往权力的基础上,统筹规划并推进跨国地方政府清单制度建设,通过权力清单制度和责任清单制度,科学界定地方政府在地方政府跨国合作中的权责。例如,在两国边界地带或相邻地区以设立特区形式,赋予特区必要的审批权或相应的政策优惠,促进次区域合作等。

第三节　企业层面的创新合作模式

中国经历40多年的改革开放,不少企业从激烈的市场竞争中脱颖而出,具备较强的竞争优势和竞争力,涌现了一批有独特竞争力的优势企业。同时,由于中国和东盟国家发展阶段存在一定的阶段性差异,企业层面存在广阔的合作空间。扩大合作模式,充分发挥各自的比较优势,在微观层面上释放活力,增强创造力,有利于为中国和东盟的产业合作奠定良好的基础。

在产业合作形式上,中国企业在东盟各国基本实现了形式多样的合作,包括:合作开发油气资源,或通过购买股份获得股权的方式开展合作,或者实行总包合同方式对石油开采的基础设施进行建设,也有签订生产与贸易协议,开展综合性的合作等。此外,在国家层面,还进行中央部级单位或企业间合作开展对油气资源的勘探等研究,以及进行海洋地震联合探测等。企业层面的合作,基本上可以利用现存的所有合作形式,在具体形式上可以多元化和多样化。可以说,尽管企业主体和股权特征不一,还面临一些客观条件或者政策层面的管制,但中国和东盟在企业合作层面可创新的空间巨大。

在信息化社会和分工已经相对充分的今天,企业合作模式在内容和形式上可以有进一步的深入和创新,从产品合作到信息交流,不管是供应链节点对接,还是管理流程上互补和互动,都有助于东盟与中国企业拓展合作模式和合作空间。

由于市场结构的多元竞争,在企业合作模式上,应该更多侧重于主体企业和核心企业,从而构建产业集群和产业链,从而适应产业链的新变化。[①]

---

① 严佳佳. "一带一路"倡议下我国与东盟产能合作研究[J].福州大学学报,2018(3).

结　语

在中美贸易摩擦和贸易保护主义的时代大背景下，全球经济复苏缓慢，"逆全球化"浪潮愈演愈烈，区域经济合作已经成为全球经济发展的新动力。产业合作成为发展中国家的重大机遇和挑战。

东盟区域内外的产业合作是推动东盟各国经济结构调整和产业升级的重要途径。其中，区域内的产业合作能够加快东盟各国生产要素的优化配置，形成基于各自比较优势的产业合作布局，加速东盟一体化进程。东盟与美、日、德等发达国家的产业合作规模不断扩大，合作领域不断拓宽，尤其是在中美贸易摩擦大背景下，美、日、德与东盟各国具有较大的合作机遇。

中国和东盟在经济结构和产业结构上具备广泛的相似性，在宏观上奠定了中国和东盟合作的良好前提。中国和东盟合作有助于发挥规模经济作用，提升产品差异性水平，满足区域内多样性需求，有助于水平型产业内贸易。在全球价值链条中，产业内贸易开始扮演越来越重要的角色，国际分工也从传统的基于产业、产品的分工开始转向沿着价值链生产环节的要素分工，中国和东盟国家全面而又广泛地参与全球价值链，有助于在全球价值链条上加深双方的产业合作。

同时，做好产业合作的配套服务，更有助于中国和东盟产业合作的推进。"一带一路"加大了我国金融业开放力度，以开放促改革。建设"一带一路"有利于推动外资管理改革，建设更好的营商环境。完善双多边投资协定，扩大金融服务业市场准入，提升金融基础设施水平，活跃各类产品一、二级市场交易，建设信息透明化、灵活的价格发现机制，有利于优化中国和东盟区域中的产业资源配置，促进产业结构的盈利能力和发展水平。

中国倡导在"一带一路"框架下进行产业合作的同时，又创造性地提出第三方市场合作。中国已经和德国在第三方合作上进行了探索，获得一定的成绩，随着这一模式的推广，更多的发达国家参与进来，将有效地促进东盟和中国的产业合作与升级。第三方市场合作为"一带一路"更深层次、更高质量的发展提供了新路径，也为当前区域经济的合作提供了新模式，从产业比较优势出发，吸纳区域外国家参与产业链条合作。

从全球经济发展的角度来看，亚洲，尤其是东亚，在全世界的经济总量呈现逐步提升的趋势。东盟和中国的产业合作，具有地理位置区域优势，在历史上有长期的经贸往来，尤其华人华侨经济力量在其中起到巨大而独特的作用，东盟和中国的产业合作具备强大的历史潜力和发展空间。

第四部分
东盟国家金属矿业发展及其与中国的合作

◎金师波

▶ 导　言

　　矿产根据其特性及其主要用途的不同,可分为金属矿产(铁、铜、铝、金等)、能源矿产(煤炭、石油、天然气等)以及其他非金属矿产(石墨、盐矿等)。矿业狭义上是指将地表或地下的矿产开采出来的过程,即采矿业(采掘业);广义上是指矿产资源开发,也就是把矿床的矿石矿物开采出来并通过选、冶加工等一系列工序,将有用物质提炼或提纯成为一定形式产品的工艺过程。本文只限于研究金属矿产,不包括能源矿产以及其他非金属矿产;对矿业的定义采用广义上的矿产资源开发的概念。因此,本文所提及的金属矿业是指金属矿产资源的开发,包括勘探、开采、冶金等相关产业。

　　在东盟国家经济发展过程中,矿业一直占有重要地位,金属资源的出口为其带来可观的贸易收入。当前,东盟国家的经济发展已经到了新的阶段,相继提出各自的国家工业发展或制造业升级规划。金属矿业不同于能源矿业、非金属矿业,是国家工业和制造业的基础性、支撑性、源头性产业。因此,在东盟各国推动工业与制造业发展的背景下,其金属矿业的现状、未来的发展趋势是可以进一步研究的问题。此外,东盟是中国“一带一路”倡议的重点布局地区,金属矿业在资源、产业、技术等方面具有很高的互补性。因此,中国与东盟国家在金属矿业开展合作的情况、优劣势分析以及策略等也是本文研究的目的之一。

第十四章

东盟国家金属矿业概况

第一节　东盟各国金属矿产的资源

东盟国家丰富矿产资源已经吸引了国内一些矿业领域学者(袁超飞、宋国明、唐玉浩、朱帅、程新、高骏等)的关注。此外,个别东盟国家的矿业部门以及国外的科学组织机构也定期对其矿产资源数据进行更新。笔者主要以国外最新数据为基础,结合国内学者的相关资料,对东盟国际主要金属矿物的储量和分布进行梳理和归纳。

1. 印度尼西亚

印度尼西亚拥有丰富的金属矿产资源,不仅储量大而且品种多。根据国内外文献资料的统计,印度尼西亚的金、锡、铝、镍、铜五种矿产资源的储量排名全球前十。其中,铜矿储量为2 800万吨左右,排名世界第九位,主要分布在巴布亚岛和北苏拉威西岛;镍矿储量为450万吨,排名世界第七位,主要分布在苏拉威岛、马鲁古群岛、巴布亚岛;铝土矿储量为10亿吨,排名世界第五位,主要分布在加里曼丹岛西部地区;金矿储量为3 000吨,排名世界第四位,金矿点在印度尼西亚境内大部分岛屿上都有分布;锡矿储量为80万吨,排名世界第二位,主要分布在苏门答腊岛、勿里洞岛、邦加岛等地区。①②

2. 菲律宾

菲律宾拥有得天独厚的地质环境和条件,拥有大量丰富的金属矿产资源,其储量在世界上占有一席之地。菲律宾已经探明的金属矿有13种,储量较大的金属矿产主要是金、铜、镍、铬、钴等。金矿储量为5 800吨左右,排名世界第三位,主要分布在吕宋岛、马斯巴特岛以及棉兰老岛地区;铜矿储量为9 000万吨,排名世界第四位,全国均有分布,主要分布在三描礼士省、本格特省等地;镍矿储量为480万吨,排名世界第五位,主要分布在东达沃省、巴拉望省、北苏里高

① 袁超飞,王小烈,邢佳韵等.印度尼西亚固体矿产开发现状与前景分析[J].中国矿业,2017,26(11):114.

② USGS.Mineral commodity summaries 2019[EB\OL].(2018-01-31)[2019-03-21].https://s3-us-west-2.amazonaws.com/prd-wret/assets/palladium/production/mineral-pubs/mcs/mcs2018.pdf.

省；铬矿储量是932.9万吨，排名世界第六位，主要分布在三描礼士省和北苏里高省迪那伽特岛地区；金属钴的储量为29万吨，排名世界第六位，主要分布在东达沃省和巴拉望省。①②

3. 马来西亚

马来西亚同样也是一个金属矿产资源丰富的国家，已经探明的金属矿产就有30多种。根据相关资料记载，马来西亚的锡储量大约为100万吨，约占世界锡储量的5.3%，排名世界第二位，拥有世界上最优质的锡矿，但是经过100多年的开采活动，其锡矿资源大幅度减少；铝土矿储量为1 400万吨，储量大约为7 530吨；③其他金属矿产资源包括金、铜、铁、钛、钨、铌、钽、稀土等，与锡矿资源相比总体储量并不大，矿床分布也比较分散，但仍具有开采价值。

4. 泰国

泰国已经探明的矿产种类已经有40多种，其中主要的金属矿产包括锡、锑、铁、钨、铌、钽、铅、锌、金、铜、锰、银等。泰国的锡储量大约为15万吨，在泰国南部、中部以及北部均有分布；泰国的锡矿中还有钽金属，大部分在开采锡矿的过程中作为副产品进行回收利用；锑矿的储量为42万吨，占世界总量20%，储量排名世界第二位；锌矿和铅矿主要分布在泰国北部、东北部和西部地区，而且个别地区锌矿石品位较好，拥有世界上质量最好的锌矿床；钨矿也是泰国重要的金属矿资源，储量大约为3万多吨，主要沿着泰国西部边境地区分布。④⑤

5. 越南

越南是中南半岛国家中金属矿产资源比较丰富的国家。目前，越南已经探明的矿产资源多达70多种，重要的金属矿产资源有铝、铁、镍、铜、锡、金等。其中，铝土矿储量为21亿吨，全球排名第四位，主要分布在越南西原地区；钨矿、钛铁矿的储量分别为9.5万吨和160万吨，是世界主要生产国之一；稀土矿为

---

① 唐玉浩,崔彬.菲律宾矿业及相关产业投资前景分析[J].中国矿业,2018,27（8）:56.

② USGS.Mineral commodity summaries 2019[EB\OL].（2018-01-31）[2019-03-21].https://s3-us-west-2.amazonaws.com/prd-wret/assets/palladium/production/mineral-pubs/mcs/mcs2018.pdf.

③ USGS.Mineral commodity summaries 2019[EB\OL].（2018-01-31）[2019-03-21].https://s3-us-west-2.amazonaws.com/prd-wret/assets/palladium/production/mineral-pubs/mcs/mcs2018.pdf.

④ 宋国明.泰国金属矿产资源开发与管理[J].中国金属通报,2010（19）:36.

⑤ USGS.Mineral commodity summaries 2019[EB\OL].（2018-01-29）[2019-03-21].https://s3-us-west-2.amazonaws.com/prd-wret/assets/palladium/production/mineral-pubs/mcs/mcs2018.pdf.

2 200万吨,世界排名第三;锡矿储量1.1万吨;镍矿储量已探明储量为152万吨,估计储量为500万吨。总体来看,金属矿产种类多,但大型矿床不多,小规模矿床占60.7%。[①②]

6. 缅甸

缅甸的金属矿产资源种类较多,已经探明的金属矿产包括钨、锡、锑、铅、锌、铜、锰、金、银、镍等。根据现有资料,钨、锡的探明储量分别为1.5万吨和2万吨,主要分布在德林达依省、孟邦、克伦邦、克耶邦以及掸邦南部的矿带内。铅、锌、银储量分别为30万吨、50万吨、750万吨,主要分布在掸邦西部;铜矿石总储量约9.55亿吨,主要有望赖铜矿和礼勃东矿;镍矿主要有达贡山镍矿和莫苇塘镍矿,达贡山红土镍矿石储量约为4 000万吨,莫苇塘镍矿石储量约为1.1亿吨;铁矿分布在缅甸北部,其中帕敢铁矿属于大型褐铁矿,储量约2.23亿吨;金矿主要集中在缅甸中北部地区。[③④]

7. 老挝

老挝目前已发现的金属矿产资源有铁、金、铜、铅、锌、钼、锑、锡、锰、铝土矿等,但是经过系统地质勘查的矿床(点)不多,相对具有优势的是铜、锡、金。铜矿主要分布在老挝的西北部、中部和南部地区。其中,赛奔铜矿是全世界品质排名第四的大型铜矿;金矿分布较为广泛,主要集中在老挝西部及万象－赛松本行政特区,有两个大型金矿储量均超过60吨;锡矿估计储量在6.5万吨到8万吨之间,排名世界第13位;锌矿储量为10万吨;铝土矿储量则大于2亿吨。[⑤⑥]

8. 柬埔寨

由于20世纪七八十年代的战乱以及国内资金、技术的严重缺乏,柬埔寨境内系统性的矿业勘探工作比较滞后,估计仍有大量矿产资源未被发现或探明储

① 朱帅,楚克磊,张艳飞,等.越南矿业及相关产业合作前景[J].中国矿业,2017,26（11）:80.

② USGS.Mineral commodity summaries 2019[EB\OL].（2018－01－29）[2019－03－21]https://s3-us-west-2.amazonaws.com/prd-wret/assets/palladium/production/mineral-pubs/mcs/mcs2018.pdf.

③ 程新.中南半岛五国矿产资源开发现状及中国的投资取向.[J]资源科学.2011（10）:1848－1849.

④ USGS.Mineral commodity summaries 2019[EB\OL].（2018－01－29）[2019－03－21]https://s3-us-west-2.amazonaws.com/prd-wret /assets/palladium/production/mineral-pubs/mcs/mcs2018.pdf.

⑤ 杨卓龙.老挝矿业投资现状及投资建议.[J]中国矿业.2017（11）:71.

⑥ USGS.Mineral commodity summaries 2019[EB\OL].（2018－01－29）[2019－03－21].https://s3-us-west-2.amazonaws.com/prd-wret/assets/palladium/production/mineral-pubs/mcs/mcs2018.pdf.

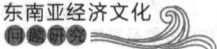

量。根据现有资料,柬埔寨的主要金属矿产资源分布在该国北部、西部以及南部的高地和山区地带,已经发现的金属矿产有铁、锰、金、铅、银、钨、铜、锡等。其中,铁矿石储量约为25亿吨,分布在北中部的柏威夏省迭克山;锰矿石储量约12万吨,主要分布在北部和西部地区;金矿储量约20吨。[1][2]其他金属矿种如铅、钨、锡、银等分布零散、储量不大,当前不具有开采价值。

9. 新加坡与文莱

新加坡是城市国家,在东盟十国中领土面积最小,因此矿产资源极度匮乏,只有少量锡矿。文莱是继新加坡之后领土面积第二小的国家,且拥有巨量的天然气和石油资源。但文莱的金属矿产资源储量很小,有金、锑、铅、铁等,不具有开采价值。

10. 资源总体情况

东盟国家金属矿资源储量大,品种多,富矿集中,尤其是锡、铜、铝、镍、金是最具优势的矿种,但资源分布在国别上并不均衡。东盟国家中的海岛和半岛型国家(印度尼西亚、菲律宾、马来西亚)的资源储量和富矿程度均大于陆地型国家(缅甸、老挝、柬埔寨、越南、泰国),而新加坡和文莱则因领土面积受限,没有金属矿产富集。柬埔寨与老挝由于工业基础薄弱、战争动乱等因素,其境内尚未进行全面而系统性的地质勘探和探矿工作,但从地质构造、成矿带分布方面推测其具有金属矿产资源富集的条件,未来有可能发现新的大矿或富矿。

第二节 东盟各国金属矿业政策

东盟国家均制定了一系列矿业和投资方面的法律法规,主要涉及矿权审批、外资准入、出口限制等方面的内容。当前,东盟各国对金属矿业的相关政策变动频率和幅度较大,需要跟踪、整理以及同其他非金属类矿业政策进行甄别,主要资料来源于东盟国家政府网站、中国驻东盟各国大使馆经济商务参赞处等。

1. 印度尼西亚

独立之后的印度尼西亚将矿业作为国民经济的支柱产业,在20世纪60年代初就制定了第37号矿业法律。在1967年,印度尼西亚政府取消了1960年的

① 胡媛.柬埔寨矿业投资风险分析.[J].中国国土资源经济,2016(12):40.
② USGS.Mineral commodity summaries 2019[EB\OL].(2018-01-29)[2019-03-21].https://s3-us-west-2.amazonaws.com/prd-wret/assets/palladium/production/mineral-pubs/mcs/mcs2018.pdf.

第37号矿业法律,并颁布了1967年第11号法,即《矿业基本法》。该法共12章37条,主要体现印度尼西亚矿业管理中的原则性问题。政府之后推出的一系列条例、通告、指南等则作为《矿业基本法》的补充文件。随着印度尼西亚宏观经济的发展和国外投资环境的变化,1967年的《矿业基本法》已经无法适应矿业发展的要求。印度尼西亚政府在2009年颁布新的矿业法《矿产和煤炭矿业法》,对1967年颁布的《矿业基本法》进行重大调整。主要体现在:(1)中央与地方政府在矿业方面的管理权限重新划分,地方政府的管理权力进一步扩大;(2)将矿产资源划分为放射性矿、金属矿、非金属矿和煤炭类矿;(3)禁止没有经过任何加工和精炼的原矿出口。根据新的矿业法规定,印度尼西亚政府出台一些配套措施,其中涉及金属矿业最重要的法案是原矿出口禁令,即《通过选矿和冶炼增加矿产品附加值的第7号法案》,并且在2012年5月开始逐步实施,到2014年全面实施。按照该法案,金属矿物按照加工程度不同分为两个不同的组。第一组矿物可以作为浓缩物出口,包括铜、铁、铅、锰和锌等。第二组矿物必须精制并加工成比第一组更高价值的形式,包括铝土矿、铬、金、镍、银、锡等。

在外商投资规定方面,金属矿业与能源矿业存在差别。在外资矿业准入方面,能源矿业如石油、天然气的钻探、经营和维护,外商不得独资;金属矿业没有准入限制,但是外商只有采矿权、冶炼和加工权,外国合资公司必须在当地对金属矿产进行加工和冶炼,在经营5年后逐步减持股份。在国家发展战略规划上,金属矿业是重点规划和发展的产业。在2011年,印度尼西亚颁布其经济中长远发展的总体规划,设立六大经济走廊。根据规划,苏拉威西-北马鲁古经济走廊重点发展镍矿产业,提高镍矿的加工与出口能力;巴布亚-马鲁古经济走廊重点推动铜和金的新矿山开发,并促进冶炼、加工等下游产业的发展。

2. 菲律宾

1995年颁布的《菲律宾采矿法》(也被称为7942号法案)规定,该国境内公共土地和私人土地,以及该国的专属经济区上所有的矿产资源,都归国家所有。该法案规定投资开发矿业需要各种许可证、协议或合同,其中涉及金属矿业的主要是勘探许可证(EPs)、矿业生产共享协议(MPSA)、融资和技术援助合同(FTAA)、共同生产协议(CPA)、合资协议(JVA)、小型矿开采许可证等。其中,勘探许可由矿业局或地区办公室批准,可以在规定区域内进行勘探活动,但没有采矿的权力。2014年至今,一共颁发36个勘探许可证,有25个是金矿和铜矿,

铁矿砂和镍矿各有7个和3个。①矿业生产共享协议由矿业局或地区办公室签发,投资者在协议规定的区域拥有采矿作业的专有权,并提供开发过程中必要的资金、人才和技术等。自2013年起至今,有37个矿业生产共享协议下的金属矿在运营,大部分是镍矿且超过一半在菲律宾南部的棉兰老岛。②融资和技术援助合同则是由总统签发,对投资者的要求较高,最低投资额为5 000万美元,最低额定股本400万美元,要求对矿产进行大规模勘探、开采和加工等。该协议只适用于金、铜、镍、铬、铅和锌等金属矿产,对能源矿产和其他非金属矿产不适用。小型矿开采许可证由各省省长签发,对开采规模有限制,如不能使用大型机械,每年只限生产5万吨等。

在外商投资规定方面,金属矿业领域基本上允许外资进入。勘探许可证(EPs)、融资和技术援助合同等均可以由合资、合作甚至外商独资的企业来申请,但是小型矿开采许可证则不允许外资介入。总体来看,菲律宾的金属矿业法律法规对外资比较开放,但是近几年来政府日益强调矿区环境保护问题,给金属矿业投资带来一定的冲击。2015年,菲律宾颁布了要求矿业企业履行环境保护责任的第02号行政命令,即:矿业企业要拨付资金用于环境检测、污染赔偿、矿山后期恢复等;鼓励所有矿业企业在获得项目批准后的1年内获得国际标准组织(ISO)14001认证,让其所有矿业项目的实施符合环境管理体系的国际标准。

3. 马来西亚

马来西亚是一个联邦制国家,其矿产资源主要属于州政府,但是需要和联邦政府的相关部门进行协商才能对其进行开发利用。具体来看,专门管理马来西亚矿业部门法律主要是1994年颁布的525号联邦矿业开发法和各州的矿业条例。联邦矿业开发法规定联邦政府有权对国内矿产勘探、采矿和其他相关活动进行管理与检查,同时赋予各州在与联邦政府协商获许可后颁发矿产勘探许可证和采矿许可证的权力。矿业公司除了向联邦政府缴纳公司税外,还必须向当地州政府支付基于矿业产品价值的特许权使用费。

在外商投资规定方面,能源矿业如石油和天然气的开采对外国投资者做了限制,外资的股权份额不得超过一定的比例,但是对金属矿业领域没有限制,外国投资者可以在开发项目中持有100%股权。马来西亚还鼓励外国投资者对钢铁制造、有色金属加工等行业投资并提供一定的税收优惠。

---

① 中国—东盟矿业合作论坛.菲律宾矿产资源及采矿业政策分析[EB\OL].（2019-02-19）[2019-03-03]. http://www.camining.org/ziliaok u/show.php?itemid=76.
② 中国—东盟矿业合作论坛.菲律宾矿产资源及采矿业政策分析[EB\OL].（2019-02-19）[2019-03-03]. http://www.camining.org/ziliaok u/show.php?itemid=76.

4. 泰国

泰国对金属矿业进行管理的法律主要是《矿产法》和《矿产权利金税率法》等。《矿产法》规定金属矿产归政府所有，土地所有者不拥有矿产。《矿产法》历经多次修订，泰国政府正研究出台新的《矿产法》，强调矿业活动的环境保护、开发技术改进等问题。

在外商投资规定方面，外国投资者在矿业勘探、采矿环节受到限制，即必须与泰国的企业或个人进行合作，泰方股份要达到51%以上以保证投资项目由泰方控股。矿产品加工制造等行业，外国投资者不会受到限制。在国家战略发展规划上，泰国推出的东部经济走廊战略，将矿业尤其是金属矿业中下游产业中基础金属工业与金属制造业作为投资促进目标行业之一，鼓励外商在这些行业进行投资并提供相应的税收优惠和减免。①泰国政府在政策上重视金属矿业的发展，但强调的是对中下游的金属冶炼、金属材料的开发和投资，对上游的勘探、开采等环节仍然进行限制，甚至有进一步收紧的倾向。②

5. 越南

越南在2010年颁布新的《矿业法》，并于2011年7月全面生效。此后，越南政府陆续颁布一系列法律法规作为新矿业法的补充和支持。从性质上来看，这些法规的限制性较强。例如，在2012年1月，越南政府发布第02号法令，该法令对铝土矿、铬铁矿、金、铜、铅等金属矿产的开发、加工等做出了更严格的规定，强调了其矿产许可证的具体审批程序。在2015年3月，越南政府颁布了第03号法令。该法令要求计划在越南投资或建立矿物加工厂的企业必须先进行地质调查，然后才能开展原料采购以及签订矿产进口合同，而且还要求企业必须尽可能在符合环保的前提下最大化生产。此外，第03号法令对各个政府机构在矿业监督方面的职能和权责做出协调和安排。例如，地质和矿产部将与税务机构协调，监督持有矿业许可证的企业在越南开采的矿物数量；财政部与海关总署将对矿产品出口进行检查并采取措施防止矿产品出口欺诈行为；国防部指示越南边境警卫、海警和其他机构监督和阻止跨境非法矿产品贸易等。为了促进越南矿业的可持续发展以及矿产品的有效利用，越南政府每十年公布一次矿业总体规划，指导国家未来矿业的发展方向，确保矿业开发过程能实现经

---

① BOI.泰国投资促进委员会第4/2560号公告：关于东部经济走廊投资促进措施 [EB\OL].（2017-03-16）[2019-02-21].https://www.boi.go.th/index.php?page=content_detail&addon=law&topic_id=14748.
② 鲍荣华.各国矿法修改投资风险犹存[N].中国国土资源报,2016-12-10（06）.

济效益和环境保护的最大化。需要注意的是,越南金属矿业发展方向是重点加强下游冶金工业的产能建设。根据越南发布的《越南工业到2025年发展战略及到2035发展展望》,未来政府优先发展产业包括冶金工业,还特别强调2025年之前重点发展钢铁冶炼,2025年后重点发展有色金属冶炼和新材料。

越南对外国企业和个人投资越南矿业总体持欢迎的态度,希望外国资本与技术能大力促进本国矿业尤其是冶炼、金属材料加工等下游产业的发展。但越南是社会主义国家,中央政府对国内金属矿产资源的监管与控制力度较大。一方面越南在"革新开放"的政策下将矿业领域对外商开放,但另一方面又保留非常审慎的态度以确保金属矿业能按照总体规划的方向发展。

6. 缅甸

1994 年颁布的《缅甸联邦矿产法》规定,缅甸本土以及大陆架发现的所有矿产资源全部归国有。依照该法,在缅甸境内进行矿业勘探和开发必须得到批准并获得许可证。许可证分为三种类型:勘察和勘探许可证;勘探和可行性研究许可证;矿山开发和生产许可证。这些许可证分两级管理,第一级是由矿山部管理,第二级是由矿山部规划与工作监察局管理。企业根据其资金来源、矿产品种、生产活动、开发规模等标准申请第一级或第二级许可证。在矿产品出口方面,国有矿企可以通过竞争性招标在国际市场上直接出售矿产品;私人矿企需要事先获得贸易部颁发的许可证才能出口;黄金只有经缅甸中央银行的批准才能出口。2015年,缅甸通过新的矿业法修正案,不仅对矿产品交易的税率做出了调整,还对矿产品的提纯、贸易等中下游产业做出了规定。①

在外商投资规定方面,缅甸进行了重大调整。原先矿业是优先发展产业,而且对外资开放。但是在2016年,缅甸投资委员会发布公告,将包括金矿在内的矿产开采项目列为禁止外企投资项目种类。②2017年4月,缅甸投资委员会再次发布限制投资行业清单,将依据矿业法开展的中小型矿产勘探开采及可行性研究、中小型矿产加工冶炼等项目列为禁止外商投资的行业。缅甸近期对矿业开发进行限制,一方面是基于环境保护的压力,另一方面是希望将外资引入制造业、服务业和基础设施建设等项目来促进就业和增值业务的发展。

---

① 中华人民共和国驻缅甸大使馆经济参赞处.缅甸矿业法修正案即将实施[OL].（2016–01–11）[2019–02–13].http://mm.mofcom.gov.cn/article/ddfg/201601/20160101230964.shtml.

② 中华人民共和国驻缅甸大使馆经济参赞处.缅甸发布禁止外企投资项目种类目录[OL].（2014–04–01）[2019–02–13].http://mm.mofcom.gov.cn/article/ddfg/201604/20160401288254.shtml.

7. 老挝

根据老挝矿业法的规定，老挝境内地下和水下的所有矿产资源归国家所有，由国家进行统一集中管理。在老挝从事矿业开发活动，必须获得许可证。许可证类型有普查许可证、勘探许可证、采矿许可证等。近年来，老挝政府强调矿企的环境治理与社会责任，甚至一度暂停各项矿业项目，以加强对矿业开发的监管和评估。但总体上，老挝政府在政策上鼓励矿业发展，近期还对矿业法进行修订以减少审批环节，促进矿业投资。①

在外商投资规定方面，2004年颁布了《老挝鼓励外国投资法》。对于有助于老挝社会经济发展或对老挝社会经济发展起重大作用的大规模投资，老挝政府将给予外国投资者各种优惠条件：免征各种进口设备、生产工具和零配件及其他物资的进口关税，减免利润所得税等。所以，金属矿业属于对外商开放鼓励的行业，而且可以采用联合经营、合资、独资等多种形式进行投资，其中合资矿企中外商的配套资金不少于注册资金的30%，外商独资企业的注册资金不少于总投资金额的30%。从总体情况看，老挝的矿业政策相对宽松，但对矿业项目的环境保护要求比较严格。

8. 柬埔寨

根据2001年颁布的矿业法，柬埔寨境内地面、山脉、高原、内河、内海、岛屿、海床上中下的所有矿产都属于国家所有，任何企业与个人开发矿产资源必须获得由政府颁发的许可证，而且开采出的原矿禁止出口，必须在本国加工后才允许出口。

在外商投资规定方面，根据2003年新修订的《柬埔寨王国投资法》，矿业属于鼓励投资项目，而且允许以合资或独资的形式进行投资，并享受一定的优惠，如免除机器设备进口关税、享有独家勘探和开发合同区内发现的矿产权力等。②

9. 新加坡和文莱

新加坡没有单独的矿业法，但是在外资准入制度上，将石化工业归类于战略发展产业，鼓励外商进行投资。文莱在1920年就已经颁布《矿业法》，并在

---

① 中国国际贸易促进委员会.老挝矿产值10年增长130倍拟修订《矿业法》减少审批环节[OL].（2017-06-21）[2019-01-23].www.ccpit.org/Contents/Channel_4114/2017/0621/827789/content_827789.htm.

② 中国驻柬埔寨王国大使馆经济参赞处.柬埔寨对外国投资的优惠政策[OL].（2014-04-05）[2019-02-11].http://cb.mofcom.gov.cn/a rticle/ddfg/201404/20140400559830.shtml.

1984年进行修改。根据矿业法,任何企业和个人从事矿业活动如勘探、采矿都必须获得授权。文莱苏丹和议会议长都可以颁布勘探许可证,而采矿许可证则只由议会议长颁发。此外,在文莱从事矿业开发,还需缴纳一定的采矿租金和权利金。

10.政策总体分析

通过对东盟各国金属矿业法律法规的梳理可以看出,绝大多数东盟国家有专门的矿业法,时常出台一些配套法规或行政命令对矿业发展方向进行引导。其中,针对金属矿业的政策比较完备,而且同能源矿业、非金属矿业的相关政策有较明显的区别。近年来,不少东盟国家的金属矿业政策出现较大的变动,主要体现在:(1)对矿企开发金属矿产资源过程中的环境保护、社会责任的要求提高,执法程度趋于严厉,以菲律宾、缅甸最为典型。菲律宾在2015年连续颁布两条关于矿业环境保护责任和标准的行政命令,还对一些不能严格遵守环境规定的矿企采取关闭矿山的强制措施;缅甸基于环保压力等原因,不再审批新的自然资源开采类的项目,金属矿业也从鼓励行业直接变成限制行业,金属矿的开采和中小规模的冶炼项目禁止外商投资。(2)普遍开始限制金属原矿的出口,以印度尼西亚、柬埔寨最为典型。印度尼西亚是东盟国家最先提出禁止原矿出口政策的国家,要求矿企必须将原矿加工浓缩或冶炼提纯后才能出口;柬埔寨也禁止开采出的原矿出口,必须在本国加工后才允许出口;越南政府颁布新的行政命令,也对原矿出口进行一定的限制,并协调海关、税务、国防等单位联合执法,防止矿物出口欺诈行为。禁止或限制原矿出口的政策可能会引起其他东盟国家的效仿,菲律宾尽管当前没有明显限制原矿出口,但对镍矿出口采取禁令的消息层出不绝。(3)金属矿业投资政策的变动是限制与鼓励并存,总体上是矿石开采环节给予限制,资源勘探和金属矿石冶炼环节给予鼓励。柬埔寨、老勘挝工业基础薄弱,矿业起步晚,资金技术受限,鼓励投资者投入探矿项目,对其境内的金属矿产资源进行勘查;马来西亚的锡矿逐渐枯竭,目前也鼓励投资者加入勘探项目,希望能发现新的矿源。金属矿石冶炼则是近年来以印度尼西亚、越南为代表的东盟国家鼓励投资的重点。印度尼西亚直接以立法的形式要求矿企在当地兴建金属冶炼加工厂,还要求5年后逐步向本地企业转让股权。越南在其发布的工业发展战略中明确提出将重点发展钢铁工业和有色金属冶炼,并对外围产业及其相关机器设备或零部件的生产与进口给予税收优惠。泰国、马来西亚、菲律宾同样鼓励外商投资钢铁工业和有色金属冶炼。泰国还将下游的金属产品制造业与冶金工业一同设为东部经济走廊的投资促进目标行业,其延伸金属矿业产业链的政策导向比较明确。从长远来看,东盟国家后端冶金工业的大趋势已经非常明显。

东盟国家当前如此集中地修改金属矿业相关法律法规,普遍限制矿石开采而强调后端冶金工业、金属制造业的发展,有其必然的原因和背景。基于东盟国家的历史与政治环境,一些国内外学者将矿业政策的变动或对外商的限制归因于政权更替、经济民族主义高涨等,的确有一定的说服力。但与能源矿业(石油、煤炭、天然气)、非金属矿业(沙砾、石材)不同,金属矿业的特殊性在于它对装备制造、汽车工业、电子器件等行业提供最基本的金属材料,对大部分制造行业起到支撑的作用,在整个产业链中占有重要地位。如图14-1所示。

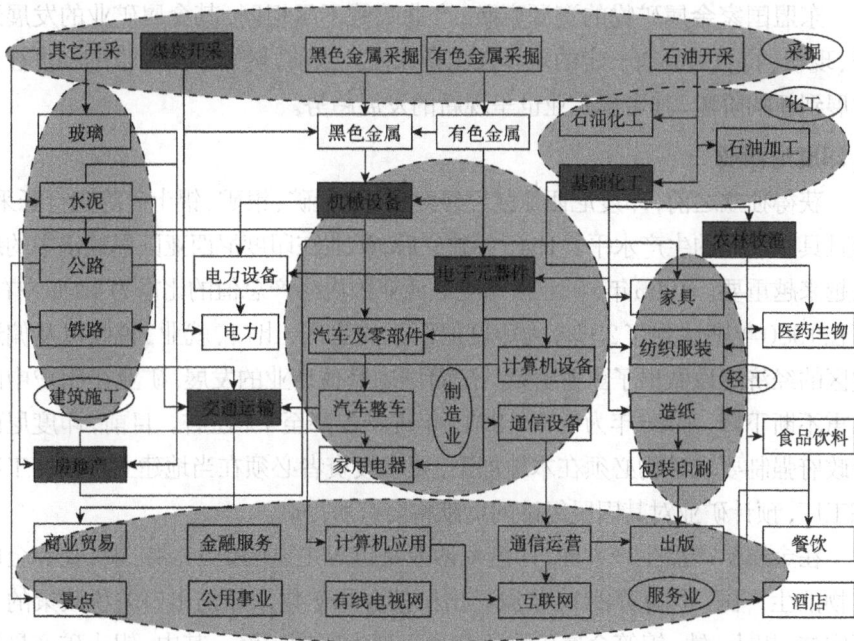

图14-1 金属、非金属、能源矿业及其中下游产业链示意图
图片来源:http://www.sohu.com/a/223841692_804205

近年来东盟国家相继提出本国的制造业发展或升级战略,如,泰国4.0战略提出将大力发展自动化和工业机器人设备、新一代汽车工业、智能电子等领域;印度尼西亚工业4.0战略提出推动发展汽车、电子等行业;越南2025—2035年工业发展总体规划提出集中发展机械、电子、建材等加工制造业。因此,东盟国家调整金属矿业政策的部分原因是为了将本国的金属矿产资源用于支持重点发展的制造行业,而不再只是将其作为原材料出口换取贸易收益。以印度尼西

亚为例,其工业4.0战略中发展汽车工业的路线图提出要提高本地原材料的供应、关键零部件的本地化生产率和自足率,[①]以摆脱其当前汽车工业高度依赖国外进口铝、钢等金属材料的状况。印度尼西亚在实行原矿出口禁令的过程中,由于外贸形势的恶化,一度放宽某些矿物的出口,但对铝土矿和铁矿的生产和出口依然进行严格的限制,仍然要求开发铝、铁矿公司必须在当地建厂冶炼加工,这也间接证明印度尼西亚政府希望利用本国铝、铁资源支持发展包括汽车工业在内的本国制造业。

第三节　东盟各国金属矿业的产业发展

东盟国家金属矿物的资源禀赋、产业政策不尽相同,其金属矿业的发展过程、现状、特点等具有一定的差异性和特殊性。当前,随着东盟国家的经济社会发展到新的阶段,其金属矿业也呈现新的发展趋势。

1.印度尼西亚

获得独立之前,印度尼西亚就已经对锡矿、金矿、银矿、铝土矿等进行开采,而且具有较高的生产水平。1945年独立后,矿业在印度尼西亚国民经济中的地位越来越重要。1965年,矿业占印度尼西亚国内生产总值的比重为4.1%左右,而在1980年则达到了25%,为印度尼西亚的生产、出口、就业、税收以及偏远地区的经济建设做出了重要贡献。随着国内其他产业的发展,矿业在GDP中的比重不断下降,1986年为11%,2015年进一步降至4%左右。目前,印度尼西亚政府强制要求矿物必须在本地加工,要求投资者必须在当地建立后端加工冶炼工厂,预计矿业对其国民经济的贡献将会有所提高。

在金属矿产品生产方面,印度尼西亚是世界主要的铝土、锡、铜、金等金属矿物的生产国,但随着2014年原矿出口禁令和矿物浓缩物出口关税政策的全面实施,铝土、铁、镍等金属矿物的产量出现大幅度下降。其中,铝土矿产量从2011年的4 000多万吨骤降至2015年的47万吨;铁矿石从2011年的近1 200万吨骤降至2015年的386万吨左右;镍矿石从2011年的56万吨左右骤降至7.4万吨左右。铜、金、锰、锡等一些金属矿石受到的影响不大,其产量甚至略有提升。此外,原矿出口禁令和矿物浓缩物出口关税政策对金属矿产品的出口贸易影响比较明显,2013年,矿石出口对印度尼西亚总出口额的贡献率为17%左右,2015年则下降到14%左右,铝土矿出口额更是下降98%。如表14-1所示。

---

① 谢成锁,刘磊.《印尼工业4.0路线图》综述[J].全球科技经济瞭望,2018,33(4):4.

表14-1　印度尼西亚主要金属矿产品产量

矿种	产品	单位	2011	2012	2013	2014	2015
铝	铝土矿（毛重）	万吨	4 064	3 144	5 702	256	47
	原铝	吨	244 100	248 000	255 300	210 500	168 000
铜	铜矿石（铜含量）	吨	535 000	394 000	504 000	405 600	575 000
	冶炼原铜	吨	276 200	198 400	217 700	246 300	197 000
	精炼原铜	吨	276 000	197 200	214 300	245 000	199 600
铁	铁砂（干基）	万吨	1 182	1 155	2 235	595	386
	镍铁	吨	98 200	91 600	91 000	84 000	86 000
	锰铁	吨	12 000	13 000	12 000	12 000	12 000
	生铁，直接还原铁	万吨	123	52	76	60	63
	钢，粗钢	万吨	362	225	264	300	315
	半成品钢	万吨	510	500	500	500	500
镍	镍矿石（镍含量）	吨	564 400	648 400	834 200	55 284	74 500
	哑光镍（镍含量）	吨	67 800	69 000	78 800	78 700	85 000
	镍铁（镍含量）	吨	19 700	18 400	22 800	21 600	21 600
金	金矿石（金含量）	千克	77 722	69 291	59 804	69 349	92 339
银	银矿石（银含量）	千克	227 173	247 827	123 109	119 200	162 900
锰	锰矿石（锰含量）	吨	119 100	138 000	120 000	120 000	120 000
铬	铬铁矿砂（干基）	吨	12 000	10 000	19 000	7 000	5 600
钴	钴矿石（钴含量）	吨	3 200	3 600	4 700	329	350
锡	锡矿石（锡含量）	吨	43 258	49 300	45 800	51 915	52 195

资料来源：USGS.2015 Minerals Yearbook，经作者整理

在冶金产品生产方面，印度尼西亚政府在2009年就提出原矿必须本地加工，鼓励冶金工业的发展，但印度尼西亚冶金工业的产量并没出现明显的提高。受到金属原矿产出下降的影响，精炼铜、生铁、粗钢等产量出现下降。但未来随着印度尼西亚矿物加工、金属冶炼等设施的兴建和投产，铜、镍、钢铁等金属的产量将会逐步提升。

2. 菲律宾

菲律宾在14世纪就开始开发铜矿资源，但真正意义上的金属矿业发展始

于二战以后。在20世纪60年代到80年代初期,其金属矿业发展较快,其黄金产量排名世界前五,铜、镍、铬产量也能达到世界前十。从80年代中期到90年代初期,菲律宾的矿业达到最高峰,每年矿业新增产值达到其国民生产总值的2%左右。进入21世纪,菲律宾政府开始寻求改变国内矿业发展瓶颈的问题,推出一系列振兴矿业的措施。此后矿业发展开始恢复,总产值以年均20%的速度增长。得益于金属产品在国际市场上的价格上涨,菲律宾的金、镍、铜的总产值大增,在2010年这三种金属矿石分别占全国矿业总产值的14.5%、13.6%和8.2%。但总体来看,菲律宾矿业对GDP的贡献并不突出。2010—2013年,平均总增加值为580.52亿比索,仅占GDP的0.58%。金矿开采贡献最多,同期占GDP的0.33%;镍矿第二,贡献率为0.14%;铜矿第三,贡献率为0.09%左右。①

　　在金属矿产品生产方面,2015年之前各种金属矿石生产规模总体变化幅度不大,镍、铜、铁、金的产量较有优势,镍矿产品的产值占矿业总产值的50%左右。但在2015年,菲律宾政府提高了对国内矿企的环保要求,相继关停一些不符合标准的小型矿山,导致当年金属矿产量有所下降。其中,铁矿石产量下降十分明显,从2014年的15多万吨骤降至2015年的4.2万吨左右,而铜、镍矿石只是略有下降。在金属冶炼产品方面,菲律宾的冶金工业比较落后,铜冶炼有一定的规模,钢铁的产能严重不足。见表14-2。

表14-2　菲律宾主要矿业产品年产量

矿种	产品	单位	2011	2012	2013	2014	2015
铜	铜矿石(铜含量)	吨	63 835	65 444	90 861	91 824	83 835
	冶炼铜	吨	205 000	97 000	181 900	153 200	189 200
	精炼铜	吨	164 100	90 400	153 000	130 000	153 000
铁	铁矿石(毛重)	吨	468 000	1 800 000	1 056 694	153 775	41 942
	钢,粗钢	千吨	1 200	1 260	1 308	1 196	968
锰	锰矿石(毛重)	吨	4 300	500	3 100	6 900	—
镍	镍矿石(镍含量)	吨	349 000	455 000	466 000	586 000	554 000
银	银矿石(银含量)	千克	45 530	49 211	40 043	23 005	29 780

① 中国驻宿务总领事馆经济商务室. 菲律宾矿产资源及采矿业政策环境分析[OR].（2015-04-09）[2019-02-11].http://www.mofcom.gov.cn/article/i/dxfw/cj/201504/2015040093 6718.shtml.

续表

矿种	产品	单位	2011	2012	2013	2014	2015
锌	锌矿石（锌含量）	吨	18 170	19 559	16 730	—	—
金	金矿石（金含量）	千克	31 120	14 596	17 248	18 423	20 643
铬	铬铁矿（毛重）	吨	25 483	36 628	35 281	47 056	15 502
钴	钴矿石（钴含量）	吨	2 000	2 700	2 800	4 600	4 300
铅	铅金属（二次精制）	吨	34 000	32 000	32 000	30 000	28 000

资料来源：USGS.2015 Minerals Yearbook，经作者整理

在金属矿产品贸易方面，由于菲律宾的冶金工业长期落后，金属原矿曾经几乎全部用于出口。在20世纪70—80年代，矿产品是菲律宾最重要的出口产品，在1974年一度占到其出口总额的25%。其中，金属采矿业对出口的贡献大于对GDP的贡献。2009—2012年，金属矿产占出口总额的平均比重为4.48%，平均出口额为21.44亿美元。三年间，金属矿产出口额增长了46%。其中，铜矿贡献最大，其次是铜精矿，以及金矿、铁矿和铬矿。[1]镍矿石基本上是以原矿的形式出口，铜矿石一部分在本国冶炼，其余则用于出口，镍、铜的出口目的地主要是中国、日本和韩国。总体来看，菲律宾金属矿业的重点是镍、铜、金，大多数优质的金属矿产资源由外商承包或占据，主要来自澳大利亚、加拿大、日本等国。另外，菲律宾以环保问题为由效仿印度尼西亚实行镍矿石出口禁令的传言一直不绝于耳，政府以环保不达标的理由关闭多处镍矿点。其金属矿业发展方向值得关注。

3. 马来西亚

马来西亚矿业发展是从锡矿的开采起步的。在二战之前，马来西亚就已经是世界最大的锡生产国，占世界锡总产量曾达到50%以上。随着矿产资源的逐渐消耗，马来西亚锡产量已经不如从前，但是其矿业经济仍在增长。在2015年，矿业经济增长4.7%，占GDP的比重为8.9%，而且在过去5年中，矿业的就业人数增加了35%以上。

在金属矿产品生产方面，截至2015年，马来西亚的铝土矿产量迅速增加，从2011年的18万吨左右增长至2015年的2 400万吨，黄金、锡矿的产量也有

---

[1] 中国驻宿务总领事馆经济商务室.菲律宾矿产资源及采矿业政策环境分析[OR].（2015-04-09）[2019-02-12].http://www.mofcom.gov.cn/article/i/dxfw/cj/201504/20150400936718.shtml.

所增加。但其他的金属矿产量出现显著下降，如，金红石（钛矿）的产量从2011
年的2.8万吨骤降至5千多吨；铁矿石从2011年的800多万吨骤降至150万吨
左右；锰矿石产量2011年近60万吨，2015年产量下降38%；钛铁矿（精矿）产
量2015年相比2011年下降29%。由于铝土矿的过快开采，马来西亚政府基于
对矿产资源的有效开发与管理，禁止所有的铝土矿开采活动并冻结新的出口许
可。①马来西亚有一定的冶金工业，主要是钢材和精炼锡。但马来西亚的钢铁
工业主要存在技术落后、设备老旧等问题，其产能并不发达；境内锡矿资源逐
渐匮乏，每年还需要从国外进口锡矿，这也制约了马来西亚锡冶炼产业的发展。
见表14-3。

表14-3　马来西亚主要金属矿业产品年产量

矿种	产品	单位	2011	2012	2013	2014	2015
铝	铝土矿（毛重）	吨	182 931	121 873	208 770	3 258 000	24 034 000
	金属铝	吨	—	120 000	290 772	400 000	350 000
铁	铁矿石（毛重）	千吨	8 078	10 886	12 134	9 615	1 535
	直接还原铁	千吨	2 876	2 329	1 399	1 007	1 000
	钢（粗钢）	千吨	5 941	5 612	4 693	4 316	4 100
锡	锡矿石（锡含量）	吨	3 340	3 725	3 697	3 777	4 158
	精制锡金属	吨	40 281	37 823	32 633	35 018	35 000
钛	钛铁矿精矿（毛重）	吨	28 782	22 275	16 043	8 159	5 814
	金红石（二氧化钛）	吨	10 810	20 008	5 983	3 069	198
锆	锆精矿（毛重）	吨	1 685	442	379	677	826
金	金矿石（金含量）	千克	4 219	4 625	3 823	4 308	4 732
镁	镁金属	吨	200	5 000	5 000	5 000	—
锰	锰矿石（毛重）	吨	597 917	1 099 585	1 125 000	835 000	515 000
铌钽	铌钽矿（毛重）	吨	110	262	190	255	86
银	银矿石（银含量）	千克	459	1 628	361	533	945

资料来源：USGS.2015 Minerals Yearbook，经作者整理

---

① 鲍荣华.各国矿法修改，投资风险犹存[N].中国国土资源报,2016-12-10（6）.

在金属矿产品贸易方面,2015年,马来西亚铝土矿的出口出现大幅度的增长,原因是印度尼西亚禁止铝土矿出口导致国际市场上铝土矿的需求大幅增加,进而刺激马来西亚铝土矿的出口。2014年从马来西亚进口的铝土矿占中国进口铝土矿的比重为10%左右,到2015年大幅跃升至40%。随着马来西亚政府铝土开采和出口禁令的实施,金属矿物出口将会出现下降的趋势。

4. 泰国

20世纪60年代以前,泰国的矿业以锡矿的开采为主,一度占到矿业总产值的90%。随后,钨矿的开采规模增大,在矿业中的地位不断上升。但由于国内冶金工业不发达,矿产需求有限,大多数开采出来的矿产品用于出口换汇。随着泰国持续推进工业化进程并成为新型工业化国家,能源矿业迅速崛起,金属矿业在整个矿业经济中的地位不断下降。总体来看,矿业产值在泰国国内生产总值的比重不大,从20世纪60年代至今,始终徘徊在2.0%到2.3%之间。根据最新的资料,流入矿业的外国直接投资占2015年外国直接投资总额的5.6%。

在金属矿产品生产方面,受政府限制矿业开采政策的影响,泰国大部分金属矿产量出现下降的趋势。其中铁矿、钨矿、锡矿的下降幅度最为明显。在冶金工业方面,泰国的钢铁发展较好,与东盟国家相比设施较为先进,从业人员专业素养也较高,其钢铁产品主要用于本国的制造业,一部分也出口到其他东盟国家。不过基于环保因素的考虑,近年来泰国钢铁工业有所萎缩,粗钢产量从2011年的420万吨下降至2015年的350万吨左右。此外,泰国的铜、锑、铅、锡、锌等金属冶炼也具有一定的产能。总体上看,泰国的主要金属矿都在本国进行加工冶炼。如表14-4所示。

表14-4 泰国主要金属产品年出口量

矿种	产品	单位	2011	2012	2013	2014	2015
锑	锑矿石(毛重)	吨	25	28	—	—	—
	锑金属(冶炼)	吨	500	672	488	706	700
铜	铜金属(精炼)	吨	525	721	203	229	—
金	金矿石(金含量)	千克	2 860	4 895	4 419	4 576	3 305
铁	铁矿石(毛重)	吨	489 359	303 233	389 620	347 918	16 483
	粗钢	千吨	4 238	3 328	3 578	3 500	3 500
铅	铅金属	吨	93 000	86 507	87 385	79 250	80 000

续表

矿种	产品	单位	2011	2012	2013	2014	2015
锰	冶金级锰矿石	吨	398	8 151	14 320	14 330	9 000
稀土	独居石	吨	4 500	3 500	1 400	3 800	3 600
	稀土氧化物	吨	2 500	1 900	800	2 100	2 000
银	银矿石（银含量）	千克	19 456	32 047	32 381	31 046	21 047
锡	锡精矿（锡含量）	吨	286	199	132	156	72
	锡金属	吨	20 000	19 996	19 088	16 929	8 000
钨	钨精矿（毛重）	吨	292	133	252	173	61
锌	锌矿石（毛重）	吨	148 391	166 642	172 578	226 893	181 025
	锌金属	吨	103 366	97 000	76 576	65 694	74 000
	锌合金（锌含量）	吨	35 163	30 400	23 000	20 000	20 000

资料来源：USGS.2015 Minerals Yearbook，经过作者整理

在金属矿产品贸易方面，泰国出口的金属矿石不多，主要是已经完成冶炼加工的铝、铜、钢铁等，在2015年的出口金额为92亿美元左右，占当年泰国出口总额的4.3%；泰国的中高端钢铁和其他金属材料则需要从国外进口，在2015年进口额为164亿美元，占总进口额的8.1%。因此，泰国未来金属矿业的发展方向是重点发展中高端金属材料或制品，以摆脱依赖进口。

5. 越南

在19世纪，越南就已经有矿业开采活动，尤其是成为法国殖民地后，其矿业开采规模不断扩大。在20世纪初，大规模开采的金属矿主要是金、锡、铬铁等，主要供应法国，本地很少加工利用。在二战期间，日本入侵中南半岛，越南开采的矿产品全部运往日本。1956年越南独立乃至1976年南北越南统一后，越南政府开始大规模进行勘探活动。在1955年到1985年期间，越南开采40多种矿产、700多座矿床。1986年，越南实行"革新开放"后，矿业生产有进一步的提升。越南是社会主义国家，其矿业经营者主要是国有企业。在越南投资矿业的国家主要有澳大利亚、加拿大、中国、印度尼西亚、美国。[1]2015年采矿业的产值(包括非燃料矿产)从2014年的107.54亿美元增加至110.9亿美元，占国民生

---

① 朱帅,楚克磊,张艳飞, 等.越南矿业及相关产业合作前景[J].中国矿业,2017,26（11）：82.

产总值的8.4%左右。

在金属矿产品生产方面，金属矿石的产量出现分化。钴、镍的产量增加，而锆、钛、钨、铅、铁、锑等矿石产量则出现不同程度的下降。在冶金工业方面，铜、锡、锌的冶炼有一定的产能；钢铁工业发展较快，生铁、粗钢、轧钢等各类型钢材的产能上升加快，表明越南促进钢铁工业的政策效果明显。如表14-5所示。

表14-5　越南主要矿业产品年产量

矿种	产品	单位	2011	2012	2013	2014	2015
铝	铝土矿	吨	100 000	100 000	482 000	1 090 000	1 150 000
	氧化铝	千吨	—	—	214	485	484
锑	锑矿石（毛重）	吨	714	1 199	2 476	2 745	2 489
铋	铋	吨	—	—	—	2 000	2 000
钴	钴精矿（钴含量）	吨	—	—	25	223	277
铜	铜精矿（毛重）	吨	47 552	50 862	49 148	48 394	49 304
金	金矿石（金含量）	千克	1 333	600	1 872	164	—
铁	铁矿石（毛重）	吨	4 474 000	2 842 000	4 708 200	5 130 200	4 222 300
	生铁	千吨	600	650	650	1 393	1 500
	粗钢	千吨	2 931	2 965	3 484	3 954	4 122
	轧钢	千吨	8 085	8 405	9 252	10 739	12 065
铅	铅矿（铅含量60%）	吨	5 180	360	1 870	2 840	1 890
锰	锰精矿（毛重）	吨	64 600	15 800	9 700	760	—
镍	镍矿（镍含量）	吨	—	—	1 166	6 854	8 607
稀土	稀土氧化物	吨	200	200	100	—	250
锡	冶炼锡	吨	3 900	4 000	4 000	4 000	4 000
钛	钛矿精矿（毛重）	吨	760 000	978 300	1 025 800	558 000	282 000
钨	钨矿石（钨含量）	吨	1 635	1 050	1 660	4 500	5 600
	铁钨（毛重）	吨	—	—	511	764	400
锌	锌矿石（锌含量）	吨	30 000	30 000	20 000	26 000	27 000
	锌块	吨	18 000	18 000	12 000	12 000	10 000
锆	锆矿（毛重）	吨	14 000	15 600	7 600	8 500	3 400

资料来源：USGS.2015 Minerals Yearbook，经作者整理

在金属矿产品贸易方面,尽管越南冶金工业有所发展,但其金属冶炼产品还不能满足国内需求,而且每年还需从其他国家进口。总之,越南未来将大力发展钢铁等冶炼加工产业,粗钢、铜、铝的产量将有所增加,但大量依赖进口的局面短时间内仍将持续。

6. 缅甸

由于国内战乱和国际制裁,缅甸的经济发展相对落后,其矿产资源长期没有得到有效的开发。在2003年,缅甸的矿业产值占国内生产总值的比重下降到1%以下。2011年后,随着缅甸国内外政治局势的缓解,经济逐步开放,其丰富的矿业资源吸引不少外国投资者投入勘探、开采、加工等项目。在2012年,有66家外国公司在缅甸投资矿业,总金额达到28.14亿美元,矿业也成为缅甸国内吸引外资排名第4的行业。根据亚洲开发银行,2014年采矿业对缅甸国内生产总值(GDP)的贡献率达到7.4%。

在金属矿产品生产方面,不同种类金属矿产品的年产量呈现截然不同的趋势。锡、铜、金、镍、铅产量增长幅度较大,锡矿石从2011年的2200吨增长至2015年的57 000多吨;铜矿石产量从2011年的9 000吨增长至2015年的近47 000吨;黄金产量从2012年的787千克增长至2015年的1 692千克;镍矿石和镍铁分别从2013年的9 000吨和4 800吨增长至2015年的26 000多吨和60 000吨;铅矿从2011年的8 700吨增长至2015年的18 000吨。锰、锑、钨的产量出现下滑,其中锰矿石从2011年的580 000多吨骤降至2015年的70 000多吨;锑矿石从2011年的5 600吨下降至2015年的3 000吨;钨矿石从2011年的140吨下降至2015年的90吨;锌矿石从2011年的9 300吨下降至2015年的6 100吨。如表14-6所示。

表14-6　缅甸主要金属矿产品年产量

矿种	产品	单位	2011年	2012年	2013年	2014年	2015年
锑	锑矿石(锑含量)	吨	5 600	5 900	7 200	3 300	3 000
铜	铜矿石(铜含量)	吨	9 000	19 000	25 000	33 200	46 900
金	黄金(精炼)	千克	—	787	893	1 315	1 692
铅	铅矿石(铅含量)	吨	8 700	9 800	11 700	18 000	18 000
锰	锰矿石(毛重)	吨	586 000	286 300	393 800	241 800	70 200
镍	镍矿石(镍含量)	吨	800	5 000	9 000	21 000	26 400

续表

矿种	产品	单位	2011 年	2012 年	2013 年	2014 年	2015 年
	镍铁（毛重）	吨	—	—	4 800	59 000	60 000
锡	锡矿石	吨	2 200	2 100	9 000	35 000	57 300
钨	钨矿（钨、锡钨精矿）	吨	140	131	140	111	90
锌	锌矿（锌含量）	吨	9 300	10 000	4 800	6 100	6 100

资料来源：USGS.2015 Minerals Yearbook，经作者整理

在金属矿产品贸易方面，2015年缅甸矿石和贱金属出口价值为3.6亿美元。缅甸进口的主要金属矿产品是贱金属及其制成品，价值为19亿美元。其中，钢铁是缅甸当前急需的产品，主要的进口来源国是中国。随着缅甸经济的发展，建筑业、基础设施、石油天然气产业的钢铁需求将逐渐增大，缅甸政府将重点发展钢铁工业。

2016年以后，缅甸开始对金属矿石的开采进行限制。据《缅甸今日商报》报道，缅甸国家投资委员会表示，将不再批准自然资源开采类投资项目。[①]据缅甸中央统计组织的报告，2016年，缅甸吸引外商直接投资的总额为95亿美元，共涉及213个项目，但是采矿业的项目只有一个，金额仅为2 890万美元。受矿业开采限制的影响，缅甸的金属矿产量预计会出现波动甚至下滑，但是该国急需的钢铁工业、大型金属冶炼项目将继续得到政府的支持。

7. 老挝

老挝工业基础薄弱，矿业并不发达。由于经济和技术等方面的原因，大部分矿产资源并没有得到有效的勘探和开发。近几年，随着经济逐渐开放，尤其在2012年加入世界贸易组织后，老挝吸引大量外资流入工业部门，政府将矿业作为带动经济发展的重要领域。近年来，老挝矿业投资增长迅速，目前拥有229家矿业公司，矿业产值在10年间，从1 000万美元增长至13亿美元，在2015年至2016年期间，矿业领域为老挝国内生产总值贡献了1.36亿美元。[②]

在金属矿产品产量方面，除了锑、铅等少数金属矿的年产量下降外，大部分

① 中国驻缅甸大使馆经济参赞处.缅甸投资委员会将不再批准自然资源开采项目[OL].（2016-07-26）[2019-02-13].http://mm.mofcom.gov.cn/article/ddfg/201607/20160701366411.shtml.

② 中国国际贸易促进委员会.老挝矿产值10年增长130倍，拟修订《矿业法》减少审批环节.[OL].（2017-06-21）[2019-01-12].http://www.ccpit.org/Contents/Channel_4114/2017/0621/827789/content_827789.htm.

金属矿的年产量处于增长状态。其中，铁矿石的产量从2011年的42 000吨左右增加至2015年的1 200 000吨；铜矿石的产量从2011年的近60 000吨增长至2015年的78 000吨；银矿石的产量从2011年的18 000吨增长至2015年的51 000多吨。但是在金属冶炼方面，老挝除了有一定的铜冶炼能力外，基本上没有成规模的冶金工业，金属矿产品主要用于出口，后端加工能力不足。如表14-7所示。

表14-7　老挝主要金属矿产品年产量

矿种	产品	单位	2011 年	2012 年	2013 年	2014 年	2015 年
锑	锑矿石（锑含量50%）	吨	728	521	804	620	650
铜	铜矿石	吨	59 897	63 285	64 885	71 155	78 449
	精炼铜金属	吨	78 859	86 295	90 030	88 541	89 253
金	金矿石（金含量）	千克	3 984	6 415	6 838	5 265	6 893
铁	铁矿石（毛重）	吨	42 700	316 400	904 757	1 148 571	1 200 000
铅	铅矿石	吨	2 921	4 510	1 000	—	—
银	银矿石（银含量）	千克	18 038	20 081	32 262	39 806	51 763
锡	锡矿石（锡含量50%）	吨	674	762	579	866	900
锌	锌矿石（锌含量30%）	吨	1 600	1 600	1 500	—	—

资料来源：USGS.2015 Minerals Yearbook，经作者整理

老挝目前大部分矿业项目仍在普查和勘探阶段，仅有极少项目进入开发阶段。因此，老挝的金属矿业投资潜力很大，预计未来其金属矿产量将持续提高，后端冶金工业也是重要的投资和发展项目。

8. 柬埔寨

20世纪由于战争和动乱的因素，柬埔寨的矿业发展一直处于停滞状态，直到90年代国内政局逐渐稳定，其矿业才开始有所发展。目前，柬埔寨的矿业主要以小规模的采石业为主，如水泥、砾石、红土、沙子和石头等建筑原材料。

在金属矿业方面，尽管柬埔寨有发现铜、铁、金、铝等金属矿，但由于缺乏系统性的勘探，这些金属矿的分布情况、具体储量、开采价值等不能完全确定。所以，柬埔寨目前的金属矿业主要以勘探活动为主，除了个别小型的手工淘金作坊外，基本上没有金属矿石开采项目，冶金工业更是一片空白。鉴于国内资金、技术的匮乏，柬埔寨政府提出许多优惠措施希望国外企业前来开发。近年来，柬埔寨政府向外国矿企颁发了一些铜、金、铁、铝土等矿物的勘探许可证。2011年，有77家来自中国、澳大利亚、韩国、越南、泰国等国的涉外矿企获得

136个勘探项目的许可证,其中铁矿项目28个、金矿项目14个、钛铁矿项目2个、铝土矿项目一个。[①]大部分勘探项目仍在进行当中,其中一些被证实具有开采价值。例如2015年,加拿大的Angkor Gold 公司向柬埔寨矿业与能源部证实位于该国东北部的Phum Syarung金矿具有开采价值,并已经申请开采许可证,估计产能为每天500吨矿石,回收率大约为85%;澳大利亚的Renaissance Minerals公司对Okvau金矿项目进行勘探,估计该金矿资源为15 800 000吨,含金量2.2克/吨,总含金量为35 100千克;另一家澳大利亚的Geopacific Resources公司也已经完成Kou Sa铜金项目的勘探活动,正在进一步确定矿产资源情况。[②]

9.新加坡和文莱

新加坡经济高度发达,但严重依赖对外贸易。由于矿产资源有限,新加坡必须进口大部分原材料以满足其制造业的需求。根据现有资料来看,新加坡目前没有金属采矿业,但有冶金工业。瑞士的Metalor Technologies公司成立的子公司(Metalor Technologies singapore pte Ltd)于2013年在新加坡建成一家黄金精炼厂,设计年产值可达到200吨。在2014年6月,该公司宣布其产能已达到每年50吨,将按计划增加至每年150吨,以满足未来需求的增长;印度塔塔钢铁公司下属的NatSteel Asia Pte Ltd是新加坡唯一的钢铁冶炼企业,年产值可达到800 000吨粗钢和800 000吨轧钢。据统计,新加坡的钢铁产量在2014年为540 000吨,但在2015年减少至501 000吨。[③]文莱拥有丰富的石油和天然气资源,其矿业主要是以石油和天然气的开采和加工为主,金属制品主要依赖进口。

10.产业总体特点

通过对金属矿业发展情况以及产量数据的比对分析,东盟国家的金属矿业目前具有以下特点:

首先,各国金属矿业发展不平衡。印度尼西亚、马来西亚和泰国的金属矿业发展较早,地质勘探程度较高,矿石开采规模较大,同时具有一定的冶金工业。印度尼西亚在铝、铜、铁方面有冶炼产能,但与其丰富的矿产资源相比仍显不足。马来西亚锡冶炼较为发达,精炼锡不仅供应本国需求,还用于出口。泰

① 张新元.柬埔寨矿政构架、投资潜力及填图现状[J].国土资源情报,2012(1):2-9.

② USGS.2015 Minerals Yearbook.[EB/OL].[2019-12-23]. https://s3-us-west-2.amazonaws.com/prd-wret/assets/palladium/production/mineral-pubs/country/2015/myb3-2015-la.pdf.

③ USGS.2015 Minerals Yearbook.[EB/OL].[2019-12-23].https://s3-us-west-2.amazonaws.com/prd-wret/assets/palladium/production/mineral-pubs/country/2015/myb3-2015-sn.pdf.

国的冶金工业在品种上比较完备,国内开采的主要金属矿石如锑、铁、锌、锡、铅等均有对应的冶炼项目和产能。越南、菲律宾、老挝、缅甸的金属矿业处于发展阶段。越南发展较好,尤其是钢铁工业发展较快,各类型钢材的产量不断提升,铜、镍的开采与冶炼也有一定的规模。菲律宾的金属矿石开采与出口量较大,但是除了铜、铁有冶炼产能外,总体冶金工业较弱。老挝当前鼓励发展金属矿业,地质勘探力度不断加大,金属矿石开采和出口量也处于上升阶段,但除了铜冶炼外基本上没有冶金工业。缅甸之前鼓励开发金属矿业,金属矿石的开采与加工能力有所发展,但现在政策上进行限制。柬埔寨是东盟国家中金属矿业最弱后的国家,目前处于资源勘探阶段,没有成规模的金属矿物开采,更没有金属冶炼工业。新加坡、文莱比较特殊,其国土面积狭小,几乎没有开采价值的金属矿。新加坡的黄金冶炼项目可能与新加坡的国际金融中心和旅游城市定位有关,其生产的黄金可能作为金融期货产品或奢侈品消费。文莱矿业主要以石油、天然气开采的能源矿业为主,几乎没有金属矿业。

其次,东盟国家总体后端冶炼加工产业不发达,钢铁、铜、铝等冶炼加工产业产能不高。个别东盟国家有冶金工业,如印度尼西亚与菲律宾的精炼铜、马来西亚与印度尼西亚的铝加工都有一定的规模,但是其他大多数东盟国家的冶金工业还在起步阶段。尽管东盟国家在政策上已经向限制开采鼓励冶炼的方向上倾斜,但是受基础设施、厂房设备的限制,金属冶炼产能并不能在短时间内快速提高。例如,印度尼西亚在2009年就提出加快金属矿物冶炼加工项目建设,但截至2015年,铜、钢、镍冶炼的产能并没有提高,在限制原矿出口的情况下,本国的冶金工业无法消耗大量的金属矿石。预计未来东盟国家将面临金属矿石开采与金属冶炼"青黄不接"的状况。

再次,金属矿业在东盟国家经济发展中的性质与地位已经开始发生变化,以印度尼西亚、越南、泰国最为典型。一方面,金属矿业曾经以原矿的形式大量被用于出口来换取外汇收入,但现在印度尼西亚、越南、柬埔寨等国已经开始限制原矿出口,要求必须经过一定程度的加工才允许出口。在短中期内,金属矿业的贸易性质将从原材料贸易向中间产品贸易、价值链贸易转变。另一方面,金属矿业在国民生产总值的占比在减小,对国民经济的直接贡献在下降。但是,印度尼西亚、泰国、马来西亚等国加大对金属矿业后端冶金工业、基础金属加工业的发展,以打通金属矿业内部,甚至矿业与制造业之间的产业链。未来从中长期看,金属矿业将为制造业提供原材料的基础性作用,对国民经济的间接贡献越来越重要。

第十五章
中国与东盟国家金属矿业合作的历史与现状

第一节　中国与东盟国家金属矿业合作历史

中国与东南亚国家金属矿业合作的历史由来已矣。在古代,中国人已经了解到东南亚地区拥有丰富的金属矿产资源,《大唐西域求法高僧传》和《道宏传》中的"金洲"就是指现在印度尼西亚的苏门答腊岛地区。由于各种原因,东南亚地区的金属矿产长期没有得到有效的开发。直到18、19世纪,在中国采矿潮和当地社会经济发展的共同推动下,才由"下南洋"的华侨进行大规模开采。当时华侨经营的矿场几乎遍及整个东南亚,以缅甸、越南、婆罗洲最为集中。缅甸的华侨矿业始于18世纪中期,在18世纪末期达到鼎盛,到19世纪初期以后由于中缅两国封建统治者的压迫而最终衰落。越南的华侨矿业起步时间比缅甸略晚,发展过程也更为曲折,其间几经兴衰而终止于19世纪中期。婆罗洲及其附近地区的华侨矿业,无论在数量、规模、存续时间上还是经济效益、社会影响上都远超东南亚其他地区的华侨矿业,尤其是客家华侨矿业对该地区采锡业做出了巨大贡献。在19世纪末以前,马来西亚半岛的锡几乎全部是华侨所生产出来的。马来亚的锡产量在1874年是4 200吨,到1879年达10 985吨,居世界第一。[①]直到20世纪初期,婆罗洲及其附近地区的华侨矿业在西方殖民者的挤压下逐渐式微。这一时期,东南亚地区的矿业主要是以华人华侨为主体(因生活所迫或受经济利益驱动),并承受地方封建势力与西方殖民者双重压迫。虽然华侨矿业最终衰落,但是他们对当地金属矿产资源的开发与利用极大地推动了东南亚地区走向工业化和近代化的进程。

从新中国成立到1978年改革开放之前,中国同东南亚国家的矿业合作主要采取援助的形式,对象国家主要是越南、老挝、柬埔寨、缅甸。接受中国矿业援助最多的国家是越南。1954年越南抗法战争胜利后,中国开始对越南进行援

---

① 张应龙.客家华侨对东南亚采矿业的贡献[J].华侨华人历史研究,2000（1）:45-52.

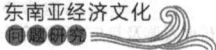

助,帮助其尽快实现战后恢复。在中国、苏联等社会主义国家的援助下,越南政府开始重整矿业,不仅开启大规模的矿产勘查工作,而且原先被战争破坏的矿山、矿井几乎全部恢复或扩建。1958年至1964年这段时间是越南处于抗法战争和抗美战争之间的和平建设时期,中国继续对其提供大量的经济技术援助。1958年3月,中国与越南签订《关于中国帮助越南建设和改建18个工业企业项目的协定》。[①]根据这个文件,中国从1958年起到1961年内,帮助越南新建和改建18个工业企业项目,其中,涉及金属矿业的项目主要是越南太原钢铁厂和古定铬铁矿厂。越南太原钢铁厂是中国援外最早的大型项目。这项工程于1960年动工,1965年3座高炉系统先后建成投产,其他工程也配套完成。该厂建成后成为越南当时最大的钢铁联合企业,建设规模为年产生铁15万吨、钢10万吨、钢材8.1万吨。古定铬铁矿厂是一个生产和处理铬铁矿的采选工厂,由年产2 000吨扩建到20 000吨,1958年开始动工,1960年正式投入生产,由中国援助900万元并提供设计、设备和材料。此外,中越两国的地方政府之间也进行过矿业援助和接收工作。在1961年6月,经过两国政府同意,越南海宁省向中国广东省提出援助请求,其中有一项是在技术上帮助海宁省进行煤、铁、铝、锌、石油等矿藏普查和矿石化验,普查区域在已发现的矿苗区进行,矿石化验在湛江市进行。除了越南之外,中国也对老挝、柬埔寨等国在矿业方面进行援助,主要是在勘探寻矿领域。这段时期中国与东南亚国家的金属矿业合作主要服务于意识形态、国防外交,具有强烈的政治色彩,不以经济利益为考量,以中国提供无偿援助为主要方式。

第二节　当前中国与东盟国家金属矿业合作的概况

改革开放以后,中国与东南亚国家的经济发展合作进入新的阶段。随着《中国-东盟框架协议》的签署、中国-东盟自由贸易区的建成,中国与东盟国家在金属矿业领域的投资障碍、贸易壁垒逐渐消除。

首先,矿产品贸易是最重要的金属矿业合作方式。一方面,东盟每年对中国出口价值30多亿美元的金属矿物。其中,来自马来西亚、印度尼西亚、老挝与菲律宾对中国金属矿物出口额的比重在95%以上。通过近几年的数据对比,这四个国家呈现不同的发展趋势。印度尼西亚在实行原矿出口禁令后,于2014年起出口的金属矿物大幅度下降,对中国的出口额从2013年的36.57亿美元下

---

① 张勉励.中国对越南经济建设援助的历史考察（1958—1964）[J].史林,2015（1）:151–157.

降至2017年的7.50亿美元；菲律宾在2014年对中国出口金额一度达到16.82亿美元，在2017年下降到5.33亿美元。马来西亚、老挝对中国金属矿物出口则不断扩大。马来西亚取代印度尼西亚成为东盟最大的对华金属矿物出口国，出口额从2013年的6.14亿美元增长至2017年的12亿美元左右。老挝的出口额增长最为迅猛，2013年仅为0.16亿美元，在2016年一度达到10.87亿美元。根据2017年的数据，老挝的出口额是7.76亿美元，虽然比上年有所下降，但仍是东盟第二大对华金属矿产出口国。如表15-1所示。

表15-1 东盟各国对中国出口的金属矿砂/矿石年出口额

单位：亿美元

国家/地区	2013	2014	2015	2016	2017
东盟	55.21	35.96	33.98	35.80	33.99
印度尼西亚	36.57	6.09	4.62	6.07	7.50
老挝	0.16	4.16	6.38	10.87	7.76
马来西亚	6.14	6.73	13.00	11.63	12.00
缅甸	0.21	0.47	0.12	0.16	0.18
菲律宾	10.11	16.82	8.40	5.79	5.33
新加坡	0.01	0.01	0.01	0.06	0.02
泰国	0.46	0.39	0.44	0.58	0.16
越南	1.54	1.29	1.01	0.65	0.88
柬埔寨	—	—	3.0（万美元）	—	—
文莱					

数据来源：东盟秘书处 . Trade in Goods （IMTS）, Annually, HS 2-digit up to 8-Digit（AHTN）[OL].[2019-02-11]. https://data.aseanstats.org/trade-annually，经作者整理

另一方面，东盟国家也从中国进口金属矿物，除2016年以外，东盟国家每年的进口金额为1亿多美元。从中国进口金属矿物最多的国家是马来西亚，2017年的进口额为5 000万美元左右，占我国对东盟金属矿物出口的37.2%。由于马来西亚锡金属冶金工业相对发达，锡矿需求较大，因此本国产的锡矿不能完全满足生产需求，还要大量从中国进口。此外，印度尼西亚、越南、新加坡在2017年的进口金额大约在2 000多万美元以上，这三国总额占我国对东盟金属矿物出口的52.5%。如表15-2所示。

表15-2　东盟各国从中国进口的金属矿砂/矿石年进口额

单位：亿美元

国家/地区	2013	2014	2015	2016	2017
东盟	1.58	1.13	1.31	0.91	1.37
印度尼西亚	0.02	0.05	0.01	0.01	0.25
老挝		1.2（万美元）	3.2（万美元）	2.1（万美元）	0.01
马来西亚	0.20	0.36	0.32	0.26	0.51
缅甸	19（万美元）	21（万美元）	0.02	0.02	0.01
菲律宾	0.30	0.02	0.02	0.01	31（万美元）
新加坡	0.21	0.22	0.46	0.30	0.23
泰国	0.01	0.01	0.12	0.12	0.10
越南	0.77	0.39	0.20	0.17	0.24
柬埔寨	3.9（万美元）	1.2（万美元）	1.6（万美元）	0.4（万美元）	20（万美元）
文莱	—		0.4（万美元）	83（万美元）	0.01

数据来源：东盟秘书处 . Trade in Goods（IMTS），Annually, HS 2-digit up to 8-Digit（AHTN）[OL].[2019-02-11]. https://data.aseanstats.org/trade-annually，经作者整理

在与东盟国家金属矿物贸易中，我国处于逆差地位，是净进口国。但由于印度尼西亚、越南等国对金属矿石出口采取限制措施，东盟对华金属矿物出口总额已经大幅下降。尽管当前矿物贸易仍然是金属矿业合作的主要方式，但是未来其地位与重要性将逐渐下降。

其次，中国对东盟国家的直接投资也是重要的矿业合作方式。2014年中国对东盟采矿业的直接投资金额达到了11.22亿美元，占总投资金额的17.9%。但是在2015年和2016年，直接投资金额骤降至2.75亿美元和1.1亿美元，其主要原因是东盟国家调整了矿业政策，投资者采取了谨慎、观望态度。2017年直接投资金额回升至6.5亿美元左右，占当年投资总额的5.7%。采矿业既包括金属矿物的开采，也涉及煤炭、石料等非金属矿物，因此具体到金属矿业开采的投资金额，暂时没有数据可以考证。东盟国家拥有丰富的金属矿业资源，而中国对采矿业的直接投资还比较落后，如表15-3所示。由此可见矿业领域还有很大的投资潜力。

表15-3 中国历年对东盟直接投资流量行业分布表

单位：百万美元

行业	2013	2014	2015	2016	2017
农业、林业和渔业	88.02	51.54	62.22	75.25	238.94
采矿业	553.36	1 122.41	274.69	110.87	649.58
制造业	1 193.50	748.66	762.79	1 122.83	1 590.30
电力、燃气供应业	87.67	387.31	554.46	491.46	916.72
供水、污水废品管理	1.87	-2.79	45.94	16.18	16.89
建筑业	8.65	197.19	80.59	661.82	659.60
批发、零售、维修业	854.67	269.02	564.69	1 766.85	2 783.14
交通运输、仓储业	-48.48	-303.74	168.09	-57.60	7.60
住宿和餐饮服务业	12.21	23.63	46.80	809.02	-180.09
信息和通信业	-1.77	-2.93	3.40	29.05	155.35
金融和保险业	133.72	1 844.84	1 678.39	3 441.17	1 609.14
房地产业	1 570.91	2 105.65	2 005.29	2 418.03	3 069.28
专业服务、科研活动	8.82	23.50	12.34	53.14	58.52
管理服务活动	-2.02	1.41	1.53	7.70	2.79
教育	5.17	0.75	0.49	2.43	6.96
健康、社会工作服务	3.96	4.03	2.19	6.52	18.81
艺术、娱乐业	2.21	-0.80	0.04	13.56	0.94
其他服务行业	878.15	-290.81	245.25	95.44	-233.58
未分类	792.60	75.77	110.89	211.78	0.01
总计	6 327.21	6 254.64	6 620.07	11 275.50	11 370.90

数据来源：东盟秘书处．Flows of Inward Foreign Direct Investment（FDI）to ASEAN by Source Country and Economic Sectors[OL].[2019-02-12]. https://dataaseanstats.org/fdi-by-sources-and-sectors，经作者整理

泰国、马来西亚、印度尼西亚矿业起步早，是中国企业投资金属矿业的优先区域。例如，1994年中国在泰国投资建成泰中铅锑合金冶炼厂，实现年产再生铅2万吨，产品占据泰国30%以上的市场份额，目前是泰国最大的铅生产企业之一。随着越南、老挝、柬埔寨、缅甸等国家矿业的起步和发展，现在有越来越多的中国矿业在这些国家进行矿业投资。例如，中国对缅甸的矿业投资主要是在金属矿和油气，2003年投资额只有400万美元，2012年则达到7.5亿美元，

累计投资已经超过13亿美元。中国对老挝的矿业投资从2003年的80万美元大幅增长至2012年的8亿美元,老挝矿业项目已开发的有40%以上投资金额来自中国,有超过60个矿业勘探项目由中国企业承担。[①]东盟国家金属矿业的直接投资通常投资金额大、周期长、风险高,一般由具有雄厚实力的国有大型企业来参与。例如,中国有色矿业集团有限公司是最早进入东盟国家进行金属矿业投资的企业,除了文莱,东盟10国中的其他9个国家都有投资合作项目。目前该集团在东盟的累计投资近60亿元人民币、承建项目合同额近3亿元。2015年11月,中国有色集团投资的中色镍业有限公司缅甸达贡山镍矿项目顺利竣工验收。该项目是中国与缅甸最大的金属矿业合作项目,中方出资超过8.5亿美元,采用的工艺装备先进,环保安全措施齐全,各项生产指标已达到或超过原先的设计规划。此外,该公司还投资开发老挝的帕克松铝土矿和越南的生权铜矿及配套冶炼厂等。[②]

此外,技术合作、股权合作都属于间接投资方式,相较于直接投资和矿物贸易等传统合作方式,具有一定的创新性,将是中国与东盟国家金属矿业合作的重点方向。技术合作又称技术入股,是指技术持有人将技术成果作为无形资产作价出资购买公司股权的行为。在金属矿业领域中,勘探、开采、冶炼、环保等各个环节都能采用技术入股的方式进行合作。但中国企业在技术合作方面的参与程度不高,在总投资金额的占比较低。股权合作则是当前比较受欢迎的矿业合作方式。我国矿业企业与当地矿企进行股份合作,可充分发挥"合作权责规定明确"这一优势,在一定程度上降低东盟国家矿业法律制度不完善而可能造成的风险,这一方式比较适合中国的民营企业。例如,2006年,中国与越南就以股份合作的方式共同开发越南多农省的铝土矿项目。同年,菲律宾政府与金川集团公司、宝钢集团公司、中国国家开发银行签署谅解备忘录,中国企业将向菲律宾镍业公司投资数十亿美元,以股权合作的方式开发诺诺克镍矿项目。

近年来,中国与东盟的矿业合作意愿加强。从2010年开始,中国与东盟每年在广西举办中国-东盟矿业合作论坛,并成为双方在矿业领域进行资源、政策、技术、项目等一系列信息交流的重要平台,为我国金属矿业企业在东盟国家寻找合适的投资机会。当前,一些东盟国家的金属矿业政策变动比较频繁,且政策变动的方向存在差异,有的是限制性政策,强调本地冶炼加工、矿山环境保

---

① 韦露.中国与东盟国家矿业合作发展对策研究[D].广西大学,2015: 27.

② 中国有色矿业集团称将增加对东盟投资.[OL].（2014-07-21）[2019-02-15].http://www.chinanews.com/cj/2014/07-21/6409644.shtml.

护、企业社会责任等要求;有的是鼓励性政策,对特定金属矿业领域采取提供税收减免、降低外资比例限制等优惠措施。因此,矿业合作论坛设立了各国矿业高官会议这一机制,邀请东盟国家重要的矿业部门官员为中国矿企介绍和解读最新的金属矿业政策法规和发展趋势,避免在这些信息交流上出现滞后性和不对称性,引导企业趋利避害并选择最佳的投资目的国。另外,矿业合作论坛中的人才交流机制也是该论坛的重要特色之一,尤其是中国-东盟矿业人才交流培训中心(中国-东盟矿业人才交流培训中心于2013年5月10日在中国-东盟矿业合作论坛暨推介展示会开幕式期间揭牌成立)成立后,每年都有来自泰国、老挝、缅甸等东盟国家的学员报名参加培训。通过矿业人才交流培训中心这一平台,中国不仅可以为东盟矿业的人力资源建设做贡献,还能培养一批能为我所用、熟悉中国-东盟金属矿业合作的技术与管理人才。当前,一些中西部省份也能凭借中国与东盟的金属矿业合作获得新的机遇。目前中国与东盟矿业产能合作中受益最大的是广西壮族自治区。自2010年以来,广西已经连续举办多届中国-东盟矿业合作论坛,其总体规模、合作内容不断扩大,论坛规格、行业影响力不断提升,成为矿业合作的重要平台。广西凭借主办合作论坛的优势,积极参与对东盟国家的金属矿业合作。截至2013年,广西地矿局在四届论坛上和东盟国家就达成合作协议28份,合作金额达150亿元,另外还有多家企业和单位在东盟国家开展金、铜、铁、锰等金属矿产资源项目的开发(张曦等,2015)。

中国与东盟国家的金属矿业合作经历不同的历史阶段。在近代,金属矿业合作的主导者是海外华人华侨,完全是民间自发的经济行为,带有华侨经济的性质;新中国成立后,金属矿业合作则完全由政府主导,主要是中国对越南、老挝等社会主义国家的经济和工业援建项目,其政治意义远大于经济意义;改革开放后,尤其是中国-东盟自贸区成立以后,金属矿业合作已经成为"政府搭台、企业唱戏"的局面,合作的深度与广度在不断推进当中。总体来看,金属矿业合作发展同中国与东盟国家在政治、经济的发展阶段和双边关系息息相关。

第十六章

中国与东盟国家金属矿业合作的主要优势与挑战

第一节　中国与东盟国家金属矿业产能合作的主要优势

1.区域地缘优势

　　东盟大多数国家与中国陆地相邻或隔海相望,这样的地缘优势让中国与东盟各国交通设施实现互联互通成为可能。在"一带一路"倡议下,中国与东盟国家在各项设施的联通上取得巨大进展,这都极大地促进了金属矿业合作。首先,我国的云南和广西两省与缅甸、老挝、越南直接接壤,通过陆路交通就可以直接将中国内陆腹地同中南半岛东盟各国连接起来,直达马来西亚与新加坡。近几年,陆路交通建设取得巨大进展,中-老铁路、中-泰铁路相继开工建设,各项工程稳步推进。中-老铁路是中国与东盟陆路交通运输网络的关键"桥梁",建成之后向北可连接中国云南的玉溪-磨憨铁路,向南可连接泰国乃至马来西亚的铁路系统,从而打通中国内地—中南半岛—马来半岛的铁路运输线。[①]其次,我国的广西、广东、福建都是面向东南亚的海上门户,同菲律宾、印度尼西亚、马来西亚等国隔海相望,在海运方面具有优势。广西壮族自治区的北部湾港区包括钦州港、防城港、北海港等是我国内陆腹地进入中南半岛东盟国家最便捷的出海口;广东省的广州港、深圳港以及香港则一直都是中国海运中心之一;福建省拥有厦门港、福州江阴港以及泉州港等大型港口,其中厦门港、福州港的货物吞吐量在全国排名前列。此外,中国与东盟国家的航空交通也十分便利。中国的昆明、南宁、广州、香港、厦门等城市的国际机场均有到曼谷、吉隆坡、新加坡、雅加达、马尼拉等的航线。这些航线不仅航班次数密集,而且航行里程短,航行时间不过几个小时,极大地方便了货物与人员的往来。通过地缘优势的充分发挥,中国与东盟国家建成陆、海、空全方位的交通运输网络,为中国与东盟国家发展矿业合作、实现互利互惠提供了助力。

2.文缘人缘优势

　　自古以来,中国与东南亚在人缘、文缘上就有深厚的联系,其联系的纽带就

---

① 陈艺元.2017年东南亚国家"一带一路"五通指数解读[J].东南亚研究,2019(1):113-135.

是东南亚各国的华人华侨群体。在近代,东南亚华人华侨自食其力,推动了当地商业与经济的发展,乃至为所在国的工业化与现代化做出贡献;到了现代,尤其是中国改革开放以后,广大的东南亚华商积极投资中国,输送当时中国急需的资金、技术和人才,同时也为东南亚国家带回大量的利润收益。因此,华人华侨群体不仅在东南亚国家经济发展和中国改革开放建设中扮演重要的角色,而且还成为中国与东南亚国家经贸往来的重要桥梁。现在,华人华侨在东南亚各国是举足轻重的族群。在数量规模上,截止到2007年,东南亚的华人华侨总数约3 348.6万人,约占该地区总人口的6%。其中,印度尼西亚、泰国和马来西亚的华侨华人数量不仅是在东南亚,同时也是世界上最多的三个国家,总人数达到约2 345万人,超过世界华侨华人总数的一半。[①]在经济实力上,华人华侨善于经商,经过几代人的努力和积累,东南亚华商经济总量大约为1.1万亿至1.2万亿美元,世界华商500强中约1/3在东盟国家。[②]在中国与东盟国家金属矿业合作方面,华人华侨仍然可以发挥重要作用。首先,华人华侨在历史上就涉足金属矿业,能为中国企业提供宝贵的投资开发经验;其次,华人华侨拥有雄厚的资本,尤其是一些华人企业集团以商业银行或投资公司为业务核心,对所在国的法律政策、经济形势、投资风险十分熟悉,可以为中国矿业企业提供咨询、投资、并购、融资等金融管理服务;此外,华人华侨长期扎根在当地社会,熟悉所在国的语言、宗教、风土人情和政治风气等。若中国矿业企业同当地华人华侨进行合作或聘用其为员工或管理人员,可以有效地解决语言不通、文化不熟的短板,有利于投资合作的有效开展。总之,中国在与东盟国家的合作过程中应该利用好华人华侨这一宝贵资源,加强与当地侨团的联系,调动其参与中国与东盟国家进行金属矿业产业合作的热情。

3.科研技术优势

对东南亚各国而言,中国在金属矿业的科研技术水平拥有绝对优势。首先,中国一直重视包括矿业在内的重工业体系的建设与发展,强调独立自主,自力更生。目前,中国在金属矿业上已经拥有成熟的地质勘探、矿石开采、冶炼精炼、金属加工、设备制造等完整的工业技术体系和独立的自主知识产权。近年来,中国的金属矿业企业越来越重视往高效环保、循环经济等方面突破。例如,紫金矿业集团股份有限公司具备高效环保的采矿选矿技术,能在低品位的金属矿

① 庄国土.东南亚华侨华人数量的新估算[J].厦门大学学报(哲学社会科学版),2009(3):62-69.

② 邱小鹃.21世纪海上丝绸之路建设中东南亚华侨华人的作用[J].郑州航空工业管理学院学报(社会科学版),2018,37(3):42-52.

床上进行开采并实现盈利。该公司控股的内蒙古巴彦淖尔紫金有色金属有限公司和湖南省赛恩斯环保股份有限公司分别获得2018年度国家科学技术进步二等奖与国家技术发明奖二等奖。巴彦淖尔紫金有色金属有限公司参与的"锌清洁冶炼与高效利用关键技术和装备"项目，能实现锌冶炼清洁生产与高效利用，并且开发了锌冶炼清洁生产和稀散金属综合回收的智能化大型装备，推动了我国在锌冶炼行业的转型升级和节能减排。赛恩斯环保股份有限公司在如何防治金属矿业开采过程中的重金属污染问题上取得重要成果，其参与的"冶炼多金属废酸资源化治理关键技术"项目在国际上首次实现废酸中多金属高效分离，铜、锌、铋、铼等回收率大于96%，危废物削减90%以上，达到了资源最大化、污染最小化的目的。①当在前东南亚国家矿业开发日益重视环保问题的情况下，这样的技术优势具有很强的吸引力和广阔的合作前景。此外，中国的高等院校也十分重视金属矿业领域的科学研究与人才培养。中国矿业大学和中国地质大学是中国专门开展地质勘探和采矿工程的高等院校，中南大学、北京科技大学、昆明理工大学等高校则是以冶金专业见长。这些高校的采矿、冶金等金属矿业相关专业不仅在全国处于领先地位，在世界大学专业排名上也名列前茅，培养大量矿业技术人才。

东盟国家的金属矿业科研技术水平则明显存在不足。印度尼西亚、马来西亚虽然有悠久的金属矿业发展史，但是受制于本国技术落后，目前仍然存在后端金属冶炼产能不足、生产设备老旧落后、专业人员素质较低等问题。柬埔寨、老挝的工业基础本来就薄弱，基本上没有金属矿业方面的科研能力，柬埔寨至今还没有在全国范围内系统性地进行矿业勘探、金属矿产勘查等。总体来看，东盟大多数国家(新加坡、文莱除外)的金属矿业仍然属于劳动密集型产业，而中国的金属矿业已经开始从资本密集型向技术密集型转变。因此，中国可以根据东盟各国金属矿业发展程度的实际情况，提供相对适用的技术设备，外派专业的技术人员，甚至传授我国金属矿业企业的经营理论和实践经验。

4. 广阔市场优势

由于金属本身的特殊属性，其广泛应用在建筑、机械、电子、航天等行业，几乎贯穿整个制造业产业链。某些金属如金、银、铜、铁、铝、铅、锌、镍等还是世界主要的大宗商品，其消费量与国家工业化程度密切相关，工业化水平越高，人口数量越多，消费需求也就越高。中国不仅是世界上最大的发展中国家，也

① 紫金矿业.紫金矿业两家企业获国家科学技术大奖[OL].（2019-01-09）[2019-02-16]. http://www.zjky.cn/news/zjnews-detail.jsp?id=117937.

是"世界工厂"和最大的消费市场之一。出于经济建设的需要,我国每年要消耗大量的金属资源,尤其是铜、铝、镍等金属需求量较大且进口依赖程度较高。东南亚地区近年来经济发展迅速,是当前世界经济重要的增长极。随着国际经济格局的变化和调整,东南亚各国预计仍保持快速发展的势头,其工业化、城市化进程将不断推进,基础设施建设和建筑业会成为国家经济发展的重点。该地区的人口总数已经超过6亿,年龄结构较为年轻化,随着消费水平的提升,汽车、电子产品的消费量也将不断扩大。由此可见,未来东南亚地区对金属材料的需求将迅速扩大。中国-东盟自由贸易区已经正式启动,成为一个拥有将近20亿人口的超级经济区,成为一个巨大的金属矿物消费市场。双方加强在金属矿业领域的合作,凭借自贸区内投资便利、贸易优惠等便利条件,不仅可以满足中国与东盟国家未来金属矿业相关产品需求,甚至还能向自贸区外的国际市场出口,增强金属矿产品在世界市场的竞争力。

5.产业规模优势

中国金属矿业及相关产业规模庞大,根据国家统计局发布的《2018年中国统计年鉴》,我国大中型工业企业中金属矿业企业总数为579个,其中黑色金属矿企有246个,资产总计7 033.55亿元,主营业务收入1 994.42亿元,用工人数23.58万人;有色金属矿企有333个,资产总计3 808.09亿元,主营业务收入2 849.29,用工人数26.07万人。[①]金属冶炼与加工企业总数为2 421个,其中黑色金属冶炼加工企业有1 258个,资产总计56 692.15亿元,主营业务收入52 266.76亿元,用工人数225.25万人;[②]有色金属冶炼加工企业有1 163个,资产总计33 273.59亿元,主营业务收入37 383.22亿元,用工人数132.71万人。金属制品企业2 401个,资产总计12 895.45亿元,主营业务收入15 132.83亿元,用工人数165.92万人。[③]中国境内也有一些具有一定竞争力的大型企业和单位。目前,国务院国资委管理的中央企业中涉及金属矿业领域的有:中国有色矿业集团有限公司、中国五矿集团有限公司、中国中钢集团有限公司、中国冶金地质总局、中国黄金集团有限公司等。此外,还有紫金矿业集团股份有限公司、江西铜业集团有限公司、山东黄金集团有限公司等地方金属矿企。东盟国家金属矿

---

① 中国国家统计局.中国统计年鉴:2018[M/OL].北京:中国统计出版社,2018[2019-03-02]. http://www.stats.gov.cn/tjsj/ndsj/2018/indexch.htm.

② 中国国家统计局.中国统计年鉴:2018[M/OL].北京:中国统计出版社,2018[2019-03-02]. http://www.stats.gov.cn/tjsj/ndsj/2018/indexch.htm.

③ 中国国家统计局.中国统计年鉴:2018[M/OL].北京:中国统计出版社,2018[2019-03-02]. http://www.stats.gov.cn/tjsj/ndsj/2018/indexch.htm.

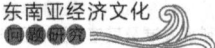

业也具有一定的规模优势,主要体现在矿石出口方面。东盟是铜、金、镍、铝、钨、锡等矿产的主要生产地之一。在金属冶炼方面,东盟总体产能较弱,尤其是钢铁、金属铜、金属铝等产能很低且大部分依赖进口。但是锡、镍和铅等金属矿产后端产业发展较好,其中,精炼锡的出口量约占世界总出口量的60%左右,同时精炼铅和镍铁合金的出口也占有重要地位。[①]

第二节　中国与东盟国家金属矿业产能合作的主要挑战

1. 其他发达国家和跨国企业的竞争

尽管中国对东盟各国在金属矿业方面具有相对优势,但与其开展产能合作时却面临着澳大利亚、加拿大、日本、美国等发达国家的竞争。陈其慎在《中国矿业发展趋势及竞争力评价研究》中对中国、澳大利亚、加拿大、美国、日本等国的矿业竞争力进行评价。从整体产业竞争力来看,澳大利亚、美国、加拿大的产业竞争力大于中国。澳大利亚、加拿大本身就拥有丰富的金属矿产资源,其矿业相关产业发展动力强,规模增长迅速,开采技术先进,产业的集中度和政策也具有优势。在矿业公司的竞争力方面,澳大利亚、加拿大、日本均强于中国。日本矿业公司的国际竞争力最强,主要体现在管理水平最先进且产业链延伸最长。澳大利亚和加拿大则主要体现在经营范围广、管理水平高、大型跨国矿业巨头数量多等。中国矿业整体同上述国家相比,主要存在的问题是产业集中度不足,净利润不高,矿业安全性也不具备优势。中国矿业企业虽然在资产规模上具有优势,技术水平有所提高,但是依然存在管理水平落后、投资效率不高、产业链延伸不足、经营范围不广等问题。

东南亚地区丰富的矿产资源很早就被澳大利亚、日本等国所关注。澳大利亚在20世纪70年代开始将经贸重点转向亚洲,在90年代初又提出了"面向亚洲""融入亚洲"的战略,并采取了一系列切实的行动。澳大利亚与东南亚地区距离最近,占据着地缘优势,对澳大利亚而言,东南亚是矿业合作的优先区域。日本本土矿产资源的匮乏,十分重视矿产资源供应的多元化,其矿业界很早就进入东南亚地区。目前,中国与东盟各国的金属矿业产能合作面临激烈的竞争,很多优质的金属矿床已经被澳大利亚、加拿大、日本、美国、欧盟等发达国家的大型矿业集团所占据。

---

① 高骏,王小烈,张艳飞,等.东南亚矿业及相关产业产能合作研究[J].地球学报,2017,38（3）:417.

2. 当地民众的质疑与国外舆论的指责

矿业开发通常对生态环境影响较大,容易引起当地民众对环境污染、资源被掠夺等方面的担忧。中国矿企在东南亚国家进行矿业投资时,倾向于同中央和地方政府谈判而忽略与当地民众和社会团体沟通协商,再加上个别投资者急于求成,贸然投资或只重视利益而忽视环保的做法,容易招致偏见和不满,以至于影响到投资合作项目的顺利开展。例如,中缅莱比塘铜矿项目是中缅合作的一个大型金属矿业合作项目,中方总投资金额为10.65亿美元,于2012年3月正式开工。尽管该项目能给中缅双方带来巨大的经济利益,但其建设过程却是一波三折,前后经历过两次停工。其中发生在2012年11月的第二次停工是因为拆迁补偿不公、环境污染、寺庙遭到破坏等问题,导致当地民众对该项目进行大规模抗议,抗议者一度占领施工营地,要求中方投资者撤资退出。尽管中缅莱比塘铜矿项目最后得以顺利推进,于2016年3月顺利实现投产,但是中方企业因为停工而遭受到巨大的损失。此外,中国的国际产能合作时常遭受国外舆论无端指责。中国在非洲国家的矿业合作曾被国外媒体恶意地贴上"资源掠夺""新经济殖民"等标签。如今,东南亚是中国"一带一路"倡议中的重点合作区域,但是掌握国际舆论话语权的西方国家却不遗余力地向相关国家传播"过剩产能输出""债务陷阱"等舆论。东盟国家部分政府官员、社会团体未能真正认识到产能合作给双方带来的利益和实惠,赞同或附和这些西方国家的负面舆论,甚至已经产生了影响力。

3. 政局变动法律修改的政策风险

矿业总体上属于资本密集型产业,具有前期投入大、回报周期长等特点。跨国矿业投资、产能合作等都需要有稳定的政治环境和法律体系予以保障。在政治环境方面,如果在跨国投资项目进行期间出现政局变动、政党轮替等情况,特别是新上台的领导人或政府对项目进行重新评估和调查,则前期批准的合作项目就会遭到重大挫折,甚至被完全暂停或取消。例如,2018年的马来西亚大选结果是出现政党轮替,新上台的总理马哈蒂尔对上届纳吉布政府同中国的一系列合作项目进行审查,导致两项基建项目出现巨大变数。2019年印度尼西亚和泰国将举行大选,中国政府与投资者需要特别关注,为可能出现的选举结果及其政局走势做好充足的准备。此外,中国与东盟一些国家在南海问题上的矛盾也可能成为金属矿业合作的障碍之一。尽管当前南海局势比较稳定,但如果出现域外国家干涉、海上军事冲突、政府立场转变等突发情况,导致中国与东盟国家关系外交关系恶化,金属矿业合作项目就有可能遭受打击报复等不公正对待。除了政治风险,法律风险也需要特别关注。金属矿产资源是不可再生资源,

关乎国家经济安全与保障,各国政府会根据本国金属矿业的发展现状、产业规划、市场变动等对矿业法律法规做出调整。但是政策变化幅度过大、速度过快,矿业企业原先投资计划将会被打乱,也无法做出快速调整,进而损害投资者的经济利益。

4. 局部地区治安反恐的安全风险

东南亚地区总体社会环境良好,但是由于其宗教、民族问题的复杂性,个别国家的局部地区存在不同程度的治安问题。首先是族群冲突问题,以缅甸最为典型。缅甸中央政府长期同克伦族与孟族地方武装发生冲突,双方爆发冲突的焦点之一就是对地方矿产资源控制权的争夺。近年来缅甸政府还因为罗兴亚人问题饱受国际社会的指责,极大地影响国家形象和投资环境。其次是宗教矛盾和极端宗教势力,印度尼西亚、菲律宾和泰国比较严重。印度尼西亚的伊斯兰祈祷团是臭名昭著的极端宗教恐怖组织,参与策划过峇里岛连环爆炸事件和巴厘岛爆炸事件,而且还以外国机构、使领馆为袭击目标。泰国南部的北大年、陶公、也拉、沙敦等省份存在伊斯兰分离主义武装,同国际上的伊斯兰极端组织均有联系。菲律宾南部是穆斯林聚居区,活跃着大量"穆特组织"和"新人民军"等反政府武装。在2017年5月,"穆特组织"在棉兰老岛发生武装叛乱,与菲政府军在菲南部城市马拉维交火。菲总统杜特尔特表示将采取严厉措施镇压反叛武装,一时间该地区局势引发国际社会的关注。菲律宾南部的棉兰老岛地区拥有东南亚最大的铜矿资源,其矿业投资和开发前景必然受严重影响。

5. 基础设施落后、官员腐败等隐性成本

东南亚地区除新加坡、文莱、马来西亚之外,普遍存在基础设施落后的问题。在交通运输方面,公路与铁路设施不发达。一方面,公路质量较差,柏油路仅占一半左右,高速公路则不到1%。公路设施也分布不均匀,新加坡的公路密度最大,为4.8千米/每平方千米,且均为柏油路,而缅甸的公路密度最小,仅为0.05千米/每平方千米。[①]另一方面,铁路密度仅为5千米/每平方千米,不仅密度远低于世界发达国家水平,而且有98%的铁路均为米轨,需要进行升级和改造。[②]在能源供应方面,电力缺口是主要问题,其中印度尼西亚、菲律宾、缅甸、柬埔寨比较严重。金属矿的勘探、开采、冶炼等环节需要用到大型的机械设备,一些金属(如铝、镁)使用电解法进行精炼,需要消耗大量的电能,投资者在电力缺乏的情况下需要自建发电设备,无形中提高了投资成本与门槛。腐败同样是推高隐性成本的重要因素,而东盟国家中印度尼西亚贪污腐败最为猖獗。根据印度尼西亚矿业相关法律,地方政府拥有矿业审批权,外国的矿业投资者可能面临从中央部门到地方政府官员的层层索贿,加重了投资成本。此外,泰国、菲律宾、柬埔寨也存在较为严重的腐败、官商勾结等现象,影响到矿业投资合作的开展。

第十七章

进一步深化中国与东盟国家金属矿业合作的重要意义

第一节　深化金属矿业产能合作对东盟国家的重要意义

1.改变依赖原矿出口的单一矿业发展模式

除了马来西亚有一定的后端冶炼加工能力之外,其他东盟国家的冶炼加工能力不强,其金属矿业主要是把未经加工的原矿或初级加工的矿产品对外出口。这样单一的发展模式不利于金属矿业的长期发展,主要体现在:(1)金属原矿及其初级产品的技术含金量不高,附加值低,处于金属矿业产业链和价值链的最底端,可获得的收益也最少。(2)金属原矿及其初级产品的需求价格弹性较大,其价格容易受世界宏观经济形势的影响,出口国在定价权方面处于劣势地位,不利于外贸和经济的发展。东盟国家已经意识到这一问题的严重性,并努力在矿业发展政策上做出调整和改变。印度尼西亚出台原矿出口禁令,要求该国矿业企业必须将金属矿石在本地进行冶炼和加工。但是,这项政策引起巨大争议和阻力,一方面金属矿物的冶炼与加工项目通常工程浩大,单靠印度尼西亚本国的经济实力短时间内无法快速建立起完整的金属冶炼加工生产体系;另一方面,这项政策损害了一些外国投资者的利益,来自发达国家的矿业企业并不配合,如美国自由港公司、纽蒙特矿业公司均表示无意在印尼兴建冶炼厂。[①]

中国矿企拥有丰富的设计、施工和管理经验,尤其是在大型工程项目建设方面效率很高,能在较短的时间内完成从设计到施工再到生产的整个过程。此外,中国在冶金加工等矿业下游产业有富余产能,有较强的向外输出产能的意

①② 宋国明.印度尼西亚原矿出口政策的变化与影响分析.[J].国土资源情报.2014（4）：7–12.

愿。目前一些中国企业,如中国协鑫集团、青山集团、罕王集团等数家企业,已计划在印尼兴建矿业加工产业园区或冶炼厂。②因此,中国与印度尼西亚等东盟国家深化金属矿业产能合作,能帮助他们快速建立其后端金属冶炼加工生产体系,在较短的时间内改变其单一的矿业发展模式。

2.吸引国外资金、技术、人才流入金属矿业领域

发展中国家的产业发展和升级离不开技术和人才等"智力支持",但是受制于经济实力、社会文化等问题,科技研发与人才培养体系难以在短时间内培养起来。东盟国家除新加坡之外,其高等教育普遍不发达,同发达国家具有很大差距,同时还存在"重文轻理"的问题。印度尼西亚、菲律宾等国在采矿、冶金等行业的技术、专业人才比较匮乏,限制了这些国家金属矿业及下游产业的发展。中国与东盟各国开展金属矿业产能合作,到对方国家投资建厂过程,必将派遣各类工程技术人员和管理人员进驻,使得东道国能在较快时间内引进大量急需的技术和人才。此外,东盟国家可以同中国矿企签订一系列技术转让、人才培养、校企合作等协议,利用中国的技术与人才优势,加快本国的金属矿业各方面人才培养体系的建立,推进技术与科研成果的引进和转化,保证其金属矿业的良性发展。

3.满足未来金属矿业产品不断增长的消费需求

东盟国家的金属矿业产品需求在快速增长,现有的产能将无法满足。金属矿业产品同国家的经济增长快慢与产业结构调整呈正相关性。首先,东盟国家近年来经济发展平稳,2017年东盟十国国民生产总值平均增速为5.3%,其中柬埔寨、老挝、缅甸和越南四国的平均增速到了6.8%①,未来该地区将继续保持5%~6%的中高速增长。东盟经济的较快增长必然拉动金属矿业制品的总体需求。其次,不同的产业需求对金属矿业产品的需求也不同。根据资源–产业雁行式演进规律,一国产业结构的不断升级转变,用来支撑其发展的矿产资源的种类和需求也呈现出相对应的演变趋势。②例如,汽车工业需要钢铁、铝等金属;机械航空工业需要铝、钛金属;电子电器工业需要铜、铝、稀土金属等。而在快速快工业化和城镇化进程中,公路、铁路、电力能源等基础设施建设需要钢铁、铝、铜等。近年来,东盟国家提出了宏伟的工业化和产业升级的战略。例

① 东盟秘书处. Growth of the gross domestic product（GDP）in ASEAN, year-on-year（Annually ;Quarterly）[OL].[2019-02-27].https: //data.aseanstats.org/indicator/AST.STC.TBL.6.
② 高骏.东南亚矿产资源供需形势及产能合作研究[D].中国地质科学院,2017: 26.

如,泰国在2017年推出了"泰国工业4.0"战略,其十大优先发展的产业中就有包括航空工业、自动化机械与机器人、智能电子、新一代汽车等。印度尼西亚在2018年正式颁布了《印尼工业4.0路线图》,其五大优先发展领域中有汽车工业与电子工业。由此可见,未来与这些制造业相关的钢铁、铜、铝、稀土金属矿产资源的需求将快速增长。预计到2030年,印度尼西亚、越南的粗钢、铜、铝需求均将增加1倍以上;菲律宾的粗钢需求将增加1倍左右,铜、铝需求将增加两倍以上;而整个东南亚地区粗钢、铜、铝的需求将分别达到1.7亿吨、190万吨和280吨左右。①

第二节 深化金属矿业产能合作对中国的重要意义

1. 转移国内富余产能并促进产业结构调整的升级

当前我国有许多行业面临产能过剩的问题,其中钢铁、有色冶金等金属矿业下游产业尤为突出。我国每年耗费大量外汇储备购买国外金属矿石等原材料,但下游冶金和金属加工行业的产能远大于国内实际需求,导致整个金属矿业行业的产能利用率不高,外汇资源浪费。我国的矿业和冶金工业经过多年的发展,在技术研发、设施装备等方面的水平取得巨大进步,但产能的过剩没有让技术装备的优势得以体现,反而造成经济效益下降,甚至一度出现全行业亏损的尴尬局面。因此,深化中国与东盟国家的金属矿业产能合作,将富余产能进行内部化解和外部转移,让技术装备进入国际市场中去竞争,从而倒逼国内企业增强核心竞争力,促进整个金属矿业向技术密集型发展。

云南是我国的矿业大省,拥有丰富的金属矿业资源,下辖的个旧市被誉为中国"锡都"。但随着金属矿产的枯竭,以个旧为代表的矿业城市面临着艰巨的产业转型升级的压力。云南省可依靠地缘优势,积极发展同缅甸、老挝、泰国的金属矿业合作,依靠境外金属矿产资源发展境内资源枯竭型城市的金属冶炼和深加工等下游产业,助推这些城市的产业升级和转型。目前,云南个旧市利用本地锡加工产业的技术优势,从印度尼西亚、缅甸、老挝等国开拓了资源新来源来发展锡加工产业,2010年外来矿物原料所占比重从2006年的41%进一步提高到85%。②

① 高骏.东南亚矿产资源供需形势及产能合作研究[D].中国地质科学院,2017: 28.
② 朱训.中国矿业城市在转型中前进[N].中国矿业报,2012–05–08(A01).

2. 规避金属矿业制品贸易壁垒，缓解贸易逆差问题

我国的金属矿业产能过剩，国内市场无法完全消化，大量金属矿业产品出口国外。但是，世界很多国家出于保护本国产业、推动就业、减少贸易赤字等原因，对我国的金属矿业产品采取贸易保护主义的措施。美国、欧盟、墨西哥、印度等国多次对我国的钢铁、电解铝以及其他金属矿业制品发起反倾销调查，甚至直接征收高额的惩罚性关税，给我国矿业企业造成巨大损失。当前进行的中美贸易战中，金属矿业制品则是本次贸易战的重灾区。中国与东盟国家深化金属矿业合作，中国矿企前往东盟国家投资建厂，所生产的金属矿业制品在出口欧美发达国家时利用"原产地规则"来避免贸易壁垒，确保中国矿企的经济利益不受贸易战和贸易保护主义的消极影响。中国与东盟的自由贸易区已经建成，自贸区内各国之间的关税不断降低，经贸投资往来也更加便利。但是关税降低、贸易便捷的同时，中国对东盟国家的商品出口远大于商品进口，使其处于贸易逆差的地位。就2017年中国与东盟整体贸易情况看，中方顺差434亿美元，中国对越南、菲律宾、新加坡、印度尼西亚、缅甸、柬埔寨、文莱是贸易顺差，马来西亚、泰国、老挝是贸易逆差。这样的情况让一些东盟国家感到担忧焦虑，甚至一些政府官员和民间人士公开表达不满。中国在金属矿业下游产业与东盟国家合作，将金属矿资源放在本地加工，以附加值更高的中间产品返销中国，这样可以在一定程度上帮助东盟国家缩小贸易逆差，将双方金属矿业贸易从原材料贸易向价值链贸易转变，在经济上真正体现中国－东盟命运共同体。

3. 充分利用外部资源并建立中国主导的价值链和产业链

我国虽然金属矿资源丰富，种类也相对齐全，但是存在不少问题，包括：资源总量大，但人均资源不足；金属矿产品种齐全，但资源丰度不均；矿产质量贫富不均，贫矿多，富矿少；超大型矿床少，中小型矿床多；共生伴生矿多，单矿种矿床少等。东盟国家的金属矿资源不仅总量大、种类全，而且富矿多、品质好。金属矿资源是金属矿业发展的基石，我国应该充分利用东南亚地区的资源，保证金属矿产资源安全和金属矿业的可持续发展。此外，我国已经是世界第二大经济体，经过逐步发展，已形成产业门类齐全、技术水平相对较高的工业体系，多项经济指标位于世界前列，在世界经济格局中的地位介于"传统发达国家"和"传统发展中国家"之间。随着我国综合国力的增强，"一带一路"倡议的推进，我国已经具备进一步提高国际分工体系地位，甚至构建全球产业链和价值链的基础。东盟是"一带一路"沿线上的重点区域，同中国经济互补性强，是中国深度参与国际分工体系、构建全球价值链的最佳"试验地"。中国在与东盟国家进行金属矿业合作的过程中，将相关技术、装备、资本、行业标准等输出并在当地应用,可逐步构建起中国占优的金属矿业的分工体系。金属矿业是工业制造业的源头产业,中国可以以构建金属矿业分工体系为起点,向下游产业如金属冶炼、合金材料、电子元件、机械设备等延伸和拓展,最终实现在东盟国家乃至全球产业链、价值链的重构。

第十八章
深化中国与东盟国家金属矿业产能合作的实现路径

第一节 国家层面上的合作策略

1. 强化并完善中国与东盟国家双边经济合作的制度机制

首先,深化中国-东盟自由贸易区并继续推动RCEP的谈判进程。东盟与中国、日本、澳大利亚、印度等国都建成自由贸易区,存在多个东盟"10+1"并存和竞争的情况,而日、澳两国则是中国与东盟在金属矿业合作方面最强有力的竞争者。因此,中国-东盟自贸区应该深化合作层次和提高水平,尤其是进一步扩大和促进投资贸易的市场准入与便利化,加强物流的互联互通,提高人力资源开发等,以增强中国对日、澳在东盟国家金属矿业合作领域的竞争力。由日本主导的全面与进步跨太平洋伙伴关系协定(CPTPP)已经于2018年底正式建成生效,成员不仅包括日本、澳大利亚、加拿大等发达国家,还有文莱、马来西亚、越南三个东盟国家,但一直将中国排除在外。中国应该加快东盟主导的区域全面经济伙伴关系协定(RCEP)的谈判进程。RCEP的目标是消除内部贸易壁垒、创造和完善自由的投资环境、扩大服务贸易,还将涉及知识产权保护、竞争政策等多领域。若RCEP最终建成,其自由化程度将高于中国-东盟自由贸易协议,还能在一定程度上抵消CPTPP对我国的消极影响。现有的中国-东盟自由贸易区与正在进行谈判的RCEP是相辅相成、互不矛盾的,在RCEP正式成立之前,中国-东盟自贸协议仍然有效。因此,中国可以同时深化中国-东盟自贸区机制和推进RCEP的谈判,实现金属矿业合作环境的优化。

其次,改进和完善投资协议以及争端解决机制。现有的《中国-东盟投资协议》与《中国-东盟争端解决机制协议》中虽有涉及矿业,但不能完全协调好双方在投资和争端解决方面可能出现的问题。一是这两个协议具有原则性、框

架性和普遍适用型,并没有专门且具体的矿业合作协调内容。在发生矿业投资争端时,这些协议就显得有些单薄。二是协议的一些条款不利于矿业合作,甚至本身就为可能出现的争端埋下伏笔,例如东盟国家可以依照《中国–东盟投资协议》第十六条"保护不可再生资源的相关措施",对金属矿业投资者和投资采取包括限制生产和消费的各种限制措施。三是《中国–东盟争端解决机制协议》中规定争端的解决首先要进行友好协商,协商不成功则再经由东道国司法机构甚至国际仲裁委员会调解和仲裁。这样的机制通常时间漫长、效率低下,矿业企业在前期投入大量资源的情况下无法承受解决争端所需的时间和效率成本,往往不得不撤资并遭受巨额损失。鉴于矿业的特殊性,改进和完善投资协议以及争端解决机制的最有效的方式就是签订专门的中国–东盟矿业合作协议,尤其是要对《中国–东盟投资协议》第十六条和自然资源永久主权[1]问题做出具体的安排。考虑到东盟各国内部矿业法律法规和行业发展的差异性,中国应该与东盟各国分别签订矿业产能合作协议或谅解备忘录作为中国–东盟矿业合作协议的补充。

2.为我国企业营造良好的投资经营环境与合作平台

首先,为我国矿企提供良好的融资环境与金融政策。金属矿业投资前中期,尤其是建立金属冶炼厂需要大量的资金与装备,中国矿企在东盟国家投资过程中,仅仅依靠企业自身实力和东道国金融系统是无法获得足够的融资支持的。受到融资杠杆的制约,中国矿企走出国门通常存在股权较少而债券较多、融资成本较大的问题,因此中国与东盟国家金属矿业合作急需良好的金融政策与融资环境。我国倡议下成立的亚洲基础设施投资银行(亚投行)和为"一带一路"服务的丝路基金应该加大对中国–东盟金属矿业合作项目的支持力度,以改善中国矿企的融资环境。丝路基金的重要优势是可以进行中长期的股权投资,以直接投资项目或委托的方式来支持中国矿企的股权投资,使其跨国投资项目的掌控能力得到加强。丝路基金也能够整合境外金融机构的资源,以采取贷款的方式为中国矿企海外融资提供支持。亚投行的优势在于多样化的投融资方式,其政府与社会资金合营的PPP模式可以让中国矿企、东道国政府和其他民间资本共同参与金属矿业合作项目,从而拓展了中国矿企的融资渠道,改善了融资环境。此外,中国应该加快人民币国际化的进程,提高人民币境外支付比例,同

---

[1] 根据联合国大会1962年12月14日决议通过的《关于自然资源永久主权的决议》,以公用事业、社会安全或国家利益等理由或原因作为根据,这些事业、安全或利益被公认为远较国内外个人利益或私家利益重要得多,则可以采取国有化征收或征用措施。

各国签订货币互换协议,通过发行人民币海外债券等一系列方式提高人民币在国际市场上的影响力和认可度。若未来中国矿企能直接使用人民币进行投融资、支付、交易等,则可以极大地降低融资成本以及外汇风险。

其次,促进我国矿企与日本、澳大利亚、加拿大等国开展第三方矿业市场合作。我国已相继同法国、韩国、日本、加拿大、澳大利亚等国家签订了开展第三方市场合作的联合声明或谅解备忘录,而且获得积极成效。在东盟国家矿业领域存在多国竞争的情况下,我国可以联合日本、澳大利亚、加拿大等国开展第三方市场合作,以实现优势互补,降低竞争成本。这样不仅为我国矿企提供提高竞争力、补齐短板的机会,还将利益同发达国家、东盟国家结合在一起,在一定程度上缓解国际上针对我国的"资源掠夺论""债务陷阱论"的舆论,改善我国在国际形象和话语权上的弱势地位。在金属矿业领域,日本矿企在产业链延伸、资源利用率、绿色环保等方面具有优势,可以与我国庞大的产能优势相结合,共同开发金属冶炼及其下游金属加工市场。加拿大、澳大利亚的矿企不仅开采技术先进,而且已经拥有不少东盟国家优质的金属矿山和矿床的所有权或使用权,可以与我国矿企以股权合作或联合经营的方式对金属矿山和矿床进行开发。

第二节 企业层面上的合作建议

1.提高企业在东盟国家矿业领域的竞争力

首先,提高自身的"硬实力"。我国矿企要用科技创新与技术进步来缩短同发达国家在矿业领域的差距。就金属矿业而言,一方面加大矿业循环技术的研发力度,开发先进的技术装备和生产工艺,实现从金属原矿的开采与冶炼到矿渣废液回收与副产品加工利用的全套流程,以提高资源利用率和降低环境污染。另一方面要考虑到金属在产业链和制造业中的应用和地位,从金属冶炼与精炼,再到金属材料与制品等下游产业的创新与开发,不断拉伸产业链和价值链。在当前东盟国家金属矿业政策不断强调环境保护以及资源本地加工的情况下,加强矿业循环技术研发和金属冶炼下游产业创新开发必然是我国矿企提高竞争力的重要方向。

其次,提高自身的"软实力"。我国矿企要加强员工的综合素质与企业的管理水平。提高员工的综合素质,重点在于培养或引进一些既有工程与管理技术经验,又有国际视野与知识储备的复合型矿业人才。一方面,企业可以联合其他单位和组织为员工提供东盟国家政治、经济、文化、语言等知识的培训体系,

为这些员工将来前往东盟国家提前做好文化功课准备；另一方面,企业可以通过中国-东盟矿业人才交流培训中心引进一些业务能力强、适应中国矿企制度,同时也对东盟国家矿业情况十分熟悉的外籍人才。在东盟国家进行金属矿业投资,通常面临法律条款繁杂、牵涉部门较多的问题,这对企业在当地的运营管理是一项巨大的挑战。因此,在提高管理水平方面,中国企业不仅要学会在东道国处理项目申请、劳资关系、环境保护、缴税交费等,还要做到严格遵守相关法律法规,不在灰色地带游走和行动。

2. 充分做好相关调研工作以及应对的各种紧急预案

由于矿床深埋于地下,矿产资源的具体方位、储藏量、品质优劣具有很大的不确定性。一些重要矿产资源的信息或线索往往掌握在当地政府官员、本地矿业公司或者个人手中,作为外来投资方,我国矿企在这些信息的获取方面处于弱势地位。此外,我国矿企通常依靠东盟国家的官方网站、政府宣传等方式来了解所在国的矿业投资政策,但对其具体实施细则以及劳工保障、环境保护等相关法规并不熟悉。因此,我国矿企应充分做好前期的调研工作,尤其要聘请当地矿业从业者、律师、华侨等对其矿藏信息、法律条款、当地习俗等进行甄别和研究,最大限度地获取最真实可靠的情报。只有通过前期的调研,我国矿企才能避免在信息不对称的情况下,因为未经证实的信息或对法律条款的误解和疏忽而贸然进行投资,进而处于巨额亏损、合作无以为继的境地。

我国矿企在东盟国家参与金属矿业合作往往机遇和风险并存。大多数东盟国家是发展中国家,处于经济社会转型、各种矛盾交织盘错的阶段,在投资合作的过程中会出现各式各样的风险。例如政治选举过程中可能出现的游行示威、政局动荡、民族宗教冲突等社会治安风险；因为基础设施落后、能源供应不足导致的突然停电、停水事故等运营风险。这些风险通常事发突然,无法掌控,因此我国矿企需要提前准备好应对突发事件的处理措施,确保矿业投资项目不受到严重影响。

3. 把握好合作的方向与方式,并注重本地化经营

我国矿企应根据东盟各国的金属矿业现状、相关政策导向来选择投资合作的方式与方向。例如,柬埔寨、老挝金属矿物勘探程度低,中国矿企可选择以地质调查合作、探矿权投资作为重点；印度尼西亚要求矿业企业必须在当地建立冶炼项目,且要求5年后减持外国投资者的股份,中国矿企对此选择BOT项目(即建造—运营—转让)的投资方式较为适合；在当前东盟国家均强调矿山生态保护、矿物利用能效的大环境下,中国矿企可开展技术合作,出售或转让涉及节能环保、资源回收等的矿业技术或设备,开拓金属矿业合作的新模式。此外,我国矿企应具有"抱团取暖"意识,根据不同企业的优势与特点实现资源整合,可在东盟国家共建金属矿业产业园区,在产业链的上、中、下游实现通力合作。这样既符合东盟国家发展金属矿业后端产业的意愿,也能降低投资与经营风险。

我国矿企应积极主动与当地各种利益相关团体建立联系,注重为当地创造社会经济效益。金属矿业涉及资源安全、环境保护、中央与地方政府利益分配等问题,容易引起当地民众和团体的关注。但中国企业通常奉行同各级政府高调合作、同地方群众低调沟通的行事风格,不习惯或不愿意同除政府以外的其他社会团体打交道,容易让周围民众产生偏见和误解。因此,企业应积极同当地民众和利益团体建立沟通和联系的管道,及时有效地向社会公布或宣传必要的运营管理信息,以增进互信了解,消除误会。此外,企业积极开展本地化经营,为当地的税收收入、扩大就业、产业发展做出贡献;同时增强自身社会责任意识,在投资建厂的过程中,顺便为当地修建路桥、水电改造等,以"民心工程"积极回报当地社会,进而提高企业的形象,营造有利的舆论环境。

结 语

东盟国家金属矿产资源丰富,铝、铜、金、镍、锡等最具有优势,但铁矿资源相对不足。个别国家勘探程度较低,但随着勘探工作的推进,发现其他大矿、富矿的可能性大,尤其是铁矿资源应该成为东盟国家探矿的重点之一。近年来,各国的金属矿业政策变动较为集中和频繁,既有鼓励性也有限制性,总体趋势是限制金属原矿的开采和出口,鼓励地质勘探和后端冶炼加工。东盟国家内部金属矿业的发展情况差异较大,印度尼西亚、马来西亚等国的金属矿业较为发达,柬埔寨、老挝等国的金属矿业则处于起步阶段。随着各国相关政策法规的调整和产业结构的变化,东盟国家的金属矿业在一些性质上正在转变。金属矿业贸易将从原材料贸易向中间产品贸易、价值链贸易转变;金属矿业产品对国民经济发展的作用从生产矿石出口换汇的直接贡献,向生产基础金属材料为本国制造业提供上游中间产品的间接贡献转变。

中国与东盟国家的金属矿业合作历史悠久,在"一带一路"倡议、国际产能合作不断推进的背景下,中国-东盟的金属矿业合作均有利于双方的产业升级与发展,各项合作也在不断深化当中。目前,东盟国家的金属矿业已经发展到新的阶段,过去传统的合作方式(如开采矿石、原矿出口等)未来将受到极大限

制,我国应结合自身优势,根据东盟各国金属矿业的发展现状和政策导向来开展新的合作方式和方向。我国矿企在东盟国家进行金属矿业投资时,不能只将眼光局限在"矿业"这一面,还要关注"金属"的特殊性质以及在制造业中的作用,采用抱团取暖的方式在产业链的上、中、下游实现通力合作来降低投资与经营风险,还能以此为契机帮助我国实现在东盟国家乃至全球产业链、价值链的重构。

当前,东盟国家金属矿业的发展和变化有一定的趋同型,即重视后端冶炼的发展,以此打通金属矿业内部、金属矿业与制造业之间的产业链。在当前国际分工体系出现重新洗牌的背景下,这种金属矿业的发展导向预示着东盟国家正在为承接国际制造行业做准备,这不仅需要引起我国矿业企业注意,更需要得到我国整个制造行业的高度关注,这是本书研究东盟金属矿业的重要启示之一。印度尼西亚、越南、泰国的金属矿业发展动向需要特别重视,这些国家在其推出的国家工业发展战略中比较明确地表明金属矿业对本国制造业的支撑作用。

第五部分
东南亚国家对外出口以及在全球价值链中的地位

◎杜声浩

▶ 导　言

当今世界,产品内分工网络已经渗透到世界各地区,产品或服务由单一国家制造变为多国共同参与,各国出口贸易从最终产品出口转向产业内、各生产工序之间的零部件贸易。与此同时,金融、通信、物流等生产型服务业伴随着科技革命而高速发展,从而降低了运输与交易成本,并为贸易自由化提供便利。当前,中间产品出口占据世界制造业总出口的50%以上,高于全球消费品和资本品贸易的总和。

东南亚地区得益于其独特的地理以及资源优势,在产业内分工和区域性及全球性生产网络的推动下,对外贸易额快速增长。保罗·克鲁格曼等将外贸依存度超过50%的国家,称为超贸易经济体。[①]根据联合国贸易数据库(UN Comtrade)2016年的统计数据,东南亚大部分国家都已成为超贸易经济体。其中新加坡贸易依存度达253%,马来西亚、泰国分别达到了131%和113%,远超50%的临界值水平。东南亚各国出口导向型的经济体反映了其参与全球生产网络分工的程度不断加深。

东南亚区域经济的发展离不开东南亚国家对外贸易政策以及全球生产网络的作用。产品内分工的深入发展带动了欧盟和美、日等国将本国劳动密集型、技术相对落后的产业向发展中国家转移,而外资的进入解决了发展中国家劳动力过剩、产业相对落后,以及资本积累不足等问题,为发展中国家实现经济腾飞提供了动力。事实上,东亚"四小龙"也是通过实施政策,吸引外资并借此融入全球

---

① KRUGMAN P, VENABLES A J. Globalization and the Inequality of Nations[J]. The quarterly journal of economics, 1995, 110（4）: 857-880.

生产网络，实现了跨越式发展。中国也是通过对外开放成为世界工厂，出口成为驱动中国经济增长的三驾马车之一。

虽然以出口为导向的产业经济政策，促进了东南亚国家经济增长，带动了相关产业发展，但是随着各国经济由低收入向中等收入迈进，以及劳动力工资水平的上升，发展中国家原先具备的低劳动成本优势不复存在。而发展中国家参与的全球价值链分工往往以低技术、劳动密集型产业为主集中在价值链低端。发展中国家的产业面临低端锁定的威胁。

此外，随着全球经济从共振走向分化，经济一体化隐藏的矛盾逐渐开始显现。由收入分配和金融自由化导致经济一体化陷入停滞甚至倒退，生产国与消费国之间贸易摩擦频发，在新的国际经济形势下，东南亚作为全球生产网络中的装配与制造中心之一，在未来同样面临较大的不确定性。

本部分从东南亚对外经贸出发，首先，探讨东南亚在自由贸易区建设和区域经济一体化的进展；其次，从传统贸易和增加值贸易两方面出发，探讨东南亚对外贸易的结构、竞争力以及在全球价值链中的地位；最后，分析当前新经济形势下经济全球化的现状、矛盾以及对东南亚经济与贸易的影响。

第十九章
东南亚国家自由贸易区建设和一体化实践

第一节　东南亚国家自由贸易区建设

1. 东南亚各国的自由贸易区建设

东南亚各国是贸易自由化的积极参与者和主要受益者。通过参与多边贸易体系，与相关国家建立自由贸易协定，依靠其独特的区位优势，东南亚国家吸引大量来自发达国家的投资与产业转移，加速其国内工业化进程。除此之外，全球生产网络的融入也带动其国内相关产业的快速发展并形成产业集群。截至目前，东南亚国家与世界各国或经济体共签署或筹划了113个自由贸易区，涵盖了全球主要大型经济体。

　　新加坡始终走在东南亚对外开放的前列，从数量上看，目前已签署并生效的自贸协议共16个，正处于谈判阶段的自贸协议7个。在区域上，新加坡已在全球范围内与世界主要发达经济体建立了自由贸易区，包括美国、欧洲自由贸易联盟、日本、韩国、澳大利亚等。新加坡还与主要发展中国家或地区建立自由贸易区，包括中国、印度、土耳其、巴拿马等。目前新加坡与加拿大、墨西哥、欧盟以及欧亚联盟的自由贸易谈判正在进行中，若顺利建立自由贸易区，届时新加坡将与全球四大洲主要经济体均建立自由贸易联系。

　　马来西亚、泰国、印度尼西亚在自由贸易区建立上仅次于新加坡。三国目前已建立或正在筹备的自由贸易区分别达19个、21个、21个。其中马来西亚目前已成立的自贸区有8个，签署但尚未生效的自贸区2个，谈判或提出建立的自贸区9个；泰国已建立6个自由贸易区，向15个国家或地区提出建立自贸区或展开谈判；印尼目前建立有3个自贸区，另有7个自贸区处于谈判进程，9个自贸区已提出并开展协商工作。上述三国目前已建立的自由贸易区均为东南亚周边国家，如中国、澳大利亚、日本等国，并以发达国家为主。正在筹备或谈判的自由贸易区则主要包括美国、欧盟、韩国等发达国家和部分发展中国家。

　　菲律宾和越南在自由贸易区建设上落后于上述四国。菲律宾目前提出或已达成的自由贸易协议共10个，其中仅与日本、欧洲自由贸易联盟成功建立自由贸易区，菲律宾与欧盟的自由贸易协议目前正在谈判进程中，而与北美、南美等国的自由贸易区目前尚处于探讨阶段。越南目前提出或成立的自由贸易区共10个，其中越南与韩国、智利、日本以及欧亚联盟的自由贸易区已成功建立，除此之外越南与欧盟、以色列的自由贸易区目前正处于谈判进程中。

　　柬埔寨、老挝、缅甸三国的国内经济发展落后于其他东南亚国家，在自由贸易区建设上同样滞后。柬埔寨仅向欧亚经济联盟提出建立自由贸易区。缅甸仅与美国签署了建立自由贸易区的框架协定。上述国家经贸的发展将主要依托于区域内部以及参与多边经贸协定来实现。

　　东南亚国家在双边自由贸易区建设上有以下几个特点：首先，自由贸易区数量与开放程度与东南亚国家国内经济发展密切相关。如，高收入国家的新加坡与中低收入国家缅甸在自由贸易区数量和缔约国上形成鲜明对比。其次，与东南国家建立自由贸易区的缔约国主要为东南亚周边国家，如日本、澳大利亚、新西兰等国并且以发达国家为主。再次，除周边国家外，东南亚国家普遍都向欧盟、美国提出建立自由贸易区或展开谈判，以谋求双边经贸合作，作为全球主要最终产品市场，美国和欧盟等对东南亚出口具有重要的影响。最后，东南亚国家与发展中国家建立或正在建立的自由贸易区主要受全球生产网络的驱动，因此具有较强的产业关联性。如印尼与南非，非洲部分国家建立自由贸易区主要受到印尼在咖啡、可可等经济作物融入全球生产网络的影响。

表 19-1 东南亚国家参与的自由贸易区统计

国家	提出	谈判阶段		签署且尚未生效	签署且生效	合计
		签署框架协议	谈判阶段			
文莱	1	0	0	1	2	4
柬埔寨	1	0	0	0	0	1
印度尼西亚	9	0	7	2	3	21
老挝	0	0	0	0	2	2
马来西亚	4	1	4	2	8	19
缅甸	0	1	1	0	0	2
菲律宾	7	0	1	0	2	10
新加坡	0	0	7	0	16	23
泰国	7	1	7	0	6	21
越南	2	0	3	1	4	10

资料来源：Asia Regional Integration Center

2. 东盟参与的自由贸易协定

目前东盟已和11个国家或地区签署或正在商讨双边贸易协定。其中东盟与中国、中国香港、澳大利亚、新西兰、韩国、日本、印度等国和地区的自由贸易协定(Free Trade Agreement, FTA)已经生效并开始实施。除越南、老挝、缅甸、柬埔寨(CLMV)之外，东盟其他六国与上述国家的正常商品贸易关税已基本降至零，而CLMV国家正常商品贸易零关税最迟也将在2025年实现。除此之外，东盟-欧盟自由贸易协定(ASEAN-EU FTA)、东亚全面经济伙伴关系(CEPEA)、东盟-巴基斯坦自由贸易协定(APFTA)、东盟-欧亚经济联盟自由贸易协定(ASEAN-Eurasian Economic Union FTA)目前正处于谈判进程中。

除了双边贸易协定之外，东盟还参与了区域全面经济伙伴关系(Regional Comprehensive Economic Partnership, RCEP)的建立。RCEP是以东盟为"车轴"，以中国、澳大利亚、新西兰、韩国、日本、印度为"辐条"的区域自由贸易协定,主要通过整合现有的五个东盟10+1双面自贸协定,以形成区域性的多边的"现代、全面、高质量、互利"的FTA。① RCEP谈判始于2013年,目前已经进行了23轮。各方有望在2019年结束谈判,进入最后落实阶段。

(1)中国-东盟自由贸易协定(ACFTA)

2002年,中国与东盟签署了《中国-东盟全面经济合作框架协定》,这标志着中国-东盟自由贸易区建设正式启动,中国成为东盟对外签订自由贸易协定的首个国家。在签署全面经济合作框架协定后,双方在2004—2009年陆续签订了《中国-东盟货物贸易协定》《争端解决机制协定》《服务贸易协定》《投资协定》。2010年1月1日,中国与除CLMV国家之外的东盟6国的大部分产品实现了零关税,CLMV四国关税将陆续取消,这标志着中国-东盟自由贸易区全面建成。②

《中国-东盟货物贸易协定》于2005年1月1日开始生效,一共23项条款,其主要内容有:定义,国内税和国内法规的国民待遇,税收减免,透明度,原产地规则,减让的修改,WTO规则,数量限制和非关税壁垒,保障措施,承诺的加速实施,保障国际收支的措施,一般例外,安全例外,承认中国市场经济地位,国家、地区和地方政府,机构安排,审议,附件和将来的文件,修正,杂项条款,争端解决,交存,生效。

在《中国-东盟货物贸易协定》第3条关税减免中,双方约定了不同产品类别的逐年降税计划,协定将产品分为3类,即早期收获产品、敏感产品和正常产品;关税的削减模式分为三组,东盟6国和中国为一组,缅甸、老挝、柬埔寨为一组,越南单独为一组;正常产品的减税期限被划分为三个阶段,东盟6国(CLMV除外)和中国的减税时间期限和税目比例要求较高,越南次之,对老挝、缅甸、柬埔寨的要求较低,最终东盟10国和中国都必须在2018年之前实现所有正常类产品零关税(见表19-2)。越南方面,正常产品基本上每年的降税幅度为5%~10%,最终要求越南在2015年消除正常产品关税;敏感产品细分为敏感清单和高度敏感清单,东盟6国和中国可列入敏感产品的税目上限为400个HS六位税目及进口总值的10%,敏感清单产品最惠国(MFN)关税税率在2018年前降至0%~5%,高度敏感清单产品关税税率在2015年前降至50%,越南

---

① ASEAN. Guiding Principles and Objectives for Negotiating the Regional Comprehensive Economic Partnership[EB/OL]. (2016-10-03) [2018-10-15].https://asean.org/?static_post=rcep-regional-comprehensive-economic-partnership.

② 韦红泉,李光辉. 中国-东南亚自由贸易区的进展与趋势[J]. 国际经济合作,2012(11): 52-54.

可列入敏感产品的税目上限为500个HS六位税目,敏感清单产品关税税率在2020年前降至0%～5%,高度敏感清单产品关税税率在2018年前降至50%(见表19-3)。

表 19-2　中国-东盟FTA正常产品减税期限要求、税目比例及税率

国家	ASEAN6 和中国	越南	老挝、缅甸	柬埔寨
阶段一	2005 年 6 月 1 日前：税目的 40% 为 0%～5%	2009 年 1 月 1 日前：税目的 50% 为 0%～5%	2010 年 1 月 1 日前：税目的 50% 为 0%～5%	2012 年 1 月 1 日前：税目的 50% 为 0%～5%
阶段二	2007 年 1 月 1 日前：税目的 60% 为 0%～5%	2013 年 1 月 1 日前：0%（比例待定）	2013 年 1 月 1 日前：税目的 40% 为 0%	
阶段三	2018 年 1 月 1 日前消除所有正常产品税目关税			

资料来源：根据《中国－东盟货物贸易协定》附件 1 编制

表 19-3　中国-东盟FTA敏感产品税目上限规定及减税要求

	东盟 6 国和中国	越南	缅甸、老挝、柬埔寨
敏感产品税目上限	400 个 HS 六位税目，进口总值的 10%	500 个 HS 六位税目	500 个 HS 六位税目
高度敏感清单税目上限	不超过敏感产品税目的 40% 或 100 个 HS6 位税目	应不迟于 2014 年 12 月 31 日决定	不超过敏感产品税目的 40% 或 150 个 HS6 位税目
敏感清单减税要求	在 2012 年 1 月 1 日前 MFN 税率减至 20%，在 2018 年 1 月 1 日前减税至 0%～5%	在 2015 年 1 月 1 日前 MFN 税率减至 20%，在 2020 年 1 月 1 日前减税至 0%～5%	
高度敏感清单减税要求	在 2015 年 1 月 1 日前 MFN 税率减至 50%	在 2018 年 1 月 1 日前 MFN 税率减至 50%	

资料来源：根据《中国－东盟货物贸易协定》附件 2 编制

(2) 东盟-韩国自由贸易协定(AKFTA)

2003 年 10 月，韩国提出与东盟建立自由贸易区的构想。2005 年 12 月双方达成《韩国-东盟全面经济合作框架协定》和《争端解决机制协定》，2006 年签订《韩国-东盟货物贸易协定》，2007 年 11 月签订《服务贸易协定》，2009 年签订《投资协定》。

《韩国-东盟货物贸易协定》于 2006 年 1 月 1 日生效，与《中国-东盟货物贸易协定》的内容结构基本一致，一共 21 条。主要内容有：定义、国内税和国内法规的国民待遇、税收减免、透明度、原产地规则、减让的修改、WTO 规则、数量限制和非关税壁垒、保障措施、保障国际收支的措施、一般例外、安全例外、地区和地方政府、机构安排、审议、附件和将来的文件、修正、和其他协定的关系、争端解决、交存、生效。

在《韩国-东盟货物贸易协定》中，关税减让模式与《中国-东盟货物贸易协定》基本相同，分三组国家对正常产品和敏感产品进行关税减让安排。正常产品分三个阶段实现零关税，韩国和东盟 6 国现已全部实现了零关税，而越南将于 2018 年降至零关税，缅甸、老挝、柬埔寨在 2020 年降至零关税。越南方面，正常产品基本上每年的降税幅度为 5%~10%，最终要求越南在 2016 年实现正常产品的关税为 0%；敏感产品分为敏感清单和高度敏感清单，高度敏感清单再细分为五组。协定对各国敏感产品的税目上限规定基本相同，差异主要体现在减税的时间期限上，东盟 6 国和韩国的时间期限为 2016 年，越南为 2021 年，老挝、缅甸、柬埔寨为 2024 年。

表 19-4 韩国-东盟 FTA 正常产品减税期限要求、税目比例及税率

国家	韩国	东盟 6 国	越南	老挝、缅甸、柬埔寨
阶段一	生效之日：税目的 70% 为 0%	2007 年：税目的 50% 为 0%~5%	2013 年：税目的 50% 为 0%~5%	2015 年：税目的 50% 为 0%~5%
阶段二	2018 年：税目的 95% 为 0%	2009 年：税目的 90% 为 0%	2015 年：税目的 90% 为 0%	
阶段三	2010 年：税目的 100% 为 0%			

资料来源：根据 ASEAN-Korea Trade in Goods Agreement Annex 1 编制

表 19-5　韩国-东盟FTA敏感产品税目上限规定及减税要求

	东盟 6 国和中国	越南	缅甸、老挝、柬埔寨
敏感产品税目上限	10%税目和10%进口总值	10%税目和24%进口总值	10%税目
高度敏感清单税目上限	200 个 HS6 位税目或 3%税目和 3%进口总值	200 个 HS6 位税目或 3%税目	
敏感清单减税要求	2012 年 1 月 1 日前 MFN 税率减至 20%，在 2016 年 1 月 1 日前减税至 0% ~ 5%	2017 年 1 月 1 日前 MFN 税率减至 20%，在 2021 年 1 月 1 日前减税至 0% ~ 5%	
高度敏感清单减税要求			
A 组：适用 MFN 税率削减至不超过 50%			
B 组：适用 MFN 税率削减至不少于 20%	2016 年 1 月 1 日前	2021 年 1 月 1 日前	2024 年 1 月 1 日前
C 组：适用 MFN 税率削减至不少于 50%			
D 组：实施关税配额	自协定生效之日起		
E 组：不参加关税减让	各国可保留不超过 40 个 HS6 位税目的商品		

资料来源：根据 ASEAN-Korea Trade in Goods Agreement Annex 2 编制

(3)《东盟-日本全面经济伙伴关系协定》(AJCEP)

2003 年 10 月，日本与东盟签署了《日本-越南全面经济合作框架协定》，制定了东盟-日本自由贸易区建设的计划。在该框架协定的指导下，双方开始对制定自由贸易协定进行可行性研究。2008 年 4 月，东盟与日本达成《东盟-日本全面经济伙伴关系协定》，这也是日本第一次与地区集团签署的多国间经济合作协定(EPA)，该协定于2008年12月1日生效。在此之前，日本分别与新加坡、马来西亚、泰国、印尼、菲律宾、文莱各自签订了双边 EPA。

东盟-日本EPA是一揽子协定，包括10章80项条款和5个附件，其主要内容有：定义，货物贸易，原产地规则，卫生和植物检疫措施，标准、技术规定、合格评价程序，服务贸易，投资，经济合作，争端解决，最终条款。在《东盟—日本全面经济伙伴协定》第2章货物贸易中，协定将产品分为5组，缔约各方按照各组要求进行减税(见表19-6)。越南承诺从2008年12月1日开始削减关税，在2025年1月1日实现零关税。越南对日本提出1 161个敏感产品，其中高度敏感产品主要是车辆及零部件领域。

表 19-6　东盟-日本EPA关税减免安排

产品类别	减税安排
A 组	协定生效时取消关税
Bn 组	协定生效后 n+1 年内等额削减至零关税
C 组	协定生效时变为基准税率
R 组	协议生效后由基准税率降至规定税率，具体见国别关税减免安排注释
X 组	不参与关税减免

资料来源：根据 Agreement on Comprehensive Economic Partnership among Member States of the Association of Southeast Asian Nations and Japan Annex 1 编制

(4)《东盟-澳大利亚-新西兰自由贸易协定》(AANZFTA)

东盟-澳大利亚和新西兰自由贸易协定谈判是澳大利亚启动的第一个多边自由贸易协定，也是澳大利亚和新西兰第一次共同与第三国进行的自由贸易协定谈判。在2004年11月举行的东盟-澳大利亚-新西兰纪念峰会上，各国领导人正式决定启动东盟-澳大利亚-新西兰自由贸易区谈判。2009年2月27日，《东盟-澳大利亚-新西兰自由贸易协定》在泰国签署。2014年8月26日，三方又签署了《修正东盟-澳大利亚-新西兰自由贸易协定的第一议定书》，于2015年10月1日生效，东盟成员国(除印度尼西亚和柬埔寨外)将实行新的原产地证书和新的操作证明程序，柬埔寨于2016年7月1日实行。[①]

《东盟-澳大利亚-新西兰自由贸易协定》一共18章和4个附件，其主要内容有：自贸区的建立、目标和定义，货物贸易，原产地规则，海关手续，卫生和植物检疫措施，标准、技术规定、合格评价程序，保障措施，服务贸易，自然人流动，电子商务，投资，经济合作，知识产权，竞争，一般规定和例外，机构条款，磋商

---

① Department of Foreign Affairs and Trade. The First Protocol entered into force on 1 October 2015[EB/OL].（2015-10-01）[2018-10-15].http://dfat.gov.au/trade/agreements/aanzfta/for-business/Pages/for-business.aspx.

和争端解决,最终条款。该协定签署后,澳大利亚、新西兰、文莱、马来西亚、缅甸、菲律宾、新加坡和越南8国于2010年1月1日生效,泰国于2010年3月12日生效,老挝于2011年1月1日生效,柬埔寨于2011年1月4日生效,印度尼西亚于2012年1月10日生效。①

东盟-澳大利亚-新西兰自由贸易区计划于2020年基本建成,于2025年全面建成。该协定实施后,各国的零关税税目比例将大幅提升到85%以上,其中澳大利亚、新西兰、新加坡将实现所有税目零关税,越南的零关税税目比例将从29%提高到89.8%。澳大利亚、新西兰、文莱、马来西亚、菲律宾、泰国、越南计划到2020年实现该目标,柬埔寨和缅甸计划到2024年前实现,印度尼西亚计划到2025年实现(见表19-7)。到2025年,该自贸区建成时双方95%以上的商品贸易将实现税率在5%以下,澳大利亚和新西兰的农牧产品和东盟国家的服装鞋类产品将能够自由进入对方市场,从而提高双方福利水平。

表 19-7　东盟-澳大利亚-新西兰FTA零关税税目比例(%)

国家	2005(基准)	2010	2013	最终零关税税率比例	实现时间
澳大利亚	47.6	96.4	96.5	100	2020
文莱	68	75.7	90	98.9	2020
柬埔寨	4.7	4.7	4.7	88	2024
印度尼西亚	21.2	58	85	93.2	2025
老挝	0	0	0	88	2023
马来西亚	57.7	67.7	90.9	96.3	2020
缅甸	3.7	3.6	3.6	85.2	2024
新西兰	58.6	84.7	90.3	100	2020
菲律宾	3.9	60.3	91	94.6	2020
新加坡	99.9	100	100	100	2009
泰国	7.1	73	87.2	99	2020
越南	29.3	29	29	89.8	2020

资料来源:AANZFTA Fact Sheets〔EB/OL〕. http://dfat.gov.au/trade/agreements/aanzfta/official-documents/Documents/fact_sheets.pdf.

---

① Department of Foreign Affairs and Trade. Background to the ASEAN - Australia - New Zealand Free Trade Agreement[EB/OL].http://dfat.gov.au/trade/agreements/aanzfta/Pages/background-to-the-asean-australia-new-zealand-free-trade-area.aspx.

表 19-8　东盟–澳大利亚–新西兰FTA 0%~5%关税税目比例（%）

国家	2005（基准）	2012	2014	2017	2020	2025
澳大利亚	86.2	96.8	96.8	97.6	100	100
文莱	76.2	93	93.3	95.8	99	99
柬埔寨	4.7	4.7	4.7	35.4	71.4	95
印度尼西亚	59.4	91.9	92.8	95.6	96.2	96.7
老挝	49.6	49.4	49.4	84.8	88.3	95.8
马来西亚	66.2	91	91.9	97	97.2	97.2
缅甸	68.6	68.6	68.6	89	89.1	96.9
新西兰	65.4	93.1	94.6	98.3	100	100
菲律宾	57.2	94.5	94.5	95.7	96.5	96.5
新加坡	99.9	100	100	100	100	100
泰国	56.5	91.4	91.4	92.3	99	99
越南	46.7	46.3	55	90.8	90.8	95

资料来源：AANZFTA Fact Sheets［EB/OL］. http://dfat.gov.au/trade/agreements/aanzfta/official-documents/Documents/fact_sheets.pdf.

(5)《东盟–印度货物贸易协定》(AIFTA)

2002年11月，印度总理在第一次东盟–印度峰会上提出要建立东盟–印度自由贸易区。经过6年的谈判，双方才就关税削减计划表达成一致，最终在2009年8月13日达成了《东盟–印度货物贸易协定》，该协定于2010年1月1日生效。目前，服务贸易协定和投资协定仍在磋商中。

《东盟–印度货物贸易协定》共二十四项条款和两个附件，其主要内容有：定义、范围、国内税和国内法规的国民待遇、税收减免、透明度、行政费用和手续、原产地规则、非关税措施、减让的修改、保障措施、保障国际收支的措施、一般例外、安全例外、海关手续、地区和地方政府、和其他协定的关系、联合声明、争端解决、审议、附件和将来的文件、修正、交存、生效、终止，其中附件1为关税承诺安排。

在《东盟–印度货物贸易协定》的关税减免中，产品被分为正常轨道、敏感轨道、特殊产品、高度敏感清单、排除清单五类。正常轨道产品要求减至零关税，轨道2比轨道1的减税期限稍长；敏感轨道分为三档，税率在5%以上的降至5%，税率为5%的最多可以保留50个税目，税率为4%的降至零关税；特殊产品包括天然棕榈油、精炼棕榈油、咖啡、红茶、胡椒，这些产品在2019年前降至

规定税率水平;高度敏感清单分3类进行减税;排除清单则保持税率不变。文莱、印度尼西亚、马来西亚、新加坡、泰国和印度减税期限较短,菲律宾实行单独的减税时间表,给予缅甸、老挝、柬埔寨、越南更长的减税期限(见表19-9)。在自贸协定开始实施时,印度对东盟国家的平均关税(13%)高于东盟国家对印度的关税(8.2%),因此,印度的降税速度更快。到2014年,印度和东盟的平均关税已经分别降到6.2%和5.2%,双方的平均关税差距已明显缩小。[①]

表19-9 东盟–印度FTA关税减免时间表

产品类别		减税要求	减税期限
正常轨道	正常轨道1	税率减至0%	文莱、印度尼西亚、马来西亚、新加坡、泰国和印度:2010年1月1日—2013年12月31日 菲律宾和印度:2010年1月1日—2018年12月31日 印度:2010年1月1日—2013年12月31日 缅甸、老挝、柬埔寨、越南:2010年1月1日—2018年12月31日
	正常轨道2		文莱、印度尼西亚、马来西亚、新加坡、泰国和印度:2010年1月1日—2016年12月31日 菲律宾和印度:2010年1月1日—2019年12月31日 印度:2010年1月1日—2016年12月31日 缅甸、老挝、柬埔寨、越南:2010年1月1日—2021年12月31日
敏感轨道	X>5%	税率减至5%	文莱、印度尼西亚、马来西亚、新加坡、泰国和印度:2010年1月1日—2016年12月31日 菲律宾和印度:2010年1月1日—2019年12月31日 印度:2010年1月1日—2016年12月31日 缅甸、老挝、柬埔寨、越南:2010年1月1日—2021年12月31日
	X=5%	最多可以保留50个税目	其余税目,东盟成员国在协议生效时(不含泰国)、新成员(CLMV)在协议生效后5年内下降达4.5%。当到达(i)中的最终日期时,这些税目最终将进一步降低到4%
	X=4%且各方自行认定或与其他方交换的	税率减至0%	文莱、印度尼西亚、马来西亚、新加坡、泰国和印度:2019年12月31日 菲律宾和印度:2022年12月31日 缅甸、老挝、柬埔寨、越南:2024年12月31日

① RANAJOY BHATTACHARYYA, AVIJIT MANDAL. India – ASEAN Free Trade Agreement: An ex post evaluation[J]. Journal of Policy Modeling, 2016(38): 340 – 352.

续表

产品类别		减税要求	减税期限
特殊产品	天然棕榈油（Y=80%）	税率减至37.5%	2019年12月31日
	精炼棕榈油（Y=80%）	税率减至45%	
	咖啡（Y=100%）	税率减至45%	
	红茶（Y=100%）	税率减至45%	
	胡椒（Y=70%）	税率减至50%	
高度敏感清单	1类	最惠国税率减少至50%	印度、马来西亚和泰国：2019年12月31日 菲律宾：2022年12月31日 柬埔寨和越南：2024年12月31日
	2类	最惠国税率减少至50%	
	3类	最惠国税率减少至25%	
排除清单	以年度关税审查为准	税率保持不变	

注：X为适用最惠国税率，Y为基础税率

资料来源：根据ASEAN-India Agreement on Trade in Goods编制

第二节　东南亚区域经济一体化的实践

1. 东盟共同体建设历程

2015年11月21日东盟在第27届首脑会议上宣布东盟共同体成立，正式宣告东盟从此迈入共同体时代。东盟共同体建设的历史最早可追溯到1997年底公布的《东盟2020愿景》(ASEAN Vision 2020)，该愿景绘制了东盟的发展蓝图并提出在2020年将东盟建成独具特色的区域共同体。2003年10月，东盟第9次首脑会议上通过了第二个《东盟国家协调一致宣言》(Declaration of ASEAN Concord II)，提出建设东盟共同体的三大支柱：东盟安全共同体(ASEAN Security Community, ASC)、东盟经济共同体(ASEAN Economic Community, AEC)和东盟社会-文化共同体(ASEAN Socio-Cultural Community, ASCC)。2007年1月第12次东盟首脑会议通过了《东盟提前

在2015年建立共同体的联合宣言》(Cebu Declaration on the Acceleration of the Establishment of an ASEAN Community by 2015),将东盟共同体实现的时间表从2020年提前到2015年。2009年2月,在东盟第14次首脑会议上,东盟各国正式签署了《东盟共同体路线图2009—2015》(Roadmap for the ASEAN Community 2009—2015)、《东盟正式-安全共同体蓝图》(ASEAN Political-Security Community Blueprint)、《东盟社会-文化共同体蓝图》(ASEAN Socio-Cultural Community Blueprint)等文件,这些文件具体阐述了建设东盟共同体的三大支柱的战略构想、目标以及行动路线。2014年11月,在东盟共同体建成之际,东盟第25届首脑会议通过了《关于东盟共同体后2015年发展愿景的内比都宣言》(Nay Pyi Taw Declaration on ASEAN Community's Post-2015 Vision),展望和规划了2015年后步入共同体时代的东盟发展前景。宣言重申要把东盟打造成政治上具有凝聚力、经济上具有活力、能担负起责任的和谐共同体。[①]

2015年在宣布东盟共同体建成后,东盟随即公布了《东盟2025:携手前行》(ASEAN 2025:Foreign Ahead Together)。该蓝图继续从三大支柱出发,规划了东盟未来十年三大共同体建设的愿景、路径和行动方案,是此前东盟共同体蓝图的延续与发展。在该蓝图中,东盟致力于打造紧密联系、具备创新力和竞争力的共同体,在积极融入全球经济体系的同时,提升东盟的经济地位以及话语权,倡导区域稳定与安全,以人为本,在社会和文化方面提升居民生活质量。

2. 东盟经济共同体蓝图

东盟经济共同体是东盟共同体"三大支柱"之一,也是最先开展并且最具成效的一体化尝试。早在2007年,在《东盟经济共同体蓝图(2008—2015)》中,东盟率先提出到2015年将东盟经济共同体打造成商品、服务、投资、资本和技能劳动力自由流动的经济区,并在此基础上提出了共同体建设的四大任务:单一市场和生产基地、具有竞争力的经济区、区域均衡化发展和融入全球经济体系。

《东盟经济体共同体蓝图2025》(ASEAN Economic Community 2025)是《东盟经济共同体蓝图(2008—2015)》的延续和发展,旨在2025年将东盟经济共同体打造成为区域间高度整合且密切联系,具备竞争力、创新力以及动态发

---

① 厦门大学东南亚研究中心. 东南亚地区发展报告（2014—2015）[G].北京：社会科学文献出版社，2018.

展,各区域互联互通以及产业合作不断提升,在治理上更具弹性以及包容性,以民众为中心的经济体共同体,同时融入全球经济体系。

新的东盟经济共同体蓝图包含五大建设目标,各目标间相互联系。这五大建设目标是:(1)高度整合且紧密联系的经济体。(2)具备竞争力、创新力并且在动态发展中的东盟。(3)提升区域内互联互通及产业合作。(4)更具弹性、包容性、人民导向、人民为中心的东盟。(5)融入全球经济体系的东盟。[①]

(1)高度整合且紧密联系的经济体

高度整合且紧密联系的经济体旨在通过促进商品、服务、投资、资本和技术型劳动力在区域内的自由流动,增加东盟区域内贸易及生产网络,为消费者和生产者建立更加统一的市场。

在商品贸易方面,东盟将在东盟自由贸易协定的基础上继续对外开放,加速区域市场的整合。主要措施包括:进一步减少成员国间的关税以及非关税壁垒,推进东盟10+1和RCEP谈判,简化和加强原产地规则,全面推行单一窗口制度,以及通过简化审批流程、提升贸易仓储服务、推动建立统一标准等方式推动东盟对外贸易。

在服务贸易方面,东盟旨在通过深入整合东盟服务业市场,融入全球服务供应链,以此提升东盟国家服务业竞争力。为此,东盟将继续推动服务贸易协定谈判,在人力资源培育上推动技术合作;吸引外资,参与全球价值链;根据发展的要求,推出相应的规则或监管政策以提升产业竞争力。

在投资方面,东盟将通过在区域内建立公开、透明、可预测的投资法案以提升东盟在全球的投资地位。为此,东盟将更进一步开放制造业、农业、渔业、林业、采矿业和服务业的行业限制,进一步增强对外资的投资保护并保证投资相关法律法规及政策的透明度,进一步推进《东盟全面投资协定》(ACIA)的落实与实施。

金融领域的普惠性和稳定性是东盟区域经济一体化的主要目标之一,其中主要包括金融整合、金融包容、金融稳定三个部分。东盟金融整合主要在东盟银行一体化框架(ABIF)、东盟保险一体化框架(AIIF)下进行。除此之外,东盟还将推动东盟国家资本项目的开放以及跨境结算和支付系统的整合,将资本市场深度连接,并培育国际债券市场。金融包容主要包括:在金融政策上支持小微企业,包括为小微企业设立信用咨询公司、提供信用担保等;发展普惠金融,

---

① ASEAN. ASEAN Economic Community Blueprint 2025[EB/OL]. (2015-10-02)[2019-05-06]. https://asean.org/?static_post=asean-economic-community-blueprint-2025.

利用金融科技提升金融服务,加强对投资者的教育和保护并降低金融中介的费用;通过加强后进国能力建设以缩小各国金融发展的差距。在提升金融稳定方面,东盟将加强对宏观金融领域的监控以及风险识别,并强调在一体化框架下,通过跨境协作抵御风险。

在人口流动方面,东盟主张通过促进技术人口的短期跨国流动和商业访问提升各国人民的相互认同感,提升一体化水平。具体措施包括推进和深化《东盟自然人流动协议》(MNP)并简化相应的审批流程。

(2)具备竞争力、创新力并且在动态发展中的东盟

东盟经济共同体蓝图的第二大目标重点在提升区域竞争力和劳动生产率,主要分五个方面:提供有效竞争的政策;培育创新,加强知识产权保护;提升全球价值链参与度;强化相关的监管框架与监管实践,推动监管在区域内的整合。

竞争政策的核心目标是为包括外资企业在内的所有企业提供公平、有效的竞争政策和法律。因此东盟将建立有效的竞争管理体制,并将竞争法律引入成员国保证其有效运行,在有关竞争政策和法律方面达成区域合作协议,确保东盟与自贸协议签订的各方在竞争政策方面与当前一致。在消费者保护方面,东盟将建立统一的消费者保护框架,包括立法、监管、赔偿、争议解决机制。对于新兴的电子商业领域,东盟也同样将建立电子消费保护机制,以提升消费者信心。

在知识产权领域,东盟的目标是在技术上和程序上与国际接轨,在知识产权服务的质量与效率上达到世界水平,在融入世界经济体系的同时,也将利用知识产权和自身的创造力实现区域经济的增长。为此,东盟将加强知识产权服务以及相关平台和基础设施建设,建立区域性知识产权平台,打造东盟知识产权生态;利用信息技术,提升知识产权服务水平,提高审批效率;加入国际性知识产权组织以获得国际认同;向知识产权服务较为落后的国家提供协助;强化知识产权的保护以鼓励创新(特别针对中小微企业)。在鼓励创新方面,东盟将推动建立产学研沟通交流网络,培育企业家精神;通过政策推动形成东盟内部技术转移、运用以及创新生态,同时加强知识产权保护;通过参与全球价值链推动技术进步。

在治理上,东盟期望通过整合监管和法律法规提升经济一体化的同时,充分考虑东盟成员国经济发展水平的差异,在其中寻求均衡发展。东盟致力于提升政策透明度,保障监管治理公正客观且利于竞争,通过建立制度化的监管与磋商,及时发现并解决问题,提出改革方案。除此之外,东盟还将确定并完善具体的目标以及评估体系,向发达国家或经济体的治理体系学习。在税收方面,

东盟各国展开合作,达成并完善双边税收协议,完善代扣所得税框架,避免双重课税,以国际标准提升治理水平,防范利润被侵蚀和转移,保障财政安全。

在可持续发展问题上,东盟积极制定鼓励清洁能源政策并提出节能减排目标,形成支持发展和使用低碳技术的政策框架,在技术和可行性上寻求国际援助,鼓励发展生物燃料交通。在现有的政策沟通框架下(包括东盟电网、天然气管道、液态天然气)加强东盟各国在能源领域的沟通与合作。在农业方面,东盟将平衡基础建设和投资的需求以保障粮食安全,采用新技术、新生产方式推动食品安全、保障生态推动林业和农业可持续发展。

(3)提升区域内互联互通及产业合作

东盟经济体共同体蓝图的第三大建设目标是提升区域内互联互通并加强产业合作,强化硬件和软件上的区域网络建设,从而使东盟向一体化和可持续发展迈进,进而提升东盟总体竞争力。东盟的互联互通及产业合作建设在《东盟互联互通总体规划》(Master Plan on ASEAN Connectivity, MPAC)规划下实施,重点针对交通运输、电子信息、能源、农业、旅游、医疗、矿业等产业。

交通运输方面,东盟将向更加联通、有效、一体化、安全以及可持续发展的交通运输业迈进,以此促进东盟区域内包容性发展并提升区域竞争力。重点提升海陆空交通的联通性、便利性和可持续性。在陆地交通方面,东盟将推动基础设施整合以及与其他交通形式的联通,发展贸易交通走廊;航空运输方面,东盟将推进东盟单一航空市场,并提升管理效率;在海洋运输方面,东盟将成立东盟单一船运市场,发展战略性海上物流走廊,促进东盟海上航运业的发展,促进海上航运的安全稳定。此外,东盟还将建立完善、高效、具备全球竞争力的物流和联运系统,落实东盟框架协议中关于促进货物运输(AFAFGIT)、区域内运输(AFAFIST)、联合运输(AFAMT)、路上客运(CBTP)的子协定,提升运输效率。

信息通信技术产业(ICT)是东盟的支柱产业之一,东盟在ICT产业上具有成熟的基建条件和普遍的联通性,使得东盟得以利用当前的营商环境促进贸易和投资以及相关企业的发展。因此在东盟共同体蓝图中,利用ICT产业带动东盟区域经济发展是规划的重点。其主要措施包括:推动个人移动网络的普及、鼓励ICT产业创新以及相关运用(如大数据、智慧城市等)、推动边缘地区信息技术产业基础设施建设、发展人力资源、发展单一的互联网通信技术市场、发展电商和新媒体等。在电子商务这样的新兴行业,东盟将降低进入门槛,促进中小微企业发展,完善消费者保护法律,完善线上争议解决法律框架,完善个人隐私保护,并保障线上交易的安全。

在能源领域,东盟重点提升能源互通以及市场一体化水平,以此实现东盟

能源安全、可持续性发展。能源领域互联互通主要在《东盟能源合作行动计划》(the ASEAN Plan of Action for Energy Cooperation, APAEC)框架下进行，其中包括东盟电网、天然气管道、煤炭及清洁煤科技、可再生能源等多个子项目，并分成两个阶段(2016—2020, 2021—2025)完成。在规划下，东盟将重点发展区域内电力贸易；通过管道建设提升联通性，保障能源安全与提升便利；发展清洁能源以及核能；提升能源利用效率以实现可持续发展。

东盟矿业发展主要在《东盟矿业合作行动计划 2016—2025》(AMCAP-Ⅲ)框架下进行并同样分成两个阶段(2016—2020, 2021—2025)完成。东盟旨在建立活跃且具竞争力的矿业部门以提升贸易、投资水平，强化合作，从而实现区域矿业发展的可持续增长并惠及人民。因此在吸引投资贸易方面，东盟将保持对东盟矿业数据库的及时更新，提升基础建设水平，对行业进行深度整合，发展相关企业以及人力资本，保证矿业发展的环保水平和可持续发展。矿业合作方面，东盟将加强相关发展政策以及信息互通，促进东盟内部贸易，鼓励私人资本参与以及与国有资本合作；在开发中强调环保以及社会责任，促进外国战略投资者在科学技术上的投资与技术转移。

对于第一产业发展，东盟将基于单一市场和生产中心的地位，积极发展具备竞争力、包容性、活力且可持续发展的第一产业(食品、农业、林业)并融入全球经济体系中。为此，东盟将积极推动市场整合，主要措施包括：贸易便利化和经济一体化，加强合作，提升可持续生产能力，提升农业生产率，增加对农业科技的投资，参与全球价值链等。

在旅游业方面，东盟致力于打造品质旅游目的地，为游客提供独特、多元化的东盟体验，并致力于负责任、可持续的旅游业发展，为增加东盟各国人民的社会经济福祉作出重大贡献。为此，东盟将提升其作为单一旅游目的地的竞争力，主要包括：投资旅游业、投资人力资本、建设相关基础设施、建设景点、提升旅游便利等。此外东盟还强调包容性和可持续性旅游业发展，主要措施包括：鼓励地方和私人部门参与，保障安全性，以保存自然景观和文化遗迹作为发展首选，开发过程中保护环境等。

(4)更具弹性、包容性、人民导向、人民为中心的东盟

东盟经济共同体建设的第四点是《东盟经济共同体蓝图2008—2015》中"区域均衡发展"的延续。在新蓝图中，除了继续强调中小微企业和区域均衡发展之外，东盟还提出强化私营部门在经济中的作用并鼓励公共部门和私营部门的合作。

中小微企业是东盟经济的支柱，在强化中小微企业地位方面，东盟提出在

融资环境、技术及研发、市场、人力资本开发、监管环境方面为中小企业发展建立良好的生态环境；预测生产力发展方向以及产业联系形成的产业集群以推动技术进步和研发，并在关键领域建立竞争力；综合运用传统和非传统金融手段解决企业融资问题，包括发展普惠金融、运用税收激励等多种激励手段；通过一体化市场，降低市场准入条件，提升国际化水平，鼓励中小企业发展电商；提升中小企业监管政策环境，完善政府间合作与协调机制，包括：政府决策过程应保护中小企业利益、为企业提供必要支持、简化行政流程、鼓励企业家精神及对人力资本的培育。

在经济共同体蓝图中，东盟认识到私营部门对实现均衡发展的重要作用，为此将致力于提升私营部门参与商业活动及相关组织的效率，包括加强政策信息沟通以及反馈。一方面，东盟商务咨询委员会(ASEAN-BAC)将牵头建立各行业相关的商业委员会，整合资源信息，帮助私营部门更有效率地参与生产建设。除此之外，东盟还将从总体指导规划到东盟执行部门到行业协会，为私营部门制定一套针对性、包容性并具有咨询性质的行业措施，促进相关行业的发展，建立各行业的网上论坛。另一方面东盟还将推动公共部门和私营部门合作。东盟正在进一步推动政府和社会资本合作(public-private partnership，简称PPP)议程，特别是在基础设施建设领域，建立非约束性PPP框架协议。此外东盟还将提升PPP合作的法律和运营环境，为东盟成员国提供实施PPP的必要技术环境，形成区域内合作网络；在基础设施建设中鼓励私营资本参与。

在区域均衡发展方面，东盟区域经济一体化倡议(IAI)目前是缩小东盟内发展差距的主要推动者，主要通过对柬埔寨、老挝、越南、泰国(CLMV)提供必要支持，提升经济实力，进而实现经济一体化。此外东盟还将通过次区域合作框架，例如文莱、印尼、马来西亚、菲律宾东盟东部增长区(BIMP-EAGA)，印尼、马来西亚、泰国增长三角(IMTGT)，大湄公河次区域(GMS)，湄公河计划，缩小东盟区域间和区域内部发展差距。其具体措施包括：维持东盟区域的增长，放松企业监管，发掘增长机遇，为企业提供金融支持，提升偏远地区的生产率及竞争力，在技术和金融上重点支持中小企业发展参与全球价值链，促进区域和次区域协同发展合作。

(5)融入全球经济体系

东盟此前通过与中国、日本、韩国、印度、澳大利亚、新西兰建立自由贸易区或全面经济伙伴关系，正稳步融入世界经济体系之中，目前RCEP谈判还在进行中。自由贸易区的建设实现了东盟区域经济的开放、包容性发展。基于上述成就，东盟将继续基于双边或区域自由贸易体系及经济一体化的建设，为东

盟和其他国家谋求共赢实现共同发展。

东盟将推动东盟国家参与全球价值链,提升全球价值链参与度水平并发展区域价值链。东盟将通过打造区域品牌、路演等形式,扩大东盟在海外市场的影响力;通过减少关税、非关税壁垒,降低投资准入门槛,提升贸易和投资便利度水平。除此之外,东盟在建立行业标准上力求与国际接轨。

在世界经济一体化方面,东盟将适时推动现有的自由贸易和经济伙伴协定的升级,推动东盟经济共同体进一步发展,加强与未建立经贸协定国家之间的沟通,推动一体化发展,积极参与多边经贸协定和区域性经贸协定的构建,参与相关国际或区域性组织。

第二十章
传统贸易视角下的东南亚国家对外贸易与竞争力

本章主要从实证出发,采用传统贸易计量统计数据,分析东南亚国家进出口贸易总体情况,进出口产品的行业特征、产品特征以及技术特征,并利用显示性比较优势指数及出口竞争指数,比较分析东南亚国家相关产业的竞争力情况。数据来自UN Comtrade及ASEAN Secretariat数据库。

第一节 东南亚国家总体进出口情况

首先从出口数据来看,东南亚国家对外出口在过去几十年间实现了跨越式增长。1990年东南亚国家总体对外出口仅1 309亿美元,该数字到2017年上升至13 221.9亿美元,增长了近10倍。1990年到2011年,除了受东南亚金融危机、美国互联网泡沫、次贷危机等外部冲击之外,东南亚国家总体对外出口保持近乎稳定的两位数增长,年均复合增长率达10.7%。2011年后东南亚国家总体对外出口开始放缓,2015年、2016年总体对外出口分别下降了9.4%和1%,2017年出口有所改善,增长了15%。东南亚国家出口的增长主要得益于贸易全球化的发展,而东南亚国家普遍实行的以出口为导向的对外贸易政策也使其快速融入全球生产和贸易网络之中。

贸易和生产的全球化让东南亚国家实现了出口的快速增长,同时,对外进口也随之增加。东南亚国家进口总额从1990年的1 452亿美元上升至2017年的12 521亿美元,增长了762%。东南亚国家进口波动与出口波动保持一致,同样经历了1990—2011年的快速增长期和2011年后的平稳期。

从贸易差来看,东南亚国家对外贸易保持顺差,顺差规模波动较大。20世纪90年代,东南亚对外贸易保持逆差,逆差规模在150亿至300亿美元之间,90年代末期,东南亚对外贸易由逆差转为顺差,且顺差规模持续扩大。2007年东南亚对外贸易顺差达1 096亿美元峰值,并在随后波动下行,2017年东南亚国家对外贸易顺差达700亿美元。贸易差的波动与进出口贸易快速增长形成对比。

东南亚国家进出口贸易总额的高速增长反映了东南亚国家在经济全球化与贸易全球化的推动下,加速融入全球生产网络的态势。东南亚国家作为全球生产网络中的一环,在对产品加工生产并出口的同时,也在大量进口中间产品,从而表现出进出口额大幅增加,且波动保持一致。由于以加工、装配为主的产品附加值较低,东南亚国家在加工环节只能获得微薄的利润,因此总体贸易差保持小幅贸易顺差。

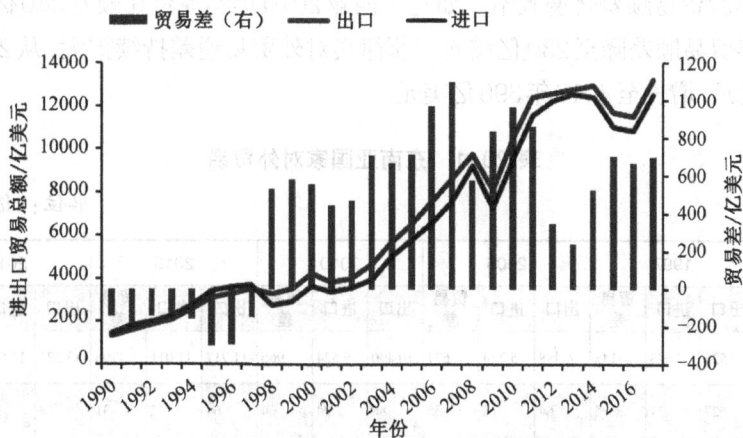

图 20-1　东南亚国家总体对外贸易

资料来源:UN Comtrade, ASEAN Secretariat, 经作者计算得出

东南亚国家对外贸易呈现较强的区域性特征。从对外贸易规模来看,新加坡是东南亚对外贸易的中心,20世纪90年代,新加坡是东南亚唯一出口规模超过千亿美元的国家,1997年新加坡对外出口1 250亿美元,进口1 324亿美元,分别占东南亚总体进出口总额的35%和36%(如表20-1所示)。进入21世纪后,马来西亚、泰国、印尼三国积极通过对外开放和区域经济一体化融入世界经济体系,实现了对外贸易的增长。2010年东南亚国家对外出口首次突破1万亿美

元并实现了966亿美元的贸易顺差,其中新加坡、马来西亚、泰国、印尼出口额分别为3 532亿、1 986亿、1 933亿、1 357亿美元,四国出口占东南亚总出口的86.1%。越南在对外贸易方面起步较慢,但发展迅速。2010年越南出口总额仅722亿美元,2017年越南出口总额则上升至2 139亿美元,出口规模超过印尼,比肩于马来西亚、泰国,在8年间增长了196%。老挝、柬埔寨、缅甸、文莱、菲律宾对外贸易规模则远小于上述国家,主要受其经济发展水平、国内经济结构等因素的影响。

从贸易差来看,虽然东南亚国家对外贸易取得了较大幅度的增长,但是贸易差在各国表现各异。新加坡作为东南亚对外贸易的中心和唯一的高收入国家,它也是唯一实现对外贸易和贸易顺差持续增长的国家。1997年新加坡对外贸易逆差75亿美元,在随后几年顺利实现逆差到顺差的扭转,2005年对外贸易顺差252亿美元,至2017年新加坡实现贸易顺差656亿美元,贡献了东南亚贸易顺差总额的94%。参与全球贸易的其他东南亚国家虽然对外贸易实现了较大幅度增长,但贸易顺差增长较小,部分国家甚至出现贸易逆差扩大,在进入2010年后贸易顺差普遍收窄。如马来西亚2010年实现贸易顺差340亿美元,2017年贸易顺差降至230亿美元。菲律宾对外贸易逆差持续扩大,从2005年44亿美元,增长至2017年396亿美元。

表 20-1　东南亚国家对外贸易

单位:亿美元

	1997			2005			2010			2015			2017		
	出口	进口	贸易差	出口	进口	贸易差	出口	进口	贸易差	出口	进口	贸易差	出口	进口	贸易差
东盟	3 525	3 673	-148	6 488	5 774	671	10 490	9 524	966	11 717	11 011	706	13 222	12 521	701
文莱	27	21	5	64	15	35	88	24	64	64	32	31	48	31	17
柬埔寨	-	-	-	31	28	5	38	48	-9	86	118	-32	113	143	-30
印尼	534	417	118	857	577	251	1 578	1 357	221	1 503	1 427	76	1 688	1 570	118
老挝	-	-	-	2	7	-4	19	18	1	30	38	-8	36	48	-12
马来西亚	787	784	3	1 405	1 142	212	1 986	1 646	340	1 992	1 760	231	2 177	1 947	230
缅甸	-	-	-	31	16	1	79	40	39	114	168	-54	139	193	-54
菲律宾	252	386	-134	413	474	-44	514	582	-68	586	702	-115	683	1 079	-396
新加坡	1 250	1 324	-75	2 305	2 008	252	3 532	3 131	402	3 579	3 081	498	3 833	3 177	656

续表

	1997			2005			2010			2015			2017		
	出口	进口	贸易差	出口	进口	贸易差	出口	进口	贸易差	出口	进口	贸易差	出口	进口	贸易差
泰国	583	625	-42	1 096	1 180	21	1 933	1 829	104	2 144	2 028	116	2 367	2 228	139
越南	92	116	-24	286	326	-58	722	848	-126	1 620	1 657	-37	2 139	2 106	33

资料来源：ASEAN Secretariat，UN Comtrade，经作者整理

从对外贸易对象来看，东南亚国家主要贸易对象以东南亚内部、东亚地区、欧美发达国家三部分为主。东南亚内部贸易占东南亚各国对外贸易的四分之一，2017年内部贸易出口占比达23.5%，进口占比达22.3%（如图20-2、图20-3所示）。东亚区域内贸易是东南亚国家对外主要贸易对象，主要由中国、日本、韩国、印度等周边国家或地区组成，其中中国是东南亚国家在东亚地区的主要贸易对象国，2017年东南亚国家对中国出口占比为14.1%，进口占比20.3%。美国、欧盟等发达国家是东南亚国家除东亚区域外的主要贸易对象。2017年东南亚国家对美国、欧盟出口占比分别为10.8%、12%，进口占比7.3%、8.3%。

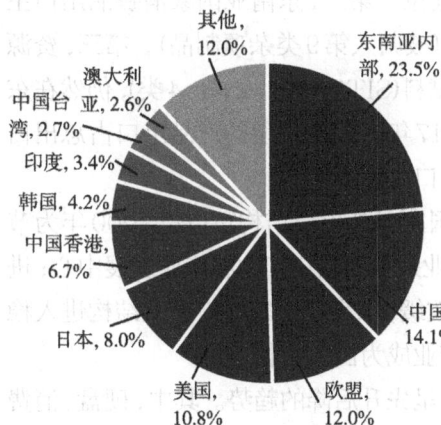

图20-2 2017年东南亚国家出口对象
资料来源：ASEAN Secretariat

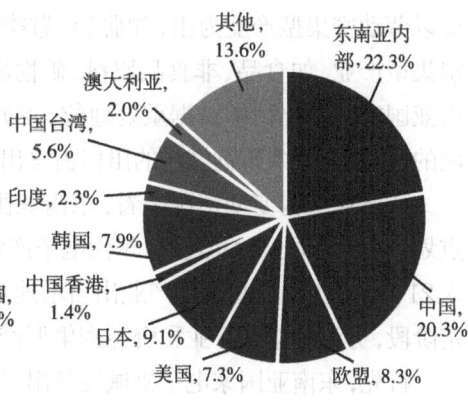

图20-3 2017年东南亚国家进口对象

东南亚国家对外贸易有从东亚区域外转向区域内的趋势。2004年东南亚对美国与欧盟的出口与进口占比分别为27%和22%，2017年该比例下降至23%和15%。进口比例下降最为明显。相比之下，东南亚国家对中国的出口与进口占比从2004年的7%、9%上升至2017年的14%、20%，占比上升近一倍。反映了中国在加入WTO后对全球化生产与分工的调整。

第二节　东南亚国家进出口的行业与技术特征

1. 东南亚国家对外贸易的行业特征

(1)SITC分类下的出口结构

从产业角度来看东南亚国家各国进出口贸易结构与变动情况。笔者使用了UN Comtrade数据库数据、东南亚国家进出口贸易SITC 3位编码数据,行业同样依据SITC分类法分类,在加总东南亚国家数据时,剔除了东南亚国家区域内贸易数据。在分析时,我们将SITC分类下的产品大致分为资本密集型产业(主要以第7大类为主)、劳动密集型产业(第5、6、8类)以及资源密集型产业(第0、1、2、3、4类)。[①]

表20-2为东南亚国家近年各行业出口占比数据。从东南亚国家主要出口产业可以了解到当前东南亚国家的产业结构情况。第一,第7大类机械及运输设备是东南亚国家出口的支柱产业,主要包括消费电子产品及零部件、机械运输设备等产业。其中电子和半导体产业作为东南亚国家融入全球生产网络的一大重要产业,在出口贸易中占据重要地位。第二,东南亚国家消费品出口主要以劳动密集型产业为主,如服装、鞋类(被归入第9类杂项制品)。第三,资源密集型产业,如食品、非食品原料、矿物燃料(SITC 0、1、2、3、4类),仍然在东南亚国家对外出口中占据重要地位。2017年资源密集型的产品出口占总出口额的23.9%,其中矿物燃料的出口占总出口比重的9.6%。

从产业结构变动情况来看,东南亚国家对外出口结构可以以2000年为节点划分为两阶段:20世纪90年代电子产业是主要出口产业和产业发展中心;进入21世纪之后,随着电子产业出口增速放缓,东南亚国家出口产业结构进入稳定阶段,劳动密集型产业和资源密集型产业成为出口增长动力。

首先,东南亚国家电子机械设备出口呈先升后降的趋势。其中,硬盘、消费电子产品零部件以及半导体三大产业出口占比最高时占总出口的34.4%(2002年),2017年三大产业出口额达1 765.1亿元,出口占比下降至18.5%。出口占比下降的主要原因在于电子产业增速放缓而区域贸易自由化推进,加强了东南

① 在SITC贸易分类下,将所有贸易产品归成10类,分别是:0——食品与动物,1——饮料和烟草,2——非食用原料(不包括燃料),3——矿物燃料、润滑油及有关原料,4——动植物油、脂和蜡,5——化学品及有关产品,6——按原料分类的制成品(橡胶、织物、钢铁等),7——机械及运输设备,8——杂项制品,9——未分类的其他商品。

亚国家与东亚其他国家在其他产业上的联系。其次，东南亚国家劳动密集型和资源密集型的产业出口占比基本维持稳定或小幅增长，在对外出口保持高增长的背景下，稳定的出口占比代表着劳动密集型行业出口的稳定增长。最后，得益于东南亚国家地理及石油等资源优势，东南亚国家化工产业出口近年来保持高增长趋势，出口占比持续上升。东南亚国家化工产品出口占比从1989年的2.9%提升至2017年的8.6%。

表20-2　东南亚国家各行业对外出口占比

年份	0	1	2	3	4	5	6	7	8	9
1989	10.6%	0.6%	10.2%	17.9%	3.0%	2.9%	11.4%	29.8%	12.7%	0.9%
1990	9.2%	0.8%	7.5%	20.0%	2.4%	2.9%	10.7%	31.6%	14.0%	0.9%
1991	9.6%	1.0%	6.7%	16.9%	2.4%	3.1%	10.5%	32.2%	16.7%	0.9%
1992	8.9%	0.9%	6.3%	14.9%	2.5%	3.0%	10.6%	34.0%	16.1%	2.8%
1993	8.0%	0.9%	5.3%	12.8%	2.3%	3.0%	11.0%	37.6%	15.8%	3.2%
1994	7.9%	0.7%	5.1%	10.5%	2.8%	3.0%	10.2%	42.1%	14.6%	3.0%
1995	7.0%	0.5%	5.6%	8.2%	2.9%	3.5%	10.0%	44.5%	14.0%	3.8%
1996	6.5%	0.6%	5.0%	10.2%	2.6%	3.5%	9.8%	47.6%	13.5%	0.8%
1997	6.6%	0.6%	4.1%	10.5%	2.7%	3.7%	8.8%	46.8%	12.8%	3.5%
1998	6.4%	0.6%	3.4%	8.2%	2.8%	3.9%	8.2%	49.4%	12.7%	4.5%
1999	6.2%	0.3%	3.1%	8.5%	2.4%	4.4%	8.7%	51.3%	13.3%	1.7%
2000	5.5%	0.2%	3.1%	9.7%	1.6%	4.5%	8.2%	51.7%	13.5%	2.1%
2001	5.9%	0.2%	2.9%	10.5%	1.6%	4.9%	8.3%	48.7%	14.4%	2.5%
2002	5.8%	0.2%	3.2%	9.9%	2.3%	5.4%	8.0%	48.8%	14.0%	2.3%
2003	5.6%	0.2%	3.5%	10.6%	2.6%	6.6%	7.7%	47.2%	13.6%	2.3%
2004	4.9%	0.4%	3.1%	12.0%	2.2%	7.4%	8.1%	48.8%	11.2%	1.9%
2005	4.7%	0.4%	3.4%	13.1%	2.0%	7.6%	8.2%	47.8%	10.7%	2.2%
2006	4.5%	0.4%	3.9%	14.4%	1.9%	7.4%	8.5%	46.0%	10.2%	2.6%
2007	4.8%	0.4%	4.0%	13.5%	2.8%	7.7%	9.1%	44.4%	10.2%	3.1%
2008	5.5%	0.4%	3.7%	17.0%	3.6%	6.9%	8.9%	38.3%	9.9%	5.8%

续表

年份	0	1	2	3	4	5	6	7	8	9
2009	6.2%	0.5%	3.3%	14.4%	3.3%	7.6%	8.8%	40.8%	11.3%	3.8%
2010	5.7%	0.5%	4.3%	15.0%	3.5%	7.8%	8.7%	38.8%	10.6%	5.2%
2011	5.9%	0.5%	4.8%	17.7%	4.0%	8.8%	8.7%	34.6%	10.5%	4.5%
2012	5.9%	0.6%	3.7%	18.1%	3.6%	8.7%	8.4%	36.2%	10.9%	3.8%
2013	5.9%	0.6%	3.9%	17.2%	3.1%	8.5%	8.7%	37.3%	11.4%	3.4%
2014	6.3%	0.7%	3.1%	16.0%	3.3%	8.7%	8.7%	37.7%	12.5%	3.1%
2015	6.9%	0.8%	3.2%	12.3%	2.8%	8.9%	9.1%	39.7%	13.7%	2.6%
2016	7.2%	0.8%	3.3%	10.0%	2.8%	8.9%	8.8%	40.4%	14.4%	3.5%
2017*	4.1%	0.8%	3.5%	15.1%	4.4%	9.7%	7.2%	40.5%	10.3%	4.5%

注：*表示2017年缺少越南、柬埔寨、老挝、泰国四国数据。

资料来源：UN Comtrade，经作者计算而来[1]

(2)SITC分类下的进口结构

相比于出口，东南亚国家进口产品更加集中。SITC分类下，2016年占比居前四大产业的进口额占东南亚国家进口总额的76.5%。其中机械与电子产业进口在东南亚国家总体进口中占比最高，机械电子产业进口占据近一半的进口总额，2000年最高，达到了52.5%。较大的产业内贸易规模是东南亚国家融入全球生产网络的结果。除了电子机械产业之外，东南亚国家进口产品主要是以原油、矿石为代表的等资源类产品，以及化工、冶炼等重工业产品，这些产品的进口与当前东南亚国家的产业形成互补，以实现资源的有效分配。

从进口产业结构变动来看，东南亚国家机械电子产业随着出口变动，同样呈先升后降的倒V型走势。而进口产品结构变动较大的是原油类产品进口，占比从1989年的8.3%提升至2016年的12.4%，最高时原油类产品进口占比曾达到20%。

---

① 限于表格篇幅，本文有关东南亚国家出口占比、进口占比、RCA指数、CA指数表格均只列举SITC 1位编码下数据。

表20-3　东南亚国家各行业进口占比

年份	0	1	2	3	4	5	6	7	8	9
1989	4.7%	0.8%	4.3%	8.3%	0.2%	10.9%	17.7%	43.9%	6.7%	2.6%
1990	3.9%	0.9%	3.7%	9.1%	0.1%	10.4%	16.9%	46.0%	6.6%	2.3%
1991	4.3%	0.9%	3.7%	8.3%	0.1%	9.7%	18.1%	46.4%	6.4%	2.1%
1992	4.5%	0.9%	3.6%	7.6%	0.1%	10.2%	17.1%	46.3%	6.7%	3.0%
1993	4.1%	1.0%	3.3%	6.9%	0.1%	9.7%	16.0%	48.9%	6.7%	3.3%
1994	4.0%	0.9%	3.0%	5.9%	0.1%	9.4%	15.1%	51.1%	6.7%	3.7%
1995	3.9%	0.8%	3.0%	5.6%	0.1%	9.4%	15.4%	51.5%	6.5%	3.8%
1996	4.2%	0.8%	3.0%	6.8%	0.1%	8.7%	14.3%	53.2%	6.9%	2.1%
1997	4.1%	0.8%	2.7%	7.3%	0.1%	8.7%	14.2%	52.7%	7.3%	2.1%
1998	4.3%	0.9%	2.8%	6.6%	0.1%	9.3%	13.2%	53.4%	7.3%	2.1%
1999	4.4%	0.7%	3.0%	7.9%	0.1%	9.5%	13.2%	51.8%	7.5%	2.0%
2000	3.8%	0.6%	2.9%	10.2%	0.1%	9.0%	12.4%	52.5%	6.9%	1.6%
2001	4.3%	0.6%	3.0%	10.3%	0.1%	9.1%	12.6%	51.7%	6.5%	1.7%
2002	4.2%	0.6%	2.7%	9.9%	0.1%	9.0%	13.1%	52.2%	6.4%	1.9%
2003	4.0%	0.5%	2.7%	10.7%	0.1%	9.2%	12.9%	51.7%	6.5%	1.8%
2004	3.7%	0.4%	2.8%	12.0%	0.1%	9.2%	13.5%	50.0%	6.5%	1.8%
2005	3.6%	0.5%	2.4%	14.4%	0.1%	8.8%	14.0%	48.2%	6.0%	2.0%
2006	3.6%	0.4%	2.4%	15.3%	0.1%	8.7%	13.6%	47.5%	6.1%	2.3%
2007	3.9%	0.5%	2.7%	15.3%	0.1%	8.9%	14.7%	45.9%	5.8%	2.2%
2008	4.1%	0.5%	3.0%	19.0%	0.1%	9.1%	14.6%	40.3%	5.4%	3.9%
2009	4.9%	0.5%	2.8%	16.1%	0.1%	9.7%	13.6%	44.2%	6.0%	2.2%
2010	4.6%	0.5%	3.0%	16.9%	0.1%	10.1%	14.1%	42.1%	6.0%	2.8%
2011	4.7%	0.5%	3.3%	20.0%	0.1%	10.1%	13.9%	37.6%	5.7%	4.1%
2012	4.6%	0.5%	3.0%	20.0%	0.1%	9.8%	13.7%	39.8%	5.8%	2.6%
2013	5.0%	0.6%	2.9%	19.7%	0.1%	9.6%	14.1%	39.2%	6.0%	2.8%

续表

年份	0	1	2	3	4	5	6	7	8	9
2014	5.4%	0.5%	2.8%	19.5%	0.1%	10.0%	14.9%	38.7%	6.2%	1.8%
2015	5.7%	0.7%	2.4%	16.8%	0.5%	10.2%	13.1%	42.4%	7.3%	0.8%
2016	6.5%	0.7%	2.8%	12.4%	0.5%	10.6%	14.8%	43.4%	7.6%	0.7%
2017*	5.9%	0.7%	3.0%	17.5%	0.6%	10.1%	10.4%	41.8%	7.0%	2.9%

注: *表示2017年缺少越南、柬埔寨、老挝、泰国四国数据。

资料来源: UN Comtrade, 经作者计算而来

结合进出口数据可以了解到,东南亚国家主要通过电子、机械产业以及劳动密集型的轻工业进入到全球生产网络中。在产业分工更加细化的今天,产业内贸易规模也随之扩大,东南亚国家通过进口资源类产品及核心零部件,在本土制造、加工或组装后向产业链下游企业(合同制造商或国外旗舰企业)出口。

2.东南亚国家对外贸易的产品结构

BEC(classification by broad economic categories)贸易分类是联合国按照经济分类标准建立的商品分类体系。根据BEC分类标准,联合国将国际贸易商品按照最终用途或经济类别分为7大类,并按照商品生产阶段分为初级产品、中间产品和最终产品三大部分,其中中间产品包括零部件和半成品,最终产品又细分为消费品和资本品。通过对一国对外贸易的BEC产品结构分析,可以从侧面反映出该国生产结构和贸易类型。

表20-4列出了BEC分类下东南亚国家2000年至2017年间各经济类别产品对外贸易产品占比。从总体来,零部件和半成品是东南亚国家对外贸易的主要产品,中间产品进出口占东南亚总体贸易比例在60%至70%左右。2017年东南亚对外贸易中有66.6%的出口和67.2%的进口为中间产品贸易。东南亚最终产品贸易在总体贸易中占比较小,2000—2017年间平均贸易占比为23.7%,2017年东南亚最终产品对外出口和进口占比分别为22.3%和20.3%。初级产品在东南亚对外贸易中占比最小,平均贸易占比为10.6%。高比例的中间产品贸易以及低比例的初级产品贸易,反映了东南亚国家深度参与了全球价值链的分工,且主要以中间产品加工制造为主。

从结构变动来看,东南亚正逐渐从零部件贸易转向半成品贸易。2000年东南亚半成品对外出口占比为25.1%,零部件出口占比为35.3%,零部件贸易在出口和进口比例上均超过半成品贸易。随后几年,东南亚在半成品的进出

口比例开始逐渐超过零部件进出口，2017年东南亚半成品出口占比40.6%，进口占比42.2%，远超零部件26%和25.4%的出口、进口比例。在最终产品方面，东南亚资本品进出口贸易的占比有所下降，出口占比从2000年的17.1%下降至2017年的12.3%，进口占比从15.3%下降至13.6%。消费品出口占比在2017年降幅较大，从2016年的16.1%下降至2017年的10%。从各类产品的贸易比例变动可知，东南亚正在努力从零部件制造和最终产品装配向半成品加工制造拓展，以提升其在价值链中的地位，利用参与全球价值链向纵深拓展，以推动区域内经济发展。

表 20-4 东南亚国家对外贸易产品占比

年份	初级产品		中间产品				最终产品			
			零部件		半成品		消费品		资本品	
	出口	进口	出口	进口	出口	进口	出口	进口	出口	进口
2000	8.0%	9.8%	35.2%	38.3%	25.1%	29.1%	12.9%	6.5%	17.1%	15.3%
2001	8.4%	10.4%	32.3%	35.5%	26.4%	29.7%	13.9%	6.7%	16.9%	16.5%
2002	8.3%	9.9%	32.3%	36.3%	26.9%	29.8%	13.4%	7.0%	16.8%	15.4%
2003	8.3%	9.9%	23.0%	28.3%	28.4%	29.9%	12.3%	6.4%	15.5%	14.4%
2004	8.7%	10.7%	31.8%	35.2%	29.6%	31.9%	12.3%	6.3%	15.8%	14.8%
2005	9.1%	12.1%	21.1%	25.2%	29.8%	32.9%	11.7%	5.6%	15.0%	13.3%
2006	10.1%	12.4%	20.2%	24.3%	30.6%	33.5%	11.3%	5.5%	14.0%	13.3%
2007	9.8%	12.3%	29.2%	31.1%	32.8%	35.5%	11.7%	5.7%	13.7%	13.7%
2008	10.4%	14.2%	24.4%	25.7%	36.6%	38.5%	11.1%	5.5%	12.3%	13.5%
2009	10.1%	12.2%	26.9%	27.9%	35.2%	37.0%	12.5%	6.4%	12.6%	15.1%
2010	11.2%	11.7%	25.7%	27.7%	35.3%	39.3%	12.3%	6.2%	11.5%	13.8%
2011	12.5%	13.5%	22.5%	22.9%	39.0%	42.3%	11.6%	5.9%	10.8%	13.7%
2012	11.6%	13.7%	23.0%	23.9%	38.1%	40.6%	12.0%	6.2%	12.5%	14.7%

续表

年份	初级产品		中间产品				最终产品			
			零部件		半成品		消费品		资本品	
	出口	进口	出口	进口	出口	进口	出口	进口	出口	进口
2013	11.1%	13.4%	23.7%	24.3%	37.2%	41.3%	12.5%	6.4%	12.7%	13.8%
2014	9.8%	13.0%	23.7%	24.1%	37.3%	42.0%	13.4%	6.5%	13.1%	13.7%
2015	8.4%	10.3%	25.6%	26.5%	34.2%	39.5%	15.3%	7.5%	14.6%	15.4%
2016	8.0%	9.6%	25.9%	27.5%	33.6%	39.1%	16.1%	8.1%	14.9%	14.9%
2017*	8.4%	10.4%	26.0%	25.4%	40.6%	42.2%	10.0%	7.7%	12.3%	13.6%

注：* 表示 2017 年缺少越南、柬埔寨、老挝、泰国四国数据。

资料来源：UN Comtrade，作者计算得出

分国家来看,表20-5列出了东南亚主要国家2001年、2010年和2017年经济分类下对外贸易商品占比。东南亚各国商品贸易的组成,随参与全球价值链的先后以及产业分工和价值链地位的变化而变化。2001年,参与全球价值链生产的主要有新加坡、马来西亚等国,其中间产品进出口占比较高,如新加坡2001年零部件和半成品出口分别占总出口的41.3%和32.8%,在东南亚国家中占比最高。印尼、越南尚未参与全球制造业价值链的分工,出口以初级产品及相应的消费品为主,两国初级产品出口占比分别为33.5%和22.2%,印尼半成品出口占比为43.2%,而越南的消费品出口占35.2%。

2010年,除越南外,新加坡、马来西亚等国中间产品贸易和资本品贸易均有不同程度的增长,反映了这些国家积极参与全球价值链分工。新加坡零部件和资本品出口占比上升至42.4%和23.2%;马来西亚零部件和资本品出口占比从2001年的29%和13.5%上升至45%和21.2%;印尼也从初级产品出口转向半成品和消费品出口,2010消费品出口占比18.7%,上升了6.1个百分点;越南由于其经济起步较晚,对外出口依然以初级产品为主。

2010年后,受数次全球性经济和金融危机的影响,世界经济增长开始放缓,全球价值链进入存量博弈时期,东南亚各国在参与全球价值链的同时尝试提升价值链地位,如马来西亚、泰国从零部件贸易向半成品贸易转变。2017年马来西亚半成品出口和进口占比达54.1%和50%,相比2010年增长了1倍。越南

在近几年迅速融入世界经济体系之中,在实现对外贸易大幅增长的同时,中间产品和资本品对外贸易占比大幅提升,2016年越南零部件和资本品出口占比分别为14.2%、24.1%,而2010年该数值仅5.5%和2%;越南初级产品出口占比则从2010年的40.5%下降为2016年的10.3%。

表20-5　东南亚各国对外贸易商品占比

年份	国家	初级产品		中间产品				最终产品			
				零部件		半成品		消费品		资本品	
		出口	进口	出口	进口	出口	进口	出口	进口	出口	进口
2001	东南亚	11.2%	11.7%	25.7%	27.7%	35.3%	39.3%	12.3%	6.2%	11.5%	13.8%
	印尼	33.5%	13.0%	6.0%	15.9%	43.2%	47.6%	12.6%	4.3%	4.7%	17.8%
	马来西亚	8.3%	10.4%	29.0%	35.5%	38.4%	33.0%	10.4%	5.8%	13.5%	14.7%
	菲律宾	5.1%	15.5%	31.0%	36.3%	16.6%	33.2%	4.5%	6.9%	13.7%	8.1%
	新加坡	0.7%	9.1%	41.3%	35.1%	32.8%	34.3%	7.1%	6.6%	11.1%	12.2%
	泰国	7.8%	18.3%	19.2%	22.7%	39.2%	39.4%	16.4%	6.1%	17.5%	13.5%
	越南	22.2%	6.7%	6.6%	12.6%	26.8%	57.9%	35.2%	6.6%	8.6%	15.8%
2010	东南亚	8.4%	10.4%	32.3%	35.5%	26.4%	29.7%	13.9%	6.7%	16.9%	16.5%
	印尼	22.5%	20.2%	8.8%	14.1%	43.2%	47.4%	18.7%	3.0%	6.8%	15.3%
	马来西亚	5.6%	6.2%	35.6%	45.0%	24.8%	25.7%	11.8%	4.8%	21.2%	16.3%
	菲律宾	3.2%	13.1%	57.7%	47.6%	9.7%	26.3%	12.6%	4.4%	16.6%	8.6%
	新加坡	1.0%	8.0%	42.4%	40.3%	22.3%	22.2%	7.2%	9.3%	23.2%	19.1%
	泰国	7.3%	15.2%	25.1%	28.4%	30.9%	33.7%	20.6%	4.6%	12.8%	17.2%
	越南	40.5%	4.3%	5.5%	9.3%	18.7%	50.8%	30.4%	15.1%	2.0%	15.6%
2017	东南亚	8.4%	10.4%	26.0%	25.4%	40.6%	42.2%	10.0%	7.7%	12.3%	13.6%
	印尼	25.4%	15.8%	6.1%	13.7%	47.2%	50.8%	16.9%	4.7%	4.3%	14.2%
	马来西亚	6.3%	8.6%	16.1%	19.4%	54.1%	50.0%	8.5%	6.4%	14.6%	15.1%
	菲律宾	6.7%	10.2%	47.5%	27.0%	20.5%	36.4%	5.5%	12.0%	19.8%	14.2%
	新加坡	0.9%	9.4%	38.1%	35.3%	33.3%	34.1%	8.3%	8.3%	13.6%	11.9%
	泰国*	5.7%	13.5%	21.0%	21.4%	37.1%	38.8%	18.4%	7.8%	17.7%	18.3%
	越南*	10.3%	7.8%	14.2%	27.4%	20.3%	43.5%	30.9%	6.6%	24.1%	14.5%

注:*表示数据库中缺少泰国、越南2017年数据,故用2016年数据。
资料来源:UN Comtrade,根据作者计算得出

3. 东南亚国家对外贸易的技术结构

在分析了东南亚国家对外贸易在行业和经济上的贸易结构后,本节主要从技术角度出发,探讨东南亚国家在全球价值链分工背景下对外贸易商品的技术结构,以反映其在价值链分工中的地位与竞争力。

OECD[1]报告中提出对制造业出口产品采用产业及技术水平进行重分类的方法,并据此探讨了不同技术水平下制造业出口的变动情况。本节主要沿用了OECD对产业的技术分类方法对东南亚国家制造业对外贸易的技术结构进行分析。由于OECD的产业技术分类采用了ISIC编码,而东南亚国家对外贸易数据采用的是UN Comtrade数据库SITC 三位编码,因此在实际计算时,需要将SITC三位编码转为ISIC编码分析。在OECD分类下,制造业按技术水平被分为高技术、中高技术、中低技术、低技术产业四大类,各技术水平包含的主要产业如表20-6所示。

表 20-6　制造业技术水平分类

技术分类	产业
高技术产业（HT）	飞机与航天飞机的制造、药品、药材制造、办公室、会计和计算机机械制造、收音机、电视及通信设备制造、医疗、光学等精密仪器制造
中高技术产业（MHT）	电气设备制造、摩托以及拖车制造、非医药类化学品制造、交通运输设备制造、机械设备制造
中低技术产业（MLT）	橡胶塑料制品制造、船舶制造与维修、炼焦、炼油、其他非金属矿物制品、基本金属及制品制造
低技术产业（LT）	造纸、食品饮料制造、纺织品、其他制造业

资料来源：OECD，作者整理

在20世纪80年代,以新加坡、马来西亚为代表的部分东南亚国家开始承接来自美、日等发达国家的产业转移,全球化生产已经粗具规模,90年代初时东南亚高技术产业出口规模与低技术制造业相当。此时东南亚国家高技术制造业与低技术产业出口占比在70%以上,而高技术制造业进口占比也逐年上升,1990年高技术制造业进口占比达22%,中高技术与中低技术产业占比相对较小。这一时期由于东南亚参与产业分工与转移的国家相对较少,且除新加坡之外,东南亚其他国家工业化水平较低,工业基础薄弱。为此在该阶段,东南亚国家出口仍然以低技术产业为主,但占比逐年下降,1990年低技术制造业出口占比为37.2%。东南亚国家进口则以机械设备为代表的中高技术产业为主,

---

① OECD. OECD Science，Technology and Industry Scoreboard[R]. OECD，2003.

1990年中高技术制造业进口占比高达40%。

进入20世纪90年代,日美欧为代表的发达国家向发展中国家的投资与产业转移达到了高潮,东南亚国家有利的地理位置以及资源禀赋以及本国对外开放的政策使得东南亚各国在外资的助力下实现了经济高速增长,电子、汽车等产业在跨国公司的主导下在东南亚快速发展。为此东南亚高技术产业进出口规模快速扩张,高技术制造业出口与进口占比在2000年分别达到了41.7%和33.1%,相比1990年提升了13个和11个百分点,与高技术产业出口占比同时提升的还有中高技术产业;而低技术产业出口占比下降显著,2000年出口占比为24.5%,相比1900年下降了12.7个百分点。

进入21世纪初,中国加入WTO改变了全球生产格局,重塑了东亚生产网络。低廉的劳动力价格和庞大的市场规模吸引了西方投资者对中国的投资。与此同时,东南亚国家增长步入平稳阶段,高技术产业出口和进口增长放缓。2010年东南亚高技术产业出口占比28.4%,比2000年下降了13.3个百分点,进口占比27%,较2000年下降了5.8个百分点。与此相对的是,中高和中低技术产业在该阶段占比提升。中高技术产业出口占比从2000年的22.4%提升至28%,中低技术产业出口占比从2000年的11.4%提升至17.9%;中低技术产业进口占比从2000年的14.8%提升至21.8%。如图20-4、图20-5所示。

2010年后,在美国次贷危机、欧债危机等冲击下,世界经济进入低增长的复苏阶段。在该阶段,全球贸易增速开始放缓,发达国家需求的降低,冲击了全球生产和贸易网络。东南亚各国作为生产网络中的制造者,在该阶段其对外出口技术结构趋于稳定。在现有的贸易规模下,如何提升产业竞争力,提升本国在全球价值链分工中的地位,成为各国面临的主要问题。

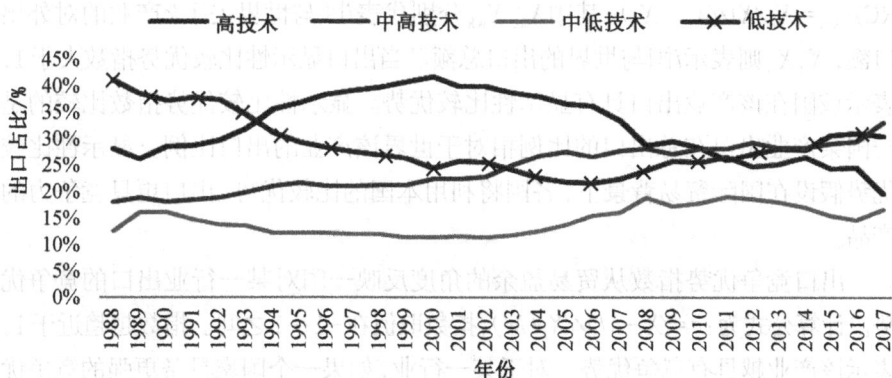

图20-4 东南亚总体出口的技术结构

资料来源:UN Comtrade,作者计算得出

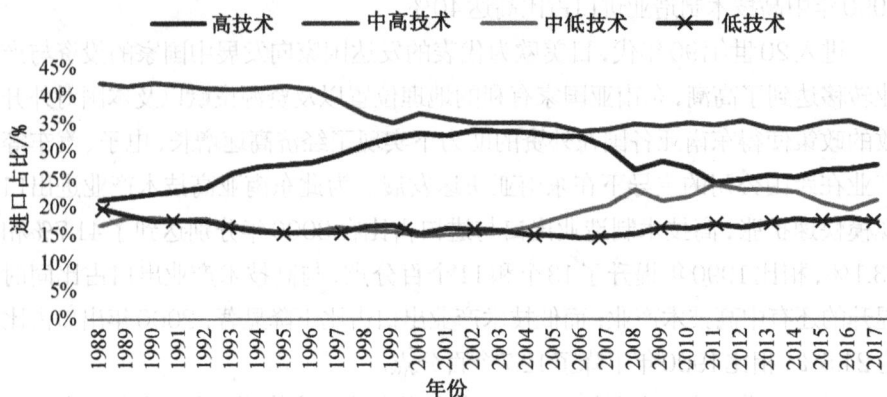

图 20-5　东南亚总体进口的技术结构
资料来源：UN Comtrade，作者计算得出

第三节　东南亚国家出口竞争力

前两节通过分析东南亚国家进出口贸易商品结构,揭示了东南亚国家参与全球生产网络的主要产业及其分工情况。本节从竞争力角度出发,通过贸易竞争力指标探究东南亚国家在当前国际分工背景下其产业竞争力的情况。通过竞争力分析比较,将体现东南亚国家在全球产业分工下的分工地位。对东南亚国家贸易竞争性的分析,采用了显示性比较优势指数(RCA)和出口竞争优势指数(CA)。数据来源于UN Comtrade,采用SITC 3位编码下的分类。

一个国家i对于k产业对外出口的出口显示性比较优势可以表示为:$RCA_{Xik}=(X_k/X)/(X_{wk}/X_w)$,其中$X_k$, X_{wk}分别代表i国与世界关于k产业的对外出口额,X, X_w则表示i国与世界的出口总额。当出口显示性比较优势指数大于1,表示该国在该产业出口具有显示性比较优势。显示性比较优势指数比较的是一国某产业出口在总出口的比例相对于世界该产业的出口比例。显示性比较优势假设在国际贸易背景下,各国将利用本国的比较优势,出口更具竞争力的产品。

出口竞争优势指数从贸易盈余的角度反映一国对某一行业出口的竞争优势。计算公式为:$r_i=(X_i-M_i)/(X_i+M_i)$,指数取值在$-1\sim1$之间。指数越趋近于1,表示该产业越具有竞争优势。对于某一行业,如果一个国家具备更强的竞争优势,在该行业产生的贸易盈余比例将更大。

表20-7列示了中国和东南亚国家在SITC一类编码分类下主要出口产品

的显示性比较优势指数。从东南亚国家关于各产业的显示性比较优势指数可以看出,东南亚国家出口具备比较优势的产业除了机械电子产业之外,均集中于劳动密集型资源密集型产业。

首先,东南亚国家各产业出口的比较优势指数均在0.5以上,产品结构相对均衡。其次,东南亚国家主要出口产业的RCA指数均大于1,表明东南亚国家在生产机械电子类产品以及劳动密集型、资源密集型产品上具备竞争优势。其中最突出的是SITC 4位编码下动植物油脂、蜡等产品出口,该产业2017年RCA指数达6.29,远高于临界值1,而该产业是典型的资源密集型产业(东南亚国家是全球棕榈油主要产地)。最后,东南亚国家在化工业、重工业方面缺乏竞争力,体现在SITC 5类和6类产品RCA指数小于1。这一点在之前东南亚国家的进出口结构中也有所体现。

具体来看,东南亚国家通过参与全球生产网络,促使本土的机械产业、消费电子产业、半导体产业率先发展。这三大产业均具备比较竞争优势,2017年上述产业RCA指数分别为1.78、1.31、2.20。东南亚国家产业上的比较竞争优势,是以跨国公司为主导的全球产业分工的结果,而东南亚国家区位资源优势以及开放性政策也吸引了外资进入,产业得以发展形成规模。从RCA的变动情况来看,东南亚国家在上述行业的比较竞争优势近年来有下降的趋势。其中机械产业出口RCA指数降幅最大,从1996年最高的3.29逐年下滑;消费电子产业RCA指数也从1994年的2.61最高点下降至1.31;半导体行业RCA指数也在2006年达2.49的最高点。RCA指数的下降与上述产业出口占比下降一致,既反映了东南亚国家上述产业出口增速放缓,东南亚国家参与全球生产网络的企业发展从增长转向竞争,也反映了东南亚国家出口结构的变动。

东南亚国家其他具备比较竞争优势的产业主要集中在资源和劳动密集型产业。如东南亚国家地处热带地区,林业资源较为发达,发展相关经济作物产成品出口具备比较优势。东南亚国家2017年生胶RCA指数达6.8;咖啡、茶等经济作物出口RCA指数1.79。除此之外,东南亚国家利用自身的资源优势,持续向下游产业链延伸,从林木出口向家具制造延伸;利用橡胶发展橡胶制品。在资源与劳动力优势下,这类产业出口均获得了相当的比较优势。

最后,东南亚国家一些不具备显示性比较优势的产业发展迅速,并开始初步具备出口竞争力。如:东南亚国家利用港口贸易优势发展化工初级制成品,劳动密集型的轻工业向上游延伸发展纺织业。从不断上升并接近于1的RCA指数可以看出,东南亚国家在上述产业的发展已经粗具规模,其竞争力也在不断提升。

东南亚经济文化
回顾研究

表 20-7 东南亚国家各产业出口的RCA指数

年份	0	1	2	3	4	5	6	7	8	9
1989	1.37	0.54	1.85	3.84	7.03	0.40	0.70	0.76	0.97	0.43
1990	1.21	0.64	1.51	3.31	6.03	0.40	0.67	0.81	1.04	0.47
1991	1.21	0.74	1.49	2.36	5.76	0.43	0.69	0.85	1.22	0.47
1992	1.11	0.74	1.48	2.21	5.92	0.41	0.71	0.91	1.04	1.14
1993	1.01	0.77	1.31	1.94	5.16	0.43	0.74	1.00	1.02	1.00
1994	0.98	0.65	1.20	1.74	4.87	0.41	0.67	1.12	0.97	0.99
1995	0.90	0.61	1.23	1.48	4.63	0.46	0.63	1.17	0.97	1.20
1996	0.87	0.68	1.19	1.35	4.71	0.44	0.65	1.25	0.94	0.32
1997	0.93	0.68	0.99	1.59	4.64	0.46	0.59	1.19	0.87	1.18
1998	098	0.66	0.92	1.48	4.74	0.46	0.55	1.20	0.88	1.56
1999	0.99	0.51	0.91	1.22	4.83	0.51	0.61	1.24	0.90	0.66
2000	0.97	0.51	0.91	1.00	4.70	0.56	0.60	1.29	0.94	0.48
2001	0.99	0.54	0.91	1.13	4.61	0.56	0.61	1.24	0.99	0.58
2002	0.99	0.50	0.97	1.13	5.28	0.58	0.59	1.25	0.96	0.55
2003	0.94	0.46	1.02	1.14	5.38	0.67	0.58	1.24	0.95	0.50
2004	0.92	0.49	1.00	1.17	5.45	0.70	0.58	1.24	0.95	0.44
2005	0.91	0.50	1.06	1.07	5.31	0.71	0.59	1.25	0.92	0.57
2006	0.92	0.50	1.18	1.04	5.28	0.72	0.60	1.22	0.92	0.68
2007	0.96	0.55	1.13	1.06	6.26	0.72	0.63	1.20	0.93	0.74
2008	1.05	0.60	1.04	1.03	6.53	0.66	0.65	1.11	0.95	1.28
2009	1.01	0.62	0.97	1.09	6.30	0.66	0.70	1.19	0.97	0.66
2010	1.00	0.66	1.07	1.05	6.49	0.70	0.67	1.13	0.96	0.99
2011	1.03	0.71	1.12	1.11	6.48	0.80	0.67	1.06	0.98	0.87
2012	1.03	0.77	0.93	1.09	6.10	0.83	0.68	1.10	0.99	0.69
2013	0.99	0.82	0.98	1.05	5.96	0.80	0.71	1.14	1.03	0.58

年份	0	1	2	3	4	5	6	7	8	9
2014	1.03	0.84	0.83	1.10	6.29	0.81	0.69	1.10	1.06	0.64
2015	0.91	1.02	0.96	1.23	6.47	0.81	0.69	1.11	0.86	0.69
2017	0.61	0.87	0.89	1.68	7.63	0.84	0.57	1.07	0.83	0.99

资料来源：UN Comtrade，经作者计算而来

表20-8从贸易盈余的角度分析东南亚各国各产业出口的利润情况。从东南亚国家对外出口的竞争优势指数可以了解到，虽然东南亚各国通过参与全球产业链以及发展本土产业实现了出口规模扩张，竞争力不断提升，但由于东南亚各国整体技术水平较低，参与国际分工的产业多集中于低技术水平的零部件加工阶段，因此利润水平较低。

从整体来看，SITC1位编码下，贡献贸易顺差的主要部门集中在轻工业产品杂项制品(SITC8)和动植物油脂产品(SITC4)两类，2017年两类产品CA指数分别为0.21和0.78。而东南亚各国的主要贸易产品机械电子类产品CA指数2017年仅0.02。东南亚各国资源密集型产品总体保持贸易顺差，除农产品之外，CA指数均小于0.1，矿物燃料CA指数为负，2017年该指数达-0.10。

从细分产业来看，虽然东南亚各国通过参与全球生产网络发展其本土的机械产业、消费电子产业和半导体产业，各产业初具出口比较优势，但对贸易顺差贡献不大。在7大类机械电子产品进出口中，除消费电子产品和半导体产品CA指数为正，其余通用机械类产品表现为较大的进口依赖，如2017年金属加工机械(SITC73)CA指数为-0.63。值得注意的是，由于近年来东南亚各国汽车工业的发展，汽车产业的进出口于2013年实现平衡。

东南亚各国的电子产业，由于其发展较早，区域内产业已粗具规模并已形成了相关产业集群，因此东南亚各国电子产业整体出口CA指数为正，顺差贡献相对较大。但是其产业发展并不均衡并同样存在低技术以及依赖外部的问题。东南亚各国电子产业顺差贡献的部门主要集中在技术水平相对较低的消费电子产业，而技术水平较高的通信、半导体行业，顺差较小。如2017年东南亚国家办公用机器CA指数为0.6，而半导体产品CA指数仅0.1，表明在生产分工中，东南亚国家依然处于价值链低端的地位。值得注意的是，虽然在激烈的国际竞争下，部分细分产业CA指数有所下降，但东南亚国家电子产业贸易产品的多样性有所提升，部分零部件依赖进口的情况有所改变，表明东南亚国家电子产业正在转型，向价值链高端迈进。

对于东南亚各国其他行业,CA指数所得出的各行业出口竞争情况与比较优势指数得出的结论基本一致,东南亚国家的林木、农产品等资源密集型产业以及以服装、鞋等轻工业为代表的劳动密集型产业具备较强竞争力。东南亚各国化工产业(SITC5),特别是有机化学产业发展迅速,逐渐实现贸易平衡,CA指数从1989年的-0.47上升至2017年的0.01,在各产业中提升最大。但东南亚各国钢铁、有色金属、纺织等初级产品依然发展不足,严重依赖进口。

表 20-8　东南亚各国各行业出口的CA指数

年份	0	1	2	3	4	5	6	7	8	9
1989	0.29	-0.06	0.19	0.24	0.68	-0.48	-0.22	-0.21	0.26	-0.44
1990	0.27	0.01	0.15	0.19	0.66	-0.43	-0.25	-0.20	0.35	-0.39
1991	0.23	0.03	0.16	0.20	0.64	-0.46	-0.20	-0.17	0.33	-0.07
1992	0.22	-0.01	0.11	0.18	0.67	-0.43	-0.16	-0.15	0.32	-0.06
1993	0.22	-0.05	0.12	0.17	0.76	-0.42	-0.17	-0.10	0.29	-0.12
1994	0.17	-0.03	0.14	0.07	0.79	-0.37	-0.20	-0.10	0.27	-0.04
1995	0.11	0.01	0.12	0.08	0.82	-0.36	-0.18	-0.08	0.23	-0.39
1996	0.16	-0.03	0.09	0.11	0.81	-0.34	-0.20	-0.07	0.21	0.25
1997	0.22	0.05	0.12	0.16	0.82	-0.24	-0.10	0.05	0.31	0.47
1998	0.21	-0.02	0.06	0.10	0.79	-0.20	-0.07	0.09	0.32	0.08
1999	0.22	-0.05	0.05	0.02	0.80	-0.20	-0.09	0.07	0.34	0.23
2000	0.19	-0.07	0.01	0.04	0.77	-0.18	-0.11	0.05	0.38	0.26
2001	0.19	-0.07	0.09	0.02	0.80	-0.14	-0.12	0.04	0.38	0.21
2002	0.19	-0.06	0.15	0.04	0.82	-0.03	-0.11	0.06	0.37	0.21
2003	0.17	-0.04	0.12	0.01	0.77	-0.04	-0.14	0.05	0.34	0.12
2004	0.17	-0.02	0.20	-0.06	0.80	-0.02	-0.16	0.06	0.34	0.14
2005	0.17	-0.01	0.31	-0.03	0.79	0.00	-0.12	0.07	0.33	0.11
2006	0.14	0.03	0.26	-0.07	0.82	-0.01	-0.14	0.06	0.34	0.20
2007	0.15	0.00	0.13	-0.09	0.81	-0.10	-0.19	0.01	0.32	0.22
2008	0.16	0.04	0.13	-0.06	0.80	-0.05	-0.14	0.03	0.36	0.27

续表

年份	0	1	2	3	4	5	6	7	8	9
2009	0.13	0.08	0.24	−0.06	0.78	−0.06	−0.15	0.02	0.33	0.34
2010	0.13	0.06	0.24	−0.08	0.74	−0.03	−0.16	0.01	0.34	0.14
2011	0.12	0.06	0.13	−0.09	0.75	−0.03	−0.19	0.02	0.32	0.27
2012	0.09	0.06	0.16	−0.11	0.81	−0.04	−0.19	0.00	0.33	0.17
2013	0.10	0.08	0.07	−0.13	0.79	−0.04	−0.20	0.03	0.36	0.33
2014	0.06	0.14	0.21	−0.08	0.76	0.01	−0.15	0.03	0.24	0.51
2015	0.08	0.11	0.10	−0.10	0.73	−0.08	−0.21	0.02	0.34	0.42
2017	−0.16	0.06	0.09	−0.05	0.78	0.01	−0.15	0.01	0.21	0.25

资料来源：UN Comtrade，经作者计算而来

第二十一章
东南亚在全球生产网络中的地位

第一节　东南亚国家参与全球生产网络的阶段

按照各国参与全球生产网络的程度及其地位，可将东南亚国家参与全球生产网络划分为四个阶段，即20世纪60年代的准备阶段、70—80年代的发展阶段、90年代全面参与生产竞争阶段、21世纪初向高附加值环节升级转型阶段。在各个阶段，东南亚国家参与全球化生产，其主导产业部门和在全球生产网络中的地位均有所不同。

二战后东南亚各国相继独立，开始了各自的工业化历程。由于长期的殖民统治，其经济主要集中在以自然资源、农产品为主的资源密集型产业，产业结构单一，工业基础薄弱，国内消费品严重依赖进口，基础设施建设严重不足。20世纪50年代末60年代初，为了摆脱进口依赖，以新加坡、马来西亚为代表的东南亚国家相继开始以进口替代为导向的工业化道路，政府通过投资优惠政策，设置贸易壁垒限制进口，以培育国内弱小的民族工业。到20世纪60年代中期，

新加坡率先从进口替代政策转向出口导向型政策,通过针对出口企业的税收优惠、对外资企业提供优惠措施,扶持面向出口企业的发展。该阶段新加坡承接的产业以劳动密集型制造业为主,主要包括以纺织服装为主的轻工业和以装配为主的消费电子产业。这一阶段,新加坡等国参与的国际产业分工依然以产业间分工为主,与发达国家间产业链的联系仅仅停留在原材料供应上,其承接的产业以劳动密集型产业为主,生产的全球性联系尚处于萌芽阶段。

进入20世纪70年代,马来西亚、泰国等国相继加入以出口为导向的工业化进程中。东南亚各国采取了税收优惠,设立出口加工区,为外资企业提供优惠措施,扶持面向出口企业的发展。在这一阶段,东南亚各国开始参与全球生产网络,其主导产业逐渐从轻纺工业转向电子产业。由于欧美、日本对东亚产品供应商的依赖性不断加强,由东亚供应商提供的中间产品投入以及参与的生产环节的范围越来越广,东南亚国家逐渐演变成为电子产业的装配与制造中心。亚洲新兴工业化经济体在参与生产网络的同时,也将其产业升级过程中的部分产业和生产工序向东南亚转移。印尼、日本、马来西亚、新加坡四个国家组成了东亚生产网络的主要部分。在东亚的区域生产网络中,以日本为中心,随着日本国内产业升级与转移,东亚生产网络中的参与者数量增加,除了资源供给者之外,韩国、中国台湾、东南亚国家承接了来自日本产业的转移,参与了区域生产网络。这些国家往往作为日本加工装配的基地,从日本进口核心零部件,在国内进行加工、装配、测试并出口至其他国家。①

到20世纪80年代末,随着国际产业分工的发展与深化,以欧美、日本为主的跨国公司开始只关注产品概念、设计、研发、营销服务等知识、技术密集型的生产环节,而将标准化的产品生产大规模转移至发展中国家和地区。由于跨国公司全球产业布局的变化,新加坡开始转向技术密集型和高附加值产业,微电子、信息通信以及生物医药等行业快速发展;马来西亚、泰国、印尼、菲律宾等已加速融入了全球生产网络之中,从加工组装环节开始逐渐向零部件生产环节攀升,产能的急剧扩张和相对低技术水平的产业使得在同一环节上企业竞争更加剧烈,而后进的越南、老挝、柬埔寨、缅甸等国也开始融入全球生产网络的进程中。在该阶段,电子信息产业仍然是东南亚国家参与全球生产网络的主导产业,但汽车、化工、船舶制造、生物医药、物流运输等部门行业也参与到全球生产网络中,90年代末泰国成为东亚地区继韩国和中国之外第三大汽车生产国,

---

① ESCAITH H, INOMATA S. Geometry of Global Value Chains in East Asia: The Role of Industrial Networks and Trade Policies[J]. Social Science Electronic Publishing, 2013.

新加坡生物医药产业异军突起。

进入21世纪,由于互联网通信技术的成熟,大数据和智能化的应用改变了原有产品的生产组织结构,削弱了产品对劳动力成本的敏感性。同时,国际产业分工更加细化,跨国公司在逆垂直化过程中,更偏向选择有限的几个具备全球触角的供应商进行代工生产,而合同制造商通过对模块化产品进一步分工形成了对生产网络的细分。跨国公司全球化生产布局的变化,冲击了原有东亚区域生产厂商的地位。随着参与全球生产网络的深度与广度的不断提升,东南亚各国面临着产业结构升级和技术水平深化的障碍和问题,它们希望通过融入全球生产网络和运用产业政策提升本国的技术水平,向价值链高端迈进。这一时期,东南亚国家在参与全球生产网络过程中逐渐由零部件加工装配转向零部件制造中心,形成了以产业内和产品内分工为基础的零部件生产网络。在该阶段,电子信息产业仍然是东南亚国家参与全球生产网络的主导产业,但汽车、化工、船舶制造、生物医药等因参与全球生产网络而迅速兴起。2017年,东南亚国家汽车产量列世界各国汽车产量的第8位,泰国成为世界第8大汽车出口国,菲律宾成为世界第四大船舶制造国家。

第二节　东南亚国家在全球生产网络中的分工特点

1.融入全球生产网络向纵深发展

在全球化背景下,东南亚各国融入全球生产网络的产业也随着外资和国际分工的发展以及区域内经济及产业政策的推动而变化。当前东南亚已具备从原材料到零部件再到加工组装出口的生产能力,融入全球化生产的产业类型增加,产业规模不断扩展,产业集群已经形成。除制造之外,各国还积极推出产业政策,鼓励创新、吸引人才、运用先进技术,推动国内产业向价值链高端迈进。

从参与地区来看,东南亚地区在参与全球生产网络初期,仅有区域内部分国家率先从高关税、投资限制政策转向开放性政策,参与全球生产网络的国家较少。亚洲"四小龙"经济的腾飞为东南亚各国提供了实现经济腾飞的政策蓝图,以马来西亚、泰国、印尼为代表的发展中国家也相继吸引外资,参与全球化生产。进入20世纪90年代,以越南、老挝、柬埔寨、缅甸为代表的转型国家,在外资和开放政策作用下也相继开始融入全球化生产。

从产业来看,东南亚地区融入全球生产网络的产业,已经由最初的劳动密集型的轻工纺织业拓展到消费电子、半导体、汽车、机械等资本密集型产业,并逐渐成为亚洲消费电子、半导体产业的装配制造中心。而相关产业在发展过程中产业集群也随之产生,如以高新技术产业为主的新加坡科学园,新加坡制造业综合工业区裕廊工业区,马来西亚槟榔屿、砂拉越等地的电子产业集群,泰国汽车产业集群。产业集群的出现加强了企业间的产业联系,有利于资源的整合以提升供应链效率;产业集群的发展有利于企业规模效应的实现,跨国公司技术外溢将有利于本土企业的发展。

目前东南亚已建成全球最大的硬盘生产基地和亚洲主要的半导体装配制造中心,新加坡裕廊化工岛是全球第三大石油炼制中心[①]。马来西亚槟城装配了全球三分之一的半导体[②]。而泰国汽车产量于2012年首次突破200万辆,跻身世界十大汽车生产国[③],2017年汽车产量达198.8万辆[④]。在贸易方面,东南亚对外贸易连年保持稳定增长,2010年东南亚对外贸易总额首次超过1万亿美元,占全球贸易总额的8.3%,2004年至2011年间年均复合增长率高达10.2%,2017年东南亚对外贸易额达11 425.6亿美元[⑤]。除了对外贸易额增长之外,东南亚各国在贸易品以及贸易对象国上也在不断拓展,随着后进国参与到全球生产网络之中,东南亚融入全球生产网络向纵深发展[⑥]。

2. 参与生产网络分工逐渐细化

经过多年的发展,东南亚各国已经深深融入全球价值链之中,在参与产业与产品的丰富度上有了较大的提升。在分工上,东南亚各国不仅仅提供廉价劳动力的装配基地,也积极向上下游拓展,实现零部件本土化生产,并参与设计、服务检测等价值链相对高端环节。

相比轻工业,电子、汽车等产业最终产品制造涉及原材料供应加工生产、零部件生产、装配测试等多个环节,并由此而形成相应的全球产业分工。东南亚生产网络是在跨国公司的主导下建立起来的。对于原始设备制造商(OEMs)来说,公司可以选择通过垂直一体化(原始设备制造商根据地区资源禀赋的差异,建立上游的生产部门,实现全球化生产)、生产外包(公司专注于营销、设计、品牌建设等高附加值领域,将生产任务整体外包给合同制造商)以及零部件的全

① 苏颖宏. 新加坡制造业贸易竞争力发展评价分析:基于比较优势和竞争优势的动态均衡[J]. 南洋问题研究, 2014 (3):10–16.

② 林丽钦. 论马来西亚槟城电子产业集群中跨国公司的作用[J]. 创新,2011 (3):73–76.

③ 孙广勇. 泰国跻身世界十大汽车生产国[N]. 人民日报,2012–12–28 (021).

④ 数据来源:MarketLines.

⑤ 数据来源:UNCATD.

⑥ AYAKO OBASHI, FUKUNARI KIMURA. Deepening and Widening of Production Networks in ASEAN[J].Asian Economic Papers, 2017(3): 54–76.

球性购买(公司向零部件厂商外购模块化部件并完成最终产品组装上市)的方式实现最终产品的全球化生产。

东南亚融入全球生产链,也是在跨国公司的主导下,通过上述三种方式建立起来的。起初以日、美、欧为代表的发达国家向东亚转移产业主要以劳动成本占比较高、技术水平低的加工,装配工序为主。随着产业的发展,部分零部件的制造也开始了本土化的进程。而新加坡转型向知识密集型产业发展甚至吸引了跨国公司选择将区域研发中心设立在该地。以电子产业为例,世界排名前10的6家电子制造服务公司已在新加坡开展业务,业务范围涵盖设计、高价值制造、供应链管理和区域管理,进驻本地的公司包括伟创力国际(Flextronics)、新美亚公司(Sanmina)、天弘集团(Celestica)、捷普集团(Jabil Circuit)及创业公司(Venture)等。著名的原始设计制造商(ODM)华硕(ASUSTek)、光宝集团(Lite-On)和纬创(Wistron),均在新加坡设立总部并开展研发活动。[①]

跨国公司在东南亚地区的投资必然将带动民族产业的发展。本土企业与外资企业主要存在两种联系:

其一,作为外资企业的代工厂商(OEM)进行生产。该类企业直接进入原始设备制造商体系,对接跨国公司生产需求与管理,跨国公司对本土产业的外溢效应明显。这种联系以电子产业、汽车、纺织业为代表。代工厂商可以在技术进步的基础上,开始自主设计并生产,成为ODM,最后发展自主品牌,成为原始品牌制造商(OBM),形成国际竞争力。通过OEM升级成为OBM的企业,典型的如中国台湾的宏碁、新加坡的Creative Labs。

其二,成为网络中的网络一员,为外资企业提供服务。除了与国外旗舰企业直接联系、进行代工生产之外,随着合同制造商的崛起,东南亚企业通过参与合同制造商的生产网络进入全球化生产,成为旗舰公司的三级或更低级的供应商。或者参与到生产性服务业中,为外资企业提供配套服务。随着产品内分工的深入发展,国外旗舰企业出于成本和资本运营效率的考虑,相比在世界范围选择OEM制造商,它们更倾向于选择具有全球触角的合同制造商或零部件生产商作为稳定合作对象。在更深入的产业分工下,东南亚企业将作为三级或更低层次的供应商参与全球生产网络。以汽车产业为例,国外组装厂通常选择国际著名的零部件供应商以模块化的形式生产供货,而由一级零部件供应商进一步分工,在东南亚选择代工厂商。

---

① 新加坡经济发展局. 电子产业[EB/OL].(2019-03-07)[2019-05-06]. https://www.edb. gov.sg/content/edb/zh/industries/industries/electronics.html.

虽然经过多年的发展,东南亚地区生产网络已经有了较大的发展,分工逐渐深入,制造能力提升,但依然存在诸多的不足,而这将成为阻碍东南亚价值链地位提升的重要因素。

首先,整体技术水平较低,核心零部件依赖进口。虽然东南亚国家已经开始了零部件制造本地化的进程,但仅停留在技术水平较低的零部件制造上,核心零部件依然极度依赖进口。其次,在低技术水平下,产业集群中,本土企业产业内联系较少,存在低水平重复的现象,较为单一的产业结构使得本土企业极易受到来自外部的冲击,在产业扩展停滞后将陷入低水平竞争之中。最后,本土企业以中小企业为主,在产业发展中,中小企业往往囿于企业规模和利润,研发投入较少,技术水平相对较低,从而抵御冲击和竞争力较弱,在生产网络中处于被支配的地位。

第三节 东南亚参与全球生产网络的局限性

正如前文所述,东南亚生产网络是以国外旗舰企业与合同制造商为代表的跨国公司为主导建立起来的。跨国公司在其中是投资的主体,也是地区最终产品的需求方,对于高技术产业来说,它们还充当了核心零部件以及相应生产设备的提供方;对于被投资国的企业来说,跨国公司还是企业前期技术进步以及管理经验的源泉,体现在投资依赖、技术依赖、进口依赖、市场依赖。而跨国公司在全球化布局下,通过占据制造过程中的研发、设计等高技术环节以及营销、市场拓展等高附加值领域,在价值链中处于高端。

1. 投资依赖

东南亚国家的高技术及资本密集型产业发展初期均以国外直接投资的推动为主。产业发展与外资推动的一个直接经验来自第一小节中东南亚外国直接投资、对外贸易以及经济增长的联动性。依照产业的发展规律,随着东南亚区域内产业规模扩张,本土企业在国外产业转移以及OEM代工过程中将有相应的成长性机会。随着区域内市场的发展,本土企业在区域内的投资将显著增加。据统计,2016年东南亚区域内部投资总额240.1亿美元,东南亚吸收国外直接投资达968.8亿美元,区域内直接投资占比仅24.8%[①]。外资依然是东南亚区域内产业发展的主要投资驱动力,东南亚内部投资动力不足。

---

① 数据来源:ASEAN Secretariat.

2. 技术依赖

在技术方面,东南亚国家表现为对外技术依赖。对于国内研发能力薄弱、制造水平和劳动生产率较低的发展中国家来说,依赖国外先进技术发展国内高技术产业是前期的必经之路。东南亚国家参与全球生产网络相关产业的发展主要由外资驱动,本土企业主要以中小企业为主,因此在制造过程不同程度表现出对外部技术的依赖。主要表现为最终产品制造流程中,核心的专利设计等技术由国外控制,公司不具备核心零部件的研发生产能力,依赖外部购买甚至进口。当前东南亚地区,除新加坡之外,东南亚各国研发能力普遍较低,高技术人才的匮乏也限制了企业自主研发的能力。

3. 进口依赖

跨国公司对东南亚生产网络的主导作用还体现在进口依赖上。由于东南区域的产业分工是在发达国家跨国公司的主导下建立起来的,而东南亚国家参与的产业链多以加工、装配的劳动密集型流程为主,虽然随着区域内生产水平的提升,东南亚国家逐渐开始向价值链上游与下游拓展,提升其价值链地位,零部件生产逐步本地化,在向技术、知识密集型产业转型上也作出了部分努力,但产业链的核心技术、核心零部件生产依然掌握在跨国公司手中。这表现为东南亚区域随着产业扩张,在对外贸易迅速增长的同时,相关产业进口也急剧增长,仅给东道国留下微薄的利润。

进口依赖的典型产业是东南亚电子产业。马来西亚作为东南亚电子产业的装配制造中心,有较强的代表性。从马来西亚电子产业的细分产业进出口可以看出,随着马来西亚电子产业融入全球生产网络的深化,不论其电子元器件还是最终产品出口均有较大增长,如电子产品出口从1990年的86亿美元上升至2016年的693亿美元。与出口同时增长的是电子产品的进口快速增长,从1990年的66亿美元上升至505.6亿美元[①],其中作为核心零部件的电子元器件进口增幅甚至超过了出口增幅,整体产业的进口依赖明显。

4. 市场依赖

除了生产过程中的对外依赖之外,从最终需求市场来看,由于跨国公司主导的东南亚生产网络其产品主要面向美国、欧洲等西方发达国家,区域内对最终产品的需求相比增长较慢,因此区域内以机械、电子为代表的产业生产以出口为导向,体现出较强的对外市场依赖,内生动力不足。内需不足既受区域内发展水平较低、内部贸易壁垒等区域内部因素的影响,也受到跨国公司主导下

---

① 数据来源:MIDA, MITI。

产业结构较为单一、本土企业发展较慢的制约。对外市场依赖的直接影响是：国内经济极易受到来自外部的冲击。而由于本土企业特别是中小企业抵御冲击能力较弱，来自外部的冲击将进一步制约本土企业发展。

东南亚国家参与全球生产网络初期出口市场主要以OECD为代表的发达国家为主。1995年东南亚出口总额(包含区域内贸易)的53.2%均销往OECD国家，占东南亚对外出口总额的69.7%，其中日本、美国、欧盟是东南亚出口的主要市场，出口的市场及价值链建立与主导方相一致。

近年来，东南亚国家对发达国家市场依赖程度在不断下降。2016年东南亚对OECD国家的出口占对外出口总额的51.3%。虽然市场依赖的格局依然存在，但是东南亚对发达经济体出口占比呈不断下降的趋势。相比之下，东南亚对发展中国家出口，特别是对中国的出口有了较大的提升。东南亚对中国出口占比(不包含东南亚区域内贸易)从1995年的2.7%，上升至2016年的16.4%。对于该现象，我们可以从两方面去理解。

一方面，中国与东南亚之间贸易量的增加是国际产业分工发展的结果。中国在改革开放的政策推动下，外资纷纷涌入国内，跨国公司将原先设立在东南亚的一些相对低端的产业向中国转移，中国与东南亚之间产业链的分工进一步细化。另一方面，随着以中国为代表的东亚经济腾飞，来自中国国内的需求逐渐成为驱动双边贸易增长的动力。同时，自由贸易区的建立和发展，使原本分散割裂的市场随着贸易壁垒消解以及自贸区范围不断扩张而开始融合，双边贸易额随之增长。

未来，随着中国-东南亚自贸区的全面建成，以及"一带一路"倡议的提出，中国与东南亚之间在贸易、投资等方面往来将更加密切，来自内生性的需求将成为驱动贸易与投资增长的重要动力。

第四节　东南亚国家在全球生产网络中的地位

上一节主要利用传统贸易数据反映东南亚国家参与全球生产网络的情况。由于传统出口贸易数据包含了进口的中间产品价值，并且中间产品可能经过多国的多次流转，在全球生产网络日益复杂化多元化的今天可能存在一定的失真现象。而贸易附加值方法则从价值增值的角度出发，对一国出口价值增值按照来源国以及流转重新划分，避免了失真的现象。

本节借鉴了Koopman(2010,2014)的贸易流分解法以及对应的GVC指数，OECD-Tiva数据库则采用该分解法计算了东南亚国家1995年至2011年间对外出口贸易流按价值链分解的情况。因此本节使用OECD-Tiva数据对东南亚国家价值链参与度及价值链地位进行测算与分析。

1.KPWW贸易流分解法[①][②]

由于中间产品贸易的影响,导致传统统计方式下的贸易数据存在一定程度的"多重计算",而且随着全球化生产在越来越多的国家和部门之间进行分割,"多重计算"的程度会更加严重,以致使研究结果存在一定的偏差。[③]Koopman等(2008,2010,2012)基于全球价值链,从价值增值的角度出发,对出口贸易进行分解,并构建了反映一国参与全球生产网络和国际分工地位的GVC指数,价值链参与度指数以及价值链地位指数。Koopman等(2010)将出口分解为国内附加值出口和国外附加值出口两个部分。其中,国内附加值出口按其产品类型以及流转,进一步划分为最终产品出口、直接被进口国吸收的中间产品出口、中间产品被进口国进口随后出口至第三国、中间产品被进口国吸收加工后被出口回母国,具体见图21-1。

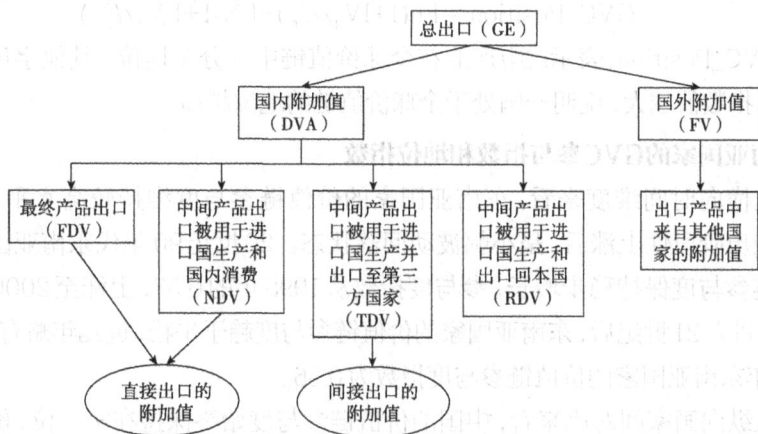

图 21-1　KPWW贸易流分解

① KOOPMAN R, WANG Z, WEI S J. How Much of Chinese Exports is Really Made in China? Assessing Domestic Value-added When Processing Trade is Pervasive[R]. National Bureau of Economic Research, 2008.

② KOOPMAN R, WANG Z, Wei S J. Tracing Value-added and Double Counting in Gross Exports[J]. American Economic Review, 2014, 104（2）: 459-94.

③ OECD. Interconnected Economics: Benefiting From Global Value Chains[R/OL]. （2013-03-28）[2019-05-06]. https://www.oecd-ilibrary.org/science-and-technology/interconnected-economies_9789264189560-en.

2. GVC指数[1]

基于对出口贸易的分解,Koopman等构建了反映一国参与全球生产网络程度和国际分工地位的指标,即GVC参与指数和GVC地位指数。

GVC参与指数被定义为一国间接附加值出口与国外附加值出口之和在总出口中的比重。计算公式如下:

$$-GVC\_Participation_{ir}=(IV_{ir}+FV_{ir})/E_{ir}$$

其中,$GVC\_Participation_{ir}$表示r国i产业参与全球生产网络的程度;IV_{ir}、FV_{ir}和E_{ir}分别表示一国总出口所包含的间接国内附加值、国外附加值以及总出口。指数值越大,一国参与全球生产网络的程度越高。

GVC地位指数被定义为一国间接附加值出口与国外附加值出口的差距。如果一国总出口中的间接附加值出口比率高于国外附加值出口比率,意味着该国更多地为世界其他国家提供中间产品,说明该国处于上游环节,否则,处于下游环节。计算公式如下:

$$GVC\_Position_{ir}=Ln(1+IV_{ir}/E_{ir})-LN(1+FV_{ir}/E_{ir})$$

$GVC\_Position_{ir}$表示r国i产业在全球价值链中的分工地位;其他字母含义同上。指数值越大,说明一国处于全球价值链的地位越高。

3. 东南亚国家的GVC参与指数和地位指数

从横向时间维度来看,东南亚国家的价值链参与度维持较高水平,其参与度经历阶段性上涨后,呈小幅波动回落状态。20世纪90年代东南亚国家的价值链参与度保持稳步增长,参与度指数从1995年的0.53,上涨至2000年的0.58。进入21世纪后,东南亚国家的价值链参与度趋于平稳,近几年略有下降。2011年东南亚国家的价值链参与度指数为0.56。

从纵向国家间对比来看,中国的价值链参与度始终保持在第一位,价值链参与度远超其他国家,韩国、意大利、法国呈现波动增长的趋势。东南亚国家的价值链参与度指数在12国中排名中上,价值链参与程度较高。东南亚国家的价值链参与度指数目前在其他12国中排名第五位,2000年参与度最高达到第二位,随后被韩国、意大利和法国赶超,2009年以后东南亚国家国家的价值链参与度重回第五位(见表21-1)。

① ROBERT KOOPMAN, WILLIAM POWERS, ZHI WANG, etc. Give Credit Where Credit is Due: Tracing Value Added in Global Production Chains[R]. NBER Working Paper, 2010, No.16426.

表 21-1 1995—2011年东南亚国家国家的GVC参与度指数

	1995	1996	1997	1998	1999	2000	2001	2002	2003	2004	2005	2006	2007	2008	2009	2010	2011
东盟	0.53	0.54	0.55	0.56	0.57	0.58	0.58	0.57	0.57	0.57	0.58	0.57	0.58	0.56	0.57	0.57	0.56
文莱	0.15	0.14	0.13	0.13	0.11	0.10	0.12	0.11	0.09	0.08	0.08	0.07	0.06	0.07	0.09	0.09	0.08
柬埔寨	0.26	0.31	0.38	0.48	0.52	0.51	0.52	0.52	0.53	0.53	0.53	0.53	0.52	0.54	0.50	0.51	0.51
印尼	0.40	0.41	0.42	0.43	0.44	0.45	0.44	0.43	0.42	0.43	0.43	0.41	0.41	0.41	0.39	0.38	0.38
马来西亚	0.54	0.56	0.58	0.61	0.63	0.65	0.65	0.65	0.65	0.65	0.67	0.66	0.65	0.64	0.65	0.66	0.64
菲律宾	0.53	0.53	0.55	0.59	0.59	0.59	0.60	0.61	0.61	0.61	0.59	0.58	0.57	0.54	0.52	0.53	0.51
新加坡	0.63	0.63	0.63	0.62	0.62	0.62	0.59	0.58	0.58	0.58	0.60	0.60	0.60	0.57	0.60	0.60	0.61
泰国	0.55	0.55	0.55	0.56	0.56	0.59	0.58	0.57	0.58	0.59	0.62	0.63	0.63	0.61	0.61	0.62	0.62
越南	0.47	0.48	0.48	0.47	0.49	0.49	0.50	0.50	0.51	0.51	0.52	0.54	0.56	0.56	0.58	0.60	0.60
加拿大	0.52	0.53	0.53	0.54	0.53	0.53	0.54	0.54	0.52	0.52	0.51	0.52	0.51	0.49	0.49	0.50	0.50
中国	0.63	0.63	0.64	0.65	0.66	0.67	0.66	0.65	0.66	0.67	0.67	0.69	0.70	0.69	0.69	0.69	0.69
法国	0.53	0.54	0.54	0.55	0.56	0.57	0.58	0.58	0.57	0.58	0.59	0.60	0.60	0.60	0.60	0.60	0.61
德国	0.51	0.51	0.51	0.52	0.54	0.54	0.54	0.52	0.53	0.53	0.54	0.55	0.56	0.54	0.54	0.54	0.54
印度	0.51	0.51	0.50	0.50	0.50	0.50	0.50	0.50	0.50	0.50	0.50	0.51	0.51	0.52	0.52	0.52	0.52
意大利	0.55	0.55	0.56	0.56	0.57	0.58	0.58	0.58	0.59	0.60	0.60	0.61	0.62	0.59	0.61	0.62	
日本	0.46	0.46	0.47	0.46	0.46	0.47	0.48	0.48	0.48	0.48	0.49	0.51	0.52	0.53	0.50	0.50	0.52
韩国	0.56	0.57	0.58	0.59	0.57	0.58	0.58	0.58	0.59	0.60	0.61	0.62	0.62	0.65	0.64	0.65	0.66
俄罗斯	0.47	0.47	0.46	0.48	0.47	0.49	0.52	0.51	0.52	0.48	0.47	0.46	0.47	0.48	0.49	0.49	0.48
西班牙	0.55	0.55	0.55	0.55	0.56	0.57	0.57	0.57	0.57	0.57	0.58	0.58	0.57	0.53	0.54	0.55	
英国	0.49	0.50	0.50	0.50	0.49	0.50	0.50	0.49	0.48	0.48	0.47	0.48	0.48	0.48	0.47	0.48	0.49
美国	0.48	0.48	0.48	0.48	0.48	0.48	0.48	0.46	0.47	0.46	0.47	0.47	0.48	0.50	0.44	0.46	0.47

资料来源：根据 TIVA 数据库的数据计算

在东南亚国家中,马来西亚参与全球价值链的程度最高,1999年其价值链参与度跃居各国的首位,并持续保持第一。1995年、2000年和2011年,马来西亚的价值链参与度指数分别为0.54、0.65、0.65;新加坡的价值链参与度在20世纪90年代初曾位居首位,随后被泰国、越南反超,现排名第四位;泰国的价值链参与度经历阶段性下降后重回第二位,1995年、2000年和2011年参与度指数分别为0.55、0.59、0.62;越南的价值链参与度提升最快,1995年、2000年和

2011年价值链参与度指数分别为0.47、0.49、0.60；菲律宾的价值链参与度指数曾排名第二，随后逐年下滑，从2004年的0.61下降至2011年的0.51；印尼参与价值链程度远低于其他国家且逐年下滑，其价值链参与度指数从2000年的0.45下降至2011年的0.38。

相对于较高的价值链参与度，东南亚国家的价值链地位指数却正好相反，其价值链地位指数排名落后。1995年、2000年和2011年，东南亚国家的价值链地位指数分别为 -0.03、-0.12、-0.08，价值链地位始终居于末位。这表明东南亚国家出口附加值中，很大部分来自进口，自主生产与设计研发能力相对薄弱。相比之下，美国、日本、俄罗斯等价值链地位较高，2011年三国的价值链地位指数分别为0.18、0.17和0.14；中国的价值链分工地位仍处于较低的位置，但有了较大的改善。1996年、2003年和2011年，中国的价值链地位指数分别为 0.01、-0.08、0.04，排名从12位上升至第5位(见表21-2)。

表 21-2　1995—2011年东南亚国家的GVC地位指数

	1995	1996	1997	1998	1999	2000	2001	2002	2003	2004	2005	2006	2007	2008	2009	2010	2011
东盟	-0.03	-0.03	-0.03	-0.05	-0.06	-0.12	-0.10	-0.08	-0.09	-0.11	-0.11	-0.11	-0.10	-0.09	-0.07	-0.08	-0.08
文莱	0.00	0.00	-0.02	-0.01	0.00	0.00	0.00	0.00	0.00	0.01	-0.01	0.00	0.02	-0.01	-0.01	0.00	0.00
印尼	0.13	0.15	0.14	0.06	0.12	0.09	0.08	0.11	0.11	0.09	0.09	0.09	0.11	0.10	0.14	0.14	0.12
老挝	0.00	-0.01	-0.06	-0.08	-0.13	-0.18	-0.19	-0.21	-0.23	-0.24	-0.25	-0.26	-0.24	-0.24	-0.16	-0.19	-0.18
马来西亚	-0.05	-0.06	-0.07	-0.11	-0.16	-0.23	-0.22	-0.19	-0.20	-0.21	-0.19	-0.20	-0.18	-0.14	-0.11	-0.13	-0.13
菲律宾	-0.05	-0.08	-0.13	-0.08	-0.01	-0.05	-0.12	-0.12	-0.15	-0.16	-0.13	-0.16	-0.12	-0.07	-0.01	-0.02	0.03
越南	-0.03	-0.03	-0.02	-0.02	-0.03	-0.05	-0.03	-0.04	-0.07	-0.05	-0.08	-0.09	-0.12	-0.12	-0.06	-0.07	-0.09
加拿大	0.03	0.02	0.00	0.00	-0.01	-0.01	0.02	0.02	0.04	0.04	0.04	0.05	0.05	0.02	0.04	0.02	0.02
中国		0.01	0.01	0.00	0.00	-0.02	0.00	-0.04	-0.06	0.00	-0.07	-0.06	-0.03	0.01	0.04	0.06	0.04
德国	0.17	0.16	0.15	0.15	0.14	0.11	0.11	0.10	0.12	0.11	0.09	0.06	0.06	0.05	0.08	0.06	0.02
西班牙	0.13	0.12	0.10	0.09	0.07	0.03	0.04	0.04	0.06	0.04	0.04	0.01	0.01	0.02	0.07	0.04	0.01
法国	0.15	0.14	0.13	0.13	0.13	0.09	0.10	0.11	0.12	0.11	0.09	0.08	0.07	0.08	0.12	0.10	0.08
英国	0.10	0.10	0.12	0.13	0.13	0.11	0.12	0.12	0.12	0.11	0.10	0.10	0.10	0.08	0.07	0.05	0.03
印度	0.26	0.25	0.25	0.24	0.23	0.22	0.20	0.20	0.19	0.15	0.12	0.10	0.10	0.05	0.08	0.06	0.03
意大利	0.16	0.18	0.18	0.17	0.18	0.14	0.15	0.15	0.16	0.14	0.12	0.09	0.09	0.08	0.13	0.09	0.07

续表

	1995	1996	1997	1998	1999	2000	2001	2002	2003	2004	2005	2006	2007	2008	2009	2010	2011
日本	0.28	0.27	0.27	0.27	0.27	0.26	0.26	0.26	0.25	0.24	0.22	0.19	0.18	0.17	0.22	0.19	0.18
韩国	0.09	0.07	0.02	0.03	0.02	-0.01	0.01	0.03	-0.02	-0.04	-0.04	-0.05	-0.07	-0.14	-0.08	-0.10	-0.13
俄罗斯	0.17	0.18	0.17	0.13	0.12	0.11	0.14	0.15	0.15	0.16	0.17	0.16	0.17	0.16	0.19	0.19	0.17
美国	0.20	0.20	0.20	0.21	0.20	0.19	0.20	0.20	0.19	0.18	0.17	0.16	0.16	0.15	0.17	0.16	0.14

资料来源：根据TIVA数据库的数据计算

从东南亚国家国家各行业的全球价值链参与度指数来看，制造业和建筑业是参与全球产业链的主要产业，电子、汽车等产业的价值链参与度均高于总体水平，电子产业参与度指数均居首位，保持在0.7以上，化学品制造和金属及其制品的全球价值链参与度也逐年上升，2011年参与度指数均达到0.73(见表21-3)。从各产业价值链地位指数来看，东南亚国家参与全球价值链的主要产业均处于价值链低端地位，低端锁定现象较为严重。在各产业中除了食品制造和造纸印刷外，东南亚国家制造业价值链地位指数均小于零，电子光学的价值链地位指数排名末位，1995年、2000年和2009年的价值链地位指数分别为-0.21、-0.31、-0.23(见表21-4)。这表明东南亚国家出口附加值中来自国外附加值的占比较高，且对外依赖严重。由此可见，虽然东南亚国家在制造业等产业具有较高的价值链参与度，但是各国在全球生产网络中分工地位较低，各产业低端锁定现象严重。不过，东南亚国家的价值链地位指数总体有向上的趋势，反映了各国努力向价值链上游迈进的努力，而各国价值链地位提升依然阻碍重重。

表 21-3　1995—2011年东南亚国家各产业的GVC参与度指数

	1995	1996	1997	1998	1999	2000	2001	2002	2003	2004	2005	2006	2007	2008	2009	2010	2011
采掘业	0.19	0.19	0.20	0.19	0.19	0.16	0.16	0.17	0.17	0.16	0.15	0.14	0.13	0.15	0.13	0.12	0.13
制造业	0.66	0.67	0.67	0.67	0.68	0.70	0.70	0.69	0.69	0.70	0.71	0.71	0.71	0.71	0.71	0.71	0.71
食品制造	0.63	0.64	0.65	0.67	0.66	0.66	0.67	0.67	0.68	0.68	0.71	0.69	0.70	0.69	0.69	0.69	0.69
造纸印刷	0.59	0.59	0.59	0.58	0.57	0.59	0.58	0.57	0.58	0.59	0.59	0.59	0.60	0.61	0.61	0.60	0.61
化学品制造	0.69	0.69	0.68	0.68	0.69	0.70	0.70	0.67	0.68	0.68	0.73	0.72	0.72	0.71	0.73	0.73	0.73

续表

	1995	1996	1997	1998	1999	2000	2001	2002	2003	2004	2005	2006	2007	2008	2009	2010	2011
金属及金属制品	0.68	0.68	0.68	0.66	0.66	0.69	0.71	0.69	0.70	0.73	0.74	0.73	0.73	0.74	0.73	0.73	0.73
机械制造	0.69	0.68	0.67	0.64	0.65	0.66	0.66	0.66	0.65	0.66	0.68	0.68	0.68	0.69	0.67	0.67	0.68
电子光学	0.70	0.71	0.72	0.72	0.73	0.75	0.75	0.74	0.75	0.75	0.75	0.75	0.75	0.74	0.74	0.74	0.74
汽车	0.64	0.66	0.65	0.62	0.65	0.67	0.65	0.63	0.64	0.67	0.68	0.67	0.66	0.67	0.64	0.66	0.66
建筑业	0.62	0.61	0.60	0.64	0.66	0.67	0.69	0.71	0.67	0.67	0.67	0.68	0.67	0.67	0.65	0.64	0.66
总体	0.53	0.54	0.55	0.56	0.57	0.58	0.58	0.57	0.57	0.57	0.58	0.57	0.58	0.56	0.57	0.57	0.56

资料来源：根据 TIVA 数据库的数据计算

表 21-4　1995—2009 年东南亚国家各产业的 GVC 地位指数

	1995	1996	1997	1998	1999	2000	2001	2002	2003	2004	2005	2006	2007	2008	2009
采掘业	0.05	0.04	0.05	0.02	0.03	0.01	−0.01	0.01	0.00	−0.01	−0.05	−0.03	−0.03	−0.03	−0.01
制造业	−0.07	−0.08	−0.09	−0.09	−0.11	−0.18	−0.16	−0.14	−0.14	−0.16	−0.15	−0.16	−0.14	−0.13	−0.10
食品制造	0.21	0.21	0.21	0.21	0.19	0.17	0.17	0.18	0.18	0.16	0.16	0.17	0.17	0.18	0.20
造纸印刷	0.15	0.16	0.14	0.08	0.10	0.04	0.07	0.08	0.09	0.05	0.03	0.05	0.04	0.03	0.06
化学品制造	−0.06	−0.08	−0.06	−0.06	−0.07	−0.12	−0.11	−0.08	−0.03	−0.07	−0.08	−0.10	−0.08	−0.09	−0.09
基本金属制造	−0.11	−0.08	−0.08	−0.13	−0.12	−0.18	−0.16	−0.14	−0.13	−0.18	−0.18	−0.17	−0.16	−0.21	−0.13
机械制造	−0.18	−0.17	−0.16	−0.23	−0.22	−0.27	−0.26	−0.24	−0.21	−0.25	−0.23	−0.21	−0.21	−0.23	−0.21
电子光学	−0.21	−0.21	−0.21	−0.20	−0.23	−0.31	−0.28	−0.27	−0.29	−0.31	−0.30	−0.29	−0.28	−0.26	−0.23
汽车	−0.13	−0.13	−0.13	−0.16	−0.15	−0.19	−0.16	−0.14	−0.13	−0.16	−0.20	−0.16	−0.17	−0.20	−0.15
建筑业	−0.03	−0.02	−0.04	−0.03	−0.02	−0.08	−0.06	−0.05	−0.03	−0.05	−0.07	−0.07	−0.06	−0.09	−0.04
总体	−0.03	−0.03	−0.04	−0.05	−0.06	−0.10	−0.09	−0.07	−0.06	−0.09	−0.11	−0.11	−0.10	−0.09	−0.07

资料来源：根据 TIVA 数据库的数据计算

4. 结论

东南亚国家参与全球生产网络经历了 20 世纪 60 年代的准备阶段、70—80 年代发展阶段、90 年代全面参与生产竞争阶段、21 世纪初向高附加值环节升级转型阶段。在各个阶段,东南亚国家参与全球生产网络从少数几国演变为几乎所有成员国,融入全球生产网络的程度日益加深,多数国家通过参与由跨国公司主导的全球生产网络,实现了经济起飞。世界银行的研究表明,积极融入全球生产网络与一国经济贸易增长、产业发展水平正相关。

从各国融入全球生产网络的产业看,东南亚国家已经由最初的以劳动密集型的轻纺工业为主拓展到消费电子、半导体、汽车、机械等资本密集型产业,参与的生产工序从单一的装配测试向产业链上下游延伸,逐渐成为亚洲消费电子、半导体产业的装配制造中心。目前,东南亚国家一些国家已具备从原材料到零部件再到加工组装出口的生产能力,融入国际化生产的行业和工序扩大,相关的产业集群逐步形成,并在全球生产网络中扮演重要的角色。不过,东南亚国家参与全球生产网络仍处于低端位置,均存在较强的对外依赖,主要体现在对外的投资依赖、技术依赖、进口依赖和市场依赖。严重的对外依赖导致东南亚国家在全球产品内分工中处于弱势地位。

随着全球产业分工的深入发展,东南亚国家在全球生产网络中扮演的角色发生了新的变化。以电子产品、汽车为代表的零部件生产向模块化转变,跨国公司考虑到投资成本和收益以及由于信息不对称产生的代理成本,更倾向选择少数具有全球触角的零部件供应商(或直接寻求合同制造商)作为生产合作对象。在合同制造商的压力下,东南亚国家直接参与跨国公司生产商的供应链体系的机会将更少,从而更多地参与由合同制造商和全球零部件生产商建立的生产网络,进入二级或三级供应链体系。

本书的研究表明,东南亚国家的价值链参与度指数与价值链地位指数呈现背离的状况。虽然东南亚国家总体的价值链参与度指数居于全球前列,但其价值链地位指数则排名末位,其价值链地位指数小幅上升的趋势反映了东南亚国家争取价值链高端地位所作出的努力,但东南亚国家要提升其在全球生产网络的分工地位,仍然任重道远。

第二十二章

新经济形势以及对东南亚的影响

第一节 全球化发展的转变

1. 发展中国家带动全球经济增长

自2008年金融危机开始,世界经济增长结束了短暂的共振期,开始向各自的方向发展。以美日欧为代表的发达经济体开启了缓慢的复苏进程。由于经济产业结构的差异,虽然发达国家普遍采取了以量化宽松政策(QE)为代表的宽松货币政策,但政策成效却不尽相同。

美国虽然是金融危机的发源地,但其在高科技产业的强大竞争力使得美国人均GDP水平在经历短暂的下跌后,得以快速恢复并实现经济的增长,而欧洲地区复苏进程缓慢。在2008年金融危机以及2011年欧债危机的双重影响下,以英、法、德为代表的欧洲发达国家经济增长陷入泥潭,人均GDP水平在过去10年处于波动之中,尚未恢复至2008年水平。

相比之下,新兴经济体与发展中国家,人均GDP水平有了较大幅度的增长。如中国人均GDP从2000年的959.4美元上升至2016年的8 827美元,同时期越南人均GDP从433.3美元上升至2 343.1美元。

随着全球经济增长出现分化,国际贸易和国际投资水平开始出现停滞。2008年全球商品和商业服务出口总额达20.1万亿美元,是2000年全球贸易总额的2.5倍,而2017年全球商品和商业服务出口总额23万亿美元,相比2008年仅增长14%。2017年全球FDI(外国直接投资)流量达1.4万亿美元,与2008年持平,同比下降了23%。①

全球经济增长分化的另一个表现是国际生产扩张放缓和全球价值链增长停滞。2013—2018年国外子公司销售平均增长率为1.5%,增加值增长率为15%,雇员平均增长率为2.5%,大大低于金融危机前水平,2005—2010年上

---

① 数据来源：WTO, UNCATD.

述指标的平均增长率分别为9.7%、10.7%、7.6%,生产的放缓与对外直接投资放缓的趋势相一致。^①从价值链视角来看,国外增加值在出口中的占比在经历近20年持续增长之后在2010年达到峰值。2017年国外增加值在全球贸易中的占比为31%,相比2010年下降了1个百分点。

从增长贡献来看,2009年后,发展中国家接过了世界经济增长的接力棒,成为全球经济增长的重要主要驱动者(如图22-1所示)。具体来看,2008年前,发达国家对世界经济增长的贡献一度高达70%,2000—2007年对世界经济增长的平均贡献达46.9%。发展中国家对世界经济增长的贡献逐步接近发达国家水平,2000—2007年对世界经济增长平均贡献达42.6%。金融危机之后,发展中国家取代发达国家成为世界经济增长的主要贡献者,2018—2010年间对世界经济增长平均贡献达49.1%,而发达国家的平均贡献则降到32.5%。经济增长的此消彼长反映了各国经济水平在全球化下的趋同,但在新形势下,随着各国经济增长由共振转向分化,全球化进程中包含的深层次问题也开始显现。

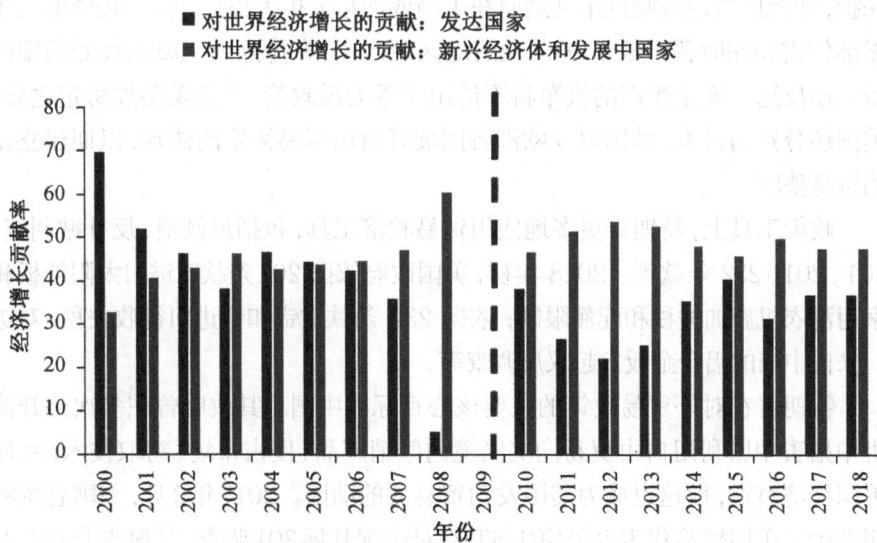

图 22-1 发达国家和发展中国家对世界经济增长的贡献

资料来源:IMF,由于2008年金融危机的冲击,世界经济增长贡献数据出现失真,故舍去

---

① UNCATD. World Investment Report 2018—Investment and New Industrial Policies[R/OL]. [2019-05-06]. https://unctad.org/en/pages/publicationwebflyer.aspx?publicationid=2130.

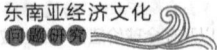

2.经济民族主义抬头

2016年11月8日特朗普击败民主党对手希拉里·克林顿,出人意料地赢得了大选,成为美国历史上最年长、最富有以及第一个先前没有担任过任何军职或公职的总统。这位以激进言论著称的总统在经济上奉行美国优先和经济民族主义,并在上任后对现有的美国对外经济政策进行了大刀阔斧的变革。

在贸易政策方面,特朗普是坚定的贸易保护主义者,反对跨太平洋伙伴关系协定(TPP),对美国目前签署的自由贸易协定表示不满,强调美国经济优先,并主张重新对现有的自由贸易协定进行谈判,对进行"不公平倾销和补贴"的国家征收惩罚性关税。

为此,特朗普在当选总统之后当即宣布退出TPP协定,并于2017年4月重启对北美贸易自贸区谈判。2018年8月27日,特朗普政府宣布美国与墨西哥达成新自由贸易协定;同年10月1日,美国与加拿大达成自由贸易协定。新贸易协定被重新命名为美墨加协定(USMCA),取代了原有了北美自由贸易协定(NAFTA)。新贸易协定在自由贸易的基础上,更强调对美国产品、美国工人的保护,如新版协定鼓励汽车制造商在美国或加拿大扩大投资,要求40%的汽车零部件需要在时薪不低于16美元的地区生产,旨在排除人工成本较低的墨西哥。违反这一规定生产的汽车将不适用于零关税政策。①除美墨加协定之外,美国还分别与日本、韩国以及欧洲各国展开自由贸易协定的谈判,以期建立新的贸易秩序。

政策工具上,特朗普更多地使用贸易救济工具,包括反倾销,反补贴调查,301、201、232条款等。2018年初,美国政府依据201条款对进口太阳能板和家用洗衣机施加关税和配额限制;依据232条款对铝和钢进口征收关税,对进口来自中国的铝合金板发起双反调查等。

特朗普在对外贸易政策的主要核心目标在中国。其政府曾在多次公开演讲中指责中国利用自由贸易向美国境内倾销产品、侵占市场、窃取技术,致使美国经济衰退,而这也成为美国发动贸易战的动因。2017年8月,美国总统特朗普指示美国贸易代表办公室(USTR)对中国开展301调查,其报告分六章对中国展开五项指控,包括不公平的技术转让制度、歧视性许可限制、政府指使企业境外投资获取美国知识产权和先进技术、未经授权侵入美国商业计算机网络及其他可能与技术转让和知识产权领域相关的内容,为发起贸易战提供依据。

---

① 新华社. 美墨加三国领导人在阿根廷签署新版贸易协定[EB/OL]. (2018-12-02) [2019-05-06]. http://www.xinhuanet.com/world/2018-12/02/c_1210006785.htm.

6月15日,白宫对中美贸易发表声明,拟对1 102种产品合计500亿美元商品征收25%关税,中国对应以500亿美元商品征税进行还击。6月18日,特朗普指示美国贸易代表确定2 000亿美元的中国商品,如果中国采取报复性措施并拒绝改变贸易"不公平"做法,将额外对其征收10%的关税。根据美方统计,2017年中国对美国出口金额5 056亿美元,美国对中国贸易逆差金额3 752亿美元。6月27日,特朗普表示将限制中国投资美国关键科技。8月1日,特朗普拟将对华2 000亿美元商品加征关税税率从10%上调至25%。[①]

在能源政策方面,特朗普强调美国的"能源独立",大力发展传统能源,鼓励能源对外出口,保证美国的能源独立和安全;减少对于清洁能源的补助和扶持。在政策上,特朗普首先放松了监管,撤销《清洁能源计划》,退出《巴黎协定》;其次通过重建基础设施、加大资金投入、提供优惠政策重振传统能量领域;最后通过放松天然气的出口限制、解禁原油出口管制、重启"拱心石 XL"管道和达科他管道建设,加速环境审查和高优先级基础设施项目的批准等,促进本国的油气出口。

第二节 全球化下的矛盾

1. 全球化导致的收入分配不均

在经济全球化的背景下,全球收入分配表现为国际间收入的趋同,国内收入分配不平衡加剧。金融危机以前,全球经济共振,经济增长掩盖了国内分配不均的事实。金融危机后,全球陷入缓慢复苏阶段,而其中,中产阶级受危机影响最大。国内收入分配不均的矛盾转移向海外,则表现为贸易争端。

图22-2描述了全球1980年至2016年间,全球收入前10%人群收入占总收入的比重。总体来看,1980年至2016年间全球收入不平衡呈现先升后降的趋势,前10%人群收入比重从1980年的49.2%上升至2004年的峰值水平55.3%,随后随时间逐渐下降,2016年该比重降至52.1%,下降了3.2个百分点。

国际间和国内收入不平等呈现出不同的趋势。在假设国内收入均衡分配下,国家间收入差距在2000年后呈现出明显的趋同,前10%人群收入比重从36%下降至29.6%,与1980年水平恰好持平。相反,在假设国际间收入均匀分配下,各国内部收入分配差距持续扩大,前10%人群收入比重从1980年的35.3%上升至2016年的48.8%,上升了13.5个百分点。值得注意的是,该指标

---

① 杜永红.中美贸易摩擦背景下中国对外经济发展策略[J].中国流通经济,2019,33（1）:99-111.

在2000年至2010年间加速上升,表示以中国加入世贸组织为起点,这十年间全球在实现协同增长的同时,也加速了各国国内收入分配的不均衡。

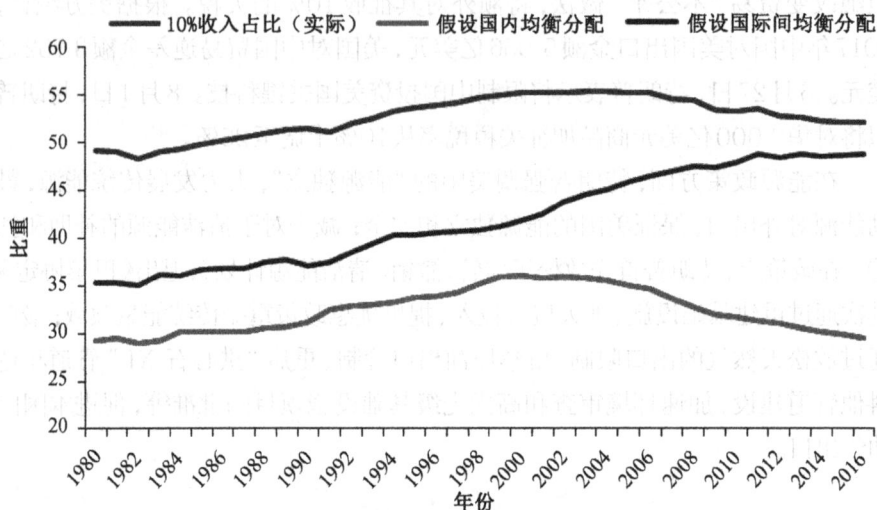

图 22-2　全球前10%收入人群收入比重

资料来源：World Inequality Database

　　从各收入阶层的收入增速来看,近几十年间,低收入人群收入增长显著,高收入人群收入以更快的速度增长,拉大了世界收入差距。与此相对,中等收入人群,在几十年间收入增速最慢。世界收入后50%的人群收入增长显著,主要归功于该时期内亚洲国家(特别是中国和印度)国民收入的快速增长。然而,虽然低收入人群的收入得到改善,但各国收入差距持续上升,世界收入前1%的人群收入增长总额是后50%增长总额的两倍,使得世界收入差距有扩大趋势。对于处于世界收入前1%和后50%之间的人群来说,他们的收入增长非常缓慢,甚至处于不增长的状态。而北美与欧洲的中等收入与低收入人群恰恰包括在这一收入组中。图22-3呈现了1980—2016年全球各收入阶层收入增速。

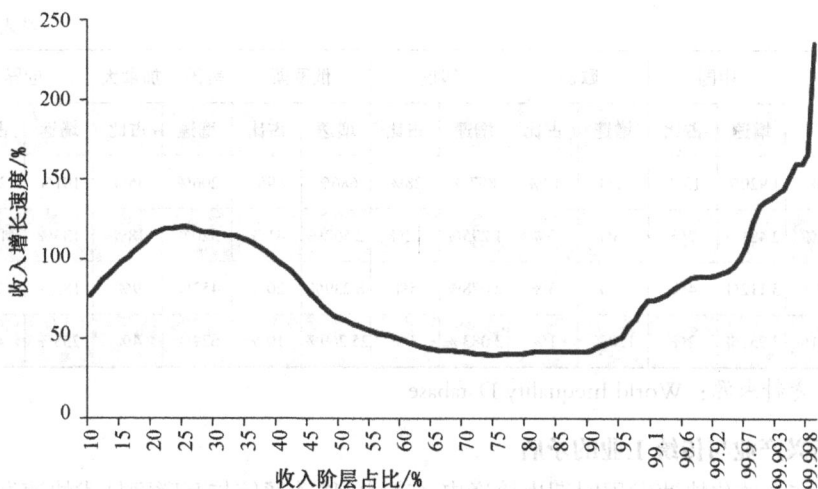

图22-3　全球各收入阶层收入增速（1980—2016年）

资料来源：World Inequality Database

　　表22-1具体列出了主要经济体1980—2016年各收入阶层的收入增速以及收入增长的占比。对世界总体而言各阶层收入差距较大，收入前10%人群收入占去总体收入增长的57%，而处于后50%的低收入群体仅享受了总体增长的13%。而这一收入分配的差距在美加、俄罗斯、印度等国表现尤为突出，而中国、欧洲在收入分配上高于全球平均水平。从增速来看，中印两国在近几十年间经历了人均收入的大幅增长，中国在近40年间收入增长了831%。但与此同时，各国内部的收入差距也随之扩大，高收入人群收入增速远高于中等以及低收入人群的收入增速。这一情况同样反映在作为高收入国家的美国和加拿大，而欧洲各阶层收入增速差距相对较小。

表 22-1　1980—2016年主要经济体各阶层在收入增速及在增长中的比重

	中国		欧洲		印度		俄罗斯		美国、加拿大		世界	
	增速	占比	增速	占比	增速	占比	增速	占比	增速	占比	增速	占比
总体	831%	100%	40%	100%	223%	100%	34%	100%	63%	100%	60%	100%
0%~50%	417%	13%	26%	14%	107%	11%	−26%	−24%	5%	2%	94%	12%
50%~90%	785%	43%	34%	38%	112%	23%	5%	7%	44%	32%	43%	31%
前10%	1 316%	43%	58%	48%	469%	66%	190%	117%	123%	67%	70%	57%

续表

	中国		欧洲		印度		俄罗斯		美国、加拿大		世界	
	增速	占比	增速	占比	增速	占比	增速	占比	增速	占比	增速	占比
前1%	1 920%	15%	72%	18%	857%	28%	686%	69%	206%	35%	101%	27%
前0.1%	2 421%	7%	76%	7%	1 295%	12%	2 562%	41%	320%	18%	133%	13%
前0.01%	3 112%	4%	87%	3%	2 078%	5%	8 239%	20%	452%	9%	185%	7%
前0.001%	3 752%	2%	120%	1%	3 083%	3%	25 269%	10%	629%	4%	235%	4%

资料来源：World Inequality Database

2.新兴产业与传统工业的矛盾

在全球化快速发展时期也恰逢电子产业、移动通信与互联网技术快速发展与运用，世界快速步入信息化时代。新技术的发展创造了大量的新兴产业，并成为驱动经济增长的关键因素。如20世纪90年代互联网产业的兴起成就了硅谷，驱动了美国经济的增长，而向东南亚转移的电子产业也成就了东亚奇迹。

随着互联网与传统产业的深度融合，以及新技术的突破与运用，当前世界正处在下一个产业变革的风口。在能源与交通领域，控制碳排放、使用清洁能源抵御全球变暖成为各国的共识，采用清洁能源以替代传统化石燃料已成为大势所趋。在出行方面，以电力驱动为代表的新能源汽车正在各国逐步推广，目前德国、法国、荷兰等国已推出了燃油车禁售时间表，新能源汽车正在逐步取代传统燃油车，成为人们未来出现的交通工具。在移动通信领域，人类正处在5G应用的风口，从2G到3G再到4G，移动通信改变了人们沟通和获取信息的方式，也催生出如腾讯、Facebook、Google这样的互联网科技公司，而5G的应用将进一步加强这一趋势。在商务领域，以阿里巴巴、亚马逊为代表的电子商务公司将销售从线下搬到了线上，便利了人们生活的同时也改变了传统的销售格局。未来，人工智能、大数据新技术的应用将进一步改变人们的生产、生活方式。

虽然新技术的诞生推动了新兴产业的发展，改变并提升了人们的生活，但新兴产业的发展也改变了现有的产业格局，传统产业走向衰落，垄断格局被打破，未能适应技术变革的企业被迫退出历史舞台。例如新能源技术的发展不可避免地将使传统化石能源产业走向衰退，在通信领域未能实现智能化转型的诺基亚逃脱不了破产被收购的命运，电子商务的蓬勃发展挤压线下的零售批发市场，传统的零售巨头面临市场缩小的威胁。

产业的变革同样改变了社会财富的分配。在生产端，信息技术与传统制造业的融合使得智能化机械化的生产替代了以人力为主的生产方式,收入分配从人力流向资本,从低技术劳动流向高技术、脑力劳动。而不具备竞争力的低技术劳动者被迫失业,劳动力供给缺口的出现也压低了低技术水平劳动力的工资。在产业端,新兴产业的出现让部分行业走向衰落,垄断被打破,传统行业竞争加剧,利润随之减少,社会财富出现从旧行业向新兴行业的转移。

最后,产业的变革同样给予了发展中国家弯道超车的时间窗口。西方发达国家经历数百年工业化历程,在传统工业上有着深厚的积累与技术实力。发展中国家的前期发展以依靠承接来自发达国家资源、劳动密集型产业为主,在步入中等收入之后由于劳动力成本的上升,易被中等收入陷阱所困,而产业技术升级面临来自下游垄断、知识产权等因素的限制。新兴产业打破了现有产业的垄断与专利约束,让各国处在相同的起跑线上公平竞争,与此同时新兴产业所带来的经济增长红利也可以让发展中国家摆脱资源和劳动力的约束,超越中等收入陷阱,提升国民经济收入水平。

3. 全球化下生产国与消费国的矛盾

生产全球化和贸易自由化催生了生产国与消费国间的分离。在全球化背景下,不仅最终产品能更加畅通无阻地到达世界各地,生产也逐渐从国内转向国际。目前占全球贸易总额60%的贸易为中间产品和服务贸易。[①]跨国公司通过海外投资、并购在全球范围内建立起全球性或区域性的生产网络。部分发展中国家如中国、早期的东南亚国家、印度由于其低成本劳动力、资源禀赋优势、稳定的政治环境、开放的政策以及庞大的消费人群因而倍受跨国公司青睐。发展中国家逐渐成为跨国公司制造的中心。它们往往进口零部件,在国内加工、装配再出口至下一个生产流程,经过若干次循环,最终形成最终产品销往发达国家。跨国界的生产使得生产国与消费国分离,虽然提升了生产效率,降低了生产成本,促进了发展中国家经济增长,但依旧存在失衡的风险。

从国家层面看,发达国家制造业面临空心化风险,发展中国家面临更大的外部风险。全球化生产割离了发达国家消费和生产的过程,较高的劳动力成本和资源环保约束使得国内的部分传统产业相对于其他生产国缺乏竞争优势,当跨国企业逐渐将更多的生产流程向外部转移时,本国的制造业面临产业空心化的风险。与之相应的发展中国家虽然受益于融入全球生产网络所带来的外部需求,但发展中国家往往处于全球价值链的最底层,当受到来自外部需求的冲

---

① UNCATD. World Investment Report 2013—Global Value Chains: Investment and Trade for Development[R/OL].[2019–05–06]. https://unctad.org/en/PublicationsLibrary/wir2013_en.pdf.

击时,其抵御风险能力往往弱于发达国家。

从居民层面看,虽然全球贸易使得各国总体获益,但进一步加剧了国家内部收入分配的不均衡。根据赫克歇尔-俄林的要素禀赋理论:不同要素密集度国家之间进行贸易将使得双方的要素价格趋于一致,而在双边贸易过程中,将导致各国相对充裕的要素回报率上升,而相对稀缺要素的回报率下降。国际贸易虽然从总体看,提升了效率,扩大了产出,但分配上却是不均衡的。发达国家将劳动密集型产业向外转移的过程不可避免地造成了失业和低技术劳动力过剩,中低收入人群收入增长因此而陷入停滞,而国际贸易所带来的超额利润则被跨国公司收入囊中,而国家的收入转移不足以弥补分配的鸿沟,为此以美国为代表的发达国家收入差距不断扩大。

第三节　新经济形势对东南亚国家的影响

1. 自由贸易进程受阻

全球化进程的拐点以中美贸易战、英国脱欧事件等事件为标志,反映了全球化进程中积累的深层次矛盾开始激化显现。当英、美为代表的西方发达国家对外政策由开放转向保守、封闭时,原有的开放体系下的全球生产与贸易网络也面临调整,全球化进程因此而陷入停滞。

在贸易方面,全球贸易由多边贸易体系向区域内贸易体系和双边自由贸易转变。WTO为主导的多边贸易协定下,多哈回合谈判进程缓慢,各国无法在关键项目上达成一致,为此多边贸易体系的建立陷入停滞。此外,由于缺乏有效的争端解决机制,各国间的贸易争端往往无法得到有效解决,多边贸易体系由此陷入停滞。奥巴马政府时期提出的TPP以及特朗普政府发起的中美贸易战和新一轮的北美自贸谈判预示着美国放弃了现有的多边贸易框架,开始寻求建立新型的以美国为主导的区域或双边贸易协定,在遏制中国的同时提升美国在国际贸易中的利益。

发达国家的经济民族主义加剧了全球生产体系中生产国与消费国间的矛盾。双方的矛盾直接体现在双边贸易上,东南亚作为全球生产网络中的重要一环在未来也将面临挑战。首先,生产国与消费国之间日益加剧的贸易摩擦导致关税及非关税壁垒上升。其次,自由贸易进程受阻。东南亚地区是自由贸易直接的受益方,贸易自由化极大地推动了全球贸易的增长,增强了东南亚国家与世界经济的联系。在新经济形势下,发达国家对外政策趋于保守,东南亚国家通过签订自由贸易协定、促进区域经济一体化、积极融入全球生产网络等推动自由贸易的战略将受到阻力。最后,在自由贸易谈判中,东南亚国家将受到来自发达国家利润的挤压,被迫让利。特朗普执政后,在美国优先原则的指导下重新对北美自贸协定进行谈判。新达成的美墨加自贸协定要求免关税汽车至少有2/5零部件由时薪最低16美元的工人所生产,并要求加拿大放开其国内乳业市场。除此之外,新协定还包括要求成员国不得与非市场经济国家签订自贸协定的"毒丸"条款。未来东南亚国家在进行自贸协定谈判时也将面临来自发达国家的挤压,被迫让利以实现市场准入。

在上述背景下,自由贸易进程受阻既影响了东南亚经济短期增长,也阻碍了发展中国家的经济转型。短期来看,贸易摩擦以及关税壁垒的上升导致来自国外的进口需求下降,影响东南亚国家对外出口。同时,发达国家对外贸易政策的收缩将影响跨国公司在东南亚的投资,从而减少FDI的流入。目前东南亚除新加坡之外,均为发展中国家,在自由贸易的背景下,外资的涌入不仅带动了对外出口的增长,也促进了国家的工业化和技术进步。从长期来看,在新形势下,发达国家对发展中国家的挤压进一步减少了发展中国家的经济利益,阻碍了其向价值链上游攀升的进程,东南亚国家制造业面临低端锁定的风险。

2. 东亚生产网络面临调整

在新国际经济形势下,东南亚地区在对外贸易受到影响的同时,东南亚所处的东亚生产网络也面临调整。东南亚区域生产网络的改变既来自外部环境的变化,也受到东南亚地区发展的影响。一方面,中美贸易战加剧了跨国公司对中美贸易稳定性的担忧,加之中国国内劳动力成本上升,加速了中国国内劳动密集型产业向外部转移的进程。另一方面,发达国家开始重视国内制造业的发展,并提出重振制造业的战略,这方面突出代表的是美国和德国的再工业化战略,旨在提升本国制造业竞争力,吸引制造业回流。生产网络调整的动力同样来自东南亚内部,各国对外发展战略随着经济阶段的不同而不同,部分前期参与全球价值链的国家如马来西亚、印尼的对外战略旨在提升价值链地位,实现经济转型,而后进如越南,则需要提升价值链的参与度,通过引进外资实现经济增长。

当前在中美贸易战背景下,跨国公司原本在中国的低端制造业订单需求开始向东南亚地区转移。中国美国商会及上海美国商会联合发表了一项调查报告,发现超过430家在中国的美国公司,约三分之一已经或正在考虑,把生产线搬迁到国外,而东南亚是他们的首选,越南家具厂Phu Tai机构也从中受惠,因为Wal-Mart供应家具商计划2014年和2019年增加出口30%。泰国的Star Microelectronics也发现,随着中美贸易紧张,订单飙升。目前订单较上一年增

加了17%^①。贸易摩擦也冲击了整体贸易水平。新加坡2018年12月的出口数据显示,当月出口下滑幅度是两年多来最大的。这一数据表明,新加坡对外进出口贸易的发展明显受到了中美贸易摩擦大环境的影响。与此同时,从印尼、菲律宾两国来看,印尼12月的出口增长也创下一年半来最低,菲律宾11月的出口出现了下降,其电子产品出口更是两年来首次出现减退。马来西亚的情况与前述几个国家类似。这反映了贸易摩擦背景下东南亚国家在对外贸易方面的脆弱性和敏感性。

东南亚国家除了受到外部需求冲击之外,还可能受到关税上升带来的几个冲击。东南亚许多原材料最后可能会组装成为中国产品出口,这是该地区跨区域价值链产生的结果。这个地区的成功基于贸易开放,也基于这些供应链的发展。而在过去十年左右,这些供应链的价值已经越来越集中于中国。举例来说,天然橡胶是中国与东南亚跨区域贸易中的主要原料之一。据卓创资讯统计,东南亚各国集中了全球天然橡胶近90%的产量,在全球橡胶市场中的地位牢不可摧。同时东南亚地区也是主要的出口地区,出口比例达到60%以上,部分国家的出口比例高达80%~90%。在目前美国公布的建议加税清单中,其中一项产品便是对中国的橡胶制品进行25%的加税。天然橡胶是车轮和轮胎最重要的原料,而车轮和轮胎是中国出口到美国的主要汽车零部件之一。美国一旦真正落实加税政策,必然会影响到中国轮胎企业的销售,进而中国也会降低从东南亚地区的天然橡胶进口量。

在生产网络上,外部需求收缩为东南亚提供了专注于供应东亚产品的机遇。随着中国经济的增长,其庞大的市场需求成为东亚乃至全球经济增长的重要驱动力。东南亚国家具备独特的地理及资源优势,有良好的工业化基础和稳定的政治环境。打造东亚区域内生产网络有助于东南亚国家抵御来自发达国家的外部需求冲击,以及贸易摩擦带来的风险。此外,中美贸易摩擦让中国部分劳动密集型产业加速向东南亚国家转移。但转移过程需要时间,期间还面对美国对东南亚征收关税的风险,因此贸易摩擦对东南亚的投资转移具有两面性。据新加坡美国商会于Blackbox的调查统计,半数受访跨国公司在贸易摩擦下考虑暂停或取消投资计划,38%的企业希望在中国之外采购零件,而30%正寻求替代美国供应商。

---

① 约恩·默勒.中美贸易战:东南亚的机遇与风险[N].联合早报,2018-10-30.

结　语

对外贸易是支撑东南亚国家发展的重要动力。近年来,东南亚各国着力推动区域经济一体化以及自由贸易区的建立,并取得了重要进展:东盟共同体成立并向更高水平的一体化发展,RCEP谈判进入最后阶段,CPTPP进入实施阶段。从传统贸易视角来看,东南亚国家出口主要以机械电子类产品为代表的劳动密集型产业出口和以石油、农业产品为代表的资源密集型产业出口为主,而高技术、资本密集型产业的出口竞争力较弱。从全球生产网络的角度来看,东南亚国家通过参与全球产业分工,成功融入全球生产网络体系中,并成为汽车、电子等产业的装配、制造中心。从价值链指数来看,东南亚国家价值链参与程度普遍较高,但是价值链地位指数普遍较低,这与东南亚国家参与的价值链分工密切相关。东南亚各国为此也相继提出各自的工业发展规划,以寻求产业升级。随着特朗普执政,美国对外贸易政策从多边开放转向双边封闭,此外各国反全球化呼声渐起,世界经济形式发生转变。新经济形式的转变也将冲击原有的多边贸易体系和以此建立的东亚生产网络,东南亚各国也因此而受到冲击。

第六部分
"一带一路" 框架下的中国和东南亚文化旅游开发合作

◎朱 鹏

导 言

在"一带一路"倡议的推动下,中国与东盟各国的旅游合作日益密切,两国政府高度重视,纷纷出台相关政策支持双方的旅游合作。此外,云南、广西和福建等与东南亚相邻的省份和地区也积极开展与东南亚各国的旅游合作,形式多样,成败参半。如何推动中国与东南亚的旅游合作,许多学者提出文化旅游的设想,但是缺少文化旅游规划的突破口。

文化的传播性使得相距不远的地区文化具有许多相似特性。千百年来,各种各样的同质文化圈跨越国家界限,沟通民心,促进了理解,加强了认同。中国和相邻的东南亚同处照叶树林文化圈、稻米之路、华人民间信仰文化圈、南岛语族文化圈和上座部佛教文化圈,发掘中国与东南亚各国的共同文化要素,运用文化传播和文化圈理论进行旅游规划和旅行产品设计,开展文化旅游,是促进民心相通和突破中国与东盟旅游合作的创新举措。

在当代中国和东南亚交往日益密切的今天,双方的经贸合作迈向了新的台阶,文化的交流和互信亦成为迫切的需求。从文化圈的角度来发展文化旅游,不仅有利于双方的了解和交流,更有助于人类突破国家民族和宗教的藩篱,从人类最根本的共同点来获得共识,从而共同面对人类在新世纪新格局的共同问题。回归本源,不忘初心,这或许就是中国和东盟国家开展旅游合作的根本意义所在。

第二十三章
中国和东南亚的旅游合作概况

第一节　中国—东盟旅游合作现状

随着中国经济的发展,国民可自由支配时间和收入增加,出境游人数一路飙升。东盟各国对旅游发展极为重视,纷纷出台各种优惠政策以吸引游客。东南亚出境游产品因其高性价比、交通便捷、文化相通的优点,受到了我国消费者青睐。2018年中国与东盟往来5 000万人次。其中,中国公民赴东盟国家旅游人数达3 000万人次,同比增长30%;东盟国家来华旅游人数达2 200万人次,同比增长105%。①东盟十国受中国游客欢迎的程度依次是泰国、新加坡、印尼、越南、马来西亚、菲律宾、柬埔寨、老挝、文莱和缅甸。

泰国国家旅游局提出内外有别的营销策略。对内倡导和组织本国青少年、妇女及老人出游,并鼓励他们通过社交媒体分享自己的旅游收获;对外积极吸引新的目标群体来泰旅游,其中包括年轻企业家、年收入在2万美元以上的国际游客以及来自新兴市场国家和伊斯兰国家的游客。泰国国家旅游局驻中国官员指出,许多中国女性在消费上有主导权,建议泰国旅游从业者加强对中国女性的营销,吸引她们来泰消费。还建议从业者了解微信等中国人常用的社交媒体。

为了让中国游客有宾至如归的感觉,新加坡旅游局与新加坡民航局、陆路交通管理局及各旅游景点合作,在更多地方设立包括华文在内的多种文字的路牌、告示牌。同时,新加坡旅游局也鼓励更多的酒店业者设置华语电视频道,酒店套房里的各种指南与宣传品也应尽量照顾到包括中国游客在内的各国游客。新加坡政府已经修改相关条例,将发给中国人的社交签证有效期从3周延长到5周,每次可逗留的时间从14天延长到30天。新加坡旅游局已指定中国主要省市的43家旅行社办理"个人观光签证",并希望在2018年内把指定的旅行社数目增加到60家。为了适应游客需要,还将考虑推出"物有所值"的旅游"套餐",把不同的旅游景点安排在一起,使中国游客更好地享受狮城之旅。

---

① 江迅.东盟旅游论坛显示东盟一体的力量[J/OL].亚洲周刊,2019,33(5)[2019-03-20]. https://www.yzzk.com/cfm/special_list3.cfm?id=1548300632212.

对中国高消费游客，新加坡旅游局将在中国的浙江、福建及云南等省市加强旅游促销活动。措施之一是与维萨国际组织合作，推出高消费旅客"便签"服务和特惠旅游配套。

印尼旅游资源非常丰富，拥有许多风景秀丽的热带自然景观、丰富多彩的民族文化和历史遗迹，发展旅游业具有得天独厚的条件。从20世纪70年代起，印尼政府大力发展旅游业，兴建星级酒店等旅游基础设施，通过制定发展旅游业的法规，逐步扩大印尼旅游免签国家，多方吸引外国游客。2016年印尼向169个国家与地区游客开放免签证，以提高旅游业收入。赴印尼旅游的国外游客年增长10.69%，达1 151.9万人次，中国、新加坡、澳大利亚、马来西亚和日本为印尼前5大游客来源地。

对外开放后，越南党和政府越来越重视发展旅游产业，在原有《旅游条例》的基础上，2005年6月越南国会通过了《旅游法》，该法于2006年1月1日正式生效。经过10年的发展，旅游业进入新发展阶段。越南同时编写《越南旅游业发展提案》，旨在将旅游业打造成前沿经济行业，逐步放松旅游签证政策。最近五年来，越南旅游产品开发主要集中在海岛旅游、文化旅游、自然景观和都市旅游4个领域，产品开发投资主要集中在7个区域，分别打造各具特色的旅游产品来吸引国内外游客，逐步形成了河内—广宁—海防—宁平等特色旅游线路，并以此为主轴形成旅游放大效应。目前，中越两国除开放边境口岸双向游客通关外，已开通中国部分城市至河内、胡志明市等地航线，目前每周航班数量已超过200班。

柬埔寨政府制定旅游产品多样化战略，旨在开发独特旅游资源，促进地方经济腾飞。柬埔寨旅游部制定未来旅游计划，预计2020年将接待外国游客700万人次，为80万人提供就业机会。2012年，柬埔寨成立沿海发展管理国家委员会，旨在加强海滩地区的开发与管理。

旅游业是文莱近年来除油气业外大力发展的又一产业。政府成立文莱旅游发展委员会，指导旅游业的发展。文莱主要旅游景点有独具民族特色的水村、赛福鼎清真寺、杰米清真寺、杰鲁东公园等，位于淡布隆的热带天然林区是文莱目前推介的主要旅游项目之一。2016年5月1日，文莱开始对中国游客实施落地签证政策。①

老挝琅勃拉邦市、巴色瓦普寺已被列入世界文化遗产名录，著名景点还有

---

① 中国商务部.对外投资合作国别（地区）指南：文莱[M/OL].北京：商务部,2018: 21 [2019-03-11].http://www.mofcom.gov.cn/dl/gbdqzn/upload/wenlai.pdf.

万象塔銮、玉佛寺，占巴塞孔埠瀑布、琅勃拉邦光西瀑布等。对外开放以来，旅游业成为老挝经济发展的新兴产业。近年来，老挝与超过500家国外旅游公司签署合作协议，开放15个国际旅游口岸，并采取加大旅游基础设施投入、减少签证费、放宽边境旅游手续等措施，旅游业持续发展。2014年，老挝接待外国游客共416万人次，同比增长3.9％，其中中国游客人数为43万人次。2015年老挝接待外国游客共437万人次，同比增长13％，其中中国游客人数为51万人次。2016年中国境内赴老挝游客超过54万人次。①

2018年缅甸政府出台新政策，以方便更多国际游客进入该国，日本、韩国以及中国的香港和澳门等国家和地区游客免签证入境，中国和印度游客可以以落地签形式到缅甸。缅甸积极与邻近国家商讨开通更多直飞航线。据介绍，2019年刚开通部分从中国直飞新航线，越来越多航班也将促进中缅之间的贸易、旅游和交流。

第二节　部分省市与东南亚旅游合作现状

1. 云南和东南亚的旅游合作

(1) 云南与东盟各国山水相连

河、陆、空连接东南亚的局面已经形成，并且动态完善。云南省和老挝、缅甸、越南三国接壤，国境线全长4 060千米。澜沧江流过云南、缅甸、老挝、泰国、柬埔寨、越南，号称"一江连六国"。云南每周往返南亚、东南亚航班达132个，覆盖南亚5国6个城市、东盟8国22个城市。2008年日昆曼公路全线贯通，全长约1 807公里，中国境内688公里、老挝境内229公里、泰国境内约890公里。规划或在建的高速路包括昆明到缅甸和昆明到越南河内的高速路。澜沧江水系云南段现有思茅港、景洪港等港口码头。1991年以来，云南已开展边贸客货试航运输，并与老挝、缅甸签署通航协定，中老泰航段已实现季节性旅游通航。

(2) 云南和东盟各国文化相通

云南省有16个民族跨界而居，其中苗族跨中、越等五国；瑶族、彝族、傣族、哈尼族、景颇族、傈僳族、拉祜族、佤族、德昂族等都跨越不同的国家。上述民族来源于中国古代的氐羌、南蛮、百濮、百越等4大族群。

云南境内民族的来源相同，经过不断的迁移，形成了混杂群居的民族格局，跨境民族之间由于共同的起源，经济文化交流十分频繁。云南17个地、州、市，

---

① 国际投资贸易网.老挝重点/特色产业[EB/OL].[2019-03-11].http://www.china-ofdi.org/ourService/0/4091.

有8个地、州,27个县属边境地区。边民之间语言相通,边境贸易促进了文化的
交流。

(3)云南历史资源丰富

20世纪80年代,云南旅游市场发轫。《中美联合公报》签署,为两国关系
打下了良好基础,为发展旅游营造了良好气氛。二战期间赫赫有名的飞虎队大
本营就在云南省会昆明,飞虎队司令部原址成为必游景点。萨义德于1978年
在名著《东方主义》里清晰表达了"东方主义"的概念,大量旅游团队在故宫一
睹东方皇帝的生活、在上海外滩见识十里洋场后,便来到贵州、云南等地见证异
样风情和少数民族特色。

云南和越南之间的旅游交流非常频繁,主要得力于便捷的交通和低廉的旅
游费用。越南法国殖民政府自1903—1910年主持修建了滇越铁路,跨越金沙
江、珠江、红河三大水系,自云南昆明至越南海防,全长854公里,形成"云南
十八怪"中的一怪:"火车不通国内通国外"。滇越铁路成为连接中国各地和云
南、云南和世界的大通道。

1915年,蔡锷从北京经中国香港、越南,乘滇越铁路列车返回昆明,与唐继
尧、李烈钧等人发动护国讨伐袁世凯运动。

据《西南联大校史》记载,当时的南迁路线分三条:第一路经粤汉铁路至广
州,取道香港,坐海船到安南海防,由滇越铁路到蒙自、昆明;第二路乘汽车,经
桂林、柳州、南宁,取道镇南关(今友谊关)进入河内,转乘滇越铁路火车抵达蒙
自、昆明;第三路步行,由近300名体格健壮的男同学组成,他们1938年2月20
日从湖南出发,沿途风餐露宿,跋山涉水,历时68天,行程3 500里,步行到达
云南。

其间闻一多、朱自清、陈寅恪、冯友兰、陈岱孙、沈从文、钱穆、吴宓、刘文典、
傅斯年、潘光旦、金岳霖等文化大师随西南联合大学文法学院迁到蒙自。云南
的山山水水写满了历史的传奇。

(4)云南旅游得天独厚

1979年邓小平同志指出,"旅游业要变成综合性的行业"。

在边境口岸河口,每天海关开闸时,大量越南小商贩用自行车推着荔枝、香
蕉、菠萝蜜等水果和农产品到中国贩卖。越南游客喜欢到昆明的批发市场购买
日用百货商品,因为中国商品相较于欧美商品价格比较便宜。

第三国人员利用滇越铁路旅游,从越南坐火车到老街,中国导游到河口接
客;或者游客在云南境内游览之后被送到河口,越南导游负责在老街接客。

随着中国经济实力的增强,越来越多的国人希望了解世界。2018年中国云

南个旧—越南老街—沙巴不定期国际旅客运输线路正式开通。越南老街省沙巴(Sapa)县海拔1 650米,是越南最高的县城。这里夏季清凉,在法国殖民时期被作为避暑胜地,修建有大量法式别墅。

"跨境旅游合作带动了沿线地区经济社会发展,让我们共享旅游业发展成果。"中国方面,云南省开展了云南省中老、中缅、中越跨境旅游合作区建设方案编制工作,已编制完成《云南省边(跨)境旅游专项规划》,提出举办七彩云南·东南亚南亚行、澜沧江-湄公河流域国家文化艺术节、中缅胞波狂欢节、中老越3国丢包狂欢节活动,以及在口岸设置团队游客绿色通道、建立跨境旅游合作区、建立中老缅泰4国黄金旅游圈、建立孟中印缅经济走廊等战略构想。

2.广西和东南亚的旅游合作

(1)合作现状

广西依托中国-东盟博览会等平台,国际旅游合作蓬勃发展。2017年,全区接待国内外游客5.23亿人次,同比增长27.9%,实现旅游总消费5 580.36亿元,同比增长33.1%;其中,接待入境过夜游客(包括港澳台)512.44万人次,同比增长6.2%,国际旅游(外汇)消费23.96亿美元,同比增长10.7%。2017年,广西的东盟国家入境游客将近130万人次,约占外国入境游客数量的50%,占有一半的市场份额。[①]

广西与东盟双向旅游频繁。2017年2月27日,广西柳州召开了边关旅游联盟会议,会议确立与东盟各国携手推进边境游、跨国游、自驾游、游轮游等合作事项,从广西赴东盟各国旅游的人数逐年递增。过境游是国门城市主要的旅游收入,大量团队纷纷涌现国境。广西友谊关和东兴口岸是中国与东盟国家跨境自驾游的重要通道。2010年迄今,从凭祥友谊关口岸出入境的自驾车旅游团达115个,自驾车辆达1 400多辆,随车游客近5 000人次。[②]

东盟各国赴桂旅游人数从2010年的64.14万人,增加到2013年的111.62万人、2016年的118.93万人。排名前六位的国家依次是越南、马来西亚、新加坡、印尼、泰国、菲律宾。

(2)存在的问题

①旅游产品吸引力有限

2016年,广西国际旅游外汇收入21.64亿美元,在全国国际旅游外汇收入

---

① 中国旅行社协会发布2018年度榜单和发展报告[EB/OL].(2018-12-03)[2019-03-12]. http://www.sohu.com/a/279351491_196397.

② 孟萍.广西:搭好跨境旅游合作之桥[N].中国旅游报,2018-01-23(1).

中的占比较小(1.8%),排名靠后。在国际旅游消费结构中,交通占比36.6%,住宿占比11.2%,餐饮占比7.9%,真正体现入境旅游实质的游览消费以及娱乐消费较少,其中游览消费仅占4.6%,娱乐消费仅占5.3%。[①]从上面的统计数据可以看出,满足基本需求的"吃住行"所占比例较大,"游览和娱乐"成分过小,在旅游产品研发的过程中有大量的提升空间。

②旅游基础设施有待提升

2013年开通桂林—南宁—曼谷以及桂林—南宁—新加坡两条国际航线,随后岘港、清迈、大阪等城市也实现直航。2018年,广西共有航线320条,游客吞吐量2 766万人。2018年,广西累计开通国际和地区航线87条,比2014年底增加了27条,实现开通东南亚国家首都航线全覆盖,开通国际和地区通航点达40个,开通南亚东南亚通航点数量居全国第一。2017年,运送旅客6 279万人次,航线数量达到485条。

随着游客的增加,各种问题凸显。公路方面存在景区点对点的距离过大等问题;星级宾馆的数量有待提高;观景亭台、停车场、景区步行游道、旅游厕所、旅游标识和智慧旅游系统、供水供电设施、消防设施、应急救援设施、垃圾和污水处理设施、旅游集散中心、应急救援站、景区至交通干线的连接路等设施都有待完善。

③政府签署旅游合作协议,项目实施效果有待加强

广西加速推进与越南跨境旅游合作区建设,提出依托中国德天瀑布和越南板约瀑布,设立"中越德天-板约国际旅游合作区",它是中国首个跨境旅游合作区;建设"中越友谊关-友谊国际旅游合作区",旨在促进广西与越南谅山、高平、河内的合作;"中越红色旅游国际合作区",拟打造中越红色旅游和自行车旅游;"靖西龙邦-越南茶岭国际旅游合作区",拟加强广西靖西市与越南高平省茶岭、重庆、河广三县合作,开辟自驾游跨国路线;"靖西孟麻-越南北坡旅游合作区"也在酝酿中;"广西防城港边境旅游试验区"也获得我国国务院批复成立。

这些倡议和构想大多停留在政府构想阶段,项目实施涉及两国多方面利益相关者,应考虑到包括原住民、相关企业的诉求,创造合作共赢的局面。要排除一切阻力,尽快使项目得到圆满实施。

④旅游发展缓慢,营销收入欠佳

2018年,从我国旅游总收入十强来看,马太效应日趋明显。京津冀(北京

① 刘娴. "一带一路"背景下广西与东盟旅游合作探析[J].广西经济,2018(5):51–53.

5 469亿元、天津3 545亿元)、长三角经济带(上海4 470亿元、重庆3 308亿元、杭州3 041亿元、成都3 033亿元、武汉2 809亿元、苏州2 332亿元、南京2 169亿元)、珠三角经济带(广州)等依然占据前几名的榜单。昆明游客造访人数排名第13名,利润率第16名;广西南宁造访人数排名第20名,利润率第26名;广西桂林造访人数排名31名,利润率第31名。[①]

2012—2016年,广西旅行社由510家增长到586家,年均增长率3.53%;云南旅行社由602家增长到855家,年均增长率9.17%。仅2016年,广西旅行社营业收入64.38亿元,营业税金741万元,而云南旅行社营业收入将近100亿元,营业税金3 062万元。[②]

⑤旅游专门人才缺乏

"十二五"期间,广西旅游院校共培养旅游类大学本科人才1万多人,高职高专人才4万多人,五年来共培养5万人左右。2010—2016年,广西入境旅游人数由250万人次增长到482.52万人次,增长率11.58%。[③]人才的缺口巨大,旅游电子商务、度假管理、外语销售、会展策划、景区规划、宣传促销、理论研究、外语导游是和东盟对接时候必不可少的人才,对东南亚小语种的人才培训迫在眉睫。

第三节　福建和东南亚的旅游合作

1.海上丝绸之路

(1)联通内外,传承丝路

福建省在发展旅游的时候综合考虑腹地和海上丝绸之路两个方向。"海上丝绸之路"是发展福建和东盟旅游的重点项目,2019年3月3日,厦门港首开"丝路海运"双向定制班列,完成南昌—厦门、厦门—赣州"丝路海运"集装箱海铁联运班列双向对开。出口班列由南昌发往厦门前场站,搭载的货物主要为汽车配件和成品纸等,转接"新天津"轮,从厦门海天码头出发前往胡志明、林查班、雅加达、吉大港、乌拉港等海丝港口。进口班列由厦门前场站发至赣州,目前的班轮主要从事的是货运物流业务,没有考虑到沿线各地的文化价值,设想今后采用客货两用轮船,开发沿线的文化旅游。

---

① 2018年中国旅游城市top50排行榜[EB/OL].（2018-09-26）[2019-03-13].http://www.sohu.com/a/256253715_642249.

② 刘娴."一带一路"背景下广西与东盟旅游合作探析[J].广西经济,2018（5）:51-53.

③ 同①

胡志明市为越南旅游胜地,林查班隶属泰国春武里府,通过素坤逸路连接芭堤雅和曼谷的沿海高速公路的主要站点。雅加达是印度尼西亚首都和最大城市,位于爪哇岛的西北海岸。雅加达是印尼的经济、文化和政治中心,吉大港是孟加拉国第二大城市以及第一大港。吉大港是几个重要印度教寺庙的所在地,包括城市郊区的Chandranath寺庙,该寺庙供奉印度教女神Sita。

2019年3月6日,第二批"丝路海运"命名航线正式发布,共计18条航线,其中厦门港16条、福州港2条,涵盖马尼拉、胡志明、丹戎帕拉帕斯、杰拜阿里、阿巴斯等"一带一路"重要港口。从2016年起,"海丝"航线陆续推出针对越南、菲律宾、新加坡等个别国家的线路,期待6国之旅常态化后吸引更多的游客,"双子星"号、"天海新世纪"号、"大西洋"号也即将加盟到"海上一带一路航线"中来。

依托厦门得天独厚的地理位置,邮轮产业将成为厦门与东盟国家共建"21世纪海上丝绸之路"的朝阳产业,目前邮轮旅游市场份额中国占0.05%,美国占3.3%,欧洲约占2%,以欧美为标杆,有40~66倍的成长空间。

2016年厦门开辟"一带一路"邮轮线路后,当年游客20.9万人次。越南真美、芽庄航次一票难求,有2 000名游客。东盟国家有20多个港口都可以开发未来的游轮旅游。厦门积极出台配套政策,包括建立示范点、推进服务国际化和规范化、"船、港、城"整体打造计划等,争取到2020年,使厦门成为区域性邮轮母港、邮轮经济圈的核心港,形成海峡游轮经济圈。

开发"海丝"沿线国家组合航线,厦门积极策划"东盟友好之船",力争将邮轮开到东南亚以及东盟国家。根据方案,邮轮精品航线将有望经停以下站点:中国厦门—越南胡志明市—新加坡—印尼巴淡岛—文莱斯里巴加湾市—马来西亚哥打基纳巴卢—菲律宾马尼拉—中国香港,同时开展包括中外青年联欢、市容参观、经贸交流在内的多种交流活动。

2018年3月,厦门"一带一路"文化之旅活动起航,1 800名游客在厦门港搭乘"新浪漫"号邮轮出发,沿着当年华人华侨下南洋的路线,前往马、文、新、柬、越、菲等六国,这是全国第一条横跨东南亚6国的海上"一带一路"航线,也是一条"友好之船、文化之船"。每到一个港口,友好访问团都为当地原住民献上南音、歌仔戏等精彩的民俗表演,通过文化纽带加强了和沿线国家人们的理解和互信。

2016年4月22日,为了纪念中国-东盟建立对话关系25周年,第五届南洋文化节9项国际性多边活动在厦门举行。东盟十国成员国派出演出队表演节目,商务代表团参加了商品展和产业对接会,智库成员们出席了南洋论坛,厨师们参加了美食节活动。此外还确立了互联互通、谋求共赢的原则。

厦门空港已开通往东盟国际航线8条,厦门港往返东南亚班轮18条。2015年开通的厦蓉欧国际货运班列,为东南亚货物经厦门往返欧洲开辟了快捷通道,实现了厦门自贸试验区与海上丝绸之路经济带无缝连接。金融合作方面,新加坡、尼泊尔等国银行已在厦门开立人民币代理清算账户;国家开发银行厦门分行在印尼提供项目贷款339亿元,中行厦门分行为"一带一路"项目提供200亿元授信支持;通过中国—东盟海上合作基金扶持项目的初审,设立了境外股权投资引导基金。从1983年开始至2016年3月,东盟国家累计在厦投资16.4亿美元。目前东盟各国累计在厦门已投资914个企业。2015年,厦门市与东盟国家之间进出口总额超过120亿美元。①

2016年旅游博览会5月5日至7日在厦举办。旅博会主要活动可以概括为"1+6+1",即一个旅游精品会展、六个配套活动以及一个"中国海上丝绸之路旅游推广联盟"工作会议。旅博会新增的"一带一路"展区有800个展位,分为海上丝绸之路展区、陆上丝绸之路展区、南丝绸之路展区、台港澳及境外展区,向"海丝"沿线国家开放,吸引了包括韩国、泰国、菲律宾、马来西亚、马尔代夫5国海外旅游机构参加展会。②

(2)再现历史,提高内涵

2018年,在厦门市海沧区东孚街道东瑶村和贞岱村交界处,考古学家发掘出了马銮古渡口遗址,这里曾经是闽南华人华侨的出海码头。海沧是闽南文化发祥地和出入东南亚的门户。明清以降,闽南先祖下南洋谋生,马来西亚的华人聚居地槟榔屿(即今日槟城)著名的华商"五大姓"中,大部分来自海沧。根据专家考察的结果,下南洋的路线为新垵、霞阳、东瑶、贞岱以及后柯一带的出海先民,经过马銮湾、厦门然后出海。这一重大发现为今后发展华侨旅游提供了非常好的物质基础。③

2018年11月,由中国第一历史档案馆主办、福建省档案馆承办的"锦瑟万里　虹贯东西——丝绸之路档案文献展"在福州举行,本次展出了150多件反映古丝绸之路中西方交往的珍贵历史文献和档案,反映了古丝绸之路上东西方

① 刘默涵.厦门:积极融入"一带一路"　"海丝门户"笑迎东盟贵客 [EB/OL].(2016-04-29)[2019-03-15].http://fjnews.fjsen.com/2016-04/29/content_17733827_all.htm.

② 旅博会5月5日至7日在厦举办　首设"一带一路"展区[N/OL].海峡导报,2016-04-14[2019-03-15].http://www.mnw.cn/xiamen/news/1151052.html.

③ 海沧发现马銮古渡遗址　具有重要海丝文化价值[N/OL].福建日报,2019-02-19[2019-03-15].http://www.fujian.gov.cn/xw/ztzl/sczl/hshzzlzd/201902/t20190219_4762450.htm.

政治、贸易、文化、科技等方面的交往历史。清宫历史档案,不仅形式丰富,而且文字多样,有国书、条约、奏折、禀文、照会、舆图、清单、合同、税单、证书、信函等,分别用汉文、满文、俄文、法文、拉丁文等文字书写。展览内容包括雍正十三年(1735年)福建水师提督王郡关于菲律宾等国到厦门的贸易商船数目的奏本等①。2016年2月,海上丝绸之路妈祖文化书法艺术展亮相莆田。

从展示的档案文献中还发现了"埭田",埭就是堵水的土坝的意思。明嘉靖《龙溪县志》中记载,"龙溪田半临斥卤,障海田什五,资潮灌溉"。古代龙溪地界土地多为盐碱地,为了生存,当地农民发明了在临近海滩的一面筑起土坝阻断海水进入田地,而从山里引出溪流淡水灌溉土地的方法。

(3)妈祖文化,四海一家

2016年,南美洲苏里南(Republiek Suriname)福建商会会长谢达率领妈祖信众前来莆田湄洲祖庙,恭请天后妈祖分香割火到对岸祭祀。迄今为止,妈祖信仰圈的信众分布于世界五大洲35个国家和地区。为了充分发挥妈祖信仰的文化凝聚力,莆田在考虑推出建设世界妈祖文化论坛永久会址、"妈祖下南洋、重走海丝路""天下妈祖回娘家"等系列活动。

2018年11月,中国社科院历史研究所、中国海洋发展研究会、莆田学院联合主办的第四届国际妈祖文化学术研讨会在妈祖文化发祥地莆田市举行,来自日本、韩国、澳大利亚、越南等国和海峡两岸的120多位学者提交了91篇论文,围绕"妈祖文化与海上丝绸之路"这一主题,就"妈祖与海洋、海丝文化研究""海外妈祖文化传播研究""中国区域妈祖文化研究"等议题展开研讨。本次研讨会突出了如下几个重点:妈祖文化在海上丝绸之路建设中的文化交流与纽带作用研究、妈祖文化在构建人类命运共同体中重要作用的研究、妈祖文化对区域经济社会文化发展所做贡献的研究、妈祖文化创意产业的重要作用研究、妈祖文学艺术的传播作用研究。②

2018年10月20日,湄洲妈祖祖庙组织2 300多人妈祖信众,应马尼拉慈航禅寺邀请,护驾妈祖圣驾搭乘歌诗达大西洋号邮轮,首次"巡安"菲律宾。此次为期6天的中菲妈祖文化交流活动行程超3 000公里,举办了妈祖海上巡安、驻跸马尼拉、绕境巡安、慈善捐赠、旅游推介、妈祖祭典、诵经祈福、十音八乐及《瓣香湄洲》文艺演出等系列活动,接受30多万人恭迎朝拜,在妈祖文化交流

① "丝绸之路文献遗产档案展"在福州开幕[EB/OL].(2018-11-08)[2019-03-20].http://www.chinanews.com/cul/2018/11-08/8672089.shtml.

② 林明太.研讨"妈祖文化与海上丝绸之路"[N/OL].福建日报,2018-11-26[2019-03-20].http://www.fujian.gov.cn/xw/ztzl/sczl/hshzzlzd/201811/t20181126_4684059.htm.

史上写下浓墨重彩的一笔。除了来自各地的妈祖信众外,护驾团中还包括了人数众多的仪仗队、仪卫队、妈祖銮、艺术团、诵经团、旗袍团、民间乐队及媒体记者等。[①]

(4)地方特色,魅力无穷

2018年1月,福建省大型舞台剧《平潭映象》开始了为期两年、沿着南岛语族迁徙路线进行的全球巡演。该作品的推出有助于促进福建省与南岛语族以及海丝沿线国家的民间文化交流互动,达到"各美其美、美美与共"的目的。《平潭映象》的总导演是来自云南的杨丽萍,节目再现了壳丘头文化、平潭文化的历史,通过展示闽文化中的海丝文化、妈祖信仰、南岛语族、歌仔戏、龙狮文化等,勾勒了海洋文化的图景。

2017年,宁德市蕉城开建"汉源号""刺桐号"(暂名)两艘仿古宋船。"中国传统木帆船复兴计划"的一个子项目是"南宋古船重建研究计划",蕉城项目就属于子项目内容。建成后的两艘船将沿着海上丝绸之路航行,最终抵达法国巴黎UNESCO总部,做"水密隔舱福船制造技艺"展示,该项目被UNESCO列为急需保护的非物质文化遗产。

2018年1月6日,首届"海上丝绸之路核心区文化发展论坛暨何振岱文化研讨会"在福州举行,当天还为福州文化发展研究中心进行了揭牌仪式。专家学者莅临现场,就文创产业发展路径、福建文化品牌打造、海丝沿线国家文化交流合作平台建构、何振岱文化研究、福州海洋城市发展、文化软实力提升等问题提出了建议。

陈靖姑文化的国外传承,主要有两条线路,一条线路是从古田、福州传向马来西亚。黄乃裳是福州闽清六都湖峰(今坂东镇湖头村)人,他是中国清末民初的华侨领袖、民主革命家、教育家,曾参与公车上书和百日维新运动以及后来建立中华民国的辛亥革命,曾率领福州移民开垦马来西亚砂拉越的诗巫(Sibu)。黄乃裳为了种植香蕉,曾经于1900年、1901年、1902年组织三批福建移民到马来西亚沙捞越州诗巫(时称"新福州")。垦殖团移民带去了技术、文化、习俗和陈靖姑信仰。

2016年11月20日,陈靖姑故居修复完工仪式后,在故居举办了"陈靖姑文化海丝行"活动,海峡两岸及海丝沿线国家代表出席了活动,内容包括文艺演出、陈靖姑信仰研讨会、陈靖姑文化音乐剧演出等。已知东南亚各国的临水

① 陈盛钟.千年走一回 "妈祖下南洋·重走海丝路"暨中菲妈祖文化交流活动侧记[EB/OL].（2018-11-01）[2019-03-20].http://pt.fjsen.com/xw/2018-11/01/content_21630818.htm.

宫数量达到 1 800 多座,信徒达 5 000 多万人①。

　　陈靖姑信仰的另一条传播线路是福州、古田、闽南、菲律宾、新加坡等,至今,陈靖姑信仰在东南亚华侨华人中根深蒂固。陈靖姑信仰来源于福建古田,侨胞人数已达 31.7 万人,古田侨胞分布于亚、欧、美、大洋洲 40 多个国家和地区,海丝沿线国家印、马、菲、新、泰国有侨胞 27.3 万人。马来西亚大学的苏庆华教授,是研究临水夫人文化的专家,在其著作《临水夫人陈靖姑信仰在马来西亚极其传播》中指出,马来西亚沙捞越州的主要居民是福建籍移民,当地"皇麟庙诚应堂"的主祀神尊就是陈靖姑。②

　　宁德通过"闽台陈靖姑文化学术研讨会""陈靖姑文化旅游节"以及打造世界陈靖姑信俗文化区,主动融入海丝规划,提出构建一个完整的陈靖姑信俗文化研究理论体系;塑造对外交流、文化旅游、经贸合作的品牌;继续开展陈靖姑金身巡游系列活动,厘清陈靖姑信俗文化扬帆出海、融入"海丝"的路线图;建立共建共享机制,鼓励社会力量参与陈靖姑信俗文化产业发展,与"海丝"各国进行民间交流、合作。要本着"政府引导、市场运作、社会参与"原则,面向社会寻求战略合作伙伴,搭建艺术展示和文化产业交易平台。

　　2015 年 11 月 12 日,漳州启动"昔日荣光、驻梦扬帆"重走海上丝绸之路采访活动。在为期 1 个月里,采访团走访菲律宾、马来西亚、新加坡、印度尼西亚、泰国五国,围绕漳州海丝文化主题,通过采访漳州当地华侨、同胞、同乡会组织等,重温漳州大航海时代的历史,展现漳州与海丝沿线国家不可割舍的情缘。此次采访活动由漳州市委宣传部、福建电视台、海峡都市报、片仔癀药业共同举办。③

　　2015 年 11 月 5 日,首届"海上丝绸之路"(福州)国际旅游节在福州开幕,邀请了来自新加坡、印度、韩国、泰国、缅甸、菲律宾、马来西亚、印度尼西亚的 30 名海丝沿线国家的驻华旅游机构代表。

　　福建各地都在借力海上丝绸之路发展和东盟各国的旅游,旅游吸引物既有有形文化遗产,也有无形文化遗产。有形文化遗产包括海丝沿线的各种文物、古迹、历史资料等,无形文化遗产包括各种民间信仰、迎神赛会等活动,这些都可以作为今后发展福建和东盟旅游的资产。

　　文化遗产的发掘、整理、表述、商品化是一个长期、动态演进的过程,随着

①② 吴旭涛.两岸共抬轿,女神"游"海丝[EB/OL].(2016-06-28)[2019-03-25].http://nd.fjsen.com/2016-06/28/content_18077907_all.htm.

③ 张辉.漳州媒体组团重走海上丝绸之路[N/OL].福建日报,2015-11-13[2019-03-25].http://news.ifeng.com/a/20151113/46227464_0.shtml.

认识的深入,以及福建在东盟旅游系统中地位的提升,旅游市场份额会越来越大。

2.腹地拓展延伸

(1)朱子文化

五夫镇位于福建省武夷山市东南部,自被制定为朱子文化生态保护的核心区域以来,吸引了大量的游客。让"朱子文化"走向东盟、走向世界,是中华内在文化传导的深层使命。

目前按照"保护、学术、传播、教化、交流"五个方向的指引,南平相关部门已经组织人员整理朱子文化档案、修复古迹遗址、编排旅游路线等。

(2)万里茶道

万里茶道从中国福建崇安(现武夷山市)下梅村起,途经江西、湖南、湖北、河南、山西、河北、内蒙古,从伊林(现二连浩特)进入现蒙古国境内,沿阿尔泰军台,穿越沙漠戈壁,经库伦(现乌兰巴托)到达中俄边境的通商口岸恰克图。全程约4 760公里,其中水路1 480公里,陆路3 280公里。

茶道在俄罗斯境内继续延伸,从恰克图经叶卡捷琳堡、莫斯科、圣彼得堡等二十几个城市,传入中亚和欧洲其他国家。茶道在俄罗斯境内大约有6 530余公里。从中国福建武夷山市下梅村起到俄罗斯圣彼得堡,全程达11 300公里,成为名副其实的"万里茶道"。

2013年9月10日,蒙俄万里茶道沿线31个城市代表参加市长圆桌会议,签署《万里茶道沿线城市旅游合作协议》,确立互惠合作的意向,并签署《万里茶道共同申遗倡议书》。2014年10月25日在武汉举办的"中俄万里茶道城市市长高峰论坛"上,中俄代表签署了《中俄万里茶道申请世界文化遗产武汉共识》,确立了在历史遗迹保护、历史资料收集、知识产权保护及申请世界文化遗产等方面展开合作。

2014年11月15日,与会代表签署了《传承"万里茶道"文化·打造国际旅游品牌》旅游协作倡议书,就共同夯实交流机制、探索发展道路、塑造整体品牌、促进产品开发、争取发展空间等五个方面达成共识。11月15日,万里茶道文化研究院在武夷学院揭牌成立。11月16日,"万里茶道"与城市发展(武夷山)中蒙俄市长峰会国际联盟城市市长圆桌会议在武夷山举行,三个国家50个沿线城市签署了《"万里茶道"国际联盟城市合作武夷山宣言》。根据该宣言,50个沿线城市将以"万里茶道"为纽带,本着"文化传承、经济合作、共赢发展"的联盟要义,开展文化、旅游、经贸等多领域交流合作,实现城市互动、信息互通、资源互享、品牌互推、利益互惠;全力做好茶道上历史文化遗存的挖掘与保护,推

进"万里茶道"申报世界文化遗产工作。①

第二十四章
文化、文化圈、文化旅游

第一节　文化的内涵

文化一词,由古罗马哲学家西塞罗首次使用拉丁文"cultura animi"定义,原意是"灵魂的培养",由此衍生为生物在其发展过程中积累起跟自身生活相关的知识或经验,使其适应自然或周围的环境,是共同自然环境及经济生产方式所形成的一种约定俗成和潜意识的外在表现。

对"文化"有各种各样的定义,其中之一的定义是"通过相互学习人类思想与行为的精华来达到完美②";广义的文化外延包括文字、语言、建筑、饮食、工具、技能、知识、习俗、艺术等。③大致上可用一个民族的生活形式来指称它的文化。④

19世纪中叶,新的人文学科人类学、社会学、民族学等在西方兴起,文化的概念也随之发生变化,开始具有现代意义。最早把"文化"作为现代专用术语使用的是英国"人类学之父"泰勒(E.B.Taylor),他在1871年发表的《原始文化》一书中,把文化定义为"一个复杂的总体,包括知识、信仰、艺术、道德、法律、风俗以及人类在社会里所有一切的能力与习惯"。当时一位法国启蒙思想家则把文化解释为"一种教养,指通过教育能够获得良好的教养,以及文学、艺术和科学方面的修养"。

文化包括三个层次:一是物质文化,指凝聚着一个民族精神文化的生产活动与物化产品的总和;二是制度文化,指一个民族在生产与生活过程中形成的

---

① 陈丹妮.中蒙俄沿线城市签署合作宣言　推"万里茶道"申遗[EB/OL].（2014-11-16）[2019-03-25].http://www.chinanews.com/sh/2014/11-16/6781640.shtml.

② MATTHEW ARNOLD. Culture and Anarchy [M].3rd ed. New York: Oxford University Press, USA, 2006: 12–13.

③ RAYMOND WILLIAMS, FLAMINGO. Keywords: A Vocabulary of Culture and Society [M]. Rev. Ed. NewYork: Oxford UP, 1983: 87–93, 236–8.

④ 邵台新. 中国文化史[M]. 台北：大中国图书公司,1997.

各种规章制度,包括法律、道德规范和行为准则等内容;三是精神文化,指一个民族共有的意识活动,包括人们的价值观念、思维方式等内容。

表24-1 文化的三层含义

文化层级	定义	表现形式
物质文化	生产活动与物化产品的	刀耕火种、照叶树林、线路遗产(丝绸之路、茶马古道)、遗址
制度文化	规章制度,包括法律、道德规范和行为准则	习惯法、民俗村规
精神文化	意识活动,包括人们的价值观念、思维方式	信仰、民间信仰、儒释道、图腾、原始宗教

第二节　文化传播论和文化圈

文化传播论主要起源于德国民族学,它对19世纪末20世纪初的整个人类学有重大影响。它反对进化论的"独立发明说"和"平行发展说",认为进化论只注意到人类文化在时间上的演变过程,忽视了文化在地理空间上的分布,而在现实中文化的进化主要表现为地理范畴内的变更,因此研究人类文化必须以地理传播(diffusion)为使命。所谓传播,指文化从一地流传到另一地的现象。传播学派试图把人类文化史归结为文化移动、接触、冲突和借用的历史,这是人类学的重要理论观点。

1. 文化传播论的两种范式

(1)德奥历史传播学派

拉策尔是早期传播论的开拓者,反对"心里一致说"和"独立发明说",重视研究自然环境对一个民族的内部生活和文化形成产生的影响,并进而强化各族之间的外在特质。迁徙和接触是各地文化相似的主要原因。

弗罗贝纽斯(Leo.Frobenius)是拉策尔的学生、著名的非洲民族学家,基于对非洲的研究,1897年至1898年间他提出文化圈和文化传播论。所谓"文化圈",就是根据一定数量(5到20个)的特定文化特质对文化所进行的圈层划分。他第一次提出绘制文化地图的概念,把澳大利亚和大洋洲地区分为6至8个独立的文化圈,分别是:塔斯马尼亚文化圈、古澳洲文化圈、图腾文化圈、东巴布亚文化圈、美拉尼西亚文化圈、原始波利尼西亚文化圈、新波利尼西亚文化圈和

印度尼西亚文化圈。弗罗贝纽斯指出，每一个文化圈都有一系列独特的文化表征。他认为文化是人类适应自然的结果，主要著作有《非洲文化的起源》。

弗·格学布奈尔(F.Graebner)进一步阐述"文化圈""文化层"的概念，用实证法和系统法进行文化圈理论研究。他认为文化在整个人类历史上毫无变化，人类的发明创造能力极其有限。1905年，其代表作《大洋洲的文化圈与文化史》出版。

威廉·施密特(Wilhelm Schmidt)，奥地利维也纳学派领袖，传播论人类学家，他认为文化或文明具有区域性，每个区域有文化创造和变迁中心，中心文化向外传播扩散。他进一步提出性质标准、连续标准和关系程度标准。性质标准是形式标准的补充，是指本质的相似性。连续标准是指相隔不远的两地，如果在中间区域能找到具有相似文化要素的民族，那么这两地之间从前有相互传播关系的可能性很大。关系程度标准是指如果接近两个相互隔绝的地区，相似点增加，就可以说这些相似点不是独立存在，而是历史联系导致的结果。他创导以文化史学方法研究原始文化及其宗教，按照"文化圈"顺序来划分人类发展阶段，即：原始的、初期的、二期的。

施密特主要关注语言人类学研究，他花了很多年时间研究世界各地语言。早期主要研究东南亚孟高棉语族语言，其后是大洋洲和澳洲的语言。研究的结论使他假设存在更广泛的Austric 语言群、南方大语系(英语Austric languages)，又称南方语系、南方语门，或音译为奥斯垂克诸语。这个有争议的构想大语系，包括东亚的中国台湾、非洲的马达加斯加，以及东南亚、大洋洲的南岛语系和位于东南亚、南亚的南亚语系、中国西南的壮侗语系。它们彼此间有关联，属于一个更大的语系。在一些学者版本中，还包含中国西南的苗瑶语系，甚至包含东亚的汉藏语系，还有孤立语言阿伊努语和尼哈利语①，这是语言学领域最重要的发现之一。

(2)英国文化传播学派

威廉·里佛斯(William Halse Rivers)认为人口迁徙是导致人类进步的最主要的原动力。在强调传播论的同时，也不放弃进化论观点。

英国人史密斯(G. E. Smith)和佩里(W. J. Perry)提出了埃及中心论。相信文化创新只发生过一次，随后通过地理传播。在此基础上，追溯了新世界在内的世界上许多文化和传统习俗的起源，认为地球上所有文化来自埃及以及在某

---

① GEORGE VAN DRIEM. Sino-Austronesian vs. Sino-Caucasian, Sino-Bodic vs. Sino-Tibetan, and Tibeto-Burman as default theory [C]. // Yadava, Yogendra P. Contemporary Issues in Nepalese Linguistics.Linguistic Society of Nepal. 2005: 285-338.

些情况下来自亚洲的想法。史密斯指出,所有巨石现象,无论是在西北欧、印度、日本还是中美洲,都起源于古埃及。"一小群人,沿着海路移动,在某些地方定居,并对埃及的金字塔纪念碑进行了简单的模仿。"(Smith 1911, ix)

2. 东南亚华人华侨宗教及民间信仰文化圈

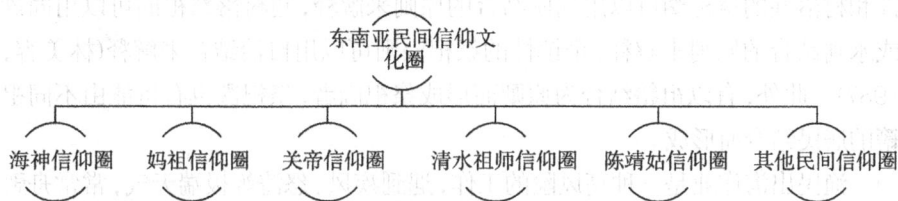

图24-1　东南亚民间信仰文化圈

祭祀圈是在一定的地域范围内所有居民义务性的共同祭祀组织与祭祀活动。日本学者冈田谦定义祭祀圈是共同奉祀一个主神的民众所居住之地域(1938)。许嘉明定义祭祀圈是指以一个主祭神为中心,信徒共同举行祭祀所属的地域单位。其成员以主祭神名义下之财产所属的地域范围内之住民为限(许嘉明,1978)。关于祭祀圈,美国学者常用与祭祀圈相同或相似有关的名词表述,如庙宇社区(temple community)、区域性庙宇联合体(regional confederation of temples)、地域性祭典(territorial cults)、近邻祭典组织(neighborhood cult association)、近邻祭典、村庄祭典(village cults)、多村庄祭典(multivillage cults)、庆典组织(festival organization)、庆典区域(festival area)等(Diamond, 1969; Feuchtwang, 1974; Schipper, 1977; Litzinger, 1983; Sangren, 1985; Jordan. 1986)。

所谓信仰圈,是以某一神明或其分身之信仰为中心,由其信徒所形成的自愿性宗教组织,信徒的分布有一定的范围,通常必须超越地方社区范围,才有信仰圈可言。祭祀圈和信仰圈在概念上有以下不同:(1)信仰圈以一神信仰为中心,祭祀圈则祭祀多神。(2)信仰圈的成员资格是志愿性的,祭祀圈的成员资格则是义务性和强迫性的。(3)信仰圈是区域性的,祭祀圈是地方性的。(4)信仰圈活动并不是节目性的,祭祀圈的活动则具备节目性。

祭祀圈常代表地方性的公众祭祀,在其范围内所有的居民都有义务参与,信仰圈则为区域性的神明信仰,在某个范围内由信徒自愿参与。祭祀圈的规模较小,只限于所涉地方社区的公众祭祀,而信仰圈却是具有普遍性的宗教组织,其组织力不容忽视。不论祭祀圈或信仰圈,都是代表大家以神明信仰来结合人群,借宗教的形式来形成地缘性的社会组织。民间的活力和组织力也必须借助

宗教形式才能在空间上展示出来。

林美容提出华人祭祀圈和信仰圈概念。由于大量华人华侨到东南亚移民，民间宗教也被带入移民目的地国家，以华人华侨为纽带，形成华人民间祭祀圈和信仰文化圈。林美容通过分析草屯镇各祭祀圈所依据的组织原则，发现聚落性和村落性的祭祀圈可以用同庄结合的原则来解释，超村落祭祀圈可以用同姓或水利结合的原则来解释，全镇性的祭祀圈则可以用自治结合来解释(林美容，1987)。此外，有以祖籍结合为原则而形成祭祀圈者，祭祀圈也有可能由不同祖籍的居民结合而形成。

渔民出海作业是一种高风险的工作，遇到疾风、怒涛等极端天气，常常舟毁人亡。古人认为是各种各样的神明、游鬼造成了风暴和海上灾害，认为祭拜这些神明、游鬼方可以使疍民远离灾难。所以古人在这些神明的圣诞日，必须祭拜神明，这也是民间信仰形成的逻辑。

传播论在民间信仰文化的扩散中同样适用，在华侨出海、移民、逃难的过程中，他们都会把妈祖、四海龙王、关泽天王、保生大帝、关帝神像带在船上，当他们安全达到陆地后，就会寻找合适的地方安放这些神像的分身。如果经济条件允许，他们会修建庙宇来供奉这些神像。

(1)东南亚华人的关帝信仰圈

关帝信仰在东南亚非常盛行。以清代为例，许多福建华侨捐资在印尼当地建造关帝庙，既为初到的华侨提供落脚之处，也为其死后用作殡葬场所。越南边和的关帝庙名闻遐迩。这座庙宇1684年由郑会等八位华侨发起兴建，1817年由郑怀德主持再次重修。2009年12月8日，越南华侨李莹蔚在美丽的胡志明市寻访，拍摄到三处关帝庙。

此外，马来西亚吉隆坡关帝庙、缅甸果敢关帝庙、泰国曼谷武圣庙、泰国苏梅岛关帝庙、越南河内关帝庙、越南福州会馆、越南兴安关帝庙、越南平顺县翁寺、越南义润关帝庙、越南薄僚关帝庙、越南胡志明福安关帝庙、印尼闽厨关胜庙、印尼棉兰关帝庙、新加坡忠义馆、新加坡天福宫、新加坡恒山亭、缅甸三圣宫等，组合起来形成了东南亚关帝信仰圈。①

(2)东南亚华人的妈祖信仰圈

①马来西亚

民族信仰传播和华人移民息息相关。林伯显为福建漳州六甲乡人，在清雍正五年(1727年)，奉"天上圣母"妈祖航海到南洋，途中遭遇暴风雨，漂到马

①　域外关庙[EB/OL].[2019-03-20].http://www.guangong.name/list.asp?Classid=37.

来亚半岛的吉兰丹州万捷登岸,随后乘坐小船到浑晓督祖巴华人村(Kusial)附近的村落开垦荒地,与当地马来族建立了良好关系。安居后,他便在格底里(Ketereh)的赤脚督公村建立起一间庙宇,即现在的圣春宫(又称"大妈庙")来安置及供奉"天上圣母"妈祖,之后便定居在督祖巴华人村。

②泰国

乾嘉年间(1736—1820),是樟林港贸易的全盛时期,从该港开出的"红头船"(又称"洋船",即载货出洋之船。福建称"青头船",浙江称"白头船")北上上海、天津,南下广州、琼州,乃至于东南亚各地。19世纪初,暹罗商船大都"由广东省东部的潮州人驾驶,这些帆船大部分归曼谷的华侨或暹罗的贵族所有"。[①]

随着樟林港不断发展海外贸易,潮汕地区侨居海外人数逐渐增多,人们对妈祖的信仰更加虔诚。清乾隆二十二年(1757),他们在樟林南社港畔破土动工,兴建天后圣母庙,乾隆三十六年(1771)始告竣工。

20世纪八九十年代,中山大学段立生教授在泰国讲学期间,曾在曼谷、吞武里府、乌隆府、佛统府、素叻府、洛坤府、北大年府、北榄府等地进行中式寺庙调查。在抽样调查的60座寺庙中,有12座主祀或附祀妈祖。其中主祀者有曼谷迈的集路的七圣妈庙,曼谷石龙军路1638号的七圣妈庙、1735号的新兴宫,素叻它尼府班多路的天后圣母庙,洛坤主街的天后宫与洛坤达努普区莱姆村(海滨)的天后庙;附祀者则有曼谷达挠路的玄天上帝庙、佛统市区的普元堂、素叻它尼府班多路的顺福宫、素叻府班多的本头公庙、六坤府北浪县的广灵庙与那空沙旺市区的本头古庙等。[②]

③菲律宾

菲律宾华侨华人约达140余万人,其中80%以上的祖籍地是福建,以晋江、南安、惠安、永春、厦门和泉州等地为主。华侨华人带给菲律宾技术,也把文化传播到当地,妈祖信仰就是其一。

菲律宾华侨于1572年在描东岸达社建造起第一座妈祖庙[③],到20世纪60年代,全菲共有妈祖庙100多座。华侨最早在菲律宾建造的妈祖庙,当为南吕宋描东岸(Batangas)达社(Taal)的天上圣母宫,为福建晋江华侨所创建。

1571年西班牙占领马尼拉时,实行了宗教清洗政策。殖民地政府一段时间

① 潮汕籍华侨与泰国华侨的妈祖信仰[EB/OL].(2016-05-24)[2019-03-27].http://www.mnw.cn/wenhua/mazu/wh/1196581.htm.l.

② 同①

③ 李天锡.试析菲律宾华侨华人的妈祖信仰[J].宗教学研究,2010(1):136-140.

内曾经强迫华人改信天主教、剪辫子，曾经放逐2 070名不肯改变宗教信仰的华侨。为了生存，菲律宾华人一方面改信天主教，另一方面却不愿意放弃华人信仰。

1603年有个叫做范马的渔夫，在描东岸达社仙俞谢的拜斯毕河上，捞起了一尊六英寸长的木雕金身佛像。其形状和天主教的君习商女佛相似而又不完全一样。据神父说，那大概是一只沉没在海洋中的航海船上航海者所供奉的妈祖金身佛像。颇为有趣的是华人把神像当做妈祖祭拜，而菲律宾天主教教徒把神像当做天主教女神祭拜，后来招致基督教教徒的议论，于是专门设立了供奉妈祖的小教堂。华侨把描东岸达社天主教教堂中一尊菲律宾天主教教徒供奉的天主教女神当作妈祖来奉祀，是西班牙殖民当局迫于无奈而默许的。

华侨善信人士于1951年将"天上圣母"移驾于描东岸市，并发表《宣言》，组织理事会，重新建筑庙宇奉祀。《宣言》中云：妈祖"金光莲座，自天而降，一苇兹航，普救众生，拯救黎民，神量无穷，春秋悠久，有求必应，颇得四方善男信女共所虔信"。

具体办法是：每礼拜四下午，妈祖的金身神像由达社大教堂迎往小寺院；到了礼拜六下午又由小寺院迎回达社大教堂。后来妈祖信仰逐渐融入了当地神明系统，当地旅行者的保护神安智波洛的圣女(Virgin of Antipolo) 同妈祖等同起来。1954年，全世界天主教在菲律宾举行祈祷大会，教皇特封妈祖为天主教七圣母之一，并为妈祖加冠。

菲律宾描东岸市、里巴(Lipa)市、丹那湾(Tanawan) 社、罗沙溜(Rosario)社等华人聚居区，沿袭了每年一次祭祀妈祖之风俗。1967年，华侨渔民遇到风暴到描东岸避难，当地民众全力协助，渔民离开时把妈祖神像赠予当地人。当地人1978年建立了隆天官。1988年，宿务华侨华人从台湾北港朝天宫分灵妈祖神像前往该地先天圣道院奉祀。在宿务市郊贝维里尔山麓(Beverly Hills) 也建有妈祖庙。马尼拉保安宫、九霄大道观、巴西天灵古志殿、莲荷仙坛等规模大小不一的庙宇龛坛中也大多奉祀妈祖。每逢妈祖圣诞，东南亚的信徒组团谒祖进香，参加妈祖文化研讨会等活动。

④印度尼西亚

2016年，印度尼西亚旅游部Ir.Lokot Ahmad Endah先生携印尼苏南省巨港威镇庙、圣江庙及凤山庙三妈祖宫庙信众一行25人，前往妈祖故里湄洲妈祖祖庙谒祖朝圣进香。妈祖信仰在印度尼西亚也保持了长久的生命力。

(3)东南亚华人的清水祖师信仰圈

清水祖师(1044—1110年)，法号普足，俗名陈昭应，本籍福建永春，是北宋时代福建泉州安溪的高僧。祖师生前布善行仁,为造福乡里,在福建安溪建造通泉桥、谷口桥、汰口桥等数十座桥梁;精通医术的他在闽南瘴疟之地施药救人;祖师为当地安溪民众培育了铁观音茶,被奉为始祖。圆寂后,百姓依然视其为保护神。南宋孝宗时他被皇帝册封为"照应大师",宋宁宗追封为"昭应广惠慈济善利大师"。

根据厦门大学郭志超老师考察研究,明神宗万历二年(公元1574年),安溪华侨在泰国北大年所建"祖师公祠"(后改名"灵慈官"),即是东南亚地区第一座官庙。之后相继建立的供奉清水祖师的官庙有:新加坡金兰庙、蓬莱寺、镇南庙及天公官;马来西亚槟城蛇庙、大普公坛祖师庙,吉隆坡清水祖师庙;印尼椰城丹绒加乙祖师庙;缅甸仰光福山寺;泰国曼谷达叻仔顺祖庙;菲律宾马尼拉祖师庙等。

3. 南岛语族文化圈

南岛语族是指大洋洲和东南亚以南岛语系为语言的族群,包括马来西亚、菲律宾、中国台湾、东帝汶、印度尼西亚、文莱、马达加斯加、密克罗尼西亚联邦和波利尼西亚以及新西兰和夏威夷玻利尼西亚人、非巴布亚人的美拉尼西亚人等多个民族。他们分布于泰国北大年地区、新加坡、越南和湛地区(覆盖越南中部和南部的占婆王国)、柬埔寨、中国海南岛和中国台湾岛。这些地区统称为南岛语族地区。

福建发掘的昙石山遗址、漳州东山大帽山遗址、宁德霞浦县黄瓜山贝丘遗址、泉州晋江庵山沙丘遗址、福州平潭壳丘头遗址等出土了石锛、石戈以及石叉等石器以及陶器等大量物品,其制作工艺和方法,和南岛语族较为相似。此外,语言人类学家分析,福建地区母语语系和南太平洋、印度洋的南岛语族也有关联。中国医药大学讲座教授葛应钦利用DNA技术分析在马祖亮岛出土的亮岛人遗骸,认为南岛语族约在8 000年前起源于福建沿海地区,反对台湾或东南亚岛屿是早期南岛语族发源地的说法。[①]中国考古学家张光直认为,福州平潭壳丘头文化和台湾西海岸的大垄坑文化关联,福建与南岛语族渊源颇深。

国际上有一种观点认为,福建沿海地区是南岛语族起源地,而平潭是中心。福建博物院文物考古研究所副所长范雪春表示,该基地将发展成为南岛语族学术的焦点、中心,带动学术界研究,但南岛语族起点在平潭还是马尾、霞浦、珠江三角洲等还有待研究。2018年11月7日,"国际南岛语族考古研究基地"在

---

① 最早的南岛语族:马祖亮岛人[N/OL].工商时报(台北),2014-04-06[2019-04-01]. https://www.chinatimes.com/cn/newspapers/20140406000081-260207?chdtv.

平潭综合实验区平原镇上攀村挂牌。[①]

4. 上座部佛教文化圈

上座部佛教,现今流行于斯里兰卡、缅甸、泰国、柬埔寨、老挝,以及越南的高棉族、老挝族及泰族聚居地。中南半岛地区是上座部佛教的中心,其教徒总数达8 000多万,占全世界上座部佛教徒总数的约85%。其中,泰国有上座部佛教徒4 300万人,占其总人口的95%,缅甸有2 700万人,柬埔寨有700万人,老挝有170万人。越南也有200多万上座部佛教徒。此外,还有一些古印度传承残存在孟加拉国吉大港山区、印度米佐拉姆邦及中国藏南地区、云南傣族聚居区。上座部佛教与大乘佛教并列为现存佛教最基本的两大派别。[②]

上座部佛教南传佛教路线为印度、斯里兰卡、缅甸、泰国、柬埔寨、老挝,以及中国的云南傣族等地区;北传佛教路线为印度、中亚、中国、西藏、蒙古、朝鲜半岛、日本、越南等。南亚、东南亚南传佛教分为斯里兰卡、缅甸、泰国、柬埔寨、老挝等国家的南方上座部佛教,兴起于越南而与儒道二教混融的混成佛教,过去在柬埔寨曾盛极一时的吉蔑民族所信奉的佛教,以及爪哇、苏门答腊、马来半岛等地所传的南海佛教。

佛祖灭度(涅槃)后,弟子们为了整理佛祖的宗教思想和纠正教派存在的一些问题,先后在不同的地方集结。

第一次集结时间是佛祖涅槃后第三个月,由印度摩揭陀国(Magadha)的国王阿迦答沙都(Ajatashatru)主持,地点在王舍城(Rajagaha)的七叶窟(Cave of the Seven Leaves)。五百阿罗汉参加了整理工作,由在佛陀身边最久的阿难尊者(Ananda)重述经藏(Suttas),持戒第一的优波离尊者(Upali)重述律藏(Vinaya),大家以口述方式对佛祖思想进行了整理。

第二次集结时间是佛祖涅槃后一百年,迦罗阿育王(Kalasoka)第十一年,地点在代韦沙离城的毗舍离[③](Valikarama),耶舍比丘(Sabbakami)是大会的主持人。大会之后,宣布了瓦基族比库们的行为是违反纪律且不被允许的,从

---

① 国际南岛语族考古研究基地在平潭挂牌[EB/OL].(2017–11–08)[2019–03–28]. http://www.sohu.com/a/203217949_99906251.

② 王士录.关于上座部佛教在古代东南亚传播的几个问题[J].东南亚纵横,1993(1): 46–51.

③ 毗舍离(梵文:वैशाली,Vaiśālī;巴利文:Vesāli),又译为毗舍离、吠舍离、吠舍釐国、广严城,为释迦文佛住世时代著名的大城市,位于今天印度比哈尔邦首府巴特那的北边,曾经是跋耆国首都,佛教八大圣地之一。释迦文佛在此城预言自己即将涅槃。在佛祖灭度后百年,耶舍比丘召集了印度西部与东部共七百名上座,在此城中进行了第二次结集(又称七百集结、毗舍离集结),造成了日后上座部与大众部的分裂,开始了佛教部派佛教时期。

而造成了日后上座部与大众部的分裂,开始了佛教部派佛教时期。

第三次集结时间是佛祖涅槃后第 234 年,由阿育王(Asoka)组织。第三次的经典集结采用第一次大会的方式重述、比对、勘误经典,驱逐了僧团中的异教,阿育王更是送出了佛教传教士到各国弘扬正法。

第四次集结是公元前29年,瓦塔葛玛尼国王(Vattagamani)时代,在锡兰的铜叶洲(Tambapanni)举行。由于许多僧侣没有能力记诵所有佛祖经文,瓦塔葛玛尼国王决定用文字记录经典。

第五次集结是公元1871年,缅甸国王敏东(Mindon)时代。在缅甸曼德勒(Mandalay),僧侣们重述、验证和比对佛教经典。敏东将所有的经文撰写在729 块大理石上,并将它建成了佛塔,成为世界上"最大的经书"。佛塔为缅甸古都陶佛塔(Kuthodaw Pagoda)。

第六次集结时间是1954年,地点在缅甸仰光。缅甸首相吴努(UNu)率领建造了大山洞(Maha Passana Guha),目的是重述和验证经典,缅甸、泰国、柬埔寨、老挝、印度、斯里兰卡、越南、尼泊尔的僧侣们参加了集结。公元1956 年编纂工作完成。集成的经典被公认为有史以来最正确,是佛陀的正法经典。

(1)斯里兰卡的南传佛教

在阿育王即位之初,佛教传入锡兰(1972年改国名为斯里兰卡),之后200年,佛教因南印度泰米尔人的入侵而备受打击,并受到印度教、大乘佛教和密教的打压。4世纪时锡兰大乘佛教兴起,到8世纪密教大行其道。9—13世纪末,佛教再次因南印度泰米尔人的入侵而中遭到破坏,一度中断后锡兰不得不向邻国求助回传佛教。缅甸阿奴律陀和达玛悉提二王都曾向锡兰派遣高僧,到18世纪,泰国的阿瑜陀耶王国(Anachak Ayutthaya)第三次向锡兰派遣传经使团。15—18世纪,锡兰先后被葡萄牙、荷兰、英国殖民,佛教也分裂为暹罗派、阿摩罗普罗派和罗曼那派。

(2)缅甸的南传佛教

公元前3世纪,佛教传法使到了金地国(Svarṇabhūmi)——指从下缅甸到马来半岛以至苏门答腊岛的广大地区。居住在今天中泰和下缅甸锡唐河流域的孟人接受了佛教,然后传给了高棉人和缅人。3世纪后,室利差坦罗城(Thare Khettara)成为了佛教中心。

(3)泰国的南传佛教

9世纪之前,湄南河(Chao Phraya River)流域出现了泰国人的祖先。12—13世纪,他们逐步接受了大寺系的僧伽罗(Sinhala Jathiya)南传佛教。13世纪时,兰纳王国(Lanna Kingdom)和素可泰王国(Anachak Sukhothai)建立。14

世纪,清迈从素可泰接受了巴利语佛教传统,并在16世纪成为南传佛教的学术中心。帕佛陀大摩尼宝玉佛成为泰国的守护神和王权的象征。14世纪中,阿瑜陀耶王国取代了素可泰王国,1431年征服了吴哥的高棉人,沿袭了高棉人婆罗门教的宫廷仪轨和神王观念。政权一直沿袭到拉玛一世(1782—1809)的曼谷王朝。1769年阿瑜陀耶王国被缅甸军攻陷,曼谷王国成为以泰族为主的国家,上座部佛教是其统治思想。

(4)老挝的南传佛教

11—12世纪时,老挝受高棉人的影响,大乘佛教和南传佛教并行。到14世纪,南传佛教独大。1356年,法昂王因妻子的要求从柬埔寨延请了传法比丘。

(5)柬埔寨的南传佛教

扶南在5世纪时流行大乘佛教与印度教。这一传统延续到6世纪时的真腊和9世纪时的吴哥王朝。真腊和吴哥的国都遗址显示历史上印度教和佛教并存。12、13世纪之交的阇耶跋摩七世(Jayavarman VII)时期吴哥国力昌盛,征服了孟族国家,南传佛教很快在高棉人中流行起来,奉南传佛教为国教。1431年,阿瑜陀耶王国攻陷吴哥。

(6)越南的南传佛教

越南是东南亚唯一大乘佛教和南传佛教并行的国家。南传佛教区域主要在与柬埔寨接壤的南方,大乘佛教主要是禅与净土。先后从中国传入的禅宗分为3家:6世纪的毘尼多流支(Vinītaruci)[1]、9世纪的无言通派[2](Vô Ngôn Thông,)和11世纪的草堂派[3]。

凭借佛教文化内涵,可以组织大量的文化旅游,如佛祖4大圣地游(蓝毗尼、菩提伽耶、萨拉陀、拘尸那罗)、佛教6次集结地游、东南亚佛教游等。通过佛教文化内涵,原本孤立的东南亚各国空间上被连接起来,沿线各国也可普遍受惠

---

[1] 毘尼多流支(梵语: Vinītaruci,越南语: Tì-ni-đa-lưu-chi),意译为灭喜,越南佛教灭喜禅派创始人,生于北印度乌场国(今巴基斯坦斯瓦特县),印度佛教比丘。他开创的毘尼多流支禅派(又称灭喜禅派),为禅宗传入越南的开始,在越南佛教史上有重要地位。

[2] 无言通俗姓郑,出生在广州的一个富裕家庭里。年少就喜欢佛学,不治家产。后因沉默寡言却博学,因此人称"无言通"。他拜百丈怀海为师。大约在820年左右,无言通自广州渡海来到安南,在今日的河内市嘉林县境内建立了一个佛教寺院建初寺,创建了越南禅宗无言通派。建初寺成为安南境内最大的佛教寺院,佛教由此在越南得以广泛传播。

[3] 草堂派为越南早期佛教禅宗派别之一,又称雪窦明觉派。传系雪窦重显(980—1052)之门人草堂,将我国云门宗雪窦重显系统之禅传入越南,受到李朝圣宗(1054—1072在位)以国师之礼相待,于升龙(河内)开国寺开创草堂派,主要传扬"雪窦百则",倡导"禅净一致"之教义。一说开创本派之草堂,乃南岳怀让之后第十二世晦堂祖心之弟子草堂善清(1057—1142)。

于文化旅游。

第三节　文化旅游的意义

总的来说,文化旅游的本质是为了理解特定地区或人群的生活方式、历史,在行程中加入一系列文化元素,包括娱乐、建筑、饮食、手工艺品和能够代表特定旅游目的地原住民生活方式的一切文化要素。马银丽在其论文《文化与旅游的关系》中提出:"文化对旅游的意义表现为文化是旅游产品的核心竞争力,文化丰富旅游内涵;旅游对文化的作用表现为旅游促进文化传播,旅游丰富文化内容。"

1. 文化旅游的普遍意义

文化旅游的重要性不言而喻,它有积极的经济和社会影响;它建立和加强社区认同,有助于树立形象,有利于保护文化和历史遗产。文化作为一种交流的载体,促进人与人之间的和谐理解。文化旅游使文化焕发活力,使旅游可持续发展。

文化旅游及其相关产业带来了经济繁荣和社区的发展。文化旅游对其他产业的带动作用,整体上提升了地方经济。文化旅游带来了大量的工作机会,外来游客对社区的旅游凝聚,吸引了大量的年轻人,防止了社区人口的外流,保证了充足的劳动力来源。文化旅游也产生了创新和新商业模式,加强了当地人在原乡发展的决心。

在欧洲等地,文化旅游成为振兴地方经济的一个主要力量,文化旅游的发展提高了基础设施水平、改善了环境。文化旅游使得旅游者、原住民和区域内所有创业者普遍受惠,并赋予目的地品牌效应,围绕着这个品牌吸引了大量的游客和大众关注,有助于当地的生产。文化旅游有助于建立和巩固地方认同。这对于坚定民族自尊心、自信心和自豪感来说大有裨益。

文化旅游有助于保护文化和历史遗产,表现在几个方面:首先是确保了传统文化的生命力,为遗产保护工作提供必要的资金;培养旅游者对文化遗产的关注度,可以得到更多的政府支持,进而保护那些濒临灭绝的文化遗产;良好的文化旅游开发有助于文化传统的复兴以及古迹和纪念性建筑的修复;文化旅游使人们找到了利用和保护文化遗产的合理点。如果过度开发遗产,则会耗尽有限的资源,无法永续发展。环境和遗产因为给人们带来了持续的收入,自然受到了人们的保护。

文化和遗产特征对于建立国家形象至关重要,文化旅游可以成为一个国家

在国际社会树立正面形象的工具。当今世界由于文化误解带来的冲突和危机随处可见，文化旅游可以促进人们之间的文化和谐与理解。更深入地了解其他人的文化，将激发理解和合作的愿望，促进国与国、人与人之间的沟通和整合。

2. 我国的文化旅游

我国政府关于文化和旅游的关系表述是"文化为魂，旅游为体"。

"灵魂"与"载体"说源自2009年9月文化部与国家旅游局联合发布的《关于促进文化与旅游结合发展的指导意见》，原文为《文化是旅游的灵魂，旅游是文化的重要载体》。

"文化是旅游的灵魂，旅游是文化的重要载体。加强文化和旅游的深度结合，有助于推进文化体制改革，加快文化产业发展，促进旅游产业转型升级，满足人民群众的消费需求；有助于推动中华文化遗产的传承保护，扩大中华文化的影响，提升国家软实力，促进社会和谐发展。各地要从构建社会主义和谐社会的高度，以'树形象、提品质、增效益'为目标，采取积极措施加强文化与旅游结合，切实推动社会主义文化大发展大繁荣。"

关于文化与旅游业的关系，从旅游者的角度看，旅游目的地文化是吸引游客出行的主要动机，文化也丰富了旅游活动；从旅游企业的角度来看，文化对旅游业的作用表现为文化对旅游的宣传作用、文化对旅游建设的导向作用、文化对旅游线路的参考作用。文化旅游有助于实现差异化战略和消除旅游的季节性限制，从整体上提高旅游业。主题公园增加了消费者对文化旅游的兴趣，互联网是促进文化旅游的理想选择。文化旅游更符合现代趋势，随着教育水平提高，人口老龄化，短途旅行增加，人们普遍寻求文化和人生的意义，文化旅游需求大幅增加。现代高强度的生活使人们不堪重负，人们对自由时间的需求比以往任何时间都强烈，文化游客花费比一般游客花费更多的旅行时间和金钱，文化旅游市场将会急速增长。

第二十五章
中国-东南亚文化旅游规划

第一节 规划理念

千百年来,各种各样的同质文化圈跨越国家界限,沟通民心,促进了理解,加强了认同。要注意的是,文化旅游开发是一个动态演进的过程,随着中国-东盟文化学者认识的深入和各种文化遗迹的发现,笔者提出用文化开发中国-东盟的旅游概念,可以不断组合设计出全新的文化旅游产品。

可以从文化圈和线路遗产两个方向进行开发。首先从文化圈看,中国-东盟文化圈目前的研究成果可以总结为照叶树林文化圈、稻米之路文化圈、华人民间信仰文化圈、南岛语族文化圈、上座部佛教文化圈等,每个文化圈又可以再次开发出亚文化圈。以民间信仰为例,可以分为妈祖、关帝、海神、陈靖姑、清水祖师等信仰圈,针对这些信众和人群,把他们作为目标群体,可以开发有针对性的文化旅游项目。

其次从线路遗产看,古往今来中国-东盟留下了大量的陆地线路遗产和海上线路遗产,基于这些物质和非物质遗产,可以开发出大量的线路。以云南为例,围绕南方丝绸之路、滇缅公路、滇越铁路、茶马古道,国家之间文化旅游合作空间巨大。图25-1是中国、东南亚文化旅游规划理念图。

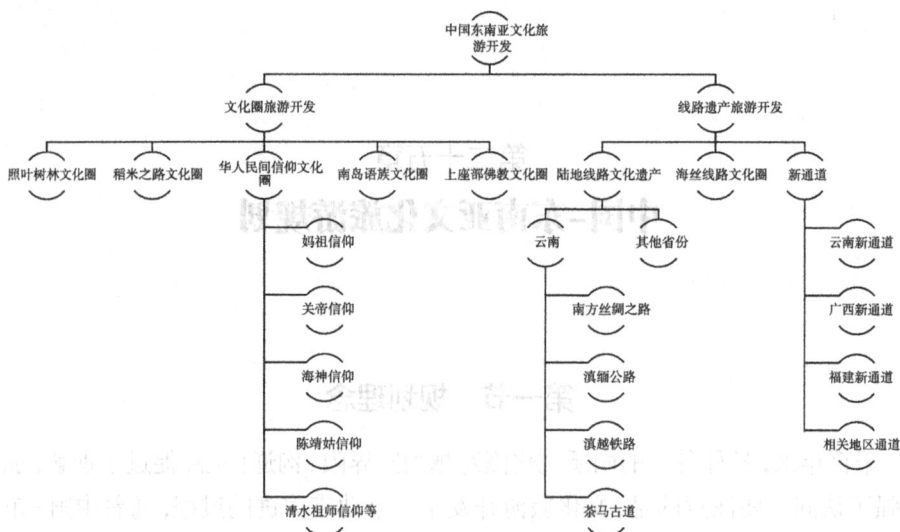

图25-1　中国、东南亚文化旅游规划理念图

第二节　基于文化圈的空间

1.照叶树林文化带

"照叶树林文化论"是由中尾佐助和佐佐木高明一起提出的。中尾佐助通过多次探访朝鲜、蒙古、尼泊尔、不丹、印度东北部、密克罗尼西亚、撒哈拉群岛等地，考察植物分布和生态系统，他发现原住民和日本国民的生活有诸多相似点，提出后来著名的"照叶树林文化论"。

"照叶树林"一词，系东京大学教授中野治房于从德语"lorbeerwaider"翻译而来，吉良龙夫最先将其运用于生态学领域，开始时并未受关注，后来才渐渐被学术界所推崇。

照叶树林(laurilignosa)又称副热带常绿阔叶林或月桂林，是副热带湿润气候条件下的典型植被，是一种常绿的阔叶林，这一点与热带雨林相同，因此也有人称照叶林为温带雨林(temperate rain forest)。但照叶林树木没有热带雨林高大，结构层次也少得多，一般具有比较明显的乔木、灌木、草三个层次，藤本植物和附生植物也很丰富。照叶林主体多是樟科、壳斗科和木兰科的一些乔木，除了常绿的阔叶树以外，照叶林范围内也常常出现一些喜爱暖针叶树种组成的常绿针叶林，如马尾松(亚洲)、杉松(亚洲)、巨杉(美洲)和红杉林(美洲)。照叶林地区是世界人口比较稠密的地方，也是主要农业地区。

　　照叶树林文化带是一个专门的生态地理学名词,它的分布区域最东边是喜马拉雅山脉海拔1 500 ~ 2 500米的地方,由西往东分别是尼泊尔、不丹、印度东北部阿萨姆、东南亚北部山地、云贵高原、长江下游地区,然后到达日本。

2. 稻米传播之路

(1)东亚半月弧

　　佐佐木高明在综合考察了尼泊尔、喜马拉雅山脉、印度北部、泰国北部、中国云南省和中国台湾后,完成了巨著《续照叶树林文化》,书中提出"东亚半月弧"概念,这是一个文化带,从不丹东部,阿萨姆的中东部到缅甸北部,中国云南省中部和南部、贵州省中南部一直到湖南省的洞庭湖附近,因为整个区域的地形呈现为一个扇形或弧形,所以称为"东亚半月弧"。

　　这个地区主要文化就是稻作文化,核心就是云南省。佐佐木高明绘制了亚洲稻米传播的路线,糯稻和籼稻虽然在传播路线上略有不同,但都是从印度的阿萨姆山脉和中国的云南省传出来的。以粳稻为例,经过长江水系、老挝、缅甸、泰国、尼泊尔等地,传播到亚洲各地。籼稻则经过尼泊尔、印度、孟加拉湾、澜沧江湄公河水系、柬埔寨等地传到亚洲各地。

　　1982年10月到12月,在丰田财团[①]的资助下,佐佐木高明带队,日方成立国立民族学博物馆中国西南部少数民族学术调查团,对中国展开联合调查。调查内容分为几个模块:民族音乐、民间传说、中国民族志、稻作起源、傣族文化、农学等。1984年出版考察报告《云南照叶树林文化源流——国立民族学博物馆中国西南部少数民族文化学术调查团报告》,本次考察报告是基于日本民族学专家的联合考察后撰写。

(2)云南——稻作文化传播的源头

　　京都大学农学教授渡边忠世到西双版纳菜市场收集了稻种,经过分析得知这是一种糯稻和籼稻没有分化之前的野生稻种祖先。为了调查缅甸、印度等国的古老稻种,渡边分析了其建筑材料中的土坯墙体,这种墙体在云南省也比较多见,叫做土基墙。

　　土墙有两种制作过程:一是做好墙脚后(一般以石为墙脚),用木做的模具置于上面,在模具内注入黏土、稻谷壳子、螺蛳壳,人工分段分层夯实成墙,在云

----

① 1974年创立的基金会,宗旨是以"更快乐的人的目的,促进福利社会的未来发展"。公开发行的赠款计划包括:1.社区计划——基于"建立以社区为基础的系统,旨在建立一个独立和共生的新社区"的基本主题,支持振兴和促进当地社区的努力;2.亚洲邻居计划——通过"人与自然的关系"和"与人的关系",支持创建和促进社区的努力;3.研究资助计划——支持研究文化传统及形成、社会制度、人力资源开发和人际关系的努力。

南省也叫作干打垒。二是手工做的土砖,成分和第一种一样,砌墙而成房子。

由于在制作土墙的过程中留下了大量的稻壳,渡边收集这些历史稻壳,进行分析,结论是西双版纳稻种是野生稻祖先。[①]

(3)稻——旅于海上,游之东夷

日本民俗学家柳田国男成立了"稻作史研究会",提倡从跨学科的角度,综合利用人类学、考古学、农学、语言学、海洋学知识对文化进行深入研究,他提出"海上通道"学说,认为稻作文化从中国大陆经琉球群岛传入日本。

在日本宫古海峡附近,历来可以采集到"子安贝"。子安贝是一种贝壳,民间迷信在妇女分娩的时候可以握在手里保佑母子平安。

柳田国男提出中国江南人为了采集子安贝,举家迁移到了琉球群岛,同时把家乡种植水稻的技术也带到了日本九州岛南部,这就是日本稻作文化传入的路线,通过海洋传入了稻作文化。

3. 时空中的人与日常文化

在随后的研究中,中尾佐助和佐佐木高明细化了各自的理论体系,提出了照叶树林文化的一些阶段和共通文化要素。

在初期中尾佐助理论中,亚洲农耕文化被划分为野生采集阶段、半栽培阶段、根栽植物栽培阶段、杂谷栽培阶段和水稻栽培阶段。在佐佐木高明理论中,把亚洲农业分为前农耕阶段、以杂谷类为主的刀耕火种阶段、水稻文化主导阶段。他们总结了亚洲农耕文化的共通要素,这些古代生活习惯传承至今。

(1)植

少数民族有食用鲜花的习惯,比如杜鹃花、芭蕉花、苦刺花等,往往在食用之前用水煮一下,用水晒技术祛除植物中的毒素和涩味,冲洗过后泡在水盆里面,之后可以炒吃。

在云南省的各个地州菜市场,都可以看到人们在贩卖蕨菜、山芋等蔬菜,蕨菜可以焯水后凉拌或者炒吃,山芋可以用来烤着吃,也可以油炸下酒。

紫苏晒干以后作为香料食用。在云南省,人们在做卤味的时候可以使用的香料就有草果、香果等数十种。大理人在制作梅子饼的时候会放入一些紫苏叶染色,做出红色的梅子饼。

照叶树林的居民有栽种食用坚果树的习惯,比如在云南省漾濞地区,几乎家家户户都在自己的门前屋后种核桃树。

在云南省贡山独龙族怒族自治县,人们都在食用一种用漆树制成的漆树

---

① 渡部忠世."稲の大地‘稲の道'からみる日本の文化"[M].东京: 小学館, 1993.

油,他们在烹煮肉类的时候放入漆树油,据说这样做出来的菜具有滋补强身的功效,一般招待远方来的贵客或者给坐月子的妇女吃这道菜。对生漆过敏的人一旦食用,身体会产生严重的不良反应,为了培养脱敏体质,原住民会从吃漆树籽开始,慢慢培养身体的耐受性。

在彝族生活的大小凉山地区,漆器大量被使用,人们用竹、木、皮、角等制作食器、武器。藏族人使用漆制作生活用具、藏传佛教用具以及傩戏面具。生活于西双版纳的傣族人用漆装饰竹子做的便当、竹篮子等。思茅佤族人使用漆器腰鼓来防止风湿病。

(2)茶

少数民族至今依然有吃茶的古老习惯。苗族同胞有吃油茶的习惯,首先用锅把茶叶、姜用油炒香,然后放水煮一下,焯水过滤掉渣子,把液体倒入已经放好了花生碎、炒米的碗里,茶水就准备好了,最后加入葱花、蒜末提香。这是他们招待客人的主食。

云南各民族有不同的饮茶习惯,比如白族的三道茶,一苦二甜三回味,代表了人生的过程,年轻时候刻苦奋斗,中年过上安稳、甜蜜的生活,老年享受、回味人生。一道为纯烤茶,二道加核桃片、乳扇和红糖,三道加蜂蜜和几粒花椒(蜂蜜花椒茶)。云南省文山麻栗坡、西畴、广南等县的少数民族有喝烤茶的习惯,用一个小土罐子加入本地绿茶后烤到焦黄色,迅速倒入热水沏茶,就得到了一罐香气四溢的浓茶。一般在文山乡下,招待贵客的时候喝烤茶和酒要同时进行。

(3)肉

食用野蚕等昆虫也是照叶树林文化带居民的饮食习惯。在云南省除了野蚕,人们还食用蚂蚱、蜻蜓幼虫、竹虫、蜂蛹、蝎子等,一般是油炸以后下酒。

发酵类肉类食物的制作也是该区域民族的特色。在日本的琵琶湖附近,人们有制作腌鱼的习惯,而在昆明滇池地区,也有自作腌鱼。在云南省的红河州弥勒,人们用剁碎的骨头加入调料腌制后食用。在大理的鹤庆,人们用调料腌制猪内脏,叫做猪肝鲊。

(4)丝

早在唐宋时期,四川等地的人们就掌握了抽丝的方法。南方丝绸之路是指滇、川、藏等地连接世界的通道,包括历史上有名的蜀身毒道和茶马古道等,其目的是把四川的丝绸通过贵州及两广东线运往南海,经过中线的云南、越南等地运到中南半岛,经过西线的云南、缅甸、印度、中亚、西亚等地运到地中海地区。

(5) 酒

酒在少数民族的生活中扮演着主要的角色，婚丧嫁娶都要豪饮。各族人民掌握了用酒曲酿酒的技术。摩梭人和普米族人喜欢喝的苏里玛酒用青稞、糯米、苦荞、玉米、大麦等煮熟后烤干，然后加入植物制作的酒曲，放入缸里酿造而成。曲陀关是通海县有名的甜白酒之乡，这里的人们用糯米加入酒曲制成粒酒，自驾游的游客都会在加油站的土特产店里买一些送给亲戚朋友。

(6) 酱

在云南省许多地方都有制作酱的习惯，云南省宜良县汤池地下有温泉水，当地人用来制作汤池老酱。宜良的烤鸭特别有名，吃宜良烤鸭的时候一定要蘸汤池老酱。云南昭通酱也非常有名，除了常规产品，还有系列产品如鲜肉酱、油酱、花椒酱等，深受欢迎。日本的纳豆种类不多，而云南省把纳豆叫做豆豉，有干豆豉、水豆豉、风吹豆豉等。

食用蒟蒻也是该地区民族的特征，少数民族用魔芋制作蒟蒻，故而又称为魔芋豆腐。哈尼族用魔芋豆腐炒吃、凉拌或蒸熟，再放入当地的豆豉，滋味令人回味。

(7) 礼

关于稻作礼仪，在傣族有开门节、关门节。关门节以后，不可以谈情说爱，要集中精力从事农事劳动。只有开门节以后，才可以正常谈恋爱。白族开秧门仪式的含义代表在插秧之前要得到神明的同意，并且村里人集中安排劳动力。尝新节是白族、布依族、景颇族等的节日，主要是收获以后表示对神明和祖先的感谢。

在日本和中国，尸体化生神话、洪水神话、羽衣传说都是关于农耕的神话。日本的羽衣传话和西双版纳的孔雀公主传说——傣族叙事诗《召树屯》有着极大的相似性。

(8) 歌

对歌是各个民族都有的习俗，如白族的绕三灵仪式、苗族的踩花山节，男女青年都要通过对歌的形式，找寻自己的心上人。

表25-1 照叶树林文化带共通的文化要素

初期中尾佐助理论	佐佐木高明理论	照叶树林文化带共通的文化要素
Ⅰ野生采集阶段 采集果实 食用野生根茎类植物	前农耕阶段（照叶树林采集·半栽培文化）狩猎·渔捞·采集活动成为主要生计	用水晒技术祛除植物中的毒素和涩味
		生漆使用技术
		吃茶
		半栽培坚果类树木
Ⅱ半栽培阶段 品种的选择和改良		葛、蕨菜、山芋、石蒜等的半栽培
		食用野蚕
		栽培紫苏、丝瓜、旱稻
Ⅲ根栽植物栽培阶段 黑芋·长芋·栽种魔芋 旱地	以杂谷类为主的刀耕火种（照叶树林型刀耕火种文化）杂谷·根栽型的刀耕火、生计为中心 最具备照叶树林文化特征。孕育稻作文化之土壤。	饮茶习惯的开始
		用生漆制作漆器
		掌握抽丝制作绢的技法
		用酒曲发酵做粒酒
		制作酱、纳豆等豆类发酵食品
Ⅳ杂谷栽培阶段 稗·穆子·粟·黍·陆稻		食用蒟蒻
		糯稻类谷物的食用、稻作礼仪
		大宜津比卖型尸体化生神话、洪水神话、羽衣伝话
		对歌
		芋类收获礼仪、八月十五酬神祈丰收
Ⅴ水稻栽培阶段 水稻水田栽培	水稻文化主导阶段（水田稻作农耕文化）水田稻作农耕成为主要的生计	发酵类肉类食物的制作
		鹈鹕捕鱼
		高脚屋（吊脚楼）

(9) 渔

鹈鹕捕鱼,在日本京都,岚山鹈饲已经成为一个旅游项目,人们复原了古代的捕鱼习惯。同样,在大理洱海的渔村,至今人们还流传着鹈鹕捕鱼的方式。

(10) 屋

中日韩及东南亚各地保留了大量的干栏式建筑,比如我国西双版纳傣族自

治州以及泰国、缅甸、老挝、马六甲、苏门答腊等地都有这样的建筑。

第三节 线路遗产空间旅游开发

1. 陆地线路文化遗产旅游空间规划

（1）南方丝绸之路

南方丝绸之路泛指历史上不同时期滇、川、藏等中国南方地区对外连接的通道，包括历史上有名的蜀身毒道和茶马古道等。南方丝绸之路的缘起已经无法考证，据英国人哈维的《缅甸史》、霍尔的《东南亚史》等著作记载，公元前2世纪以来，中国的丝绸从缅甸经印度到达阿富汗，远及欧洲。

南方丝绸之路是中国古代的国际通道，它的国外段有西路、中路和东路三条。

西路即历史上有名的"蜀身毒道"，后又称"川滇缅印道"，路线为四川、云南、缅甸八莫、缅甸密支那、印度、巴基斯坦、阿富汗、中亚、西亚。

中路是一条水陆联运大通道，前半程陆路从蜀、滇之间的五尺道至昆明、晋宁、通海，后半程水路经红河到越南，此为云南到中南半岛之必经之路。

东路据《水经·叶榆水注》记载，应是出昆明经弥明，渡南盘江，经文山出云南东南，入越南河江、宣光，抵达河内。

（2）茶马古道

茶马古道的起源是茶马互市，一千年以前，云南茶经缅甸到达孟加拉国。茶叶贸易惠及沿线的缅甸、印度、泰国、越南、柬埔寨、老挝等国家。高海拔地区缺乏蔬菜，云南生产的紧压茶成为高原民族摄取维生素的重要来源。

云南省内茶马古道经过普洱市、西双版纳傣族自治州、临沧市、保山市、德宏傣族景颇族自治州等地，涉及21个县市和地区。

西双版纳至大理线文物点包括易武茶马古道、同兴号原址、车顺号原址、同昌号原址、同庆号原址、王少和旧居、麻黑古茶园、莱阳河茶马古道、斑鸠坡茶马古道、那柯里茶马古道、孔雀屏茶马古道、茶庵塘茶马古道、广恩桥遗址、哀牢山茶马古道、小水井梁子通行关卡石刻等。

临沧至大理线文物点包括鲁史茶马古道和鲁史镇古建筑群（鲁史阿鲁司官衙、鲁史文魁阁、鲁史戏楼、"俊昌号"茶庄旧址、鲁史兴隆寺、鲁史民居古建筑群、鲁史犀牛太平寺、鲁史塘房古村落、香竹箐古茶园等）。它们成为茶马古道旅游的内容，可以继续整理沿线的各种物质类、非物质类文化遗产，把这些因素融入文化旅游的开发中去。

(3)滇越铁路

滇越铁路是东南亚地区一条连接中国昆明和越南海防(经中越口岸河口)的铁路,是中国西南地区的第一条铁路,为米轨铁路,呈南北走向。滇越铁路被《英国日报》称为与苏伊士运河、巴拿马运河相媲美的世界第三大工程。

19世纪中后期,法国人选择了东线设计方案并规划建设。越段1901年开始动工,1903年竣工通车;滇段1903年开工,1910年4月1日竣工,全线通车运营。滇越铁路起于昆明北站,终点位于越南海防站。1939年的客运量达到4 542万人次。线路全长859公里(滇段465公里,越段394公里)。全线有车站34个,原来的许多车站已经拆除或降为乘降所。

滇越铁路成为云南连接祖国内地和世界的纽带:民国时期前往欧美留学的云南学子取道滇越铁路,抗日战争中滇越铁路成为国外物资补给线,西南联大师生乘坐滇越铁路撤退到云南。

2018年,云南自然与文化遗产保护促进会、国家艺术基金《终将消失的印迹——滇越铁路影像纪行》项目组、云南省滇越铁路研究会等,在昆明巫家坝万科大都会,就滇越铁路申遗的可行性进行了讨论。

(4)滇缅公路

抗战时期,云南运用滇缅公路为后方运送了大量的物资,为抗日战争的胜利做出了巨大贡献。滇缅公路,起点云南省昆明,终点缅甸腊戍,全长1 146公里。公路始建于1937年12月,1938年8月底初步完成通车,是中国抗日战争时期,中国西南后方的一条历时最久、运量最大的国际通道,有力地支援了中国抗日战争。

1937年,抗日战争爆发后,华北、华东、华南地区国土沦陷,港口被日军封锁,供给线被掐断。大量物资通过香港和越南海防以转口贸易的方式运到西南后方,随时有被日军切断的风险,积极开拓西南大后方通道势在必行,时任云南省主席龙云向蒋介石提议修建到缅甸仰光港口,然后到印度洋的通道,为了防患于未然,最好铁路、公路双线开通为佳。因为考虑到当时日军的封锁,蒋介石下令在一年之内完成。滇缅公路沿线经过昆明、下关、保山、龙陵、芒市,在畹町出境,在缅甸的腊戍与该国铁路网接通。

沿着这条路线,可以考虑未来开发战争旅游团。2018年,保山曾经进行过"纪念滇缅公路通车80周年重走滇缅路活动",活动路线沿着保山、施甸、龙陵、腾冲、芒市、瑞丽沿线展开,进行了通桥、爬松山、凭吊国殇墓园等活动,5 000余名来自云、贵、川、桂的群众参加了活动。上述活动是以保山为中心展开的,今后可以对整个路线沿途进行设计,采取中缅两国共同设计方式,以完整的线

路呈现方式设计行程。

2.海上丝绸之路文化遗产旅游空间规划

　　海上丝绸之路弥补了陆上丝绸之路的短板。丝绸之路从古至今都进行着经济、文化等交流。我国东南地区包括广东、广西、福建、浙江、台湾、香港、澳门,地形以山地丘陵为主,总称东南丘陵。东南地区陆地交通非常不便,这里的先民很早就在开拓海路运输,特别是夏、冬两季的季风助航,使得海运事半功倍。加之北方的陆地丝绸之路在宋元时期经常受到沿线游牧民族的袭扰而中断,从东南沿海出发的海上丝绸之路成为重要的国际贸易大通道。

　　我国汉朝时期,印度商人由海路经苏门答腊、马六甲来中国,运丝绸往印度各地和罗马。

　　魏晋南北朝时期,与中国通商的国家由波斯、天竺、狮子国①、扶南②、婆利③从西北丝绸之路西行到印度,从印度东海岸海上归国,由印度多摩利底经狮子国、耶婆提④到山东牢山。

　　隋、唐、五代,中唐之后,西北丝绸之路阻塞,华北地区经济开始被南方全面超过,华南地区经济日益发展,海上交通开始兴盛。根据《新唐书·地理志》记载,唐时,我国东南沿海有一条通往东南亚、印度洋北部诸国、红海沿岸、东北非和波斯湾诸国的海上航路,叫作"广州通海夷道",这便是我国海上丝绸之路的最早叫法。当时通过这条通道往外输出的商品主要有丝绸、瓷器、茶叶和铜铁器四大宗;往回输入的主要是香料、花草等一些供宫廷赏玩的奇珍异宝。

　　由广州启航的海上丝绸之路,经海南岛、环王国(今越南境内)、门毒国⑤、古

---

① 狮子国即僧伽罗,是斯里兰卡的古代名称。来自梵语古名Simhalauipa(驯狮人)。

② 扶南,是存在于古代中南半岛上的一个古老王国,存在时间从公元1世纪一直持续到公元7世纪末叶。在所有曾经存在过的东南亚古代王国中,扶南的国土是较为广大的,其辖境大致相当于当今柬埔寨全部国土以及老挝南部、越南南部和泰国东南部一带。

③ 现文莱国旧称。文莱达鲁萨兰国位于加里曼丹岛北部,北濒南中国海,东南西三面与马来西亚的沙捞越州接壤,并被沙捞越州的林梦分隔为不相连的东西两部分,总面积为5765平方公里,水域率为8.6%。

④ 古国名,故地在今印度尼西亚爪哇岛或苏门答腊岛,或兼称此二岛。

⑤ 古地名。古址在越南中部归仁、芽庄之间,是古代中西交通沿海航线要地。

笪国①、龙牙门②、罗越国③、室利佛逝④、诃陵国、固罗国、哥谷罗国⑤、胜邓国、婆露国⑥、狮子国、南天竺、婆罗门国(印度)、信度河⑦、提罗卢和国⑧、乌拉国⑨、大食国⑩、末罗国⑪、三兰国⑫。

宋朝，北宋先后在广州、临安府(杭州)、庆元府(明州，今宁波)、泉州、密州板桥镇(今胶州营海镇)、嘉兴府(秀州)华亭县(今松江)、镇江府、平江府(苏州)、温州、江阴军(今江阴)、嘉兴府(秀州)澉浦镇(今海盐)和嘉兴府(秀州)上海镇(今上海市区)等地设立市舶司专门管理海外贸易。其中以广州、泉州和明州最大。泉州在南宋中期超越广州成为第一大港和海上丝绸之路的起点。通商国家包括占城(今越南中部)、真腊(今柬埔寨一带)、三佛齐(今马来西亚、新加坡、印尼苏门答腊爪哇)、吉兰丹(今马来西亚)、渤泥(今文莱一带)、巴林冯(今印尼巨港)、兰无里(今印尼苏门答腊)、底切、三屿(今菲律宾北部)、大食(今沙特阿拉伯麦地那一带)、大秦(东罗马帝国或拜占庭帝国)、波斯(今伊朗法尔斯一带)、白达(今伊拉克巴格达)、麻嘉(今沙特阿拉伯麦加)、伊禄(今伊拉克)、故临(今印度一带)、细兰(今斯里兰卡)、登流眉(今泰国那空是贪玛叻)、中理(今索马里)、蒲哩鲁(今菲律宾马尼拉)、遏根陀国(今埃及亚历山大港)、斯伽里野(今意大利西西里)、木兰皮(今伊比利亚半岛南部的摩尔人穆拉比特王朝)等总计五十八国。

元朝，与元朝通商的国家包括：三岛、民多郎、真腊、无枝拔、丹马令、日丽、麻里鲁、彭亨、吉兰丹、丁家卢、八都马、尖山、苏禄、班卒儿、文老古、灵山、花

---

① 古地名。故址一般认为在今越南中部东南的芽庄。它是古代中西交通沿海航线要地。

② 古岛屿或海峡名。故址或以为即新加坡和苏门答腊岛之间的林加群岛和海峡，或以为指新加坡的克佩尔港，或泛指新加坡岛。

③ 马来亚古国名。故地一般以为在今马来半岛南部柔佛附近，是古代东西方海上交通要道。

④ 古国名。它是7世纪中叶在苏门答腊东南部兴起的信奉大乘佛教的海上强国。梵文名Sri-vijaya，意为光荣胜利。

⑤ 古国名，在现今马来半岛之旧吉打。

⑥ 今印度尼西亚苏门答腊北部西海岸大鹿洞附近。

⑦ 印度西北部的大河，又称印度斯河、新陶河、拉楚河。

⑧ 古国名。亦译作罗和异国。故地一般以为在波斯湾内伊朗西部的阿巴丹附近，为古代西亚重要港口所在。

⑨ 乌拉国是明代海西女真扈伦四部之一的乌拉部（又作乌喇或兀剌）以乌拉城为都城建立的王国，是海西女真四部中疆域最广、势力最强的王国。

⑩ 中国唐、宋时期对阿拉伯人、阿拉伯帝国的专称和对伊朗语地区穆斯林的泛称。

⑪ 在今伊拉克巴士拉之西。

⑫ 今坦桑尼亚的达累斯萨拉姆一带。

面国、下里、麻那里、沙里八丹、土塔、忽厮离、假里马打、古里佛、放拜、万年港、天堂、忽鲁模斯等200多个国家和地区(根据南昌人汪大渊的《岛夷志略》)。泉州刺桐港成为"世界最大港口之一""东方第一大港",与埃及亚历山大港齐名。

明朝,郑和下西洋到过的国家有:占城、爪哇、旧港、满拉加、哑鲁、苏门答腊、那孤儿、勃泥、小葛兰、彭亨、锡兰山、三岛、苏禄、吕宋、溜山、打歪、八都马、柯枝、南巫里、古里、坎八叶、木克郎、甘巴里、阿拨巴丹、阿丁、天方、米息、麻林地、忽鲁模斯、祖法儿、木鲁旰、木骨都束、抹儿干别、不剌哇、慢八撒、木兰皮等国。《明会典》记录了130个朝贡国,其中海上东南有62国,包括:安南、苏禄、锡兰、朝鲜、日本、琉球、爪哇等。

联合国教科文组织所认定的海上丝绸之路起点位于中国福建省泉州市。可以根据历史复原部分海上丝绸之路路线,按照不同朝代的航线线路来设计旅游环线,特别是东南亚国家的旅行路线。前文中提到的福建省对于海上丝绸之路的利用,就是一个非常好的例子,如定期游轮、中国-东盟友好之船、旅游展销会、学术研讨会、巡回表演、再下南洋等活动都是非常好的运用。

3. 构筑新通道

除了利用原有的文化圈、文化通道,我们必须积极开发新的通道,加强中国-东盟的连接。以云南省为例,部分专家提出了开拓云南省跨境区域及周边国家和部分地区旅游交通走廊的设想,具体来说就是"三纵四横"的空间网络结构。三纵":昆明—保山—瑞丽—曼德勒—仰光;昆明—临沧—普洱—景洪—万象—曼谷—马来西亚;昆明—河口—河内—东河—胡志明市。"四横":雷多—密支那—腾冲—保山—临沧—普洱—文山—百色—南宁;吉大港—曼德勒—班纳欣—河内;仰光—达府—孔敬—东河;曼谷—金边—胡志明市。

开拓旅游走廊只是第一步,而更为重要的是展开缔约国之间的文化资产普查,搭建信息平台,对相关的旅行社及旅游企业开放平台。旅游企业可以根据这些文化资产,按照市场的导向、客户的需求来设计文化旅游产品。

云南和东南亚旅游走廊设想如表25-2所示。

表25-2 云南和东南亚旅游走廊设想

走廊		国内	国外	口岸城市
滇缅（泛亚西线）	公路	保瑞高速 保山—腾冲—猴桥口岸高速 元谋—双柏 禄丰—元谋 巍山—昌宁—施甸—龙陵—潞西 南涧—双柏 祥云—南涧—双柏	瑞丽到曼德勒 曼德勒到仰光	瑞丽、畹町、腾冲、潞西、打洛
	铁路	昆明—大理（复线） 大理—保山—瑞丽（中缅通道） 大理—保山—腾冲（中印通道）		
澜沧江—湄公河（泛亚中线）	公路	勐海—打洛 勐海—澜沧 宁洱—景谷 磨黑—普洱 晋城—江川—通海	打洛—达府—曼谷	
	铁路	玉溪—普洱—景洪—磨憨 石屏—元江	磨憨—万象—曼谷	磨憨
	水运	景洪港—243号界碑（五级航道标准） 思茅港—243号界碑（四级航道标准）	磨憨—万象—金边	
滇越（泛亚东线）	铁路	华宁—弥勒 个旧—元阳—红河 文山—蒙自 澄江—石林	河口—河内 天保—河内	河口、天保
	公路	昆明—玉溪—河口—河内（越南）		

续表

走廊	国内	国外	口岸城市
沿边交通走廊	文山—蒙自 文山—砚山 宁洱—临沧 云县—保山 金厂岭—泸水 腾冲—潞西—瑞丽		罗村口、（富宁县）田蓬、河口、天保、（红河州）金水河、（西双版纳州）磨憨、打洛、孟连、沧源、（耿马县）孟定、（镇康县）南伞、畹町、瑞丽、陇川、盈江

如前所述，广西尝试开拓"中越德天-板约国际旅游合作区"，旨在促进广西同越南谅山、高平、河内的合作的"中越友谊关-友谊国际旅游合作区建设""中越红色旅游国际合作区创建"以及自驾游跨国路线"靖西龙邦-越南茶岭国际旅游合作区""靖西孟麻-越南北坡旅游合作区""广西防城港边境旅游试验区"等项目，如果仅仅是走马观花，那么无法吸引游客停留更长的时间，创造更多的经济效益。应该组织中越两国的文化学者，对沿线的文化资源进行普查，根据文化资源的分布，设计更加富有魅力的文化旅游。

如上文所述，福建省在利用海上丝绸之路线路遗产时走在了前面，福建的经验值得在全国范围内推广；同时，我们也要积极学习东盟各国在发展文化旅游方面的优点。赖艳在《云南旅游与文化关系探究》中提出，旅游中文化元素的表现形式有旅游历史文化、建筑文化、饮食文化、民俗文化、民间工艺品文化、山水文化、文学艺术等多种表现形式。

在开拓旅游文化通道的时候，各地区要结合自己的实际情况，不断挖掘、整理文化资源，在保护和可持续发展的原则下进行开发。

第四节　规划方法

1.空间规划

在现有路线的基础上，可以提出更多的合作通道，但仅有空间通道是不够的，随着现代交通的便利，空间上的联系已经不仅是物理节点的联系，而是在交通便利条件下物流客流节点的联系。

在空间规划上，要注意其在文化传承上的逻辑关系，并在此基础上利用文化资源。接下来需要对沿线的文化资产做普查，文化学者任重道远。各地应基于自身情况，因地制宜进行规划。广西、福建已经做了部分规划，以文化旅游指导开发，提高规划效率，拓展规划思路，明确文化发展的路径。

2. 阶段规划

总体说来，中国-东盟的文化旅游开发程序可以概括为五个阶段，即：文化开发、项目评估、制定项目方案、实施项目、监测项目。

表25-3　中国-东盟文化旅游开发程序

	文化开发	整理发掘地方文化资产 培养文化传承人
中国东盟文化旅游部	项目评估	宏观环境分析 产业环境分析 游客需求调研 旅游公共设施 文化资产评估 客户满意度调研 预评估产品对社区的经济、文化和生态等的影响 提出以社区为主导的产品设计方案
	制定项目方案	地区级旅游规划方案 利益相关者诉求 配套设施建设方案
	实施项目	制定相关旅游企业合作细则 实施产品和项目 评估实施项目
	监测项目	综合评估项目的经济、社会效应，作出动态调整

第一个阶段文化开发是最重要的阶段，开发的目的是发掘中国和东盟的共通文化现象，寻求认同感。如上文所述的照叶树林文化、华人华侨民间信仰、南岛语族文化圈旅游、上座部佛教文化圈等，这是一个长期和动态的过程。在发掘的同时，要培养一批未来文化的传承人。

第二个阶段是对文化旅游项目的评估。为了保证项目的实施，有必要对外部宏观环境和产业环境进行分析。外部宏观环境分析要对项目所面临的政治因素、经济因素、社会因素、技术因素、环境因素和法律因素展开分析，比如旅游是一个非常脆弱的行业，经常受到民族主义的冲击。我们也要进行产业分析，波特五力模型告诫我们，在产品开发过程中要注意供应商的议价能力、购买者的议价能力、潜在进入者的威胁、替代品的威胁以及同业竞争者的竞争程度。

此外,要预评估游客需求、旅游公共设施现状、文化资产吸引力,以及产品对社区的经济、文化和生态等的影响,在此基础上提出以社区为主导的产品设计方案,以达到普遍惠民的目的。

第三个阶段是制定文化旅游项目方案。要制定地区级旅游规划方案,同时要明确不同的利益相关者诉求,诸如政府、企业和当地居民的诉求,以免造成开发中的对立。建立配套旅游设施,包括旅游交通设施、环卫设施、接待服务设施和信息服务设施等。

第四个阶段是实施文化旅游项目。包括制定相关旅游企业合作细则,实施旅游产品和项目,对项目实施进行评估。

第五个阶段是监测文化旅游项目。综合评估项目的经济、社会效应,作出动态调整。

第二十六章
中国与东南亚开展文化旅游合作面临的问题及对策

第一节　问题和不足

总体而言,中国与东南亚旅游合作取得了巨大的成绩,有着极大的潜力,但现在仍面临诸多问题,还有一些不足。

1.管理运行混乱

由于发展过快,企业识别信息缺失,消费者明显处于信息博弈的劣势。云南省历史最悠久的旅行社是国、中、青三大系统。后来由于带国际旅行社后缀名称的地方旅行社大量涌现,初次来云南的游客,缺乏相关信息平台,无法甄别旅行社的具体信息,处于信息博弈的劣势地位。缺乏相关信息作为判断的基础,消费者往往很难做出正确的选择。

旅行社和旅行运行中管理混乱,和国际先进水平还存在一定的差距,无法给国际游客提供良好的旅行服务,还有很大的改进空间。

2.经营范围受限

对比日、中两国最大的旅行社系统,分析其业务范围和组织架构,就能发现一些问题。业务方面,较之国外旅行社,国内旅行社经营业务范围较单一。组织架构方面,日本旅行社大多数按照事业部进行架构配制,划分较为清晰;国内旅行社按照目标市场进行架构配制,容易出现业务重叠问题,按照功能进行架构配制,也出现了业务重叠。国内旅行社由于没有进一步对市场进行细分,没有相应的东南亚部门,都存在着业务部门重叠问题。

在现在的旅游市场上,客户需求多样化,旅行社对服务的要求应及时响应。如果旅行社的经营范围受到限制,无法及时有效地满足客户需求,势必在激烈竞争的旅游市场中处于劣势,影响旅游的国际合作进程。

3. 产品匮乏,人才稀缺

现在我国旅游产品匮乏,只有单一的旅游,旅游衍生产品并没有得到开发,开发水平尚处于低级阶段,旅游产品吸引力有限,营销收入欠佳。

由于我国旅游行业薪酬结构不合理,导致大量人才无法发挥主动性。现阶段的分配体系对导游来说是不公平的,很少有人终身选择做导游。导游是旅游活动的灵魂,是文化旅游最重要的媒介,各大旅行社为了吸引客户,牺牲了导游的利益。制度性缺陷严重影响高端人才加入旅游队伍,使得文化旅游的内涵无法发挥。

第二节 对策及建议

1. 政府层面

旅游基础设施有待提升,双方政府应该精诚合作,创造有利于旅游发展的外部宏观环境。民族主义、恐怖主义、地方保护主义、价格歧视、旅游诚信缺失等对旅游的冲击是巨大的。这些问题的解决,需要中国、东盟各国政府以及企业和利益相关者共同合作解决。

中国和东盟国家之间旅游合作的基础应该是平等互利,互相尊重。合作的目标是加强中国和东盟国家之间的旅游合作,减少各国服务贸易的壁垒;建立中国东盟旅游服务综合网络,发挥景点之间互补性;把中国-东盟作为一个联合体推向世界,使其具备一流的设施和服务标准;改善投资环境和投资政策,吸引更多的企业到中国-东盟旅游合作区投资。

在中国和东盟政府层面,需要建立以下合作机制:

(1)中国-东盟旅游业投资

要由中国和东盟国家政府合作,提升旅游基础设施。中国和东南亚部分地区,供水系统、供气系统、供电系统、排水系统、排污系统、道路、通信网络和许多商业设施都成为发展旅游业的严重障碍,需要双方政府通力合作,改善硬件

设施。

为了加强市场准入,中国和东盟应在《服务贸易协议》框架内,对具体的服务贸易内容进行谈判。在旅游基础设施、公共服务机构、旅游宣传促销方面,以及在旅游教育、旅游饭店、旅游景区、旅游娱乐项目、旅游交通设施、旅游商品等项目上促进中国与东盟各国的政府和社会资本的合作。

(2)中国-东盟可持续旅游发展

鼓励各级政府制定政策,保护中国与东盟的自然、文化和历史遗产。采用可持续旅游的环境管理标准和认证方案,评估和监测旅游业对当地社区、文化和自然的影响,保护自然遗产、生态系统和生物多样性,保护濒危动植物和微生物。采取措施,防止因旅游活动而带来的对自然和文化资源的破坏,预防、制止侵犯妇女、儿童等弱势人群。

(3)中国-东盟人力资源合作

加强旅游教育,培训方案的资源和设施共享;升级旅游教育课程和技能,制定能力标准和认证程序,从而最终促进中国-东盟地区技能和资格的相互承认;消除人力资源流动的屏障,使中国与东盟各国能够在合作框架下实现人才的流动;加强人力资源开发方面的公私伙伴关系,容许其他国家、教育集团和国际机构合作开发旅游人力资源。

(4)中国-东盟旅游安全合作

为了确保旅行者的安全和保障,应加强负责旅游安全的执法机构之间的合作;加强执法部门信息的共享;采取一切必要措施,建立应急管理和紧急联络系统,以便随时处理游客突发事件。

2. 企业层面

针对企业层面和服务产品问题,可以采取以下措施:

企业层面,要设计合理的薪酬制度以吸引优秀人才投入旅游行业。人才培养由政府牵头,采取校企合作的模式,有针对性地培养一批中国-东盟旅游专门人才,既包括旅游接待,也包括旅游营销、策划等人才。

加强文化旅游产品的研发,增强产品的吸引力和提高附加值,改善目前营销收入较低的状况,避免恶性价格战带来的零团费、低价团、购物团,减少投诉率。

3. 文化层面

培养一批文化旅游研究的专家。旅游作为一种复杂社会现象,往往牵涉到社会的方方面面。旅游规划不可以采取粗暴的GDP主义、利润最大化原则,这往往会造成日后群体事件等社会问题。要加强跨学科的合作,集中人类学、社会学、历史学、建筑学、营销学、产业经济学、环境学等各方面专家的智慧,在充分保障政府、企业、原住民等相关当事人利益的基础上,提出合理的、可持续发展的旅游规划项目。专家学者既要懂得本民族的经济、文化、法律等知识,也要通晓对方国家的国情,避免由于文化误解带来冲突。

发起访问中国-东盟主题游活动,根据游客的兴趣组织各种团队和散客游览;联合推介促销中国和东盟丰富多样的自然、文化和艺术形象;促进中国和东盟国家旅游组织与旅游业,特别是航空公司、酒店和度假村、旅行社之间的合作,推动跨国、跨区旅游;呼吁中国和东盟各国的航空公司扩大其旅游促销计划;举办中国-东盟旅游宣传活动;扩大和加强中国与东盟在海外市场和主要国际旅游、旅游交易会上的合作;把中国-东盟作为一个国际旅游品牌进行推广;推动中国-东盟旅游论坛。

结　语

在魅力无限的东南亚,存在着异域风情的多个文化圈,上古先民们在广袤的大地和辽阔的海洋上迁徙流转,足迹所至,留下了无数的历史印记和美丽传说,成为后世永远追寻和传颂的佳话。

在中国和东南亚交往日益密切的今天,双方的经贸合作迈向了新的台阶,文化的交流和互信亦成为迫切的需求。从文化圈的角度来发展文化旅游,不仅有利于双方的了解和交流,更有助于人类突破国家民族和宗教的藩篱,从人类最根本的共同点来获得共识,从而共同面对人类在新世纪新格局中的共同问题。回归本源,不忘初心。这或许就是中国和东盟国家开展旅游合作的根本意义所在。

在开展旅游合作的过程中,总会面临管理混乱、沟通不畅等各种问题,但其和文化交流的重要意义相比,就显得微不足道。问题总会解决,困难必然克服。东南亚和中国的旅游合作必然拥有一个光明璀璨的将来。

第七部分
东南亚大国经济研究

◎吴崇伯

▶ 导　言

　　印度尼西亚(以下简称印尼)是东南亚国土面积最大、人口最多的国家,其地缘战略位置、人口数量、经济规模与发展潜力、在东南亚地区的科技与军事实力等,都决定了它是东南亚地区不可忽视的一大龙头。2017年印尼GDP总量首破万亿美元大关,经济总量占东盟40%,其经济总量和消费能力已跻身世界十五大经济体行列。同时,印尼努力重塑其国际形象,恢复在东盟的领头羊地位,在国际与地区事务上发挥越来越重要的作用,印尼在全球事务中不断扩大的协调和影响力受到世界各国的肯定。作为崛起中的大国和新兴经济体,作为东盟唯一一个20国集团的成员,印尼政治经济的悄然崛起,其对东南亚的影响力与辐射力、在国际外交领域的巨大潜力以及今后的发展态势与走向等都值得跟踪研究,这是一项紧迫的研究课题。

　　自2014年担任总统以来,佐科推行的改善民生、发展经济、振兴国家形象的政策赢得广泛赞誉。2019年5月21日,印尼选举委员会正式公布2019年总统选举结果,现任总统佐科·维多多以55.5%的得票率赢得选举,成功连任。这意味着佐科政府的上述政策在接下来的5年中将会得到延续,也意味着在全面战略伙伴关系框架下,印尼与中国的合作将进一步走向深入。本部分主要探讨佐科总统执政后如何推动农业发展、实现粮食自给、施行国内经济结构改革以及海上互联互通政策等,并对中国企业参与其互联互通建设进行评估并提出建议。

第二十七章
印尼佐科政府的粮食自给与粮食安全政策分析

印尼是世界公认的农业国家,农业资源丰富,粮食作物种植在农业中占有重要地位;海域广阔,渔业资源丰富。从理论上讲,印尼应该不缺食粮,但实际上,印尼粮食自给自足之路却走得极为艰难。印尼独立70多年以来粮食供应一直不能自给自足,需进口大米补充国内需求。

第一节　印尼粮食自给的艰难历程

印尼拥有较好的粮食生产条件,土地肥沃、雨量充沛、水资源丰富,粮食作物能够一年多熟。粮食安全及产量恢复增长等问题一直是印尼长期面对的课题。印尼在新秩序时代曾经实现粮食自给自足的目标并成为亚洲主要的大米出口国,受到国际社会的普遍赞扬,甚至后来被联合国世界粮食计划组织当作模范和训练其他发展中国家农民的基地。自20世纪70年代以来,印尼通过引进高产品种和改善灌溉设施,粮食产量至80年代中期翻了一番,终于在1984年实现粮食自给目标,摘掉了世界最大大米进口国的帽子,被国际农业经济学家形容为创造了一项白米奇迹。然而进入90年代以后,印尼全国粮食单产徘徊不前,粮食生产跟不上消费的增长,大米储备1994年降到最低点,印尼粮食自给仅维持10年,就不得不从1994年开始从国外大量进口粮食。1995年粮食进口量达290万吨,1998年进口460万吨,创历史最高纪录。2003年进口大米300万吨,占总需求的9%,再次成为世界最大的大米进口国。2007年进口大米150万吨。2008年印尼稻谷增长5.46%达到6 028万吨,基本能够满足国内需求;2009年稻谷产量增长1.13%,达到6 093万吨,稻谷生产出现新的高峰。由于各种原因,进入新世纪以后印尼的水稻产量起伏不定,2010年稻谷产量为6 647万吨,而2011年则降至6 576万吨,2012年印尼的稻谷产量达到6 859万吨,增长4.31%。印尼政府为了确保大米充足供应,每年都要进口一定数量的大米。2010年进口大米108万吨,2011年进口大米150万吨。2012年印尼进口农产品达236.4亿美元,尽管印尼大米产量有600万吨盈余,但仍进口81.1万

吨大米①。2013年印尼稻谷产量为7 129万吨,2014年产量7 085万吨,2015年产量达7 536万吨,同比增长6.37%。2015年水稻收获面积32万公顷,同比增长2.31%,每公顷产量同比增长3.97%②。2015年稻谷最大产地是中爪哇省、东爪哇省、苏南省及亚齐,而西爪哇省、占碑及西加省产量下降。2016年印尼稻谷产量达7 914万吨,比2015年增长11%,印尼已实现大米自给自足,无需再进口③。不仅如此,2016年印尼在某种程度上还实现大米生产过剩,终于可在满足国内需求的基础上有能力出口大米,且出口价格与菲律宾、泰国和越南出口大米价格相比较低廉。印尼农业部国际贸易部官员表示,印尼计划2017年出口大米至少10万吨,不会影响国内大米供应④。2016年印尼粮储公共企业大米库存达173.4万吨,2015年末仅80万吨。同时,由于市场能够直接获得粮储公共企业的供应,米价飞升的问题也得到了解决⑤。目前中爪哇省和西爪哇省的大米供应非常充足,这些地区向加里曼丹省运送大米。由于库存充足,国内大米价格也出现回落。根据农户协会的报告,一些地区的大米价格已经跌破3 700印尼盾/公斤⑥。印尼政府正在采取改进灌溉技术、扩大农田面积、改良品种和政府补贴等一系列措施进一步促进生产,力争在2045年之前成为世界主要大米输出国。

由于气候条件限制,小麦不适宜在印尼种植,全部依赖进口来满足国内小麦需求。自亚洲金融危机结束以来,印尼平均每年的经济增长率超过6%,近几年中产阶级快速增长,对麦当劳、唐恩都乐和必胜客等西方食品的需求也日益增长。印尼小麦进口70%来自澳大利亚,30%来自加拿大和美国。印尼国内的小麦进口每年500万吨左右。2011年进口小麦520万吨,2012年进口580万吨小麦,因需求增加且新开三家面粉加工厂,2013年印尼的小麦进口量达到750万吨,高于此前预测的700万吨。印尼已取代埃及,成为全球最大的小麦进口国。2015年印尼食用小麦进口量741万吨,2016年进口834万吨小麦,用于生产面条、面包、蛋糕和意大利面,比2015年攀升9%。由于地缘优势,澳大利亚是印尼的头号小麦供应国,使得澳大利亚小麦供应商受益最大,不过其所

① 吴崇伯.东南亚各国的粮食新政及其与中国的合作分析[J].南洋问题研究,2013(1):42-50.

② 去年稻谷产量7536万吨同比增451万吨[N].国际日报,2016-03-02.

③ 自9月份起未进口大米 佐科总统赞扬农业部长[N].印华日报,2017-01-06.

④ 我国建国以来首次输出大米 今年拟出口10万吨[N].千岛日报,2017-02-15.

⑤ 我国大米库存显著提升[N].千岛日报,2017-01-07.

⑥ 印尼大米丰产供应过剩[N].国际日报,2017-02-07.

占印尼小麦进口市场的份额已经从2015年的近60%降至2016年中期的33%左右,因为印尼的饲料小麦进口增加。2017年印尼可能进口870万吨到900万吨食用小麦[1],这是因为东南亚最大经济体小麦的消费稳固增长。

印尼玉米产量占世界总产量的1.4%,是全球第十大玉米生产国,但近年国内玉米需求增长更快,致使玉米仍需从国外进口。2010年的进口量为150万吨,2011—2015年,印尼玉米进口量依次为:300万吨、150万吨、295万吨、310万吨、274万吨。据农业部数据显示,2016年印尼玉米进口量降至88.47万吨,较前五年平均进口量减少了68%。[2]印尼长期主要从巴西和阿根廷进口玉米。2016年玉米产量从2014年的1 900万吨升至2 320万吨,提高21.8%。印尼政府计划最晚到2018年停止进口玉米[3],政府鼓励国内玉米生产,作为粮食生产自给自足计划之一。

印尼2010年大豆产量90.8万吨,国内最近6年大豆消费量每年均在200万吨以上,因此每年有超过120万吨的缺口需从国外进口弥补,主要从美国和阿根廷进口。从2010年开始,印尼农业部为了支持政府大豆自给自足计划,推动国内大豆生产而限制大豆进口。2015年印尼进口大豆200万吨,是东南亚地区的头号大豆进口国。2015年的黄豆产量是96.32万吨,比2014年仅增加0.86%。政府计划2019年实现260万吨大豆产量的目标极难实现。

虽然印尼经济增长迅速,但粮食生产竞争力依然十分薄弱,多种战略性粮食产品仍依赖进口。印尼自然条件优越,但生产设施和技术落后,未引进和发展国外优良品种,粮食资源开发不够。印尼人均年收入已达4 000美元,正在步入中等收入国家行列,需要谨防中等收入陷阱,其中最重要的措施就是提高粮食生产竞争力,从而确保粮食安全,提高整体经济发展能力。

第二节　佐科政府发展农业,确保粮食安全的政策

印尼作为亚洲主要粮食进口国之一,一直对粮食安全尤其是供给安全问题高度关注。近年来,由于粮食进口纠纷,曾多次引发社会问题。自2015年以来,印尼政府采取了一系列措施强化粮食自给能力,包括改进灌溉方法、优化选种、提高化肥质量等。

---

① 2017年印尼食用小麦进口量将达到八九百万吨[N].千岛日报,2017-03-01.

② 商务部.今年印尼将停止进口玉米[OL].(2017-01-13)[2018-12-23].http://surabaya.mofcom.gov.cn/article/jmxw/201701/20170102500900.shtml.

③ 印尼计划在2018年停止玉米进口[N].印尼商报,2017-01-16.

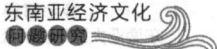

1. 制定粮食生产计划，做到粮食作物自给自足

发展农业，粮食自足，是印尼多届政府的主要执政目标之一。从苏西洛手中接过接力棒的新任总统佐科·维多多，更是把这一工作提高到争取国家粮食主权的高度。佐科2014年10月出任总统后不久，就下令提高粮食生产，短期内印尼政府将主要致力于解决大米、玉米、大豆、糖这4种主要农产品的自给自足，以达到在2018年粮食自给自足的目标。新政府制定2014—2019年国家中期发展计划中，优先发展海洋经济、能源和农业。农业领域的主要任务是切实提高粮食生产，力争未来三至四年内实现主要粮食作物自给自足。按照佐科总统争取粮食主权的计划，政府将在未来5年中进行农业改革，至少为450万农户提供新的耕地，开垦100公顷新农田，改善300万公顷农田的灌溉系统并建设25个新水库，成立服务于农民和中小企业的专业银行，加强和改善粮储公共公司的物质供应能力等。粮食领域的生产目标为稻谷产量从2014年的7 060万吨增至2019年的8 200万吨，玉米产量从1 913万吨增至2 410万吨，白糖产量从260万吨增至380万吨，渔业产量从1 240万吨增至1 880万吨。①

2. 提高农业预算开支，支持农业发展

农业为印尼国内生产总值贡献近14%，这个比率在东南亚五大经济体当中属最高。印尼三分之一的劳动力从事农耕，半数以上的贫困家庭务农为生。农业对印尼经济发展、社会稳定至关重要。为此，佐科政府继续提高农业预算开支，以支持农业发展。2014年印尼农业预算只有14万亿印尼盾(约合10.8亿美元)，2015年增加至32万亿印尼盾(约合24.6亿美元)，2016年继续增加至40万亿至45万亿印尼盾(约合30.8亿至34.6亿美元)，以改善农业基础设施，加强农业发展。印尼政府增加的农业预算优先用于修建水库，以应对气候变化带来的影响，提高粮食产量。此外，佐科政府自执政以来，为均衡发展全国经济、建设乡村，通过中央转拨地方的乡村基金每年都在上升。2017年发放的乡村基金多达46.98万亿盾(约35亿美元)，是2015年20.76万亿盾的两倍多，三年来发放的乡村基金已达127万亿盾(约95亿美元)。②

3. 修复农田灌溉系统，扩大粮食作物种植面积，提高粮食产量

印尼财政部增加财政拨款以修复灌溉基础设施，同时实施一项可灌溉100万公顷土地的水利项目。佐科政府决定在5年任期内将新建49个大型水坝。

① 我国2015—2019中期发展规划即将正式公布[N].国际日报,2015-01-09.
② 商务部.印尼政府三年来发放95亿美元乡村基金[OL].（2017-08-07）[2018-12-12].
http://id.mofcom.gov.cn/article/jjxs/201708/20170802622027.shtml.

农业部在18个省区的60个县区进行现场调查发现,目前印尼的农田水利灌溉系统损坏率达到52%,有的甚至失修长达30年之久,其中,北苏门答腊省的水利灌溉系统损坏80%,亚齐省的水利灌溉系统损坏60%,苏门答腊全岛的灌溉系统损坏50%。印尼水稻耕地面积730万公顷,约有330万公顷的灌溉设施需要整修,整修后可提升稻谷年产量700万吨至900万吨。政府在2015年至2019年中期建设计划中,将新建100万公顷田地的灌溉系统和修复300万公顷田地的灌溉系统,所需要的投资价值约达72万亿盾。新建和修复灌溉系统的建设项目重点放在被称为"印尼粮仓"的13个省区,在这些省区也将兴建水库等设施,用以提高当地的粮食生产。13个省区分别为亚齐省、苏北省、苏南省、苏西省、楠榜省、西爪哇省、中爪哇省、东爪哇省、东努省、南加省、西加省、南苏省和中苏省。2016年已成功修复灌溉网共28.6万公顷,2017年修复的灌溉系统将达到32.5万公顷。同时,政府在5年中还将新建100万公顷的灌溉网,2016年已新建5.3万公顷,2017年将达7.9万公顷。[①]此外,2015年至2016年,政府已建造498个储水池,2017年将再建90个新的储水池。到2017年底,印尼全国33个省将有1 922个储水池。所建的储水池用于容纳雨水、溢水或渗水,旱季时用于抗旱,所容纳的水量最多可达到50万立方米,深度约达15米。[②]

印尼农业部农业基础设施总署长苏马佐表示,为了保证国家粮食安全,农业部一直在全国地区开辟新的稻田。2016年,农业部保护和扩大农地总署及印尼陆军已在27省161县开辟了13.21万公顷新稻田,预计可使全国稻谷产量每年增加39.64万吨。[③]玉米作为印尼仅次于大米的第二重要粮食产品,政府正在努力扩大种植面积,2017年印尼政府计划把玉米种植面积增加50万公顷。2015年全国玉米种植面积约406万公顷,2016年种植面积约490万公顷。印尼正加紧落实到2019年增加300万公顷玉米种植地计划,使玉米总耕地面积达到620万公顷。如果新增玉米耕地计划能够全部落实,至少可增产大约1 500万吨玉米。

印尼人均耕地面积0.6公顷,居世界第十位,属于农耕地丰富的国家。但印尼每年大约有10万公顷的农耕土地转变为非农耕地,主要是改变为工业园,农民倾向于种植有利可图的经济作物。为此,印尼政府计划通过立法的形式,在全国建立1 500万公顷永久性农业耕地,以使农田不断被侵占的现象得到有效

① 政府要修复300万公顷灌溉网[N].国际日报,2017-03-13.
② 全国将建1922个储水池,实现水资源防御和粮食主权指标[N].国际日报,2017-03-17.
③ 商务部.2016年印尼新开辟13万公顷稻田[OL].(2016-12-09)[2018-12-24].http://surabaya.mofcom.gov.cn/article/jmxw/201612/20161202118133.shtml.

遏制。

4. 佐科政府发放了更多款项，通过社会福利计划或现金补助来救济贫民

2017年2月23日，佐科总统推出通过家庭福利卡的非现金援助计划，在44个城市向128.6万个贫困家庭分发总值1.7万亿盾的粮食援助，此举主要是政府努力改革此前已实行的大米津贴福利措施。推行非现金粮食援助措施改变了此前曾实行的大米津贴方式，即廉价购买大米，新措施使贫困家庭可在已有的非现金粮食援助地点购买大米。民众使用该福利家庭卡可根据家庭需要来购买大米，并开始养成储蓄习惯，不再无计划消费。

此外，2015年印尼政府将1 099台手扶拖拉机免费提供给西爪哇省农民，并向另外14个省的农民免费提供7 800台拖拉机。2016年印尼政府在全国范围内免费向农民提供65 931台拖拉机。印尼农业部还免费提供可供500万公顷土地播种的种子及化肥，约占印尼全国农场土地面积的40%。

印尼政府已和国内外私人领域合作组成印尼可持续农业伙伴关系机构(PISAgro)，协助农民提高产量及收入，包括培训农民，提供优质种子、资金及开拓市场。PISAgro目前为8.3万个小型农户提供协助，未来目标是要在三年内扩大受惠的农民至100万人。①为了提高全国大米的生产量，印尼农业部准备在近期为农民供应IPB-35型优质稻秧苗，这种稻秧苗能使每公顷稻田生产8吨～11吨的稻谷，除了增产之外，也可防止病虫害的袭击。

佐科上任后废除了燃油津贴，计划将省下的钱用来帮助农民，包括提供肥料、良种等农资。目前印尼政府每年提供的粮食津贴大约是55.6万亿印尼盾，政府提供的粮食津贴数额和燃油津贴相近，这是印尼有史以来的第一次，说明如今政府更注重于粮食自给自足。

5. 计划在国外开辟种植基地，并改善国内种植方法

印尼有2.5亿多人口，是全球人口第四大国家，而且每年人口还在不断增长，加上中产阶级人口急速上升，令近年来粮食需求大大增加。这样一个人口大国，粮食供给若必须高度依赖进口，将令社会稳定、国防安全等受到威胁。除了引进外资发展粮食生产，印尼为确保粮食供应，当地企业家促请政府仿效中国的办法，在国外投资粮食生产业，以满足国内的粮食需求。印尼工商界认为，中国早已落实在国外投资生产粮食，拥有几处在国外的粮食种植基地。印尼在外国投资粮食生产是当务之急，建议政府考虑采取重要的步骤，仔细规划往后的粮食供应策略。

---

① 佐科:农渔产量增长平稳,印尼粮食四年内料可自给自足[N].联合早报,2015-02-18.

专家建议采用新耕种方法。专家建议，印尼必须采用新的耕种方法如改种基因改造的农作物，以克服农耕地减少而导致产量下降的问题，以及提升农民收入。印尼茂物农业大学农业经济专家阿里夫指出，菲律宾的农民使用生物科技进行耕种后，在旱季每公顷农地的收成获利135美元，雨季也有125美元。相比之下，种植玉米的印尼农民每公顷农地的收成只能赚取7美元。根据农业大学的研究，采用生物科技耕种，农作物产量可增长14%，农民收入也能增加211美元。

第三节 加强国际粮食合作，确保粮食安全

1.加强国际农业与粮食安全合作

为了保障大米供给，2013年1月，印尼与缅甸签订协议，在需要时缅甸将每年向印尼出售20万吨大米。同年9月，印尼与越南也签订协议，至2017年，越南将每年向印尼出售最多150万吨大米。2015年12月，印尼政府制定计划，从缅甸进口大米。从缅甸进口大米是为了防止从越南和泰国进口的大米不足，以确保当地的价格稳定。缅甸与印尼签署谅解备忘录(MoU)，计划在2019年以前每年向印尼出口50万吨大米。2016年9月，缅甸与印尼签署合同，将向印尼出口30万吨大米，超过了缅甸大米50万吨出口储备量的一半。

为了提高农产品出口，印尼政府扩大与印度、沙特阿拉伯、法国、埃及、新加坡等国的农业合作。2015年5月，印尼农业部长阿姆兰苏莱曼分别与印度、沙特阿拉伯、法国、埃及、新加坡5个国家驻印尼大使签署合作协议，加强双方的农业领域合作，提高印尼农产品出口额。其中，与印度签署的协议侧重农业研究领域合作；与沙特阿拉伯的合作主要是食品安全合作，以及棕榈油和大米等贸易；与埃及的协议是关于加强新鲜食品和大米的贸易；与法国的协议主要是关于法国企业在印尼马老奇开发25万公顷的粮食种植和加工园区；与新加坡的合作主要是关于提高果蔬贸易额。此外，文莱也计划在印尼投资甘蔗、稻米和肉牛等领域，印尼政府提供了3个地点选项，分别位于东南马鲁古省西部、北加里曼丹省或东帝汶边界，占地面积分别达1万公顷至2万公顷，其中2万公顷的农地可用于建设甘蔗种植园和养牛场，1万公顷的农地用于种植水稻。印尼北加省有一些农地可供种水稻用，因为其地点很靠近文莱，因此北加省有潜力成为新的粮食地区，约有68.2234万公顷的农地适合种植水稻或种植玉蜀黍，这些农地散布于马利瑙(Malinau)、布隆岸(Bulungan)、奴奴甘(Nunukan)和丹

纳狄杜翁(Tana Tidung)。^①

2. 着力加强农业领域外资利用工作

2005 年印尼农业领域(粮食与种植园)实际利用外商直接投资额为 1.7 亿美元。2008—2012年间,印尼农业利用国内投资为32万亿印尼盾(约合29.2亿美元),占当期国内投资总额的12%;利用外国直接投资35.8亿美元,占利用外资总额的4.17%。2015 年印尼农业领域利用外资达到 20.7 亿美元,2016年第一季度为1.8亿美元;2005 年食品饮料业实际利用外商直接投资额为6亿美元,到 2015 年则达到 15.2 亿美元,2016 年第一季度为 4.7 亿美元。^②2015年农业产值占GDP的14.4%,对国民经济关系重大,但目前投向农业领域的外资仍微不足道,不足以反映印尼作为一个农业国家的地位。为此,印尼政府正在制订和完善相关政策措施,加大农业基础设施建设,着力吸引外商加强对有发展潜力的农业领域的投资,尤其是粮食生产领域的投资,并与加拿大等国加强农业合作。加拿大与印尼合作重点是对印尼乳制产品生产进行投资,包括肉牛养殖专家和项目管理人才的支持,此外也承诺将协助印尼发展粮食生产中心,例如在边界地区建设大米、棕榈园生产中心。土耳其则是支持两国农产品即印尼的油棕商品和土耳其的面粉相互进入对方市场,此外也承诺将推动对印尼活牛、种子、化肥、面粉和畜牧业衍生产品部门的投资力度。同时,印尼也与古巴进一步探讨了农业部门尤其是制糖业的合作。

3. 中国与印尼自2001年签署《中国农业部和印尼农业部关于农业合作的谅解备忘录》以来,双方在加强农业与粮食安全多双边政策协调、推动农业贸易合作、促进农业投资等领域合作成效显著

印尼是传统水稻栽培大国,年水稻生产面积1 300万公顷(约两亿亩),但至今平均单产仍徘徊在每亩350公斤～400公斤的水平上,远低于中国平均600公斤～700公斤的水平。印尼希望通过与中国、越南等国开展杂交水稻的研发,使印尼水稻产量增至9吨～10吨/公顷,在2019年实现粮食自给。自2010年起,隆平高科项目专家组正式进驻印尼。经过一年的实施,杂交水稻技术在印尼日惹特区、北苏门答腊、楠榜省、南苏拉威西、西加里曼丹、中加里曼丹、东爪哇、万丹省、中爪哇、西爪哇等地试验成功。中国在印尼累计推广种植10万公顷杂

① 文莱要投资粮食生产业[N].国际日报, 2017-03-16.
② 沈铭辉、张中元. "一带一路"背景下的国际产能合作: 以中国—印尼合作为例[OL].(2017-07-18)[2018-12-07].http://www.sinotf.com/GB/News/1003/2017-07-18/zNMDAwMDI1MjIzNw.html.

交水稻,将印尼水稻平均产量由每公顷5吨提高至9吨。印尼希望中方协助开发和建设农业耕地,发展农业种植产业,以及在边远地区建设新型畜牧场。中国企业可赴印尼投资建设农业种植园区、牧场、渔场等,加强在农业水利、仓储、机械、化肥、加工、技术等方面投资合作。

中国与印尼在农业和粮食领域的合作存在巨大潜力,在许多方面有待深入,如印尼的工业基础较为薄弱,农业机械工业体系不完整、配套能力差,自主研发的农机品种少且售价高,其国内生产的农用机械无法满足需要,中国生产的手扶拖拉机、柴油机、水泵、播种机、碾米机、脱粒机、烘干机、农用运输车等机械在价格和实用性方面很受印尼市场青睐,可以借此优势打入印尼农机市场。一方面能够为印尼提供技术支持,加快其土地资源的开发利用,另一方面也有利于我国农业机械生产的发展。我国农用机械厂商可到印尼投资设厂,利用印尼当地资源实现出口。印尼的农业基础设施严重滞后,制约了其农业的可持续发展。而我国农业基础设施相对水平较高,资金也比较充裕,可以根据印尼农村的具体需求,有针对性地对其农业基础设施进行投资,共同开发该国的农业资源,特别是粮食生产。此外,印尼对中国的化肥、农药、种子等的消费需求较为旺盛,市场需求量大,而中国该类产品的生产能力过剩,而且产品具有价格优势,可以通过技术援助,逐步培养印尼对这些产品的生产和消费习惯,为长远产品出口奠定基础。

最近几年,中国在印尼的投资建设项目越来越多,而且工程规模也越来越大,在西爪哇省新建的查迪格德(Waduk Jatigede)多功能水库就是一个印中合作的基础设施。查迪格德多功能水库能容纳多达9.795亿立方米的原水,足以支持9万公顷农田的灌溉系统,是迄今为止印尼国内第二大水库。[①]该水库除了作为水利灌溉之外,也起着防洪、电力生产和为居民提供原水资源的作用。这项水库项目成为中印两国在水资源方面合作的起步,两国还将继续合作发展更多的水利建设项目。此外,印尼正在全力招揽中方投资4.5万亿盾合作建设4座多功能水库,分别是中苏省的Pelosika水库、廖省的Rokan Kiri水库、南苏省的Jenelata水库和南加省的Riam Kiwa水库。中苏省的Pelosika水库将负责灌溉1.6358万公顷的农地,每秒的供水量约达0.2立方米,发电容量能达到2.1万千瓦;廖省Rokan Kiri水库将负责灌溉4 000公顷的农地,同时这座水库也用来防洪,发电容量能达到7.440万千瓦。南苏省Jenelata水库的原水容纳量能达到2.23亿立方米,这座水库除了负责灌溉2.44万公顷的稻田之外,也用于

---

① 印中两国合建查迪格德水库[N].国际日报,2017-04-10.

防洪,同时也能成为Gowa区和锡江市的水电资源。南加省Riam Kiwa水库的原水容纳量能达到1.27亿立方米,这座水库将负责灌溉5 000公顷的农地,每秒的供水量约达0.1立方米,水力发电容量能达到0.27万千瓦。[①]印尼希望改善全国各地的水资源,尤其是河流和湖泊的卫生状况,期待学习中国水力资源管理和建设经验。

中国在印尼投资,与印尼开展政府间合作,共同建立农业产业园区是中国、印尼农业与粮食合作的另外一种重要形式。聚龙印尼产业园是由天津聚龙集团在海外建设的大型农业产业合作型园区,该集团自2006年在印尼中加里曼丹省投资建设第一个棕榈种植园以来,在印尼已经拥有20万公顷农业种植用地,其中已种植油棕7万公顷,已建成投产3个棕榈压榨厂,年产棕榈毛油超过10万吨,目前正在巽他海峡西岸苏门答腊岛楠榜省建设国际港口物流和加工基地。[②]园区以棕榈油产业链为主导,集油棕种植开发、棕榈油初加工、棕榈油精炼与分提、品牌包装油生产、油脂化工及生物柴油提炼于一体,同时积极发展仓储、物流、公共服务等配套产业。园区规划面积4.21平方公里,有两个主园区、两个辅园区。两个主园区分别位于格拉哈(中加里曼丹岛)和楠榜港(南苏门答腊岛),预计总投资8亿美元。截至目前,已入区中资企业11家,累计投资3.17亿美元。运河、公路和仓储油罐设施已建成,已购置3 000吨级和5 000吨级货船2艘。聚龙与当地民众的"合作种植"事业正快速发展,总面积已近1万公顷,种植范围覆盖周边40多个村庄,有5 000多个家庭、2万多人从中受益。企业拥有境外员工近万人,不仅为当地创造了大量就业机会与经济增加值,也响应了我们国家的农业国际合作战略,增强了我国农业企业的国际竞争力。

天津另外一家农业企业天隆种业科技有限公司是致力于粳稻研发的国家级高新技术企业,也是天津市唯一一家具有农业农村部常规水稻、杂交水稻"育、繁、推"一体化及进出口许可资质的企业,它依托自身技术优势,在印尼建设了亚洲农业技术中心,将"品种—技术—标准—人才"打包"走出去",一方面将已成熟的杂交水稻组合在印尼进行试种和产业推广,另一方面在印尼进行新品种选育、生产、推广及商业化经营,有效解决了印尼杂交水稻产量优势不强、米质不优、制种产量低的难题,育成10个适于印尼种植的高产、优质、多抗、广适杂交水稻新品种,比当地对照品种增产32%~50%,制种产量比当地增产41%以上,新品种示范推广105万亩,并制定组合技术规范规程2套,培训印尼

① 印尼将以中国技术清理水资源[N].国际日报,2017-04-08.

② 聚龙印尼产业园获批为国家级境外经贸合作区[N].千岛日报,2016-08-10.

当地农户883户,累计超过1 000人次。①

扩大农产品贸易,深化两国农业与粮食产业合作。印尼市场对玉米、肉牛、糖等需求量很大,中方据此可扩大对印尼出口。由于印尼国内畜牧业未能满足市场需求,印尼每年必须大量进口牛肉,每年的进口量达到150万头至200万头,牛肉进口量占市场消费量的近20%,尤其是每年的斋月期间,印尼都需要额外进口3 000吨冻牛肉和2 500头活牛,以缓解市场供给的紧张。作为实现本国大部分农产品自给自足目标的一部分,印尼政府于2011年提出限制牛肉进口,但在2015年8月,由于牛肉进口配额大幅下降后印尼牛肉价格飞涨,引发民众抗议。为了改善这种局面,印尼政府不得不宣布一项"短期措施",批准再进口5万头活牛以满足市场需求。②印尼的牛肉进口一向依赖澳大利亚。印尼每年的白糖需求量为450万吨,但国内产量仅 250万吨,每年仍需进口白糖200万吨。③印尼计划安排200万公顷土地发展畜牧业,提高玉米、蔗糖产量,希望与中方开展政府间合作,并期待中国增加对印尼的出口。农产品是我国重要出口商品,东盟是我国农产品出口重要市场,2016年仅出口印尼就达600多亿元。④为此,中国相关部门一方面应切实提高质量安全意识,从生产、仓储、物流等各环节加强管理,严格控制农残、重金属、微生物超标等风险,避免因检测不合格引发贸易损失,同时按照印尼的法规标准提供相应的证明文件与检测报告,确保产品符合对方要求,增加对印尼农产品出口。另一方面,由于印尼持续推进粮食自给自足计划,增加对印尼的出口已非良策,最好的途径是在印尼投资。印尼政府停止进口玉米的计划一再推迟,仍在进口玉米,以满足其国内养牛行业的需求。中国可在印尼租用土地种植玉米,带动和扩大印尼国内的玉米种植业,让更多的农民受益,同时发展玉米深加工和饲料加工业,将玉米加工成淀粉、玉米油、玉米糖浆等,提高产品附加值,满足市场需求;在加里曼丹、苏拉威西等地发展种牛养殖业,增加种牛和活牛数量,发展牛肉加工业,满足市场需求;在当地建设现代化的制糖厂,同时帮助印尼增加甘蔗种植面积,以提高蔗

① 津云."一带一路"科技走出去这一年[OL].(2018-06-22)[2019-01-12].https://www.toutiao.com/a6569865509016175107/.

② 新华网.牛肉价格飞涨引抗议,印尼再进口5万头活牛[OL].(2015-08-13)[2019-01-23].http://news.eastday.com/eastday/13news/auto/news/world/u7ai4454680_K4.html.

③ 李国章.印尼每年白糖需求量450万吨,200万吨仍靠进口[EB/OL].中国经济网-经济日报,(2014-12-08)[2019-01-23].http://intl.ce.cn/specials/zxgjzh/201412/08/t20141208_4071516.shtml.

④ 中国印尼经贸合作网.印尼出台新政放宽进口门槛,农产品出口或迎来新机[OL].(2017-02-21)[2019-01-10].http://www.cic.mofcom.gov.cn/article/doublestate/201711/296543.html.

糖的产量。印尼也希望中方进口更多的印尼水果、水产品,为此,中国今后应该加大从印尼的进口力度,继续与印尼在海关、质检等领域深化合作,简化通关手续,以便利印尼农产品、热带水果、水产品、天然橡胶、棕榈油等优势产品对华出口。

第二十八章

印尼内需主导型经济发展及其政策启示分析

作为东南亚地区最大经济体,印尼虽然也受到美国经济不景气和欧债危机的影响,但其经济在逆势中强劲增长,增长率连续8年保持在5%~6%的水平,成为地区乃至全球经济少有的亮点。印尼的经济总量占东盟经济总量的40%,而印尼的国内生产总值和购买力,已跻身世界十五大经济体之一。苏西洛总统在2011年5月宣布的印尼《2011—2025年经济发展总体规划》中提出,印尼经济增长率将连续15年达到年均7%~8%,争取2025年进入世界经济10强,2050年至少成为全球第6大经济强国。根据国际有关机构预测,未来5年,印尼经济将是东盟国家中发展最快的。助推印尼经济走强的因素很多,其中最主要的是其依靠拉动内需的政策,是其内需主导型的经济发展战略。

第一节 发展中的印尼特色:内需推动经济快速发展

印尼经济能够较少受外部需求萎缩冲击,实现较快增长,主要得益于旺盛的国内需求,特别是占GDP 50%以上的居民消费的稳定增长。印尼是全球少数侧重内需的经济体,其对出口的依赖相对处于较低水平。据IMF 统计,2007年印尼GDP对出口的贸易依存度约为29%,远低于其他东盟国家。2009年印尼对外贸易依存度只有39%,大大低于东盟10国102.7%的平均数,是东盟国家最低的,2011年印尼出口只占国内生产总值的25%左右。[①]印尼经济一向依赖内需,2/3的GDP由本国消费者实现,内需成为支撑经济成长的主要支柱,也是印尼经济发展的一大特色。

---

① DEBNATH GUHAROY, ROY MORGAN. Analysis: RI consumer confidence remains[N]. Jakarta, Business News, No 8657, 2010, P1B.

1997—1998年亚洲金融危机以后，尽管印尼外来投资低迷，出口增长也乏善可陈，然而，国内消费却成为经济反弹的关键。2001年、2002年和2003年，私人消费支出都占GDP的70%左右，每年的增长速度约为4%，而三年中的GDP增长率分别为3.8%、4.4%和4.9%。2004年私人消费进一步增长了4.94%，当年GDP增长5.1%，私人消费支出在GDP所占比重略有下降，但也达到67%，经济表现是金融危机后最稳定的一年，整体经济仍是以国内消费需求带动增长的格局。随着经济结构的调整，投资、出口和私人消费等逐渐成为印尼经济增长的引擎，但印尼经济2005年以后保持增长，主要依赖国内私人消费和政府开支的支撑，两者对经济增长的贡献率达75%以上，而出口表现差强人意，投资则明显成为薄弱环节。2005年油价的提高和印尼盾贬值危及印尼财政基础，迫使政府削减油价补贴，提高银行基准利率，这在一定程度上影响到印尼以消费为驱动的国民经济增长。尽管如此，国内消费仍是印尼经济发展最大的动力，2005年其对GDP增长的贡献率仍达65%。投资的增长和对经济增长的贡献有所降低，分别为9.93%和20.44%。2006年居民消费支出仍然对经济增长贡献最大，居民消费支出拉动经济增长1.9个百分点。受国际市场需求强劲增长和主要出口商品价格上涨的影响，印尼出口增长较快，全年净出口拉动经济增长1.4个百分点。由于商业借贷成本上升，投资环境持续不佳，投资较疲软，国内投资和吸引外资总额分别为23亿美元和60亿美元，均较上年减少32%，投资拉动经济增长仅为0.3个百分点。2008年印尼经济保持温和增长，主要仍有赖于私人消费，其次才是出口带动，2008年私人消费占GDP的比重达到57%。2009年在全球经济普遍衰退中，印尼经济增速达到4.5%，稳居亚洲第五大经济体，这主要仍是依托广大的内需市场来带动，内需市场大约占了总经济增长比重中的56.7%。2010年印尼经济增长率达到6.1%，快速的增长得益于基础设施建设和服务业发展引领的强大内需。占印尼国内生产总值9.4%的通信和交通运输业在2010年增长13.5%，由旅游业拉动的商业、酒店业和餐饮业同比增长8.7%。2010年居民消费同比增长4.4%，家庭消费仍占经济增长的最大部分，达56.7%。印尼经济2011年增长6.5%，创1996年以来最快。国内强劲的家庭消费和民间投资，弥补了欧债危机对出口需求减少的冲击。2011年印尼国内消费占GDP的比重达到55%。[①]国内消费增长4.7%，其中酒店及餐饮业更是实现两位数增长，达到了10.2%。此外，消费者信心指数等数据也

---

① JACOBO BERMUDEZ. Indonesia: Domestic demand drives growth[N]. The Jakarta Post, 2012-03-05.

在持续改善中。民间投资跃增8.8%，政府支出增加3.2%。2016年印尼经济增长5.02%，比2015年4.88%有所提高，家庭消费仍然是支撑经济增长的主要动力，增长5.01%，贡献56.5%。①印尼2017年国内生产总值(GDP)增长5.07%，家庭消费增长率下降至4.95%，是5年来最低的家庭消费，但家庭消费对GDP贡献率仍然超过50%。②总之，印尼得以成为后金融危机时期东南亚表现最好的经济体之一，持续旺盛的国内消费需求始终起到了举足轻重的作用。

旺盛的私人消费推动印尼国内对摩托车和汽车的需求持续走高，2007年印尼摩托车销量从2006年的440万辆增加到480万辆，2008年增至540万辆，2009年585万辆，2010年达736万辆，比上年增长了25.8%，创历史销售新高，成为继中国和印度之后的世界第三大摩托车市场。2011年印尼摩托车销量继续增加达820万辆。③2010年汽车销量达76.471万辆，同比增长60%，2011年增长16.83%，达到89.342万辆。④2017年印尼汽车销量达107.9万辆，同比增长1.6%。2015年和2016年汽车销售量分别为101万辆和106万辆。⑤据印尼汽车工业协会预测，未来10年中，该国的汽车年销量有望迅速达到300万辆。印尼的汽车产量也迅速增长，2016年汽车产量117.7万辆，2017年增至121.6万辆。印尼正在鼓励电动汽车发展，政府将提供税务优惠，鼓励印尼汽车生产商投资于电动汽车工业，预计2025年电动汽车将占汽车总产量的20%。⑥

此外，印尼家用电器如彩电、冰箱、空调的消费也持续升温，2012年1—5月，印尼国内的电子产品(电视、冰箱、空调)销售总额达10.3万亿盾(约合11亿美元)，比2011年同期的8.4万亿盾剧升22.6%。至2012年底，印尼电子产品销售额增长20%左右，移动电话用户数量急剧上升，有2.358亿手机用户，印尼成为东南亚最大的手机市场。

第二节　政府促进内需的主要政策措施

2008年全球金融危机爆发后，苏西洛总统取得连任，印尼新内阁把扩大内需、促进消费放在经济政策的重要位置上。政府促进内需的主要政策措施包括：

---

① 2016年印尼经济增长5.02%[N].印华日报,2017-02-07.

② 邝耀章.提升民众购买力,以达2018年经济增长5.4%[N].印度尼西亚商报,2018-02-10.

③ 总统重申大力发展农村经济[N].国际日报,2012-08-23.

④ LINDA YULISMAN. Local automobile sales hit all-time high[N]. The Jakarta Post,2012-01-12.

⑤ 2017年汽车销售量增长率1.6%[N].国际日报，2018-01-17.

⑥ 政府大力发展电动汽车[N].国际日报，2018-05-22.

1. 实施扶贫计划，减少贫困人口，提高低收入者购买力，促进民间消费

印尼政府1998年推出了社会保障网络、社区恢复计划、城市减贫计划等，努力解决结构性贫困问题。2004年政府扶贫资金19万亿盾(1美元约9 200印尼盾)，2005年增长到24万亿盾，2006年41万亿盾，2007年51万亿盾，2008年增加到68万亿盾，2009年66.2万亿盾，2012年为63.6万亿盾。[①]印尼2010—2014年度国家中期发展计划以及2005—2025年度国家长期发展计划都将减贫作为一项重要任务。

印尼政府扶贫计划主要落实两项工作：一是通过经济发展机制提高社会大众的福利生活，并减少贫困人口；二是通过政府的干预活动，直接或间接为社会基层提供援助。如2011年推出了六大惠民保障政策：其一，推动廉价保障性住房建设。印尼使用国有企业缴纳的企业社会责任基金和政府各部门削减的预算，投入20万亿盾资金建造保障性住房，以满足月收入100万盾至450万盾的低收入民众的住房需求。其二，把提供充足、优质、廉价的清洁水作为重要发展目标。印尼政府承诺，将在国家预算中划拨专项资金，用于改造城市供水系统，力争2025年前向民众提供充足的清洁水。其三，大力发展和保障公共交通，继续推行廉价票制度。印尼正大力发展立体的城市公交系统，从2011年开始，雅加达再建造5条公交专用道，以完善公交运营网络。其四，保障居民的廉价用电。其五，提高渔民生活福利。其六，提高城市郊区民众生活质量等。

佐科政府2014年启动希望家庭纲领(PKH)，受惠家庭只有250万户，接着政府逐年扩大这项纲领，到了2017年受惠家庭已达600万户，2018年再提升至1 000万户家庭。2018年政府大力推行减贫政策，以大幅降低贫穷人口比率，即把贫穷人口比率从2017年的10.12%或2 777万人降低为10%以下，2019年再降低为8.5%至9.5%。印尼政府预计2019年全国平均经济增长率指标为5.4%至5.8%，贫穷人口比率降低为8.5%至9.5%，失业比率降低为4.8%至5.2%，人类发展指数变为72，而基尼系数或贫富鸿沟指数降为0.38至0.39的水平。[②]佐科政府的扶贫重点主要集中在印尼西部地区的加里曼丹、爪哇、苏门答腊及巴厘岛，占79%，东部地区则占21%。主要是通过公平的税务措施，并提供新的就业机会，促进投资事业，改善税务制度，提高农业生产力，正确运用土地，提供微型金融服务，运筹建设基础设施，以及提供净水、卫生设备等。

印尼中央统计局数据显示，截至2018年3月，印尼贫困人口有2 595万人，

① 总统重申大力发展农村经济[N].印尼国际日报，2012-08-23.
② 政府预定今年贫穷人口比率10%以下[N].国际日报，2018-05-06.

占全国人口的9.82%,低于2017年9月的2 658万人(10.12%)。截至2018年2月,显性失业者有687万人(5.13%),低于2017年8月的701万人(5.50%)。[①]

2.增加对基础设施的投资

增加对基础设施的投资,被认为是拉动内需的一个新的经济增长点。苏西洛领导的第一届新内阁成立后,立即提出计划,在2004—2009年的5年内投资720亿美元着力改进铁路、公路、桥梁、发电站、机场、码头等设施。苏西洛第二次当选总统后表示,在其第二任的5年,印尼政府还将投入1 500亿美元进行大规模的公路、码头和电厂建设。为此,政府除了每年从预算中拨出大量款项用于基础设施建设外,还积极寻求外国投资和国内私人投资的支持。2005—2011年印尼政府对基础设施建设投资年均增长25.5%,2005年政府基础设施投资额32.9万亿盾,2011年为141万亿盾。[②]印尼政府2011年5月宣布正式启动《印尼2011—2025年经济发展总体规划》,按照总体规划,2011年到2014年的建设总投资将达到4 000万亿盾(约合4 700亿美元),各项工程投资为3 348万亿盾,其中基建工程投资就达1 551万亿盾。[③]印尼政府在2012年的财政预算中,计划增加基建开支近200亿美元,预期将兴建4 000公里道路、150公里铁路和14个新机场,以及更多公共房屋。此外,政府还陆续公布了29公里长的巽达海峡大桥、贯通爪哇岛的高速公路、连接雅加达和泗水两大城市的复线快铁、首都地铁、核电站等大型、超大型项目建设计划。2011年12月,印尼国会通过了征地法案,标志着在这个土地私有的国家里,政府将可以通过补偿来征用土地,这将加速印尼未来的基础设施建设。

为了聚焦社会经济建设,印尼政府还提供乡村资金。乡村资金于2015年开始发放,当时提供的资金总额为20.67万亿盾,随后于2016年增加至46.98万亿盾,而2017年与2018年分别增至60万亿盾,预计2019年将拨出73万亿盾。[④]

3.控制通货膨胀,保持经济低通胀的持续增长,使投资者和消费者保持较高的投资和消费信心

印尼央行为控制通胀,防止热钱流入造成的负面影响,提高银行存款准备

---

① 国内外各种因素导致盾币走弱,政府和央行将继续监控汇率变动[N].印尼商报,2018-10-03.

② HANS DAVID TAMPUBOLON. RI infrastructure development remains inefficient[N]. The Jakarta Post, 2012-02-19.

③ 李国章.信用升级给印尼带来什么[N].北京经济日报,2011-12-28.

④ 卡拉副总统.乡村资金应聚焦社会经济建设[N].印尼千岛日报,2018-11-16.

金率,设立短期海外贷款上限及延长政府债券到期日等,亦允许印尼盾升值,目标是将通胀维持在5%至6%。印度尼西亚汇率走强,减少了进口型通胀。通胀较低,利率可以进一步下调,带来投资的增加、经济的繁荣、消费信心的提升。靠减少负债、货币升值,令经济走出结构性困境。2011年1月,印尼通胀率达到7.02%,为21个月来的最高点。为了防止经济过热影响民众,政府马上调整了2011年经济增长率目标,将原定的6.6%下调至6.4%。同时出台了提升存款利率、调控汇率和现金流通等措施压制通胀率上扬。印尼央行于2011年2月重启升息进程,以跟上周边东南亚国家货币紧缩速度,同时印尼政府也通过允许印尼盾升值的办法以控制输入性通胀。经过努力,政府成功控制了通货膨胀,并且每年调整最低工资标准,对提高民众购买力刺激内需起到不小作用。印尼的通胀率由2005年的17.11%降至2006年的6.6%,以及2007年的6.6%,2008年为6.8%,2009年进一步降至6.5%。2010年全年通胀率6.96%,超出中央政府5.3%的预计目标,但仍在可控制范围。2011年全年的通胀率为3.79%,远低于政府原来预定的5.65%指标,成为亚太最低的通胀率。2016年印尼政府取得的成就之一是通货膨胀的控制。2016年印尼的通胀率是3.02%,或为最近十年来最低。2016年通货膨胀得以控制,反映了由政府安排的物价稳定,包括燃油、电力等。此外,主要商品,例如易受冲击的粮食,亦能维持稳定。[①]印尼2017年全年通货膨胀率为3.61%,低于2017年国家收支预算修正案中预期的4.3%。[②]

4.实施税收改革,减免税收,增加居民和企业可支配收入

印尼还出台一系列扩大内需的税收政策,以帮助企业减轻负担,并刺激个人消费。2008年9月初,印尼国会通过了新的所得税法案,从2009年开始削减企业和个人所得税。新所得税法规定,企业所得税从原来的10%~30%的累进税改为28%的单一税率,2009年所有企业所得税率为28%,到2010年降为25%。个人所得税最高税率从35%降为30%,分为四档:5 000万盾以下,税率5%;5 000万盾至2.5亿盾,15%;2.5亿盾至5亿盾,税率25%;5亿盾以上者,税率30%。为了刺激中小企业增加投资扩大生产,新所得税法规定,如果是中小微型企业,或年销售额低于500亿盾的企业,所得税率可减征50%,2009年为14%,2010年为12.5%。为了吸引外资重返印尼,推动经济发展,新税法决

① 中国驻印度尼西亚大使馆经济商务参赞处.印尼财长称印尼2016通胀率创十年来新低[OL].(2017-01-19)[2018-12-09].http://id.mofcom.gov.cn/article/jjxs/201701/20170102504760.shtml.

② 印尼统计局.我国2017年通胀达3.61%[OL].(2018-01-02)[2018-12-03].http://cn.metrotvnews.com/read/2018/01/02/7300.

定将外资企业所得税率由30%降为28%，2010年降为25%。新的所得税法实施后，印尼公司所得税率为25%，与泰国25%、越南24%和马来西亚25%相当，只比新加坡的19%高，因而在东盟国家具备一定的竞争力。新税法还提高了个人所得税的起征标准，由年收入1 320万盾提高到1 584万盾(约1 742美元)，这是新税法的一项重要改善，贫困阶层的利益得到一定程度的保护，受到民众的广泛好评。为了配合政府新税法的实施，印尼税务总局后来又出台了税收优惠政策，对所得税、奢侈品消费税、增值税等分别做了调整。政府承诺将继续提高人民的购买力，降低个人所得税，提高个人所得税的起征点，提高公务员、军人、警察、退休公务员、教师的收入。

第三节　印尼内需市场发展前景以及对我国的启示

在未来5年时间里，随着收入与就业的改善及工资的逐渐增长，加上降息激励，消费者信心有望维持在乐观区域，私人消费将继续在印尼经济中起到关键作用。印尼强劲的国内消费需求普遍被认为具备可持续发展的动力。

1. 人均收入水平不断提高

印尼之所以在亚太国家内需市场中发展突出，主要得益于其国内不断降低的失业率、不断增长的人均收入水平以及持续的高经济增长率。印尼劳工过去五年所得年复合成长率达16%，2010年平均国民所得更是增长10%，突破3 000美元，成为中上收入国家。2011年印尼的GDP为8 104亿美元，到2015年为10 270亿美元左右，年均增长率约为6.1%，人口由2011年的2.357亿增至2015年的2.475亿，人均GDP2015年达到4 149美元左右。

2. 国内中产阶层快速壮大

近年来，包括接受高等教育的专业人士、银行家、律师、会计师、企业经理等中产阶级日益壮大，2011年印尼年收入逾1万美元的家庭比率已达8.7%。这些处于上升态势的中产阶层对高质量的教育和医疗卫生服务、耐用消费品、娱乐等的需求推动了国内消费市场的发展。近10年，摩托车销量平均每年增加19.2%，购买车辆的银行贷款增长20%以上，电器销售增长17%。印尼房地产价格过去6年上涨3倍，各类商场商厦的数量增加了34%，主要消费群体均是中产以上阶层人士。中产阶层也是汽车消费市场上的中坚力量。印尼各个行业都开始针对如何提高中产阶层的消费而制定新的营销计划。在未来多年内，房地产、现代家庭装饰设备、汽车、高档电子产品和通信器材、休闲旅游、子女教育、医疗保健、家庭理财投资等，都是既能有效拉动国民经济发展，又可以满足中产阶层消费需求最有潜力的几个领域。

3. 年轻人对高新技术产品的需求不断增长

印尼拥有约2.4亿人口,其中59%是平均年龄29岁以下的年轻人[1],印尼年轻人已成为高新技术产品消费的主力军。以智能手机为例,印尼最大的电信公司印尼电信日前公布,2012年该公司第一季度净利约为5亿美元,同比增长19.6%,其中年轻人对智能手机需求的增长是其利润增加的主要原因之一。黑莓手机、iPhone和三星Galaxy等智能型昂贵手机已成为年轻富裕群体的时尚消费品[2]。印尼已成为黑莓手机生产商加拿大RIM公司的最大市场之一,也成为东南亚地区最大的消费市场。

4. 消费环境不断改善

印尼主要城市大型商场及百货店不断增加,为零售业的发展提供了较大的空间。印尼社会消费信贷盛行,信用卡日渐普及,信用额度普遍较高,增强了普通民众的购买力。2001年印尼零售总额为36.7万亿盾,2004年达到45万亿盾,2005印尼零售业进一步增长28%左右。近几年,随着其国内经济复苏以及消费环境的改善,民众购买力好转,零售业销售额继续增加。2009年销售额85万亿盾,2010年提升到100万亿盾,上升17.6%。[3]2011年零售业的营业额达139万亿盾(1 340.4亿美元),同比增长15%。[4]印尼银行消费信贷、信用卡消费迅速增加,2011年信用卡交易总额比2010年上升30%,持信用卡人数达1 480万人。

十几年来印尼经济一直由国内消费拉动,虽然近年受欧美进口需求减少的影响,印尼对发达国家的出口有所减少,但政府积极拓展内需市场,发掘经济发展的内生动力,保证了经济和社会的稳定,维持了经济较高速度的增长,这是印尼近年经济发展积累的一条非常重要的成功经验。印尼内需主导型经济发展为我国目前的经济发展和经济转型提供了诸多有益启示:

1. 努力开发国内消费市场,加快消费主导的经济转型

与印尼相比,近年来,虽然我国消费品市场呈现持续增长态势,但与投资、出口高增长相比,消费需求增速仍较低。我国经济一直依靠投资和出口驱动,国内市场潜力挖掘不够,消费所占比重较小,我国经济增长方式仍未从投资驱

① 我国市场庞大,人口年轻,具竞争优势[N].国际日报,2012-06-22.
② 印尼中产阶级的新面貌[N].印尼千岛日报,2012-06-10.
③ 印尼零售业销售额飙升[N].印尼商报,2011-05-11.
④ 零售业2011年收入增长15%[N].国际日报,2012-05-30.

动型向消费拉动型转变。当前,随着欧债危机不断扩大、美国经济持续疲软,中国出口贸易出现大幅下滑,且这种出口下滑现象今后较长一段时间内将长期存在。为此,我国应切实转变经济发展方式,努力开发国内消费市场,充分释放国内的消费潜能,重点放在支持国内消费和加大力度支持内需主导产业上,向以消费为主导的经济模式转型。

2. 物价水平直接影响居民的消费需求,应采取切实措施,抑制物价过快上涨

印尼的发展不单是重视国内生产总值的增幅,更重要的是注意增加就业机会,防止市场通胀率过高,夯实各项经济基础,尤其重视控制通货膨胀。在我国,尽管今年物价水平呈现回稳的态势,但不能有丝毫的麻痹,更不能掉以轻心。当前物价形势仍然较为严峻,全球流动性宽裕,国际大宗商品价格高位震荡,我国输入性通胀压力没有明显减弱。国内农产品流通体系薄弱,再加上为抵御国际金融危机而采取的适度宽松的货币政策,这些因素决定了我国物价水平持续上涨的压力将长期存在。因此应继续搞好价格调控,防止物价反弹,增加生产,保障供给。特别要增强农产品供给保障能力,并降低物流成本,尤其要加强粮食生产,确保粮食供应,稳定粮食价格。

3. 实行结构性减税政策,以减税拉动居民消费

减税可以增加居民可支配收入,提高居民消费意愿。2008年面对全球金融危机的影响,印尼根据国内经济不断下滑的状况,把拉动内需、刺激国内经济复苏作为税收政策目标之一,及时削减企业和个人所得税。印尼还通过提供税收补贴的办法,减轻企业生产成本,鼓励其发展生产,增加企业消费。印尼的减税措施以及税收优惠政策有助于减轻各类企业负担,降低企业生产成本,也使个人可支配收入增加,收到了良好效果。中国税收收入多年来以远高于GDP增幅的速度在增长,这远超出了正常的范围。我国居民消费能力、消费水平有赖于提高居民收入和劳动者报酬,有赖于分配改革的突破。只有减税可以增加居民可支配收入,从而提高居民消费意愿。应尽快出台以结构性减税为重点的财税体制改革方案,逐步降低中低收入者的税负,降低中小微企业税负,为扩大中等收入群体提供更大的制度空间。进一步提高个人所得税的起征点,简化个人所得税率档次,降低最高税率。

第二十九章
印尼"海上高速公路"建设规划的发展评估与分析

2014年10月印尼佐科新政府上台后,提出筹集7 000亿美元资金,加强印尼基础设施建设,将印尼建成"全球海洋支点",使印尼在2030年成为"海洋强国"的战略构想 。佐科提出的"全球海洋支点"战略有五个支柱。其中,支柱三是优先发展海上交通基础设施,建设"海上高速公路",实现互联互通;兴建深水海港,打造物流网络;发展造船工业和海洋旅游业。印尼政府特别推出《2015—2019年"海上高速公路"建设规划》,助推"全球海洋支点"建设。2015—2019年间,印尼政府将投资699万亿印尼盾(约合574亿美元)实施"海上高速公路"建设规划。海上交通基础设施建设进展如何? 面临哪些问题与挑战? 中国企业投资在哪些领域可助力印尼"海上高速公路"建设? 以下拟就这些问题做些分析与探讨。

第一节　佐科政府采取多项举措打造"海上高速公路"

佐科总统希望在任期的五年内增加印尼的基础设施投资,以支持国内生产总值年增长7%的目标。为此,政府颁布了《国家中期建设计划2015—2019》,提出印度尼西亚在未来五年将需要大约5 200万亿卢比(合4 000亿美元)的基础设施投资,电力,海运和公路将是基础设施投资的三大重点领域。政府在苏西洛政府总体规划的基础上继续改善道路网络,计划新建公路2 700公里。道路投资将改善许多农产品和制造业产品的销售网络,从而降低经济发展中极高的物流成本。

实施"海上高速公路"战略,重点发展海上互联互通,带动海陆空和通信等基础设施建设。"海上高速公路"计划重点发展海上互联互通,带动海陆空和通信等基础设施建设,兴建各岛屿港口和陆上铁路、公路等设施,通过船只运输形成海上交通网络,推动经济平衡发展,使印尼成为全球海上交通运输一大枢纽。计划涵盖九个部分:至2019年,在经济发达或战略实施地区建设和振兴24个海港,其中优先振兴勿拉湾、丹绒普禄、丹绒北腊、锡江和梭隆等5大港口;在一

些中等发达地区建设一批短程运输码头并配置穿梭船只；在一些商业港口建立散装货运设施；在各岛屿建设1 481个非商业港口；在一些岛屿建设83个中型商业港口；在主要港口之间或沿海地区建设公路和铁路；更新现有船坞和造船厂，新建12个船坞和造船厂；建购83艘万吨货轮、26艘中型货轮和500艘客轮；配备若干水警船和巡逻艇。上述规划中的24个港口建设资金约需244万亿盾，全部规划共需建设资金约700万亿盾。政府鼓励地方和企业发展海运、河运，使之成为连接各岛的主要支柱。

改善基础设施、发展海陆互联互通将成为佐科政府经济发展重点，其中海陆互联互通建设更是重中之重。新政府计划在5年内投入大量财力用于兴建或修缮各主要岛屿的港口、码头及铁路运输网等基础设施。2015—2019年间，印尼政府将投资699万亿印尼盾(约合574亿美元)实施"海上高速公路"建设规划。在这项庞大的投资计划中，243.6万亿盾将用于在全国兴建24个国际性商业港口，198万亿盾用于新建1 481个非商业性港口，101.7万亿盾用于购买船舶，7.5万亿盾用于近海运输，40.6万亿盾用于大宗和散装货物设施建设，50亿盾用于港口的多式运输，10.8万亿盾用于造船厂更新等。根据印尼中期发展规划(2015—2019年)基础设施领域的目标为电力普及率从81.5%提升至96.6%，公路里程从38 570公里增至45 592公里，铁路里程从5 434公里增至8 692公里，港口数量从278个增至450个，机场数量从237个增至252个，轮渡码头从210个增至275个。政府将通过建立海陆互联互通，完善印尼整体物流运输体系，降低物流成本，提高市场竞争力，推动整体经济发展。

为了实现"海上高速公路"建设目标，印尼政府采取了多项措施：

1. 多方筹措资金，为"海上高速公路"建设解决资金难题

(1)增加财政预算支出，加大基础设施建设投资力度

交通基础设施的建设依赖于政府预算的充足资金，辅之以私营部门的大量投资。佐科总统在2014年10月上任时做的第一件事就是减少燃油补贴。这一决定为2014年国家预算节省了约240万亿卢比(178亿美元)的资金，2015年节省了约65万亿卢比(48亿美元)的资金。因此，政府可以腾出一些财政资源来支持其基础设施建设。与苏西洛时期相比，佐科政府时期基础设施建设资金占国内生产总值份额的显著增加，从2014年的1.8%上升到2015年的2.7%。在2015年修订的国家预算中，基础设施项目的资本支出增加到290.3万亿卢比(209亿美元)，同比增长40.51%。在最近7年中，国家收支预算案中有关基础设施建设的预算开支逐年上升，其中以2015年度的开支增幅最大。2009年印尼基础设施建设的国家预算开支为76.3万亿盾，2010年86万亿盾，2011年114.2

万亿盾，2012年145.5万亿盾，2013年184.3万亿盾，2014年则为206.6万亿盾。2015年印尼国家预算修正案的预算开支总额为1 984.1万亿盾，其中用于基础设施建设的开支约达290.3万亿盾，占预算开支总额的14.63%。[①]2016年预算317.1万亿盾(228亿美元)，2017年预算346.6万亿盾(250亿美元)，预算持续上涨。[②]佐科总统确定将增加2019年的基础设施建设投资额，拨放的预算案数额达420.5万亿盾，占2019年2 439.7万亿盾总支出的17.2%。[③]420.5兆盾的基础设施预算，用于建设667公里的新国道、905公里的高速公路、48个水坝和16.2万公顷的灌溉网。在2015年至2017年间，印尼新建和修建公路总长2 571公里，新建铁路175公里，新建贫民住房12.3万套，新建大坝10个，新建机场9个。

(2) 努力降低社会补贴，并增加税收收入，以筹措发展海洋基础设施所需资金

由于财政收入有限，印尼每年可用于基础设施建设的政府预算仅约175亿美元，印尼政府将努力增加税收，降低燃油补贴支出，将节省的财政资金用于生产性部门，并通过公私合营等模式吸引国内外投资。佐科－卡拉政府逐年削减社会补贴，如燃油和电力补贴，将补贴资金转用于更有效的基础设施发展是巨大的突破，让政府能充分和有效使用国家有限的财政预算发展更有利于大众的基建工程。政府还推出税务特赦计划，加强税收征管，增加税收收入。印尼征税完成率长期低于国际平均水平，2016年更是跌至83.3%的历史低位。据印尼经济统筹部数据，印尼1.85亿成年人口中，有4 400万人达到缴税标准，但仅有2 800万人有缴税账户，其中又仅有1 100万人实际履行了缴税义务。为此，总统佐科上任以来，一直致力于解决征税难问题，专门设计并推出了税务特赦计划，重点吸引公民隐匿的财产，尤其是隐匿在海外的资产于规定时间内以补缴税款形式合法化。据财政部官员介绍，在该计划内近90万人申报了财产，前总统苏哈托的儿子胡托莫、巴克利集团的老总阿布力扎等"大富豪"均在计划实施初期申报了财产。据印尼储蓄保险总公司预估，通过该税务特赦计划，印尼2017年财政有望实现增收9%至10%。[④]根据印尼政府公布的数据，尽管税收负担率或税负率仍然很低，仅占国内生产总值的10.8%，属东盟国家最低，但

① 今年基础设施建设开支290.3万亿盾[N].国际日报,2015-02-18.
② 2019年基础设施预算更为充裕[N].印尼商报,2018-08-20.
③ 明年基础设施预算开支420.5万亿盾[N].国际日报,2018-08-20.
④ 印尼税务特赦计划成效初显[N].千岛日报,2017-04-26.

2017年印尼政府的税收收入高达1 339.8万亿盾,实现政府预定指标的91.0%,与2016年全年国家税收落实价值约达1 104万亿盾,以及2015年的1 060万亿盾相比均有明显提高,这是印尼政府最近2年来最高的税收收入。①

(3)寻求国际支持,为"海上高速公路"建设在国际融资

为了寻求更多融资支持,佐科已就海洋基础设施建设事宜同中国、欧盟和美国的投资者进行了会晤,印尼也已与韩国进出口银行携手合作,希望通过这项合作能吸引韩国投资者投资于50个建设项目,包括能源、高速公路、机场和港口等领域的基础设施建设。中国为发展地区基础设施建设设立的丝路基金和亚洲基础设施投资银行等,可为佐科发展海洋经济、建设海洋大国战略构想提供融资支持。印尼已成为亚投行第22个意向创始成员。目前,印尼是亚投行第八大股东,出资额达33.6亿美元。亚投行投入方向与印尼新政府加强海上等基础设施建设、促进互联互通的发展战略十分契合,也将促进整个亚洲地区的基础设施建设和经济发展。印尼期待亚投行为其基础设施建设和互联互通提供重要支持。

2.制定优惠政策,鼓励造船、海洋旅游等海洋产业发展

作为海上交通运输和互联互通的重要支撑,造船业成为印尼新政府重点发展领域。特别是为了实现海洋强国构想,印尼政府正在加快造船业发展步伐,计划在2019年前投资兴建100家新型造船厂。印尼政府已设立专项资金为船舶采购提供融资,修改造船业及相关领域的进口关税、增值税和收入税,为造船业提供更加灵活的银行担保,把新建船舶的当地制造成分提高至40%等。目前印尼共有198家造船厂,其中110家位于巴淡岛自由贸易区内,其他则分布在万丹、楠榜、南苏拉威西和东爪哇。印尼政府为造船企业提供包括削减关税和增加补贴在内的更多激励措施,支持造船业发展,包括:修改2003年38号政府条例,免除造船企业增值税;出台财政部长条例,于2015年1月起免除船舶零配件进口税;向雇佣超过300个工人、投资额不低于500亿印尼盾(约合417万美元)的造船厂实行税收减免政策;向造船厂提供土地租金优惠政策;发展船舶工程设计中心,提高研发水平,鼓励科技创新等。印尼工业部已编制2010—2025年印尼造船业发展蓝图,到2020年,印尼国内造船产业集群能够生产所有类型船只,最大达20万吨载重吨,修理能力也将提高,达到能修理最大载重20万吨的船只,至2025年,能生产30万吨级的船只。其中中期目标为2015年能生产8.5万吨级船只和修理15万吨级船只。印尼政府将通过发展全国舰艇设

---

① 印尼税负率仍为10.8%,属东盟最低[N].国际日报,2018-02-08.

计和工程中心来提高国内船舶的设计和工程支持能力。同时,国内的工业原料和配件等辅助工业以及造船行业的人力资源技能也将得到提升。

3.佐科政府为推动旅游业发展,推出包括给予多国免签证等新举措

2015年起,中国、澳大利亚、俄罗斯、韩国及日本将成为首批获得免签证的5个国家,此举可新增外国游客45万人、旅游收入5.4亿美元。印尼已向东盟国家(9个)、秘鲁、智利、摩洛哥、厄瓜多尔,以及中国的香港、澳门等15个国家和地区提供免签证待遇。印尼正在研究向从泰国、新加坡、马来西亚过境印尼的游客提供免签证待遇,以吸引赴上述国家旅游的外国游客。印尼政府将向更多国家提供免签证服务,建设7条沿海游艇路线,并根据2014年第180号总统条例,为外国游轮和帆船进入印尼海域提供便利。印尼海洋事务统筹部、外交部、旅游部将通过实施"一站式"服务,加快巴厘岛、科莫多岛、加里曼丹岛等旅游岛屿对外国游轮的通关效率,提高外国游艇进出港口的便利性,力争在5年内将吸纳外国游客数量翻一番。同时,印尼将改善国内旅游配套设施,以增加外国游客在印尼的消费。

为了提高国家外汇收入和引进更大的外国投资,政府已把旅游列为优先建设产业领域之一,并制定2019年国际游客人数达到2 000万人次的目标,政府已确定10个新"巴厘"作为国家战略旅游区。2017年11月底,佐科总统召集内阁部长们讨论建设10个新"巴厘"。10个新"巴厘"分别是北苏门答腊省多巴湖(Danau Toba, Sumatera Utara)、勿里洞丹绒格拉央(Tanjung Kelayang, Belitung)、万丹省丹绒勒松(Tanjung Lesung, Banten)、雅加达千岛群岛(Kepulauan Seribu)、中爪哇省婆罗浮屠(Borobudur, Jawa Tengah)、东爪哇省普罗摩火山区(Bromo, Jawa Timur)、西努省曼达利卡(Mandalika, NTB)、东努省拉布安巴佐(Labuan Bajo, NTT)、东南苏拉威西省瓦卡多比(Wakatobi, Sulawesi Tenggara)及北马鲁姑省摩罗泰(Morotai, Maluku Utara)。佐科总统希望旅游景区要有完善的条件,不仅具有美丽的天然景色,而且也必须具备基础设施条件,配有运输工具、餐馆、纪念品市场及停车场。2018年印尼成为多个国际活动东道主,因此希望各部长尽快建好10个新"巴厘"旅游景点。[①]印尼政府明确要求,不论是在地区设计方面,还是在道路建设、原水或净水供应、垃圾管理、卫生保洁、游客住宿改善方面,每个国家战略旅游区的基础设施建设都要合乎标准。政府已开始整治交通等基础建设。棉兰至多巴湖的路段长达170公里,车程时间要花5个小时才能抵达目的地,政府委托私企负责建造

---

① 佐科总统召集内阁部长讨论建设10个新"巴厘"[N].国际日报,2017–12–11.

高速路，使车程能缩短一半的时间。此外，全长61.7公里的棉兰(Medan)—瓜拉纳穆(Kualanamu)—丁宜(Tebing Tinggi)的高速路段应在2018年竣工，接着建造全长35公里的丁宜—先达(Pematang Siantar)高速路，以及全长27公里的先达—巴拉巴特(Parapat)高速路。①

4.建设外岛交通网络，发展相对落后的外岛经济，以强化全国各岛之间的互联互通

自印度尼西亚独立以来，爪哇岛一直是印度尼西亚经济无可争议的动力源泉。2016年爪哇岛仍是经济增长的主要动力，贡献率达58.49%，苏门答腊岛为22.03%，加里曼丹岛仅为7.85%。佐科总统上任以来，为实现发展成果惠及全国人民，一直致力于推动爪哇岛外其他印尼大岛的发展，将更多的发展机会和资源向外岛倾斜，尤其是面向机场、港口、铁路、公路、海上高速公路等基建领域，以及兴建工业园区、经济特区以改善其商业和投资环境等。为了能让印尼经济平衡发展，构建苏门答腊、加里曼丹、苏拉威西和巴布亚的铁路网络是关键。政府目前已拨款23 400亿印尼盾(约175亿美元)，用于在2019年之前在爪哇以外地区建设铁路基础设施，这些新的铁路网络将达3 258公里(印尼历史上最长的铁路项目)。2017年印尼政府加快基础设施建设步伐，制定五项超大工程建设计划，几乎一半项目落地东部边缘落后地区，包括里程最长的595公里索龙—查亚普拉铁路；②印尼东区新海港，将在印尼东区建设巴布亚梭隆(Sorong)港口和西加省基京(Kijing)港口；贯通苏拉威西铁路项目，苏拉威西岛锡江—巴列巴列(Pare-Pare)铁路线总长146公里，2017年可先完成30公里路段。上述地区一旦发展起来，对印尼振兴经济、促进全国均衡发展具有重要意义，也对中国、印尼强化战略合作尤其是深化经贸合作提出了新要求，为中国企业的投资提供了新机遇。

印尼政府推动全国经济均衡发展的种种努力，还包括持续增加新的经济特区，目前已有11个经济特区，拟再增加14个经济特区，预计至2019年全国有25个经济特区。印尼已有的经济特区包括龙目岛的曼达利加、中苏拉威西省的巴鲁、勿里洞岛的丹绒格拉洋等。政府发展经济特区基于三大目的，即加速爪哇岛外的经济发展，均衡发展全国经济，以及加强各地互联互通，并通过这种互联互通关系改善全国各地的物流供应系统。

---

① 十大新景区成为国家战略旅游区[N].国际日报,2018-03-24.

② 今日头条.如何评价印度尼西亚的经济？[OL].[2019-02-12]https://www.toutiao.com/a6537238658108358920/.

5.鼓励国有企业充当主力，积极参与"海上高速公路"建设

为了实现国家区域之间互联互通，完成政府推出的海上捷运方案，印尼国企部已委派其4家国营企业积极建设港口基础设施，这四家国营企业是印尼第一港口管理公司、第二港口管理公司、第三港口管理公司和第四港口管理公司。印尼第一港口管理公司施工的计有丹绒槟榔集装箱港口、瓜拉丹绒多功能港口、勿老湾第二期集装箱港口和实武牙(Sibolga)集装箱港口，上述项目预计2018年完成。印尼第二港口管理公司承建的项目有坤甸的Kijang集装箱港口，预计2019年完工，巴布亚的梭隆(Sorong)港口目前仍处于可行性测试阶段。印尼第三港口管理公司承建项目有拉蒙湾(Teluk Lamong)集装箱港口、博诺瓦(Benoa)游轮港(将发展成为港口和Gilimas集装箱港口)，还将建设龙目岛吉利马斯的港口和输送机港口，龙目(Lombok)也将于2019年建成集装箱港口和游轮港口。

第二节　印尼打造"海上高速公路"面临的主要问题与挑战

1. 佐科任期内的经济表现一直不令人满意，将对"海上高速公路"建设形成制约。

印尼是总统制国家，现任总统和副总统任期至2019年，因此可能面临政府格局变化。2014年10月出任印尼总统的佐科第一届任期只剩一年多的时间，自从佐科担任印尼总统以后，印尼经济增长一直乏力。而在苏西洛执政时期，印尼是亚太地区经济增长最快的国家之一。由于制造业薄弱、出口乏力等结构性问题和政府团队互相掣肘等问题，佐科政府上任以来未能有效地推动经济步入增长快车道。据印尼国际与战略研究中心2016年9月公布的一份调查报告显示，全国民众对总统与副总统的工作满意度由2015年10月的50.6%升至66.5%。该调查主要包括四个方面，即政治、执法、海事与经济。政治满意度由2015年的40%升至53%，执法满意度由51.1%升至62.1%，海事满意度由59.4%升至63.9%，经济满意度由30%升至46.8%。各方面满意度都上升，但经济领域的满意度却仍处于较低水平。[①]印尼2014年经济增长率为5.02%。因全球经济增长放缓导致商品价格下跌，再加上资本外流的压力，2015年印尼的经济增长只达4.7%，是印尼自2009年以来经济增长最缓慢的一年。2015年以后，印尼政府出台了包括降低企业所得税、放宽外商直接投资限制等一系列措

① 金潇.搞好经济是关键[N].千岛日报,2016-09-19.

施，同时印尼央行多次降息，旨在改善营商环境、刺激经济，2016年印尼经济增长率为5.02%，仅比2015年略有提高。印尼2017年国内生产总值(GDP)增长5.07%，尽管是2014年以来的最高增幅，但并未达到2017年国家收支预算修正案制订的5.2%指标，也没有达到财政部长穆丽亚妮(Sri Mulyani Indrawati)所预测的5.1%水平。尤其是2018年印尼经济运行面临较大的外部风险压力，主要表现在四个方面：第一，印尼盾进入下行区间。2018年上半年，受美元走强等因素影响，印尼本币遭受较大冲击，上半年印尼盾对美元汇率下跌6.32%，是跌幅最大的新兴市场货币之一。5月3日，美元对印尼盾汇率自2015年以来首次突破1∶14 000心理防线；7月24日，美元对印尼盾汇率更创下两年半来的新高，收盘突破1∶14 567；8月13日，土耳其里拉的暴跌走势蔓延影响到其他新兴市场货币，印尼盾下跌近1%，至1美元兑14 636.1印尼盾，创下2015年10月以来新低，成为13日表现最差的亚洲货币。第二，经常账户赤字规模扩大。印尼央行公布2018年第二季度的经常账户赤字为3%，达到80亿美元，明显高于上年同期的1.96%，同时也高于当年第一季度的2.6%。印尼央行数据显示，经常账户赤字率全年预计达到2.3%，高于此前普遍预期的2%。印尼央行2018年7月25日最新预计，当年经常账户赤字恐将突破250亿美元，较上年增加75亿美元。第三，外债规模持续扩大。根据印尼央行报告，截至2018年5月底，印尼外债总额增至3 586亿美元，同比增长6.8%。其中，政府和央行外债约1 825亿美元，私企和国企外债约1 761亿美元。第四，股市数月来避险和观望气氛浓厚。外资开始加快处理高风险资产且整体呈净卖出状态，不少本土公司或暂缓上市，或削减融资规模。据测算，印尼证券市场融资规模较2017年同期缩小了4.2%。[①]印尼整体经济形势欠佳，对该国耗资较大的基础设施建设与国内互联互通计划将构成重大障碍。而如果经济表现不佳影响选情(加上其他因素)，2019年大选出现政府格局的变化将有可能直接导致"海上高速公路"建设计划的停摆。

2. 基础设施建设资金不足，港口设施老化，公路、铁路等配套设施缺乏

目前印尼国内物流成本高昂，物流成本占GDP的比重为23.5%，印尼政府希望在2019年将此比重降低至19.2%。根据世界银行报告，2014年印尼物流表现指数在全球160个国家(地区)中位列第53名，较2007年的43名有所退步，落后于本地区的泰国、马来西亚和越南等国家。其中，港口是海洋经济的支柱

① 田原.印尼经济重压之下找出路[EB/OL].经济日报，(2018-07-27)[2018-12-22].http://intl.ce.cn/sjjj/qy/201807/27/t20180727_29868885.shtml.

产业,同时也是重要的交通基础行业。港口不同于其他行业,对区域经济发展具有强大的辐射与带动作用,因此,港口是海洋经济和社会发展的强大引擎。近年来印尼经济表现抢眼,连续数年GDP增幅6%以上,但由于基础设施落后,物流成本畸高,严重制约了经济进一步发展。印尼现有港口数目虽不少,但大多是小港和浅水港,特别是港口设备落后,满足不了日益增长的装卸要求。根据印尼交通部资料,印尼共有111个商业港口和614个非商业港口,其中只有262个港口的设施符合国际海事组织(IMO)颁布的国际船舶和港口设施安全规则(ISPS)的服务标准。该服务标准包括完备的基础设施、完善的港口装备、港口装卸速度,以及深海港口、海船停泊以及相关货物在港口处理速度等。印尼港口的吞吐能力已远远无法满足急剧增长的贸易需求,加快海港系统的改扩建迫在眉睫,以保障货物顺利流通。

3. 参与基础设施建设的国有企业背负沉重债务

印尼的基建计划非常惊人,包括1千公里的收费公路、3千公里的铁道、24个海港、3.5万兆瓦的电厂等,所有计划预算高达3 550亿美元。由于印尼政府并没有准备好启动这么庞大的基建计划,加上来自国家与私人投资的资金远远不足,导致国营企业背负庞大债务。私人企业承担的部分只占20%,大部分都是国营企业的投资,结果众多国企陷入债务陷阱。譬如国营印尼建设公司Waskita Karya(WSKT)因承包收费公路,积欠的债务达65.7万亿印尼盾,比2017年同期翻倍。目前印尼7家与基础设施相关的国营企业债务达到200万亿印尼盾,是3年前的3倍,过去一年金额就激增60%。[1]标准普尔评级公司分析师泽维尔(Xavier Jean)指出,有20家印尼国企负担的债务剧增,甚至比其未计利息、税项、折旧及摊销前的利润(EBITDA)高出5倍之多。[2]

印尼国营建筑公司积极支持国家基础设施建设,除了使用本身财政资金外,还通过银行贷款和发行债券的方式融资,甚至在国际市场上发行全球债券取得资金。这就致使印尼4家建筑业国企的债务急剧增加。其一是WSKT公司,在2014年负债额仅为9.77万亿盾,2015年增至20.6万亿盾,2016年再增为44.69万亿盾,2017年继续剧增为75.14万亿盾,包括短期债务52.3万亿盾和长期债务22.8万亿盾。2014—2017年WSKT公司负债增幅高达669%。其二是Wijaya Karya公司(WIKA),2014年负债总额共11.03万亿盾,2015年增

---

① 印尼拼基建冲GDP的真相,日经:国企负债累累[N].TechNews,(2018-01-19)[2018-12-21].https://www.toutiao.com/a6512666796271600135/.

② 政府赞扬国企积极承建基础设施[N].国际日报,2018-03-26.

至14.16万亿盾，2016年再升至18.6万亿盾，2017年剧增为31.05 万亿盾，由短期债务25.9万亿盾和长期债务5万亿盾组成，三年期间WIKA公司负债增幅计为181.5%。其三是Adhi Karya公司(ADHI)，2014年的负债仅达8.8万亿盾，2015年增至11.59万亿盾，2016年增至14.59万亿盾，2017年负债变为22.4万亿盾，包括17.6万亿盾短期债务和4.8万亿盾长期债务，2014—2017年ADHI公司负债额增幅为155.22%。其四是PT PARADISE PERKASA公司(PP)，2014年负债12.24万亿盾，2015年微增至14万亿盾，2016年增为20.43万亿盾，2017年继续增加为27.43万亿盾，包括20.6万亿盾短期债务和6.83万亿盾长期债务，2014—2017年PP公司负债增幅为124.9%。[①]此外，2017年11月底，高速路管理公司(Jasa Marga)在国际市场上发行科莫多证券(Komodo Bond)，其财务状况也引起关注。

4.国家重点基础设施建设项目进展缓慢

截至2017年年底，印尼政府制定245个国家战略建设项目和2个其他发展项目，即电力和飞机制造业发展项目，总投资额达到4 417兆盾。按照政府制定的国家战略建设项目实施的进展，印尼央行估计2019年之前50%的国家战略建设项目将完成，2022年之前85%的国家战略建设项目将完成。但最大的问题是国家战略建设项目落实率仍然很低。根据2017年印尼经济分析报告，目前仅有59个项目正在建设中，特别是政府定下的3.5万兆瓦电力项目中，目前仅达到3%的目标，而其中46%的工程仍在建设中。[②]如3 500万千瓦电站项目共计109个，印尼政府计划于2019年全部建设完成，其中印尼国家电力公司投资建设35个项目，共计1 068.1万千瓦；74个项目由私人投资建设，共计2 590.4万千瓦。但截至2016年10月底，该计划落实缓慢，仅完成29.4%，其中，真正落实并能向民众供电的电站项目仅0.55%，装机容量约19.5万千瓦。另外821.5万千瓦电站仍处于建设中，979万千瓦电站处于融资谈判中，1 040.5万千瓦电站处于招标中，808万千瓦电站处于规划阶段。对此佐科总统表示失望。[③]国家战略建设项目落实进展缓慢，政府不得不重新评估是否继续进行或中止部分国家战略建设项目。2018年4月16日，佐科总统和卡拉副总统在总统府召

---

① 国企积极支持国家建设，3年半以来4家建筑业国企债务剧增[N],国际日报,2018-05-12.

② 私企必须积极参与国家战略工程建设[N].印尼商报,2018-04-18.

③ 中国驻印度尼西亚经商参处.印尼佐科总统对3500万千瓦电站项目落实情况表示失望[OL].（2016-11-03）[2019-02-17].http://id.mofcom.gov.cn/article/jjxs/201611/20161101587722.shtml.

开内阁局部会议,讨论国家战略工程建设后,政府决定将继续222个国家战略建设项目,另外14个项目则会被取消。继续进行的222个国家战略建设项目包括:69个道路项目,51个水坝项目,29个特别经济/工业/旅游特区项目,11个能源项目,10个港口工程项目,8个污水处理或清洁水供应厂和卫生项目,6个机场项目,6个灌溉项目,6个冶炼厂项目,4个科技研发项目,3个住房项目,1个农业和海洋项目,1个海堤项目,1个教育项目,1个飞机方案和1个农林方案,估计投资价值超过4 100兆盾。被取消的国家战略建设项目,预计总投资为264兆盾,包括:占碑—巨港铁路开发项目,东加里曼丹省铁路建设项目,苏北省Mebidang(棉兰—民礼—日里雪冷)区域清洁水供应系统项目,东南苏拉威西省的佩洛西卡(Pelosika)大坝项目和巴布亚马劳奇(Merauke)特殊经济区项目。

此外,印尼政府原定2019年前建成25个工业区或经济特区,其中22个工业区建于爪哇岛以外。政府发展这些经济特区基于三大目的,除了加速爪哇岛外的经济发展以及均衡发展全国经济之外,主要是期待加强各地互联互通的关系,并通过这种互联互通关系改善全国各地的物流供应系统。但在佐科总统的任期只剩下20个月或在2019年10月结束时,现在仅有10个工业区开始施工。

第三节 中国企业参与印尼"海上高速公路"建设的对策建议

当前印尼致力于打造成为"全球海洋支点",并着手推进"海上高速公路"战略,包括在今后建设2 000公里高速路、10个新机场、10个新海港、10个工业园区,从而完善国内海陆空互联互通,推动能源、通信、电力等基础设施工程的建设。印尼发展这些基础设施需要大笔的资金支持,2015—2019年间需投资3 592亿美元,其中政府出资1 482亿美元(41.3%),国有企业798亿美元(22.2%),私企或外资1 311亿美元(36.5%)。[①]我国应充分发挥海洋、港口优势,围绕基础设施建设等热点领域,深化与印尼在经贸、基础设施、港口、旅游、文化等方面的合作,对接"一带一路"倡议与"海上高速公路"战略,提升两国互联互通水平,推动中国、印尼全面战略伙伴关系向纵深发展。

1.印尼海域辽阔,造船业具有良好的发展前景,应关注印尼船舶市场,并到印尼投资船舶制造业

印尼地理条件特殊,由太平洋和印度洋之间17 508个大小岛屿组成,90%的货物流动需依赖船舶运输。而印尼国内船厂设备残旧、人才缺乏、进口船舶

---

① 香港及上海投资代表团访印尼,举办"印尼香港一带一路投资论坛"[N].印尼商报,2018-04-25.

配套设备成本高、生产系统落后，印尼造船业竞争力低。目前，印尼近200家船厂中只有极少数能建造最大为50 000载重吨的船舶，但建造周期平均18个月，远超国际规范。作为海洋大国，印尼对各类海轮的需求量相当大，尤其是3 500吨到5 000吨的油轮和货轮。据印尼工业部预计，今后10年，印尼对各类船舶的需求量将达4 000艘，印尼国内造船业发展远不能满足其需求。印尼政府将通过财政激励措施向上下游造船工业提供支持，鼓励国内造船业提高造船生产能力。同时，印尼政府还有意吸引外国企业在印尼进行造船业投资。印尼对外商投资造船业没有限制，外商可以以独资形式进行投资，而且印尼欢迎投资制造2万吨级以上的大型船只。中国已成为全球造船第一大国，国内大量产能迫切需要向外转移。印尼大力发展造船业，为中国造船业产能向印尼转移提供了难得的机遇，也为中国相关配套设备出口提供了新的机遇。印尼工商会正加强与中国有关方面的合作，计划在未来5年内争取中国投资55亿美元，用于从中国进口500艘各类船只。建议我国造船业界关注印尼船舶市场，尤其关注印尼中小型自航式油驳、煤驳、岛屿间的渡船等船型需求，寻找机会，收获订单。我国要立足良好的造船工业基础，积极研发海洋石油平台、浮式生产系统、海洋石油开发专用船舶等，推进传统船舶工业向海洋工程装备制造业转型，并到印尼投资船舶制造业。

2. 加强旅游业合作

由于历史原因，印尼旅游业每年吸引的外国游客数量，与其丰富的热带、海洋和海岛旅游资源不成正比，在东盟国家中也只能位居中游，因此发展潜力十分可观。印尼政府看好中国市场，中国中产阶级人口数量庞大，具有巨大的消费潜力。中国出国游客早在2014年就超过1亿人，2017年中国公民出境旅游人数达到1.3051亿人次，但赴印尼旅游的只占1.6%，中国游客出境旅游支出高达2.3万亿元，在国外的旅游消费支出巨大。印尼政府制订各种方案吸引中国游客，2017年赴印尼旅游的中国游客(不含港澳台地区)人数为205.9万人次，占印尼国际游客总数的14.95%。中国已经连续两年成为印尼第一大国际游客来源地。[①]印尼政府希望到2020年，中国大陆前往印尼的游客人数能突破1 000万。作为印尼旅游业吸引国际游客的第一个争取目标，印尼对世界第一大出境旅游客源市场的中国寄予极大的希望。2013年印尼与中国政府签署了旅游合作谅解备忘录，提出的促进措施包括联合推广、共享咨询、旅游便利以及

---

① 中国游客前往印尼旅游人数逐年增长，已连续两年蝉联印尼最大国际客源地[OL].（2018-05-21）[2018-08-13].http://www.sohu.com/a/232333629_100119909.

落实旅游投资等。携程旅行网与印尼旅游与创意经济部签署了关于共同推广印度尼西亚旅游的谅解备忘录。为了吸引中国游客,2015年初印尼鹰航空公司已开通北京至巴厘岛常规直飞航班,加上原有从北京、上海、广州直飞雅加达的航班,印尼鹰航已开通4条直飞中国的航线。印尼方面应进一步加强航空航海安全,增加机场、酒店、旅游景区、景点的中文标识,提供符合中国游客习惯的旅游服务,不断优化中国游客赴印尼旅游环境。2017年印尼给予中国游客免签的友好待遇,再次推动中国游客赴印尼旅游热。目前中国游客在印尼主要旅游目的地是雅加达、巴淡及巴厘,三地占90%,印尼方面需要向中国游客推广宣传其他旅游区,诸如万隆、泗水、梭罗、锡江及棉兰等,这5个城市有迷人的风景和悠久的中华文化遗迹,将增强对中国游客的吸引力。中方则与印尼共同努力,共同开发以"郑和下西洋"、印尼华侨华人"寻根之旅"为主题的旅游线路和产品,并加强旅游人才联合培养,推动旅游签证便利化,互相支持旅游的宣传推广,深入开展旅游保险合作,推动双向旅游交流规模不断扩大。

3. 参与印尼"海上捷运"基础设施项目建设

印尼经济发展主要集中在首都雅加达所在的爪哇岛和苏门答腊岛,而其他各岛在基础设施、交通等方面的发展有所不足,区域经济发展极不平衡,城乡差距不断拉大。印尼政府决心大力提升各岛之间的互联互通,兴建高速铁路、深水港等,同时还将加大电力等基础设施建设。佐科总统"贯穿印尼东西部的超级海上高速公路"计划包括建设10个新的"世界级枢纽港",以完善全国海运系统,发展100个"全国性的渔业交易、存储和加工基地",大力发展造船业和海运业等,力争尽快降低过高的物流成本,带动东部和欠发达地区经济发展。我国企业应该抓住这一机遇,积极参与印尼海洋基础设施建设,印尼方面也非常期待中国企业参与雅加达苏加诺—哈达国际机场至哈林机场37公里长的铁路以及油气开发、糖厂、炼油厂、码头、船舶、海运物流、多种金属矿产提炼厂等项目建设。中国企业实力雄厚,未来在参与机场快线和发电工程建设方面都具备很强的竞争力。中国对印尼投资也在逐年增加,印尼2014年获得的外国投资高达307万亿盾(约256亿美元),同比增长13.5%。其中,从未进入前列的中国,在2014年第四季度以5亿美元名列第四大投资国。中国投资主要是多项重大基础设施项目,如南加里曼丹的水泥厂和苏南省的发电厂等。[①]2016年中国企业对印尼直接投资达26.7亿美元,同比增长350%,投资金额仅次于新加坡

---

① 中国成为印尼的第四大投资国[N].星洲日报,2015-01-30.

和日本。①印度尼西亚投资协调委员会最新公布的数据显示，2017年中国(不含港澳台地区)对印尼直接投资达33.6亿美元，继续保持印尼第三大投资来源国地位。②

此外，印尼迫切希望改善其基础设施水平而又面临资金不足的问题，十分希望外国投资者投资于渔港工程等海洋基础设施建设。2016年10月，印尼从澳大利亚引资建设沙璜、纳杜纳、摩罗泰岛、爪哇岛南部、东龙目县，直至巴布亚地区的一些渔港，中国可以在平等合作及互利共赢的基本原则下，支持成熟有实力的中国企业在印尼承揽港口疏浚、集装箱码头等海事工程项目建设，发挥优势，帮助印尼更新港口设备，建设新的码头，提高港口吞吐能力，为印尼海上基础设施建设助力。中国注资的其中一个大型项目是位于巴淡岛的丹绒沙乌(Tanjung Sauh)港口。巴淡岛是印尼一个自由贸易区，地处新加坡南面。丹绒沙乌港口项目获得中工国际工程股份有限公司的投资，第一期重建工程可望把这个货柜港的吞吐量提升至400万个标准货柜。③在公用事业发展方面，印尼国有电力供应商印尼国家电力公司(PLN)已就建设17,331兆瓦的电力供应设施与中方签署协议。根据协议，中国企业将占用有关设施46%的电力供应。此外，中国还出资兴建苏门答腊的棉兰—瓜拉纳穆—直名丁宜收费公路(Medan—Kuala Namu—Tebing Tinggi Toll Road)、爪哇的芝苏达乌收费公路(Cisumdawu Toll Road)、北苏拉威西的美娜多—比通收费公路(Manado—Bitung Toll Road)和加里曼丹的萨玛林达—巴厘巴板收费公路(Samarinda—Balikpapan Toll Road)。此外，中国亦投资兴建位于巴布亚的Manokwari水泥厂项目。

4. 印度尼西亚政府积极推行的"北部经济走廊"战略构想，正好与"一带一路"建设高度吻合

中资企业可以以"一带一路"与"北部经济走廊"建设为统领，积极大力推进中国、印尼产能合作，促进基础设施互联互通，推进境外产业园区建设，推动

---

① 为中印尼企业合作搭建沟通平台中资企业与东爪哇省对接洽谈会举行[N].千岛日报,2017-03-17.

② 顾景奇.中国经济新时代，中印尼合作新机遇[N].千岛日报,2018-02-09.

③ 香港贸发局."一带一路"倡议印尼基建率先受惠[OL].（2017-02-01）[2018-12-23]. http://economists-pick-research.hktdc.com/business-news/article/%E5%9B%BD%E9%99%85%E5%B8%82%E5%9C%BA%E7%AE%80%E8%AE%AF/%E4%B8%80%E5%B8%A6%E4%B8%80%E8%B7%AF-%E5%80%A1%E8%AE%AE%E5%8D%B0%E5%B0%BC%E5%9F%BA%E5%BB%BA%E7%8E%87%E5%85%88%E5%8F%97%E6%83%A0/imn/sc/1/1X000000/1X0A8QFF.htm.

重大项目落地生根。印尼政府已向中方提出位于北苏门答腊省、北苏拉威西省和北加里曼丹省投资额约280亿美元的机场、港口、工业和旅游设施等项目投资建议,包括瓜拉丹戎港、双溪芒克特别经济区以及北苏拉威西省的比通港等拟建项目清单,希望中方提供融资支持。此外,印尼拟借助中国资金发展旅游业,开发北苏门答腊省多巴湖旅游区以及建设北苏拉威西省美纳多国际机场等。

北苏门答腊省作为"三北区域经济走廊"之一,其港口、工业区特别是多巴湖旅游开发被印尼总统在2017年北京"一带一路"峰会论坛上提出,建议与中方进行合作开发。北苏门答腊省与中国的商贸合作发展迅速,北苏门答腊已成为中国、印尼在各个领域建立良好合作关系的重要地区之一。到目前为止,在北苏门答腊省投资的中国企业有13家,其中包括投资棉兰—瓜拉纳慕高速公路工程的中国港口工程公司,在棉兰工业园建造2×15万千瓦发电厂的上海电力建设公司,以及投资邦卡兰苏苏(Pangkalan Susu)首阶段2×15万千瓦发电厂的广东电力建设公司等①。北苏门答腊省拟建的瓜拉丹戎港位于马六甲海峡中段,被定位为未来印尼西部海上交通枢纽;双溪芒克工业区位于瓜拉丹戎港沿岸,为传统与新兴产业相结合的国家级经济开发区,将成为棕榈、橡胶等重要经济作物的生产、加工、物流和出口中心。印尼正在该省打造棉兰的瓜拉丹绒港,建成后预计将成为马六甲海峡区域最大的港口。瓜拉丹绒(Kuala Tanjung)港区位于马六甲海峡中段,地理位置比较独特,建大型港口自然条件比较优越,被印尼政府"中长期发展规划"拟定为西部海上重要门户,并逐渐发展成为区域性的国际航运中心。由于缺乏资金,瓜拉丹绒港建设速度缓慢。因此,建议我国相关部门与印尼方面接触,期望我国能够出资帮助扩建该港口的集装箱码头。

中国与印尼就北苏拉威西省的旅游设施达成投资协议,双方也继续商讨关于支持利库庞经济特区(Likupang Special Economic Zone)的计划。利库庞经济特区是印尼北苏拉威西省一个大型发展项目,在招商引资方面已取得一定的进展,印尼政府正与中国商谈,争取中国投资利库庞经济特区。北苏拉威西省首府美纳多(Manado原名万鸦老)的地理位置优越,是当地旅游业取得成功的原因之一。2016年,印尼政府批准开通往来苏拉威西与成都、重庆、广州、武汉、南昌、长沙、香港及澳门的直航包机服务,在其推动下,美纳多的入境旅客数目进一步攀升。美纳多早已吸引大量中国旅客,每月约有4 000名中国旅客入住

① 苏北省与中国加强投资经贸合作[N].国际日报,2018-05-21.

当地度假村。目前,中国旅客占北苏拉威西省入境旅客总数80%,年增230%。2017年5月,国际旅游业会议(International Conference on Tourism)在美纳多举行,会议就多个合作投资项目达成协议,有助振兴当地旅游业。最受瞩目的是中国最大水泥生产商安徽海螺水泥属下一家投资公司,承诺在美纳多投资2亿美元,兴建一幢楼高30层的酒店以及一系列旅游设施。①

北加里曼丹省是印尼2012年10月正式设立的第34个省,是全国最年轻的省份。该省大多为农村,经济发展水平较低,建立新省有利于优化当地公共服务体系,加速当地社会经济发展。中国企业对北加里曼丹省的投资意向主要倾向于能源和农业行业,包括水电站和矿冶厂等。

结　语

印尼拥有较好的粮食生产条件,土地肥沃,雨量充沛,水资源丰富,粮食作物能够一年多熟,印尼曾经在20世纪80年代实现短暂的粮食自给。但进入90年代以后,随着人口的不断增长,特别是随着工业化和城市化步伐的加快,印尼粮食自给得而复失。为此,佐科政府推出多项举措,力促农业发展,增加粮食产量,实现粮食自给。印尼新政府还在努力扩大国际合作,确保粮食安全。实现经济上的自力更生,确保粮食完全自给自足,不依赖进口,这是佐科政府第一届任期承诺要完成的三大目标之一。

印尼政府近年把扩大内需、促进消费放在经济政策的重要位置上,采取多项措施促进内需市场的发展,使内需成为支撑经济成长的主要支柱,这也是印尼经济发展的一大特色。预计未来10年私人消费将继续在印尼经济中起到关键作用。印尼内需主导型经济发展为我国的经济转型升级提供了诸多有益的启示。

实施“海上高速公路”战略,重点发展海上互联互通,带动海陆空和通信等基础设施建设,这是佐科总统的施政重点,政府计划在5年内投入大量财力兴

---

① 香港贸发局.中国支持印尼开展“一带一路”相关旅游和基建计划[OL].(2017-10-27)[2018-11-03]. http://economists-pick-research.hktdc.com/business-news/article/%E5%9B%BD%E9%99%85%E5%B8%82%E5%9C%BA%E7%AE%80%E8%AE%AF/%E4%B8%AD%E5%9B%BD%E6%94%AF%E6%8C%81%E5%8D%B0%E5%B0%BC%E5%BC%80%E5%B1%95%E3%80%8C%E4%B8%80%E5%B8%A6%E4%B8%80%E8%B7%AF%E3%80%8D%E7%9B%B8%E5%85%B3%E6%97%85%E6%B8%B8%E5%92%8C%E5%9F%BA%E5%BB%BA%E8%AE%A1%E5%88%92/imn/sc/1/1X000000/1X0ABS4K.htm.

建或修缮各主要岛屿的港口、码头及铁路运输网等基础设施。经过近4年的努力,"海上高速公路"建设取得初步成效,一批国家重点基础设施建设项目逐步落地并投入运营。佐科政府实施"海上高速公路"战略、重点推进基础设施建设的做法获得印尼国民的广泛赞誉,因此,尽管"海上高速公路"建设遭遇许多困境,面临诸多挑战,但鉴于佐科总统在2019年的大选中成功连任,其"海上高速公路"战略的可持续性将可保持谨慎乐观。

中国近几年对印尼的投资大幅度飙升,已成为仅次于新加坡和日本的印尼第三大外资来源地。印尼对中国投资其基础设施建设,助推其"海上高速公路"战略寄予厚望。中国企业可充分利用资金与技术优势,积极参与印尼造船、旅游业、"海上捷运"、"北部经济走廊"等领域的投资,对接"一带一路"倡议与"海上高速公路"战略,深化两国互联互通水平,推动中国、印尼经济合作向纵深发展。

后 记

　　本专著的问世是厦门大学国际关系学院/南洋研究院教授、博士生导师吴崇伯与部分博士研究生愉快合作的结果。全书由吴崇伯教授统筹规划,部分博士研究生参与写作,写作分工大致如下:吴崇伯教授提出全书的计划与纲要,撰写前言、第七部分"东南亚大国经济研究"、后记,并负责全书统稿工作;刘凯撰写第一部分"东盟地区经济走廊建设研究";温师燕撰写第二部分"东盟公共服务均等化";张媛撰写第三部分"东盟产业合作";金师波撰写第四部分"东盟国家金属矿业发展及其与中国的合作";杜声浩撰写第五部分"东南亚国家对外出口以及在全球价值链中的地位";厦门大学人类学与民族学系博士研究生朱鹏撰写第六部分"'一带一路'框架下的中国和东南亚文化旅游开发合作"。本书的撰写参考了大量国内外文献资料,追踪了一些东南亚最新的热点问题。厦门大学国际关系学院/南洋研究院的领导、专家以及学生为本书的编写提供了宝贵的意见和建议,提高和保证了研究成果的质量;同时本书的出版也得到了厦门大学出版社的大力支持和帮助。正是大家的支持和帮助,本书才能得以顺利出版。在此,我们一并表示衷心的感谢!

　　由于我们水平有限,搜集整理相关外文资料有诸多困难,加上时间与人力方面的限制,书中难免存在疏漏与不足之处,恳请读者批评指正!

吴崇伯

2019年6月